中国农垦农场志丛

天　津
渤海农业农场志

中国农垦农场志丛编纂委员会 组编

天津渤海农业农场志编纂委员会 主编

中国农业出版社
北　京

图书在版编目（CIP）数据

天津渤海农业农场志 / 中国农垦农场志丛编纂委员
会组编；天津渤海农业农场志编纂委员会主编． -- 北京：
中国农业出版社，2023．12． --（中国农垦农场志丛）．
ISBN 978-7-109-32352-0

Ⅰ．F324.1

中国国家版本馆 CIP 数据核字第 2024NP7770 号

出 版 人：刘天金
丛书统筹：王庆宁　赵世元
审 稿 组：干锦春　薛　波
编 辑 组：杨金妹　王庆宁　周　珊　李　梅　刘昊阳　黄　曦　吕　睿　赵世元　刘佳玫　李海锋
　　　　　王玉水　李兴旺　蔡雪青　刘金华　张潇逸　耿韶磊　徐志平　常　静
工 艺 组：毛志强　王　宏　吴丽婷
设 计 组：姜　欣　关晓迪　王　晨　杨　婧
发行宣传：王贺春　蔡　鸣　李　晶　雷云钊　曹建丽
技术支持：王芳芳　赵晓红　张　瑶

天津渤海农业农场志
Tianjin Bohai Nongye Nongchang Zhi

中国农业出版社出版
地址：北京市朝阳区麦子店街 18 号楼
邮编：100125
责任编辑：刘昊阳　　文字编辑：银　雪
版式设计：王　晨　　责任校对：吴丽婷
印刷：北京通州皇家印刷厂
版次：2023 年 12 月第 1 版
印次：2023 年 12 月北京第 1 次印刷
发行：新华书店北京发行所
开本：889mm×1194mm　1/16
印张：20.75　　插页：20
字数：500 千字
定价：258.00 元

肖 刘 杜 农 场 位 置

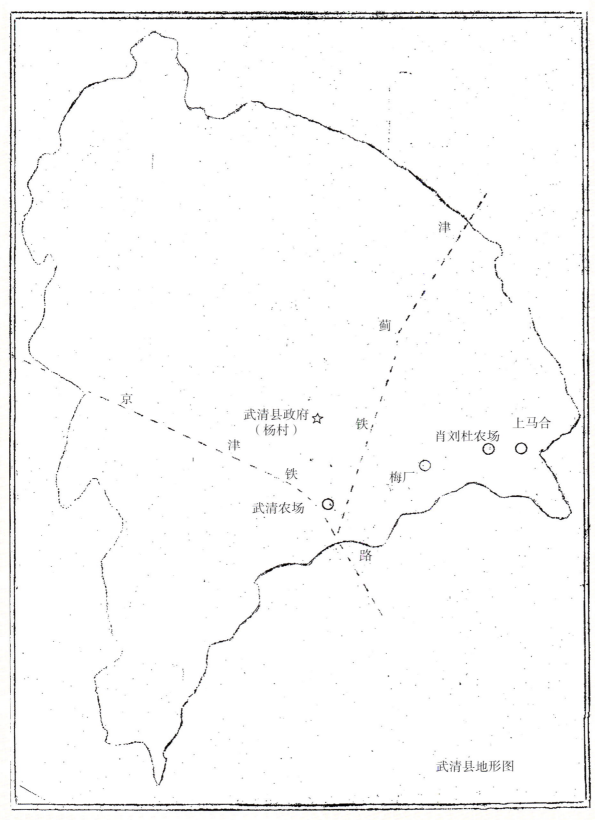

津

蓟

京

津

铁

武清县政府
（杨村）☆

铁

肖刘杜农场 ○

上马合 ○

梅厂 ○

武清农场 ○

路

武清县地形图

黄庄农场前身，肖刘杜农场初建位置示意图（1960—1961年）

尔王庄农场、黄庄农场位置

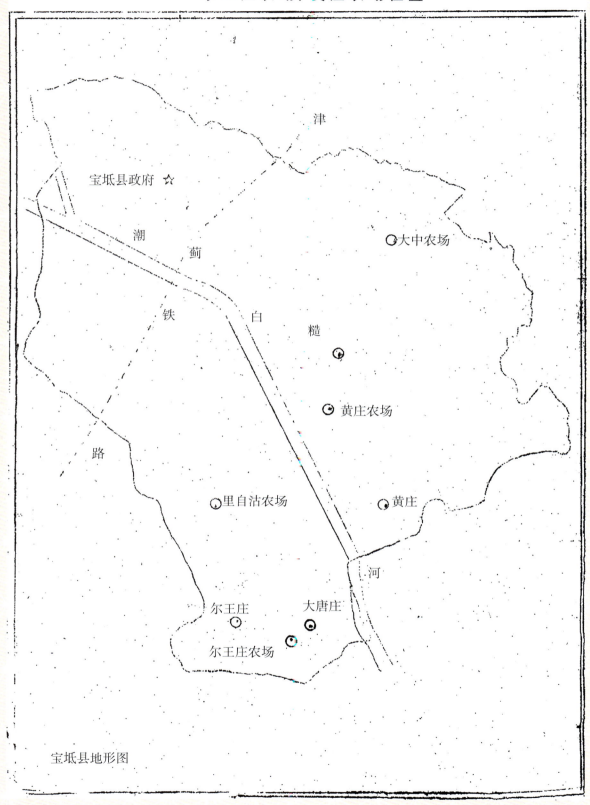

津

宝坻县政府 ☆

大中农场

潮

蓟

铁

白

糙

黄庄农场

路

里自沽农场

黄庄

河

尔王庄

大唐庄

尔王庄农场

宝坻县地形图

宝坻区北三场初建时位置示意图（图中大中农场为大钟庄农场）

黄庄农场土地卫星图（红框中为农场土地） ■

里自沽农场土地卫星图（红框中为农场土地） ■

钟庄农场土地卫星图（红框中为农场土地） ■

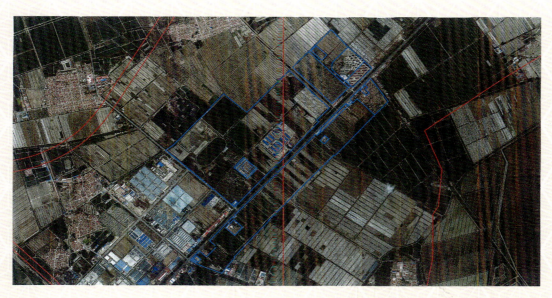

潘庄农场土地卫星图（蓝框中为农场土地） ■

国农第四民兵连第三排在里自沽农场第四生产队队舍前合影
（拍摄于 1965 年，影像中人均为里自沽农场职工及家属）

大钟庄农场宣传队至北京电视台演出后在天安门留影（拍摄于 1968 年）

正在维修农机设备的农场工人（拍摄于 1992 年）

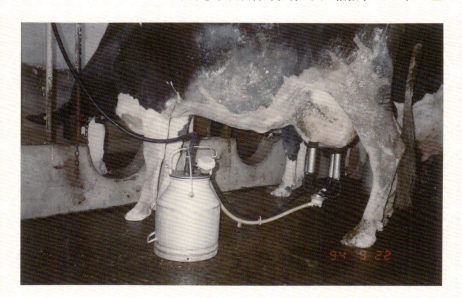

正在进行自动挤奶作业的奶牛（拍摄于 1994 年）

农场在进行土地测绘（拍摄于 1992 年）

里自沽农场天津市地热养鸡场（拍摄于 1989 年）

农场工人正在检查养鸡鸡只情况（拍摄于 1993 年）

农场工人在晒场工作（拍摄于 1992 年）

奶牛场外景（拍摄于 1991 年）

农场春耕（拍摄于 1992 年）

农场丰收一景（拍摄于 1992 年）

农场收割（拍摄于 1992 年） ■

金地公司外景（拍摄于 1996 年） ■

天津市农委主任崔世光至金地公司视察（拍摄于 1999 年） ■

天津市副市长孙海麟至金地公司视察（拍摄于 1999 年）

甲鱼养殖基地俯瞰（拍摄于 2000 年）

宏发副食部正在营业（拍摄于 1993 年）

宏发超市外景（拍摄于 1998 年）

共青团天津市委副书记朱军为里自沽农场所属宏发超市授牌青年文明号
（拍摄于 2001 年）

渤海农业揭牌仪式（由左至右：郝菲菲、白智生、张庆东、王凤舞）

（拍摄于 2012 年）

渤海农业集团标志 ■

集团本部办公楼（拍摄于 2015 年）■

黄庄洼米业公司大门（拍摄于 2019 年）■

稻米生产线一角（拍摄于 2019 年）■

黄庄洼米业公司场区（拍摄于 2017 年）■

黄庄洼米业公司标志 ■

黄庄洼米业公司正在给购买稻谷客户的车辆装车（拍摄于 2019 年）■

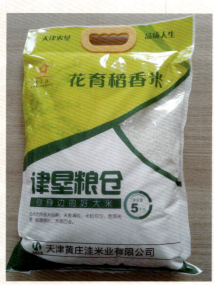

花育稻香米零售包装
（拍摄于 2015 年）■

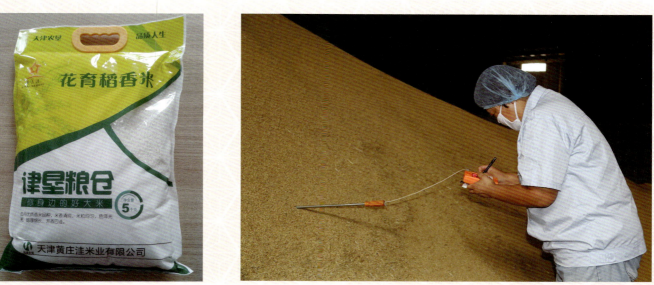

黄庄洼米业公司质检员正在检测用来供应天津全运会使用的原粮
（拍摄于 2017 年）

小站稻开镰仪式中收割机列队开镰收割水稻（拍摄于 2019 年）

小站稻初耕（拍摄于 2020 年）

小站稻稻田（拍摄于 2020 年）

长势喜人的试验田（拍摄于 2020 年）

李家洋院士（右）和天津食品集团总经理万守朋（左）在小站稻
试验田查看稻谷性状（拍摄于 2020 年）

小站稻稻田收割（拍摄于 2020 年）

正在田间收割水稻的工人（拍摄于2020年）

稻田日落（拍摄于2015年）

水稻育种基地（拍摄于2015年）

五、蛋鸡和生猪养殖

正在建设的百万蛋鸡养殖项目成鸡舍（拍摄于 2016 年）

正在进行调试的育雏设备（拍摄于 2016 年）

广源公司大门（拍摄于 2019 年）

广源公司生产车间（拍摄于 2019 年）∎

广源公司蛋品车间生产线（拍摄于 2018 年）∎

广源公司用来供应天津全运会的家爱格品牌鸡蛋（拍摄于 2017 年）∎

盒装家爱格鸡蛋（拍摄于 2015 年）

零售家爱格鸡蛋包装（拍摄于 2015 年）

家爱格鸡蛋绿色食品证（2013 年取得）

家爱格鸡蛋无公害产地认证（2013 年取得）

广源公司参加第 101 届中国糖酒会展览（拍摄于 2019 年）

康嘉公司生猪养殖场大门（拍摄于 2013 年）

康嘉公司猪舍内景（拍摄于 2017 年）

康嘉公司存栏生猪（拍摄于 2012 年）■

津垦猪肉标志 ■

康嘉公司冬日景色（拍摄于 2015 年）■

嘉禾田源公司大门（拍摄于 2019 年）

嘉禾田源公司厂区（拍摄于 2017 年）

嘉禾田源公司标志

嘉禾田源公司养殖的锦鲤（拍摄于 2013 年）■

水王庄甲鱼天津市著名商标证书（2013 年获得）■

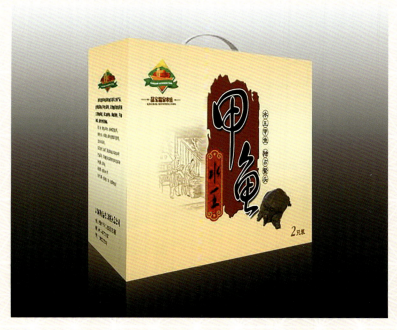

水王庄甲鱼零售包装（拍摄于 2013 年）■

绿色世界晶宝温泉农庄大门（拍摄于 2017 年）■

绿色世界晶宝温泉农庄标志 ■

绿色世界晶宝温泉农庄观光园入口（拍摄于 2009 年）■

绿色世界晶宝温泉农庄无土栽培展馆一角（拍摄于 2012 年）

小学生们正在采收无土栽培的生菜（拍摄于 2019 年）

正在成熟的温室大棚草莓（拍摄于 2019 年）

水王府饭店开业时外景（拍摄于 2009 年）　■

绿色世界晶宝温泉农庄垂钓区景色　■

天津市宝德包装有限公司（宝德公司）大门（拍摄于 2015 年）

宝德公司车间外景（拍摄于 2015 年）

宝德公司印刷车间内景（拍摄于 2015 年）

正在高温环境下工作的宝德公司印刷车间工人杨春光（拍摄于 2016 年）■

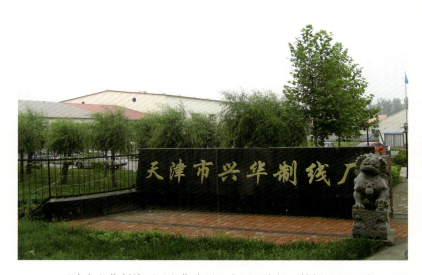

天津市兴华制线厂（兴华公司）老厂区大门（拍摄于 2018 年）■

兴华公司老厂房（拍摄于 2018 年）■

兴华公司新厂址俯瞰（拍摄于 2011 年）■

兴华公司标识 ■

正在高温环境下工作的兴华公司织机车间工人郭艳明 ■
（拍摄于 2016 年）

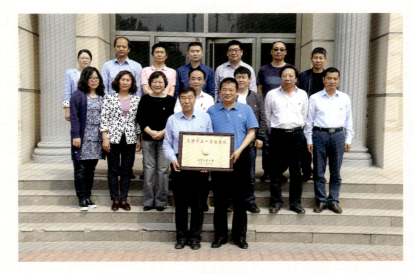

渤海农业集团获天津市总工会颁发的 2017 年度天津市五一劳动奖状，党委书记徐宝梁（第一排右）与总经理李景龙（第一排左）和各所属单位主要领导合影（拍摄于 2018 年）

北大荒集团青年骨干至渤海农业集团交流学习期间参观广源公司（拍摄于 2019 年）

宝坻区委副书记李东升在带队考察渤海农业集团期间参观绿色世界公司（拍摄于 2019 年）

首农食品、光明食品、广州越秀、重庆农投集团等 5 个垦区集团
领导参观渤海农业集团期间在田间（拍摄于 2020 年）

渤海农业集团部署新冠疫情防控工作（拍摄于 2020 年）

新冠疫情防控期间，公司职工对运送危化品的车辆消毒
（拍摄于 2020 年）

新冠疫情防控期间，绿色世界公司职工对园区道路进行消毒（拍摄于 2020 年）

天津市副市长李树起一行至渤海农业集团调研（拍摄于 2020 年）

天津市国资委党委书记、主任张勇至渤海农业集团现代农业产业园调研（拍摄于 2020 年）

天津市农委副主任李志荣一行至水产品基地考察（拍摄于 2020 年）

春节期间，渤海农业集团领导慰问农场退休干部家属（拍摄于 2020 年）

春节期间，渤海农业集团领导慰问农场退休干部家属（拍摄于 2020 年）

里自沽温泉小区住宅楼远景（拍摄于 2005 年）■

农场家属区自建职工平房（拍摄于 2009 年）■

里自沽农场场部（拍摄于 2000 年）

农场新路，黄庄农场至战备闸段（拍摄于 2015 年）

中国农垦农场志丛编纂委员会

主 任

张兴旺

副主任

左常升　李尚兰　刘天金　彭剑良　程景民　王润雷

成 员（按垦区排序）

肖辉利　毕国生　苗冰松　茹栋梅　赵永华　杜　鑫

陈　亮　王守聪　许如庆　姜建友　唐冬寿　王良贵

郭宋玉　兰永清　马常春　张金龙　李胜强　马艳青

黄文沐　张安明　王明魁　徐　斌　田李文　张元鑫

余　繁　林　木　王　韬　张懿笃　杨毅青　段志强

武洪斌　熊　斌　冯天华　朱云生　常　芳

中国农垦农场志丛编纂委员会办公室

主 任

王润雷

副主任

王　生　刘爱芳　武新宇　明　星

成 员

胡从九　刘琢琬　干锦春　王庆宁

— 1 —

中国农垦农场志

天津渤海农业农场志编纂委员会

主　　任：袁思堃

副 主 任：韩　义　张国生

委　　员：仵　赟　赵紫君　张俊峰　张立志　张　文

　　　　　张　蓓　郝　炘　韩克民　魏玉升　吴凤明

编纂委员会办公室

主　　任：张国生

主　　编：马　煜

编　　辑：敬　静　李西洋

成　　员：苏玉梅　卜庆海　刘启丽　李　捷　刘雨亭

　　　　　黄春玲　刘玉萍　王振和　马为红　张丽丽

　　　　　赵爱军　孙正平　李跃进　汤云龙

中国农垦农场志丛自 2017 年开始酝酿，历经几度春秋寒暑，终于在建党 100 周年之际，陆续面世。在此，谨向所有为修此志作出贡献、付出心血的同志表示诚挚的敬意和由衷的感谢！

中国共产党领导开创的农垦事业，为中华人民共和国的诞生和发展立下汗马功劳。八十余年来，农垦事业的发展与共和国的命运紧密相连，在使命履行中，农场成长为国有农业经济的骨干和代表，成为国家在关键时刻抓得住、用得上的重要力量。

如果将农垦比作大厦，那么农场就是砖瓦，是基本单位。在全国 31 个省（自治区、直辖市，港澳台除外），分布着 1800 多个农垦农场。这些星罗棋布的农场如一颗颗玉珠，明暗随农垦的历史进程而起伏；当其融汇在一起，则又映射出农垦事业波澜壮阔的历史画卷，绽放着"艰苦奋斗、勇于开拓"的精神光芒。

（一）

"农垦"概念源于历史悠久的"屯田"。早在秦汉时期就有了移民垦荒，至汉武帝时创立军屯，用于保障军粮供应。之后，历代沿袭屯田这一做法，充实国库，供养军队。

中国共产党借鉴历代屯田经验，发动群众垦荒造田。1933 年 2 月，中华苏维埃共和国临时中央政府颁布《开垦荒地荒田办法》，规定"县区土地部、乡政府要马上调查统计本地所有荒田荒地，切实计划、发动群众去开荒"。到抗日战争时期，中国共产党大规模地发动军人进行农垦实践，肩负起支援抗战的特殊使命，农垦事业正式登上了历史舞台。

20 世纪 30 年代末至 40 年代初，抗日战争进入相持阶段，在日军扫荡和国民党军事包围、经济封锁等多重压力下，陕甘宁边区生活日益困难。"我们曾经弄到几乎没有衣穿，没有油吃，没有纸、没有菜，战士没有鞋袜，工作人员在冬天没有被盖。"毛泽东同志曾这样讲道。

面对艰难处境，中共中央决定开展"自己动手，丰衣足食"的生产自救。1939 年 2 月 2 日，毛泽东同志在延安生产动员大会上发出"自己动手"的号召。1940 年 2 月 10 日，中共中央、中央军委发出《关于开展生产运动的指示》，要求各部队"一面战斗、一面生产、一面学习"。于是，陕甘宁边区掀起了一场轰轰烈烈的大生产运动。

这个时期，抗日根据地的第一个农场——光华农场诞生了。1939 年冬，根据中共中央的决定，光华农场在延安筹办，生产牛奶、蔬菜等食物。同时，进行农业科学实验、技术推广，示范带动周边群众。这不同于古代屯田，开创了农垦示范带动的历史先河。

在大生产运动中，还有一面"旗帜"高高飘扬，让人肃然起敬，它就是举世闻名的南泥湾大生产运动。

1940 年 6—7 月，为了解陕甘宁边区自然状况、促进边区建设事业发展，在中共中央财政经济部的支持下，边区政府建设厅的农林科学家乐天宇等一行 6 人，历时 47 天，全面考察了边区的森林自然状况，并完成了《陕甘宁边区森林考察团报告书》，报告建议垦殖南泥洼（即南泥湾）。之后，朱德总司令亲自前往南泥洼考察，谋划南泥洼的开发建设。

1941 年春天，受中共中央的委托，王震将军率领三五九旅进驻南泥湾。那时，南泥湾俗称"烂泥湾","方圆百里山连山"。战士们"只见梢林不见天",身边做伴的是满山窜的狼豹黄羊。在这种艰苦处境中,战士们攻坚克难,一手拿枪,一手拿镐,练兵开荒两不误,把"烂泥湾"变成了陕北的"好江南"。从1941年到1944年,仅仅几年时间,三五九旅的粮食产量由0.12万石猛增到3.7万石,上缴公粮1万石,达到了耕一余一。与此同时,工业、商业、运输业、畜牧业和建筑业也得到了迅速发展。

南泥湾大生产运动,作为中国共产党第一次大规模的军垦,被视为农垦事业的开端,南泥湾也成为农垦事业和农垦精神的发祥地。

进入解放战争时期,建立巩固的东北根据地成为中共中央全方位战略的重要组成部分。毛泽东同志在1945年12月28日为中共中央起草的《建立巩固的东北根据地》中,明确指出"我党现时在东北的任务,是建立根据地,是在东满、北满、西满建立巩固的军事政治的根据地",要求"除集中行动负有重大作战任务的野战兵团外,一切部队和机关,必须在战斗和工作之暇从事生产"。

紧接着,1947年,公营农场兴起的大幕拉开了。

这一年春天,中共中央东北局财经委员会召开会议,主持财经工作的陈云、李富春同志在分析时势后指出:东北行政委员会和各省都要"试办公营农场,进行机械化农业实验,以迎接解放后的农村建设'。

这一年夏天,在松江省政府的指导下,松江省省营第一农场(今宁安农场)创建。省政府主任秘书李在人为场长,他带领着一支18人的队伍,在今尚志市一面坡太平沟开犁生产,一身泥、一身汗地拉开了"北大荒第一犁"。

这一年冬天,原辽北军区司令部作训科科长周亚光带领人马,冒着严寒风雪,到通北县赵光区实地踏查,以日伪开拓团训练学校旧址为基础,建成了我国第一个公营机械化农场——通北机械农场。

之后,花园、永安、平阳等一批公营农场纷纷在战火的硝烟中诞生。与此同时,一部分身残志坚的荣誉军人和被解放的国民党军人,向东北荒原宣战,艰苦拓荒、艰辛创业,创建了一批荣军农场和解放团农场。

再将视线转向华北。这一时期，在河北省衡水湖的前身"千顷洼"所在地，华北人民政府农业部利用一批来自联合国善后救济总署的农业机械，建成了华北解放区第一个机械化公营农场——冀衡农场。

除了机械化农场，在那个主要靠人力耕种的年代，一些拖拉机站和机务人员培训班诞生在东北、华北大地上，推广农业机械化技术，成为新中国农机事业人才培养的"摇篮"。新中国的第一位女拖拉机手梁军正是优秀代表之一。

（二）

中华人民共和国成立后农垦事业步入了发展的"快车道"。

1949 年 10 月 1 日，新中国成立了，百废待兴。新的历史阶段提出了新课题、新任务：恢复和发展生产，医治战争创伤，安置转业官兵，巩固国防，稳定新生的人民政权。

这没有硝烟的"新战场"，更需要垦荒生产的支持。

1949 年 12 月 5 日，中央人民政府人民革命军事委员会发布《关于 1950 年军队参加生产建设工作的指示》，号召全军"除继续作战和服勤务者而外，应当负担一部分生产任务，使我人民解放军不仅是一支国防军，而且是一支生产军"。

1952 年 2 月 1 日，毛泽东主席发布《人民革命军事委员会命令》："你们现在可以把战斗的武器保存起来，拿起生产建设的武器。"批准中国人民解放军 31 个师转为建设师，其中有 15 个师参加农业生产建设。

垦荒战鼓已擂响，刚跨进和平年代的解放军官兵们，又背起行囊，扑向荒原，将"作战地图变成生产地图"，把"炮兵的瞄准仪变成建设者的水平仪"，让"战马变成耕马"，在戈壁荒漠、三江平原、南国边疆安营扎寨，攻坚克难，辛苦耕耘，创造了农垦事业的一个又一个奇迹。

1. 将戈壁荒漠变成绿洲

1950 年 1 月，王震将军向驻疆部队发布开展大生产运动的命令，动员 11 万余名官兵就地屯垦，创建军垦农场。

垦荒之战有多难，这些有着南泥湾精神的农垦战士就有多拼。

没有房子住，就搭草棚子、住地窝子；粮食不够吃，就用盐水煮麦粒；没有拖拉机和畜力，就多人拉犁开荒种地……

然而，戈壁滩缺水，缺"农业的命根子"，这是痛中之痛！

没有水，战士们就自己修渠，自伐木料，自制筐担，自搓绳索，自开块石。修渠中涌现了很多动人故事，据原新疆兵团农二师师长王德昌回忆，1951年冬天，一名来自湖南的女战士，面对磨断的绳子，情急之下，割下心爱的辫子，接上绳子背起了石头。

在战士们全力以赴的努力下，十八团渠、红星渠、和平渠、八一胜利渠等一条条大地的"新动脉"，奔涌在戈壁滩上。

1954年10月，经中共中央批准，新疆生产建设兵团成立，陶峙岳被任命为司令员，新疆维吾尔自治区党委书记王恩茂兼任第一政委，张仲瀚任第二政委。努力开荒生产的驻疆屯垦官兵终于有了正式的新身份，工作中心由武装斗争转为经济建设，新疆地区的屯垦进入了新的阶段。

之后，新疆生产建设兵团重点开发了北疆的准噶尔盆地、南疆的塔里木河流域及伊犁、博乐、塔城等边远地区。战士们鼓足干劲，兴修水利、垦荒造田、种粮种棉、修路架桥，一座座城市拔地而起，荒漠变绿洲。

2. 将荒原沼泽变成粮仓

在新疆屯垦热火朝天之时，北大荒也进入了波澜壮阔的开发阶段，三江平原成为"主战场"。

1954年8月，中共中央农村工作部司意并批转了农业部党组《关于开发东北荒地的农建二师移垦东北问题的报告》，同时上报中央军委批准。9月，第一批集体转业的"移民大军"——农建二师由山东开赴北大荒。这支8000多人的齐鲁官兵队伍以荒原为家，创建了二九〇、二九一和十一农场。

同年，王震将军视察黑龙江汤原后，萌发了开发北大荒的设想。领命的是第五师副师长余友清，他打头阵，率一支先遣队到密山、虎林一带踏查荒原，于1955年元旦，在虎林县（今虎林市）西岗创建了铁道兵第一个农场，以部队番号命名为"八五〇部农场"。

1955年，经中共中央同意，铁道兵9个师近两万人挺进北大荒，在密山、虎林、饶河一带开荒建场，拉开了向三江平原发起总攻的序幕，在八五〇部农场周围建起了一批八字头的农场。

1958年1月，中央军委发出《关于动员十万干部转业复员参加生产建设的指示》，要求全军复员转业官兵去开发北大荒。命令一下，十万转业官兵及家属，浩浩荡荡进军三江平原，支边青年、知识青年也前赴后继地进攻这片古老的荒原。

垦荒大军不惧苦、不畏难，鏖战多年，荒原变良田。1964年盛夏，国家副主席董必武来到北大荒视察，面对麦香千里即兴赋诗："斩棘披荆忆老兵，大荒已变大粮屯。"

3. 将荒郊野岭变成胶园

如果说农垦大军在戈壁滩、北大荒打赢了漂亮的要粮要棉战役，那么，在南国边疆，则打赢了一场在世界看来不可能胜利的翻身仗。

1950年，朝鲜战争爆发后，帝国主义对我国实行经济封锁，重要战略物资天然橡胶被禁运，我国国防和经济建设面临严重威胁。

当时世界公认天然橡胶的种植地域不能超过北纬17°，我国被国际上许多专家划为"植胶禁区"。

但命运应该掌握在自己手中，中共中央作出"一定要建立自己的橡胶基地"的战略决策。1951年8月，政务院通过《关于扩大培植橡胶树的决定》，由副总理兼财政经济委员会主任陈云亲自主持这项工作。同年11月，华南垦殖局成立，中共中央华南分局第一书记叶剑英兼任局长，开始探索橡胶种植。

1952年3月，两万名中国人民解放军临危受命，组建成林业工程第一师、第二师和一个独立团，开赴海南、湛江、合浦等地，住茅棚、战台风、斗猛兽，白手起家垦殖橡胶。

大规模垦殖橡胶，急需胶籽。"一粒胶籽，一两黄金"成为战斗口号，战士们不惜一切代价收集胶籽。有一位叫陈金照的小战士，运送胶籽时遇到山洪，被战友们找到时已没有了呼吸，而背上箩筐里的胶籽却一粒没丢⋯⋯

正是有了千千万万个把橡胶看得重于生命的陈金照们，1957 年春天，华南垦殖局种植的第一批橡胶树，流出了第一滴胶乳。

1960 年以后，大批转业官兵加入海南岛植胶队伍，建成第一个橡胶生产基地，还大面积种植了剑麻、香茅、咖啡等多种热带作物。同时，又有数万名转业官兵和湖南移民汇聚云南边疆，用血汗浇灌出了我国第二个橡胶生产基地。

在新疆、东北和华南三大军垦战役打响之时，其他省份也开始试办农场。1952 年，在政务院关于"各县在可能范围内尽量地办起和办好一两个国营农场"的要求下，全国各地农场如雨后春笋般发展起来。1956 年，农垦部成立，王震将军被任命为部长，统一管理全国的军垦农场和地方农场。

随着农垦管理走向规范化，农垦事业也蓬勃发展起来。江西建成多个综合垦殖场，发展茶、果、桑、林等多种生产；北京市郊、天津市郊、上海崇明岛等地建起了主要为城市提供副食品的国营农场；陕西、安徽、河南、西藏等省区建立发展了农牧场群⋯⋯

到 1966 年，全国建成国营农场 1958 个，拥有职工 292.77 万人，拥有耕地面积 345457 公顷，农垦成为我国农业战线一支引人瞩目的生力军。

（三）

前进的道路并不总是平坦的。"文化大革命"持续十年，使党、国家和各族人民遭到新中国成立以来时间最长、范围最广、损失最大的挫折，农垦系统也不能幸免。农场平均主义盛行，从 1967 年至 1978 年，农垦系统连续亏损 12 年。

"没有一个冬天不可逾越，没有一个春天不会来临。"1978 年，党的十一届三中全会召开，如同一声春雷，唤醒了沉睡的中华大地。手握改革开放这一法宝，全党全社会朝着社会主义现代化建设方向大步前进。

在这种大形势下，农垦人深知，国营农场作为社会主义全民所有制企业，应当而且有条件走在农业现代化的前列，继续发挥带头和示范作用。

于是，农垦人自觉承担起推进实现农业现代化的重大使命，乘着改革开放的春风，开始进行一系列的上下求索。

1978年9月，国务院召开了人民公社、国营农场试办农工商联合企业座谈会，决定在我国试办农工商联合企业，农垦系统积极响应。作为现代化大农业的尝试，机械化水平较高且具有一定工商业经验的农垦企业，在农工商综合经营改革中如鱼得水，打破了单一种粮的局面，开启了农垦一二三产业全面发展的大门。

农工商综合经营只是农垦改革的一部分，农垦改革的关键在于打破平均主义，调动生产积极性。

为调动企业积极性，1979年2月，国务院批转了财政部、国家农垦总局《关于农垦企业实行财务包干的暂行规定》。自此，农垦开始实行财务大包干，突破了"千家花钱，一家（中央）平衡"的统收统支方式，解决了农垦企业吃国家"大锅饭"的问题。

为调动企业职工的积极性，从1979年根据财务包干的要求恢复"包、定、奖"生产责任制，到1980年后一些农场实行以"大包干"到户为主要形式的家庭联产承包责任制，再到1983年借鉴农村改革经验，全面兴办家庭农场，逐渐建立大农场套小农场的双层经营体制，形成"家家有场长，户户搞核算"的蓬勃发展气象。

为调动企业经营者的积极性，1984年下半年，农垦系统在全国选择100多个企业试点推行场（厂）长、经理负责制，1988年全国农垦有60%以上的企业实行了这项改革，继而又借鉴城市国有企业改革经验，全面推行多种形式承包经营责任制，进一步明确主管部门与企业的权责利关系。

以上这些改革主要是在企业层面，以单项改革为主，虽然触及了国家、企业和职工的最直接、最根本的利益关系，但还没有完全解决传统体制下影响农垦经济发展的深层次矛盾和困难。

"历史总是在不断解决问题中前进的。"1992年，继邓小平南方谈话之后，党的十四大明确提出，要建立社会主义市场经济体制。市场经济为农垦改革进一步指明了方向，但农垦如何改革才能步入这个轨道，真正成为现代化农业的引领者？

关于国营大中型企业如何走向市场，早在1991年9月中共中央就召开工作会议，强调要转换企业经营机制。1992年7月，国务院发布《全民所有制工业企业转换经营机制条例》，明确提出企业转换经营机制的目标是："使企业适应市场的要求，成为依法自主经营、自负盈亏、自我发展、自我约束的商品生产和经营单位，成为独立享有民事权利和承担民事义务的企业法人。"

为转换农垦企业的经营机制，针对在干部制度上的"铁交椅"、用工制度上的"铁饭碗"和分配制度上的"大锅饭"问题，农垦实施了干部聘任制、全员劳动合同制以及劳动报酬与工效挂钩的三项制度改革，为农垦企业建立在用人、用工和收入分配上的竞争机制起到了重要促进作用。

1993年，十四届三中全会再次擂响战鼓，指出要进一步转换国有企业经营机制，建立适应市场经济要求，产权清晰、权责明确、政企分开、管理科学的现代企业制度。

农业部积极响应，1994年决定实施"三百工程"，即在全国农垦选择百家国有农场进行现代企业制度试点、组建发展百家企业集团、建设和做强百家良种企业，标志着农垦企业的改革开始深入到企业制度本身。

同年，针对有些农场仍为职工家庭农场，承包户垫付生产、生活费用这一问题，根据当年1月召开的全国农业工作会议要求，全国农垦系统开始实行"四到户"和"两自理"，即土地、核算、盈亏、风险到户，生产费、生活费由职工自理。这一举措彻底打破了"大锅饭"，开启了国有农场农业双层经营体制改革的新发展阶段。

然而，在推进市场经济进程中，以行政管理手段为主的垦区传统管理体制，逐渐成为束缚企业改革的桎梏。

垦区管理体制改革迫在眉睫。1995年，农业部在湖北省武汉市召开全国农垦经济体制改革工作会议，在总结各垦区实践的基础上，确立了农垦管理体制的改革思路：逐步弱化行政职能，加快实体化进程，积极向集团化、公司化过渡。以此会议为标志，垦区管理体制改革全面启动。北京、天津、黑龙江等17个垦区按照集团化方向推进。此时，出于实际需要，大部分垦区在推进集团化改革中仍保留了农垦管理部门牌子和部分行政管理职能。

"前途是光明的，道路是曲折的。"由于农垦自身存在的政企不分、产权不清、社会负担过重等深层次矛盾逐渐暴露，加之农产品价格低迷、激烈的市场竞争等外部因素叠加，从1997年开始，农垦企业开始步入长达5年的亏损徘徊期。

然而，农垦人不放弃、不妥协，终于在2002年"守得云开见月明"。这一年，中共十六大召开，农垦也在不断调整和改革中，告别"五连亏"，盈利13亿。

2002年后，集团化垦区按照"产业化、集团化、股份化"的要求，加快了对集团母公司、产业化专业公司的公司制改造和资源整合，逐步将国有优质资产集中到主导产业，进一步建立健全现代企业制度，形成了一批大公司、大集团，提升了农垦企业的核心竞争力。

与此同时，国有农场也在企业化、公司化改造方面进行了积极探索，综合考虑是否具备企业经营条件、能否剥离办社会职能等因素，因地制宜、分类指导。一是办社会职能可以移交的农场，按公司制等企业组织形式进行改革；办社会职能剥离需要过渡期的农场，逐步向公司制企业过渡。如广东、云南、上海、宁夏等集团化垦区，结合农场体制改革，打破传统农场界限，组建产业化专业公司，并以此为纽带，进一步将垦区内产业关联农场由子公司改为产业公司的生产基地（或基地分公司），建立了集团与加工企业、农场生产基地间新的运行体制。二是不具备企业经营条件的农场，改为乡、镇或行政区，向政权组织过渡。如2003年前后，一些垦区的部分农场连年严重亏损，有的甚至濒临破产。湖南、湖北、河北等垦区经省委、省政府批准，对农场管理体制进行革新，把农场管理权下放到市县，实行属地管理，一些农场建立农场管理区，赋予必要的政府职能，给予财税优惠政策。

这些改革离不开农垦职工的默默支持，农垦的改革也不会忽视职工的生活保障。

1986 年，根据《中共中央、国务院批转农牧渔业部〈关于农垦经济体制改革问题的报告〉的通知》要求，农垦系统突破职工住房由国家分配的制度，实行住房商品化，调动职工自己动手、改善住房的积极性。1992 年，农垦系统根据国务院关于企业职工养老保险制度改革的精神，开始改变职工养老保险金由企业独自承担的局面，此后逐步建立并完善国家、企业、职工三方共同承担的社会保障制度，减轻农场养老负担的同时，也减少了农场职工的后顾之忧，保障了农场改革的顺利推进。

从 1986 年至十八大前夕，从努力打破传统高度集中封闭管理的计划经济体制，到坚定社会主义市场经济体制方向；从在企业层面改革，以单项改革和放权让利为主，到深入管理体制，以制度建设为核心、多项改革综合配套协调推进为主：农垦企业一步一个脚印，走上符合自身实际的改革道路，管理体制更加适应市场经济，企业经营机制更加灵活高效。

这一阶段，农垦系统一手抓改革，一手抓开放，积极跳出"封闭"死胡同，走向开放的康庄大道。从利用外资在经营等领域涉足并深入合作，大力发展"三资"企业和"三来一补"项目；到注重"引进来"，引进资金、技术设备和管理理念等；再到积极实施"走出去"战略，与中东、东盟、日本等地区和国家进行经贸合作出口商品，甚至扎根境外建基地、办企业、搞加工、拓市场：农垦改革开放风生水起逐浪高，逐步形成"两个市场、两种资源"的对外开放格局。

(四)

党的十八大以来，以习近平同志为核心的党中央迎难而上，作出全面深化改革的决定，农垦改革也进入全面深化和进一步完善阶段。

2015 年 11 月，中共中央、国务院印发《关于进一步推进农垦改革发展的意见》（简称《意见》），吹响了新一轮农垦改革发展的号角。《意见》明确要求，新时期农垦改革发展要以推进垦区集团化、农场企业化改革为主线，努力把农垦建设成为保障国家粮食安全和重要农产品有效供给的国家队、中国特色新型农业现代化的示范区、农业对外合作的排头兵、安边固疆的稳定器。

2016年5月25日，习近平总书记在黑龙江省考察时指出，要深化国有农垦体制改革，以垦区集团化、农场企业化为主线，推动资源资产整合、产业优化升级，建设现代农业大基地、大企业、大产业，努力形成农业领域的航母。

2018年9月25日，习近平总书记再次来到黑龙江省进行考察，他强调，要深化农垦体制改革，全面增强农垦内生动力、发展活力、整体实力，更好发挥农垦在现代农业建设中的骨干作用。

农垦从来没有像今天这样更接近中华民族伟大复兴的梦想！农垦人更加振奋了，以壮士断腕的勇气、背水一战的决心继续农垦改革发展攻坚战。

1. 取得了累累硕果

——坚持集团化改革主导方向，形成和壮大了一批具有较强竞争力的现代农业企业集团。黑龙江北大荒去行政化改革、江苏农垦农业板块上市、北京首农食品资源整合……农垦深化体制机制改革多点开花、逐步深入。以资本为纽带的母子公司管理体制不断完善，现代公司治理体系进一步健全。市县管理农场的省份区域集团化改革稳步推进，已组建区域集团和产业公司超过300家，一大批农场注册成为公司制企业，成为真正的市场主体。

——创新和完善农垦农业双层经营体制，强化大农场的统一经营服务能力，提高适度规模经营水平。截至2020年，据不完全统计，全国农垦规模化经营土地面积5500多万亩，约占农垦耕地面积的70.5%，现代农业之路越走越宽。

——改革国有农场办社会职能，让农垦企业政企分开、社企分开，彻底甩掉历史包袱。截至2020年，全国农垦有改革任务的1500多个农场完成办社会职能改革，松绑后的步伐更加矫健有力。

——推动农垦国有土地使用权确权登记发证，唤醒沉睡已久的农垦土地资源。截至2020年，土地确权登记发证率达到96.3%，使土地也能变成金子注入农垦企业，为推进农垦土地资源资产化、资本化打下坚实基础。

——积极推进对外开放，农垦农业对外合作先行者和排头兵的地位更加突出。

合作领域从粮食、天然橡胶行业扩展到油料、糖业、果菜等多种产业，从单个环节向全产业链延伸，对外合作范围不断拓展。截至 2020 年，全国共有 15 个垦区在 45 个国家和地区投资设立了 84 家农业企业，累计投资超过 370 亿元。

2. 在发展中改革，在改革中发展

农垦企业不仅有改革的硕果，更以改革创新为动力，在扶贫开发、产业发展、打造农业领域航母方面交出了漂亮的成绩单。

——聚力农垦扶贫开发，打赢农垦脱贫攻坚战。从 20 世纪 90 年代起，农垦系统开始扶贫开发。"十三五"时期，农垦系统针对 304 个重点贫困农场，绘制扶贫作战图，逐个建立扶贫档案，坚持"一场一卡一评价"。坚持产业扶贫，组织开展技术培训、现场观摩、产销对接，增强贫困农场自我"造血"能力。甘肃农垦永昌农场建成高原夏菜示范园区，江西宜丰黄冈山垦殖场大力发展旅游产业，广东农垦新华农场打造绿色生态茶园……贫困农场产业发展蒸蒸日上，全部如期脱贫摘帽，相对落后农场、边境农场和生态脆弱区农场等农垦"三场"踏上全面振兴之路。

——推动产业高质量发展，现代农业产业体系、生产体系、经营体系不断完善。初步建成一批稳定可靠的大型生产基地，保障粮食、天然橡胶、牛奶、肉类等重要农产品的供给；推广一批环境友好型种养新技术、种养循环新模式，提升产品质量的同时促进节本增效；制定发布一系列生鲜乳、稻米等农产品的团体标准，守护"舌尖上的安全"；相继成立种业、乳业、节水农业等产业技术联盟，形成共商共建共享的合力；逐渐形成"以中国农垦公共品牌为核心、农垦系统品牌联合舰队为依托"的品牌矩阵，品牌美誉度、影响力进一步扩大。

——打造形成农业领域航母，向培育具有国际竞争力的现代农业企业集团迈出坚实步伐。黑龙江北大荒、北京首农、上海光明三个集团资产和营收双超千亿元，在发展中乘风破浪：黑龙江北大荒农垦集团实现机械化全覆盖，连续多年粮食产量稳定在 400 亿斤以上，推动产业高端化、智能化、绿色化，全力打造"北大荒绿色智慧厨房"；北京首农集团坚持科技和品牌双轮驱动，不断提升完善"从田间到餐桌"

的全产业链条；上海光明食品集团坚持品牌化经营、国际化发展道路，加快农业"走出去"步伐，进行国际化供应链、产业链建设，海外营收占集团总营收20%左右，极大地增强了对全世界优质资源的获取能力和配置能力。

千淘万漉虽辛苦，吹尽狂沙始到金。迈入"十四五"，农垦改革目标基本完成，正式开启了高质量发展的新篇章，正在加快建设现代农业的大基地、大企业、大产业，全力打造农业领域航母。

（五）

八十多年来，从人畜拉犁到无人机械作业，从一产独大到三产融合，从单项经营到全产业链，从垦区"小社会"到农业"集团军"，农垦发生了翻天覆地的变化。然而，无论农垦怎样变，变中都有不变。

——不变的是一路始终听党话、跟党走的绝对忠诚。从抗战和解放战争时期垦荒供应军粮，到新中国成立初期发展生产、巩固国防，再到改革开放后逐步成为现代农业建设的"排头兵"，农垦始终坚持全面贯彻党的领导。而农垦从孕育诞生到发展壮大，更离不开党的坚强领导。毫不动摇地坚持贯彻党对农垦的领导，是农垦人奋力前行的坚强保障。

——不变的是服务国家核心利益的初心和使命。肩负历史赋予的保障供给、屯垦戍边、示范引领的使命，农垦系统始终站在讲政治的高度，把完成国家战略任务放在首位。在三年困难时期、"非典"肆虐、汶川大地震、新冠疫情突发等关键时刻，农垦系统都能"调得动、顶得上、应得急"，为国家大局稳定做出突出贡献。

——不变的是"艰苦奋斗、勇于开拓"的农垦精神。从抗日战争时一手拿枪、一手拿镐的南泥湾大生产，到新中国成立后新疆、东北和华南的三大军垦战役，再到改革开放后艰难但从未退缩的改革创新、坚定且铿锵有力的发展步伐，"艰苦奋斗、勇于开拓"始终是农垦人不变的本色，始终是农垦人攻坚克难的"传家宝"。

农垦精神和文化生于农垦沃土，在红色文化、军旅文化、知青文化等文化中孕育，也在一代代人的传承下，不断被注入新的时代内涵，成为农垦事业发展的不竭动力。

"大力弘扬'艰苦奋斗、勇于开拓'的农垦精神，推进农垦文化建设，汇聚起推动农垦改革发展的强大精神力量。"中央农垦改革发展文件这样要求。在新时代、新征程中，记录、传承农垦精神，弘扬农垦文化是农垦人的职责所在。

(六)

随着垦区集团化、农场企业化改革的深入，农垦的企业属性越来越突出，加之有些农场的历史资料、文献文物不同程度遗失和损坏，不少老一辈农垦人也已年至期颐，农垦历史、人文、社会、文化等方面的保护传承需求也越来越迫切。

传承农垦历史文化，志书是十分重要的载体。然而，目前只有少数农场编写出版过农场史志类书籍。因此，为弘扬农垦精神和文化，完整记录展示农场发展改革历程，保存农垦系统重要历史资料，在农业农村部党组的坚强领导下，农垦局主动作为，牵头组织开展中国农垦农场志丛编纂工作。

工欲善其事，必先利其器。2019 年，借全国第二轮修志工作结束、第三轮修志工作启动的契机，农业农村部启动中国农垦农场志丛编纂工作，广泛收集地方志相关文献资料，实地走访调研、拜访专家、咨询座谈、征求意见等。在充足的前期准备工作基础上，制定了中国农垦农场志丛编纂工作方案，拟按照前期探索、总结经验、逐步推进的整体安排，统筹推进中国农垦农场志丛编纂工作，这一方案得到了农业农村部领导的高度认可和充分肯定。

编纂工作启动后，层层落实责任。农业农村部专门成立了中国农垦农场志丛编纂委员会，研究解决农场志编纂、出版工作中的重大事项；编纂委员会下设办公室，负责志书编纂的具体组织协调工作；各省级农垦管理部门成立农场志编纂工作机构，负责协调本区域农场志的组织编纂、质量审查等工作；参与编纂的农场成立了农场志编纂工作小组，明确专职人员，落实工作经费，建立配套机制，保证了编纂工作的顺利进行。

质量是志书的生命和价值所在。为保正志书质量，我们组织专家编写了《农场志编纂技术手册》，举办农场志编纂工作培训班，召开农场志编纂工作推进会和研讨会，到农场实地调研督导，尽全力把好志书编纂的史实关、政治关、体例关、文字关和出版关。我们本着"时间服从质量"的原则，将精品意识贯穿编纂工作始终。坚持分步实施、稳步推进，成熟一本出版一本，成熟一批出版一批。

中国农垦农场志丛是我国第一次较为系统地记录展示农场形成发展脉络、改革发展历程的志书。它是一扇窗口，让读者了解农场，理解农垦；它是一条纽带，让农垦人牢记历史，让农垦精神代代传承；它是一本教科书，为今后农垦继续深化改革开放、引领现代农业建设、服务乡村振兴战略指引道路。

修志为用。希望此志能够"尽其用"，对读者有所裨益。希望广大农垦人能够从此志汲取营养，不忘初心、牢记使命，一茬接着一茬干、一棒接着一棒跑，在新时代继续发挥农垦精神，续写农垦改革发展新辉煌，为实现中华民族伟大复兴的中国梦不懈努力！

中国农垦农场志丛编纂委员会

2021 年 7 月

天津渤海农业农场志

TIANJIN BOHAI NONGYE NONGCHANG ZHI

序言

经过公司志书编纂委员会和撰写人员的辛勤努力，《天津渤海农业农场志》终于成稿。它是天津农垦渤海农业集团有限公司（简称渤海农业集团）响应号召，万众一心，建设大型国有集团化农业企业的又一丰硕成果。

渤海农业集团前身的各个国营农场自1960年建场至今已历经60个年头，在这半个多世纪的峥嵘岁月里，各届领导班子带领全场职工历尽艰辛、奋力拼搏、勇于探索、敢为人先，闯出了一条从无到有、从小到大、从穷到富、从弱到强的改革发展快车道。经过40余年的改革开放，特别是在2011—2020年这十年中，农垦人继往开来、锐意改革、迎难而上、开拓市场，使农场在政治、经济、文化、社会方面四位一体同步发展，创造了新的辉煌。如今渤海农业集团已发展成为集农、渔、工、商、服一体化综合经营的现代化大型国有企业，成为粮丰鱼肥、百业俱兴的新型农垦国有集团。

2020年，集团拥有土地41603.39亩，资产总额132424万元（不含土地），2015—2020年创造营业收入31.89亿元。人均年收入8.1万元，相较2010年增加2.1倍，相较2000年增加5.4倍。

2018年，集团荣获天津市五一劳动奖状；2019年，被天津市人民政府认定为天津市农业产业化经营市级重点龙头企业，旗下品牌产品"家爱格"鸡蛋和"黄庄洼"大米被认定为天津市知名农产品品牌。这些骄人的业绩，凝聚着全公司干部职工的才华智慧和辛劳汗水。

这部志书以渤海农业集团前身的黄庄农场、里自沽农场及大钟庄农场的改革和发展为主线，客观、准确地反映了这60年来的史实，辑录了农场各行各业的发展状况。自农场合并成立渤海农业集团后，又从农场集团化、公司化和现代企业发展的视角对其发展过程进行叙述。

志书中既彰显了成功的业绩，总结了经验，又点出了失误和不足，吸取了教训。体例完整、门类齐全、特色突出、内容丰富，不但是一部内容翔实的资料性著作，更是一部弘扬农垦精神的生动教科书，以资"存续史实、资治企业、启迪后人、奉献社会"。由于编者水平所限及部分原始史料遗失或短缺，虽几经修改勘误，本书仍难免有疏漏和谬误之处，望广大职工和读者朋友批评指正。在此，对编写过程中提供史料并给予热心帮助的领导、同事和系统内的离退休老同志表示郑重感谢！

以史为鉴可以知兴替。随着企业改革逐步深化，产业结构不断调整，如今的渤海农业集团已经成为天津食品集团旗下的重点农业企业，在新的起点上继往开来，以崭新面貌迈进新的时代征程，做好天津市广大人民的"饭碗子"和"菜篮子"，为全面建设社会主义现代化国家宏伟目标做出新的贡献。

天津渤海农业农场志
TIANJIN BOHAI NONGYE NONGCHANG ZHI

凡例

一、宗旨

志书以马列主义、毛泽东思想、邓小平理论、"三个代表"重要思想、科学发展观、习近平新时代中国特色社会主义思想为指导，坚持辩证唯物主义和历史唯物主义的立场、观点和方法，坚持实事求是的原则。全面、客观、真实地反映渤海农业集团在中共天津食品集团党委领导下的发展历程。全面系统地记述渤海农业集团前身黄庄农场、里自沽农场与大钟庄农场自建场至 2020 年的自然、经济、政治、文化、社会的发展变化。

志书记述时间范围内，渤海农业集团由黄庄农场、里自沽农场、大钟庄农场合并组建，后期合并潘庄农场，未合并前，记述事项分别说明。

二、体例

志书采用志、述、记、传、图、表等体裁，以志为主，综合运用。

三、人物

志书人物记述遵循生不立传的史家通例，按照标准在时限内未有立传人物，仅设人物表录对重要人物加以记述，同时采取以事系人方法在正文中予以记述。

人物直书其名，不加"同志""先生"等称呼，首次出现时在姓名前冠以职务、职称等身份。

四、文体

志书采用现代语体文。大事记以编年体为主，辅以纪事本末体。

五、语言

志书使用的语言文字、标点符号、数字，均按照国家有关主管部门的规定执行。称谓，一律使用第三人称。

六、机构

机构、部门、社会团体、会议等名称和专用名词的书写，首次出现使用全称，括注简称，再次出现时用简称。

七、资料来源

志书资料来源于历史文献，职能部室、基层单位经考证核实后载入，一般不注明出处。

中国农垦农场志

目录

第三编　管理体制

第四编　政　　治

第五编　文　　化

第六编　社　　会

附　　录

概　述

一

渤海农业集团地处天津市宝坻区境内的东南，地理坐标在北纬39°42′21″—39°26′45″，东经117°19′51″—117°35′14″，总控制面积27.3平方公里，大部分处于宝坻区大洼地带，潮白新河从西南方流过。北靠宝坻区大钟庄镇小苑庄，南接宝坻区大白庄镇小白庄，东边和宝坻区大钟庄镇康家庄相邻，西侧和宝坻区牛家牌镇西老鸦口村接壤。公司境内与宝坻区王卜庄、林亭口、黄庄、大白庄、大唐庄、尔王庄、欢喜庄、糙甸庄、八门城、大钟庄、牛家牌等20余个村镇土地相互交叉。

土地为古还乡河冲积扇区，土壤发育较为肥沃，多为潜育性浅色草甸土、黏质浅色甸土。壤质浅色甸土和黏质盐化草甸土，适宜种植水稻、小麦、大豆、玉米、高粱及各类经济作物。全场土地较平坦，大体趋势为西北较高，东南较低，地面自然坡降在1/10000～1/5000，海拔高度在0.5～1.0米，大洼地区平均高程0.3米。

场区内水系2条，潮白新河从西南方流过，流经原里自沽农场东侧，流经长度3公里，青龙湾河从原里自沽农场南侧流过，流经长度12公里，水流畅通，水质好，适合灌溉。

场区气候属暖温带大陆性季风气候，冷暖干湿差异明显，四季分明。春季少雨，干旱现象明显，夏季多雨高温，秋季降温迅速，冬季少雪多风。年平均气温11.6℃，年降水量612.5毫米，年无霜期在184天左右。年均晴朗天数120天，阴80天，全年日照充足，年均日照时数为2578.8小时，年蒸发量为1786.5毫米，年平均风速2.16米/秒。气象总的趋势为无霜期蒸发量增加，气温、日照、积温升高，降水量减少，风速减弱。比较多见的天气灾害为春旱、春夏旱、伏秋旱、雨涝、冰雹和霜冻。

种植业以水稻为主，辅以草莓和其他经济作物；养殖业主要养殖蛋鸡；野生动物有家鼠、田鼠、兔子、刺猬、狐狸等；水产资源有鲫鱼、鲤鱼等；矿产资源有地热温泉。主要产品有大米、鸡蛋、塑料包装制品、尼龙搭扣、缝纫线、无纺布地毯等。

二

渤海农业集团是由黄庄农场、里自沽农场、大钟庄农场合并成立的，后吸收潘庄农场。1961年7月，黄庄农场前身国营肖刘杜农场建立，次年取消建制转至宝坻县尔王庄洼地区，重新建场更名为国营尔王庄农场。1971年12月，转至黄庄洼地区，更名为国营宝坻县黄庄农场。1980年9月，更名为天津市黄庄农场。1984年11月，改称天津市农工商燕南公司。2014年4月，更名为天津市黄庄农场有限公司。

1962年2月，里自沽农场建场，1968年2月，里自沽农场转由宝坻县管理，更名为国营宝坻县里自沽农场。1980年，更名为天津市里自沽农场。1984年11月，改称天津市里自沽农工商公司。2014年4月，更名为天津市里自沽农场有限公司。

1963年10月，大钟庄农场建场，1968年4月，大钟庄农场由解放军4697部队管理，同年10月由军管转为宝坻县管理。1969年2月，大钟庄农场移交给解放军北京4500部队管理，同年7月，农场所属李宦庄生产队交由解放军8327部队管理，10月，大钟庄农场恢复建制。1970年3月，解放军4697部队将大钟庄农场交回。1980年更名为天津市大钟庄农场。1984年，改称天津市大钟庄农工商公司。2014年4月，更名为天津市大钟庄农场有限公司。

在此期间，农场管理机构也在不断变化，1979年2月，黄庄、里自沽、大钟庄农场业务工作由天津市国营农场管理局（简称农场局）统一管理，其余工作由宝坻县管理。1980年6—8月，黄庄、里自沽、大钟庄农场由宝坻县划归农场局直管。1983年8月，农场局撤销改制为天津市渤海农工商联合公司，随后更名为天津市渤海农工商联合总公司。1984年，更名为天津市农工商总公司。1997年4月，天津市农工商总公司改组为天津农垦集团总公司。2013年5月，黄庄、里自沽、大钟庄农场合并组建天津农垦渤海农业集团有限公司。2015年3月，天津农垦集团总公司和天津二商集团有限公司、天津市粮油集团有限公司、天津立达集团有限公司整合重组为天津食品集团。2018—2019年，渤海农业集团吸收潘庄农场。

渤海农业集团所属各农场大规模开垦建点于1961—1985年，垦荒者主体是天津及周边地区农垦系统职工，大、中专毕业生和城市大批下乡知识青年。

建场初期，土地面积和人口少，生产规模小，经过几代人的艰苦创业和不懈努力，渤海农业集团已经发展成为农工商一体化的大型机械化国有企业。2020年，公司拥有共有土地41372亩，各类农机59台。公司共有职工707人，农场居住区常住人口430人。

2020 年营收 6 亿元，农业收入 3.98 亿元，工业收入 2.02 亿元。

2020 年公司播种面积 29262.51 亩，种植品种由过去的小麦、大豆、玉米调整为现在的水稻和经济作物为主。蛋鸡养殖已经形成规模，年末存笼 131.7 万只，年产鲜鸡蛋 2.3 万吨。

三

1985 年，各农场开始试行职工家庭农场联营承包责任制，即在农场的统一管理下，将生产任务和主要劳动成果指标包干到户，实行定额上交、产量自销。随后，各农场开始建立职工联营农场，采取联产和个人家庭承包模式，养鸡业开始实行车间承包制，加强管理，降低成本，取得了良好的效果。

1991 年，黄庄农场制定实施《关于加快企业改革的有关方案》，农场所有干部职工按规定入股，利益共享，风险共担，按劳分配，按股分红。进一步尝试进行管理体制改革和产权制度改革。1992 年，里自沽农场出台基础企业承包办法，以组建公司为核算单位，将农场各产业和生产单位划分匹配，独立核算，实行供、产、销一条龙经营。大钟庄农场实行统分结合的双层经营机制，制定了销售承包利润分成、指标承包及大包干等多种承包办法。

在探索经营模式改革的过程中，各农场推动了"两费自理"、承包经营、全员参股、职工联营、个体经营等多种方式，有力推动了农场经济的持续发展，但因规模较小，无法形成集聚效应，后逐步停办或重新由农场收回经营权。

各个农场由单一农业经营向农工商多种产业综合经营的过程，是曲折和艰辛的。农场建场初期，以生产商品粮为主，农场职工只在农闲时间进行小规模的自产自销副业，随着农场规模扩大，各农场开始将多余的生产力和生产资料放在副业生产上，积极进行各类各样的二、三产业探索。先后尝试酿酒、织布、化工生产、食品生产、玻璃制造、兽药制造、机械制造加工修理、纺织用品生产等。发展趋势由农业为主、副业辅助主业转变为农业经营发展、副业面对市场并向主业输送效益。但这一时期各农场开展的副业，大多数都没有将农业主业整体经营通盘考虑进来，在缺乏规划、市场定位、专业人才支撑的情况下匆匆上马，直面市场，最后逐步被市场淘汰。至渤海农业集团时期还在存续经营的企业，要么是精准把握市场脉络，一步步开拓行业市场发展壮大的，如属于塑料包装行业的天津市宝德包装有限公司、属于纺织业的天津兴华织造有限公司；要么是围绕农业主业，随主业规模扩大而发展壮大的现代农业企业，如属于设施观光农业的天津绿色世界现代农业有限公司、属于养殖业的天津广源畜禽养殖有限公司。这些企业共同构成了渤海农业集团以农业作为主业、多种行业经营作为副业的综合经营发展局面。

在机构服务职能方面，按照"精兵简政、合并职能"的原则，各农场先后对机关实行了3次改革和调整，管理机构对非职能组织机构和科室采取转制、合并或撤销等形式精简机构，各农场机关科室均缩编30％以上，人员精简40％以上，黄庄农场机关由14人精简至10人，里自沽农场由44人减少到18人，大钟庄农场由77人减少到50人。合并为渤海农业集团后，原农场机关各科室管理职能进一步梳理，按照符合现代企业管理模式的要求搭建企业管理架构，人员精干、职责明确、任务具体，明显提高了办事效率和责任感，并实行全面预算管理，严格控制管理费用的支出。

在发展农业产业的过程中，各农场着力于经济结构调整，努力在调优、调强、调活上下功夫，使依托于农场成立的渤海农业集团的经济结构发生了根本的变化，形成了水稻、禽畜、水产三大支柱产业。种植业由过去的小麦、大豆、玉米，调整为现在的以高产高效的水稻种植为主业。到2020年，共建立了25000亩的高标准农田，占公司所有土地面积的60％、耕地的85％，大大增强了公司承受自然风险和市场风险的能力。水稻生产实现了全程机械化、智能化，确保水稻生产在整地、育秧、插秧、管理、收获等环节综合机械化率达95％以上。响应天津市小站稻产业振兴规划，实施水稻优良育种工程，全面推行水稻现代栽培新技术，充分利用宝坻大洼地带易于蓄水的优势，努力联农带农，打造小站稻从田间到餐桌的全产业链，提高了市场竞争能力，不断拓展集团增收和职工增效的空间，农产品收入与稻米加工收入占农业总收入的68.5％。

集团把畜牧业发展作为农业结构调整、合理配置农业资源、吸纳农业富余劳动力、提高粮食和农副产品转化增值水平、增加职工收入的重要渠道，超常规发展蛋鸡养殖为重点的畜牧业，先后建设2个百万只蛋鸡养殖工程，畜牧业在农业中的比重逐年增加，各种禽畜产品销售量逐年增大，已经实现畜牧业总产值占农业产值的25％。

水产养殖以发展观赏鱼养殖为主线，加快了复合水产养殖体系的发展，实现了水产业经济效益与公司发展的协调、持续发展。主要从事食用鱼虾和热带观赏鱼的繁育、养殖、销售，以及鱼饲料、渔药的销售。养殖水面7000余亩，有种鱼育苗棚3座，养殖大棚60座，其中36座大棚养殖鹦鹉鱼，24座大棚养殖食用鱼。

职工的物质文化生活水平明显提高，市场繁荣，社会稳定，人民安居乐业，收入逐年增加。2010年人均收入38519元，是2000年的5.1倍，2020年人均收入81471元，是2010年的2.1倍。

半个多世纪的艰苦创业，农场人在为国家创造大量物质财富的同时，还锤炼出了开拓进取、大胆尝试的企业精神。正是这种精神不断鼓舞着一代代农场人薪火相传、无私奉献，用青春和热血铸就光辉历程；正是这种精神激励着农场人审时度势，不断迎接新挑战，不断开创新局面，不断创造新业绩，孕育了企业发展的无限生机与活力。敢于试验、敢于冒险、敢于创新，是渤海农业人胆略和气魄的真实体现，而这种精神在实践中不断发展丰富，历久弥新，成为助推渤海农业集团进一步发展为现代大型农业集团的强劲动力。

四

经过近 60 年的开发建设，特别是经过 40 余年的改革开放，渤海农业集团已经发展成为集农、牧、渔、工、商、贸、服一体化综合经营的现代化企业。

"十四五"是中国经济发展的一个关键时期，国家经济将呈现以下 3 种特征。一是"高收入阶段"只是全国居民平均意义上的，结构性差异与发展不平衡不充分问题仍将长期存在，这意味着存在进一步发展的机会与潜力。二是与世界上其他主要代表性国家相比，我国居民可支配收入/人均 GDP 的比值显著偏低。从经济学理论而言，根源在于劳动报酬在国民要素分配中占比偏低。三是与世界上其他主要代表性国家相比，我国人均消费/人均可支配收入的比值也显著偏低，即国民经济储蓄率较高，消费率相对较低。储蓄率高的原因存在于多方面，如人口年龄结构、金融抑制、社保体系不健全、竞争性储蓄、文化传统因素等。渤海农业集团所处的天津市是国家的北方经济中心，基础设施、产业布局、金融环境在国内普遍处于领先地位，国家积极推进京津冀一体化战略，也有效拉动了天津经济的发展，这些因素都为全市企业提供了很好的发展条件。《天津市宝坻区国家现代农业产业园建设规划（2020—2023 年）》的实施，为渤海农业集团延伸产业链、做大做强农业产业提供了良好的平台和政策基础。

形势催人奋进，机会千载难逢。渤海农业集团要在新的发展阶段中调整结构、做强做优主业，全力打造水稻种植全产业链，发展现代都市型农业，将农垦小站稻公司打造成有着育繁推一体化现代种业体系的都市型现代农业企业，打造智慧农业、循环农业，构建繁育推一体化的水稻全产业链。畜牧业板块加快推进津琼两地农业及食品产业合作，满足海南鸡蛋供应需求，投资 8300 万元与海垦草畜集团合资成立百万存笼规模蛋鸡养殖公司和农产品销售公司，立足海南、华南地区，定位中高端蛋品市场，建立中高端单品销售渠道和淘汰鸡销售渠道，年新增销售规模 1 亿元，增加公司新利润增长点。同时，打造农产品从田间到餐桌的全产业链，为都市百姓提供优质、健康产品，进一步做大做优做强农垦蛋鸡产业，提高"家爱格"品牌知名度和影响力，稳定天津优质鸡蛋产品供给率，保证市场。水产养殖板块着力打造"一基地四板块",即紧紧围绕"放心水产品基地"建设,合力发展合作养殖、物流分拣中心品牌建设、委托经营及血鹦鹉养殖四大业务板块;加强产学研合作,研发新产品、新技术,提升繁养技术水平,提高市场竞争力,促进渤海农业集团水产产业健康发展。制造业板块围绕精益管理、创新增效、提质降本保证安全的原则,发挥制造业企业核心优势,形成区域性产品市场高覆盖率,保证主要产品销售的同时继续针对市场开发新产品。

在企业软实力建设和管理现代化方面,集团坚持以习近平新时代中国特色社会主义思想为指导,深入推进全面从严治党,强化主体责任、"第一责任人"责任和"一岗双责"落实。紧紧围绕渤海农业集团生产经营目标和改革发展任务,全面抓紧抓实党建工作,以党群工作新成效汇聚企业发展强大动力。继续加大人才培养和引进力度,实施科技人才战略,打造人才高地,培养和引进一批高素质、高技能的研发人员和科技企业家队伍。

集团目标为到 2025 年实现营业收入 10.71 亿元、利润总额 627 万元、人均年收入达到 12 万元。农业主业实现稻谷产量 2.2 万吨、大米产量 2 万吨、鸡蛋产量 4.2 万吨、蛋鸡淘汰销售 242 万只、观赏鱼养殖 400 万尾、食用鱼虾 141.9 万吨、果蔬 500 吨。非主业实现尼龙搭扣 3.35 亿米、缝纫线 680 吨、无纺布 460 万平方米、塑料复合膜 4200 吨。把渤海农业集团建设成自动化、智能化、生态化的大型农业综合现代化集团公司。

大事记

● **1960 年**　9 月　经河北省委批准筹建黄庄农场前身，河北省国营肖刘杜农场。

● **1961 年**　7 月　国营肖刘杜农场建立，位于河北省天津专区武清县东南（现天津市武清区上马台乡），涵盖 11 个村，占地 101680 余亩，以种植杂粮为主。农场干部、第一批职工 96 人，由河北省、天津专区、武清县委通过各国营农场、大中专院校调配。

7 月 8 日　经中共武清县委组织部批准，张怀玉任国营肖刘杜农场党委书记兼场长。

8 月　时任宝坻县副县长吴光甫、机械局长王振儒带领 14 名县直机关干部组成工作组，进驻牛家牌、大白庄、周良庄、黄庄 4 个乡，对于涉及的 21 个村队进行土地规划和征地调查摸底，筹建里自沽农场。

11 月　宝坻县委改派宝坻县农村工作部副部长杨俊武、县农校校长杨玉本带领 50 余人丈量土地，落实亩数，与各村草签协议，继续推动里自沽农场筹建工作。

12 月　宝坻县机械学校分配的 31 名学员作为第一批职工进驻里自沽农场，开始工作。

● **1962 年**　2 月　里自沽农场正式建场，河北省天津专区任刘英、孙振兴、魏广俊为副场长，天津企事业单位、国营静海农场抽调干部职工约 40 名。国营静海农场畜牧兽医中等专业学校分配职工 12 名进场工作。

里自沽农场职工全部借住民房，场部设在牛家牌乡西老鸦口村，下设 4 个农业生产大队、1 个机务队。

第一生产大队队长唐炳章，队部及职工位处西老鸦口村。第二生产大队队长王仲元，队部及职工位处东老鸦口村。第三生产大队队长张文龙，队部及职工位处朱家窝村，第四生产大队队长孙继进，队部及职工位处北里自沽村。机务队队长杨连宝，队部及职工位处西老鸦口村。

里自沽农场建场初有土地 4 万多亩，以生产杂粮为主，其目的主要是为安置天津市下乡知识青年创造生产条件（此时干部下放劳动锻炼已基本结束），资金大部分由天津市安置办公室提供。

里自沽农场共投资 10.6 万元，建设场部机关办公用房及下属各单位办公室、职工宿舍等，建筑面积 1268.5 平方米。

其他农场调拨东方红 54 型拖拉机 5 台，乌尔苏斯型拖拉机 1 台，五铧、三铧犁 8 台，播种机 7 台，变压器 5 台，机引耙 11 台，胶轮大车 6 辆，农用船 6 艘。播种总面积 21575.8 亩。由于沥涝成灾，大部分作物被淹后绝收，1962 年粮食总产 13332.5 公斤，平均亩产 0.6 公斤。

10 月 26 日　根据中共中央、国务院"关于以村建立的国营农场，原则上退回到人民公社"的指示精神，经河北省天津专区〔62〕垦刘字第 17 号文件批示，撤销国营肖刘社农场。

11 月 2 日　经河北省天津专署农林局决定，国营肖刘杜农场转至宝坻县尔王庄洼重新建场，更名为国营尔王庄农场，占地 8500 余亩，随场搬迁的干部、职工 67 人，王万锁任场长，王振德代理党支部书记。

11 月　里自沽农场建立畜牧队，队长张建华，队部及宿舍、饲养棚建在场部以东 300 米处。负责管理运输大车、饲养马匹和种马，进而发展养猪、养羊。后来由于经验不足，猪羊死亡率较高，经济效果不佳而停止饲养，运输车辆和马匹分配给各生产大队直接管理，1970 年撤销建制。

● **1963 年**　2 月 18 日　尔王庄农场缺少播种小麦土地，未播种春麦。农场领导与黄庄公社负责人协商到李宦庄播种小麦 800 亩。

3 月　里自沽农场自建房屋落成，场部迁至西老鸦口南 2 公里青龙湾河北侧新址，机务队随迁。其他各队也陆续迁往新址，第一生产大队在场部东北角；第二生产大队在东老鸦口村南；第三生产大队在朱家窝村西；第四生产大队在洋码头南 1 公里处。

4 月 9 日　根据中共中央关于号召知青上山下乡，走与工农相结合的道路，到农村去、到工厂去、到祖国最艰苦的地方去的指示，天津市安置领导小组办公室同意里自沽农场接收塘沽区首批知青 32 人。

5 月 13 日　里自沽农场接收塘沽区第二批知青 33 人。

5 月　尔王庄农场播种高粱 1100 余亩，抽调 32 名职工借住李宦庄，夏季收割春麦 21.5 吨，秋季高粱因潮白河涨水绝收。

7 月 7 日　根据河北省天津专署农林局〔68〕农垦字第 196 号文件通知，

"确定尔王庄农场为里自沽农场分场"，分场经济单独核算，对接天津专区农场管理站。有关分场的人事、组织、财务、物资、生产及经营管理，统一由里自沽农场负责管理。

7月8日　经宝坻县总工会批准，建立里自沽农场工会，杜景元任工会主席。分为11个工会小组，会员99人。

7月18日　尔王庄农场接收红桥区知青102人。

8月17日　经里自沽农场党总支委员会选举，王景森任尔王庄分场党支部书记，王振德兼任共青团组织工作。

10月　为安置天津市青年，华北局和天津市决定在宝坻县大钟庄洼建立农场。天津专署农林局委派邹祥带领干部职工筹建大钟庄农场。接收中央财政部、七机部及村庄土地11700亩，接收七机部拨付拖拉机（带犁）2台，拖斗3个；农林局拨付汽车1辆。

10月4日　里自沽农场建设场部办公室和职工宿舍4栋，占地100余亩，场址位于大尔路青龙湾河套内（现宝坻区潮白新河与青龙湾减河汇合处西北角）。

11月9日　尔王庄农场全年开荒种植高粱5000余亩，总产125吨，亏损6.8万余元。

同年　为发展小麦种植，将尔王庄农场下属李宦庄生产大队连同土地等生产资料统一划归里自沽农场管理。

1964年

2月6日　大钟庄农场与地处黄庄洼的北清沟等5个村庄签订交接6100亩地协议书，并在当月播种"七九"小麦2000亩。

2月7日　河北省天津专区陈宝玉、天津专区署林局谢执政、天津专区农场管理站黄守江到尔王庄农场听取工作汇报，解决尔王庄农场由里自沽农场管理以来定位模糊、生产经营管理不便的问题。

3月　由文安、里自沽、尔王庄等农场调入大钟庄农场职工260人。组建3个农业生产大队和1个机务队。

3月20日　宝坻县大白庄工委建议尔王庄农场与大唐庄村在青龙湾河套堤内（农场称10号地）合种900余亩水稻，双方商定，产量按尔王庄农场60%、大唐庄村40%分成，排灌水设备、费用由尔王庄农场负责承担，水稻试种成功后，大唐庄将荒地2000亩无偿交给尔王庄农场使用。

4月8日　河北省天津专区任命宝坻县委书记祝华为大钟庄农场党委书

记兼场长，邹祥为副书记、副场长。组建党委和各职能机构，设政治处、办公室、人保科、会计组、后勤组、派出所。由天津专署农林局领导。

4月13日 尔王庄农场从里自沽农场独立，更名为国营尔王庄农场，改由天津专区农场管理站领导。

5月6日 经宝坻团县委批准，建立尔王庄农场团总支委员会，召开了首届团代会，邢树立兼任团总支书记。

5月 大钟庄农场播种旱稻2300亩，红高粱5400亩。

同年 里自沽农场在场部建米面加工厂，主要负担本场职工口粮的加工、销售及原粮、种子的保管，1985年停业，撤销建制。

7月 大钟庄农场购入拖拉机9台，汽车1辆。

7月 由时任宁河县长王治安领导的潘庄农场筹备委员会成立。

7月20日 国营尔王庄农场新建职工宿舍、食堂、家属住房、米面加工场、仓库、机车库、畜牧饲养间11栋，建筑面积2640平方米。

同年 宝坻地区连降暴雨，里自沽农场2800亩小麦受灾，第二、三、四生产大队住房进水，积水平均30~50厘米，农场组织职工抗洪抢险。25000亩农作物总产100.5吨，平均亩产4.0公斤，经营亏损45.31万元。

8月 宝坻地区连降暴雨，大钟庄农场粮食减产62%。

9月4日 国营尔王庄农场接收天津市红桥区知青229人，并召开了欢迎知青插场大会。农场领导做了题为"全体知青，立志农场，艰苦锻炼，做社会主义新式农民"的报告，新老知青表演了文艺节目。

9月7日 第一批天津知青到潘庄农场工作。

9月 大钟庄农场接收天津地区知青367人。由芦台乘船至农场安置。

9月22日 潘庄农场接收最后一批知青入场，共1085名，其间从附近村庄征用16000余亩土地，构成南、北、中3片耕作区。农场由河北省天津专署农林局农场管理站管理。

10月 里自沽农场在青龙湾西岸小白庄附近建立第五生产大队，占地7500亩，以种植水稻为主。

11月2日 黄庄农场水稻试种成功，大唐庄村无偿兑现荒地2000亩交农场使用，开挖排灌水渠1200米，动土3000立方米，建立临时排灌点1处，购置100马力柴油机1台，14寸水泵2台。

11月　里自沽农场第一生产大队开始建设宿舍，由蓟县用车船倒运建材，同时设农村工作组，接收周围12个农村统一进行管理，保持其集体所有制不变，并在职工中开展社会主义教育运动。

11月　经天津专署农林局批准，由天津专区供电局组织动工建设10千伏高压输电线路工程，线路由宁河县躲军淀变电站起，途经黄庄农场、里自沽农场、大唐庄公社、大白庄公社，架设供电线路36.7公里，总投资34万元。

12月　中共潘庄农场党总支委员会成立，王向田任书记。

同年　里自沽农场总人口突破1000人，其中约800人是由天津市上山下乡知识青年安置办公室1962—1964年分配来的知青（含小部分社会待业人口）。

12月20日　黄庄农场总结全年生产工作，农场全年播种小麦1000余亩，打围埝动土3000立方米，播种水稻800亩，播种优种"歪脖红"高粱3000亩，春麦因夏季强降雨绝收，高粱因秋季洪水绝收，水稻仅余300亩，收稻谷15吨。

● 1965年

1月1日　黄庄农场建立4个农业生产大队，1个园田队，涉及职工354人。

1月11日　河北省天津专署农林局公安处批准潘庄农场建立派出所（对内为保卫科）。

1月　大钟庄农场组建第六生产队，职工40人，土地5400亩，全场总面积达21900亩。

3月　大钟庄农场在廉庄组建第四生产队，在北清沟组建第五生产队。

3月　司介凯任潘庄农场场长。

4月7日　根据天津专署农林局召开的农场的工作会议"关于认真贯彻中央提出的农垦十六条"和农林局草拟的《关于国营农牧场经营管理制度的若干规定（草案）》，黄庄农场制定了定员、定额、定产量、超利润奖的生产责任制经营管理办法（草案）。执行评工计分制度，土地和农具固定到队，以生产队为基本核算单位，机务队、科室人员随队记分，但不做超利润奖分配。

4月　邹祥任大钟庄农场场长。

同年　大钟庄农场接收复员军人23名，充实场部和各生产队，全场职工总数达 739 人。

4 月　里自沽农场经天津专区公安处批准，建立派出所并定名为宝坻县公安局国营里自沽洼农场派出所，由宝坻县公安局派王芬任所长，农场政治处主任田有志兼任指导员。

4 月 27 日　根据天津专署农林局〔65〕农人字第 8 号文件《关于经地常委会讨论决定，任命以下十四名同志为河北省天津专署农林局所属各农场场长和副场长》通知，何春泽任尔王庄农场场长。

4 月 27 日　天津专区供电局 10 千伏高压输电线路工程建设完工。线路自宁河县躲军淀变电站起，途经黄庄农场、里自沽农场、大唐庄公社、大白庄公社。

5 月 8 日　宝坻县委组织部决定，何春泽任尔王庄农场党支部书记。

5 月　里自沽农场第五大队建设扬水站和稻田地的桥、闸、涵等农业基础工程，位于大白庄西，总投资 23 万元，年内完工。

5 月　国家农垦部党组印发《关于改革国营农场管理制度的规定（草案）》（简称"农垦十六条"），潘庄农场据此实施了评工计分制度。

5 月　大钟庄农场场部及各队职工宿舍建成。打饮水深井 4 眼，自林亭口架设高压输电线路 15 公里至农场。米面加工厂建成，除加工自食口粮外，为周围群众加工米面。各队开始修建猪圈。年末猪只存栏 606 头。

7 月 2 日　天津专区供电局 10 千伏高压输电线路工程通过黄庄农场、里自沽农场与宁河县电力分公司联合验收并通电。1967 年 1 月 14 日，宁河县电力分公司与黄庄农场签署供电协议。协议条款规定，输电线路产权由宁河县电力分公司接管。属于国家财产，并由其负责维修。

9 月 9 日　何春泽因病在津长期住院，经天津专署农林局、宝坻县委研究，同意由岳长立兼任尔王庄农场场长，代理党支部书记。

9 月　宝坻县派李合任大钟庄农场武装部长。

10 月 2 日　黄庄农场 2000 余亩高粱成熟时被雨水淹没，农场职工干部与文安农场职工抢收 17 天，完成收割任务，其间有 26 名知青经宝坻团县委批准，加入共青团。

11 月 7 日　天津专署农林局在文安县新桥农场召开宝坻、武清、大城 4 个县属农场的工作会议，会上，天津专区副专员陈宝玉传达了 1965 年农垦工作会议精神，部署了 1966 年工作。会议期间组织参观了文安新桥、小务、介围、李庄、黄浦、南赵夫 6 个农场的小麦、盐碱地改造成果，听取了各农场自力更生就地取材办工副业的经验介绍。

11 月 20 日　黄庄农场总结"农垦十六条"执行工作，由于"三定、一奖"正确处理了国家、企业、个人三者利益，调动了广大职工的生产积极性。后因故未能继续实施。

12 月　里自沽农场第五生产大队在芦苇滩上垦荒种稻 1000 亩，获得丰收，总产 300.65 吨，平均亩产 300.65 公斤。

同年春　潘庄农场投资 48 万元，进行耕作区农田水利建设，建扬水站 1 座，挖干、支渠 14631 米，总土方量 20 万立方米。

同年　潘庄农场播种的 2047 亩水稻丰收，获稻谷 450 吨。

● **1966 年**

1 月 1 日　黄庄农场调整组织结构。场部增设政治、生产、后勤 3 个办公室，基层设 4 个农业队，以及机务队、畜牧队、种子队、副业队、家属队、加工厂。职工 347 人，干部 13 人。

2 月　宝坻县委任李伯辉为大钟庄农场代理党委书记。

3 月 2 日　黄庄农场党支部召开会议，传达宝坻县委"关于向焦裕禄同志学习的决定"，会议进行了讨论，要以焦裕禄为榜样，树立身在农场不怕苦，当好革命的老黄牛，以场为家，创业不怕艰苦的精神。

3 月 10 日　河北省天津专区第 29 号文件决定将潘庄农场移交省教育厅作为河北劳动大学的校办农场。同时把潘庄农场更名为河北劳动大学附属农场。接收潘庄农场后，河北劳动大学在农场范围内兴建了大、小礼堂各 1 座，学生宿舍 5 栋，教室 4 栋，总建筑面积 4088 平方米，打 360 米深井 1 眼，总投资 60 余万元，工程至 1967 年底完工。

3 月 18 日　临近社队以地不够种，要求黄庄农场解决生产、生活用电设施为理由向农场要地。农场为搞好场群关系，解决了用电设施。

3 月　根据中共中央批准，农垦部党组"关于党组扩大会议的报告"（简称"农垦五条"）和"农垦十六条"，以及天津专区有关执行"农垦五条""农垦十六条"的指示精神，里自沽农场制定了国营里自沽农场 1966 年经营管理工作试行方案（草案），主要内容关于工人问题，取消固定工与临时工的划分，取消职工与非职工的划分，建立职工委员会监察协助各级干部进行工作，保证各项任务的完成。关于"三定一奖"问题，农场实行"三定一奖"的生产管理责任制，"三定"即定生产建设任务、定工资总额及投资费用、定利润，"一奖"即超额奖励。关于工资制度，对从事农业的主要生产工人取消等级固定工资制度，执行评工记分，按分付酬的办法，多种经营。必须彻底改正硬搬苏联单一经营的方针，必须实行一业为主，农牧结合，多种经营的方针。后因故未能实施。

3 月　大钟庄农场贯彻"农垦十六"精神，推行"三定一奖"和评工计分制度。

4 月 6 日　经与大白庄协商，黄庄农场到距农场 8 公里处的随家庄、毛家庄、大张庄、大刘坡村开荒播种高粱 1500 余亩。

5 月　大钟庄农场代管的 12 个行政村划归原公社管理，后复归农场继续管理，开始烧制高粱炭、制酱油、织席、扎扫帚等副业。

7 月　为方便职工子女入学，里自沽农场建立子弟小学，1978 年 7 月，增设初中，改名为里自沽农场子弟学校。各生产大队也相继建立了小学。

7 月　为解决场内职工子女就学问题，潘庄农场建立简易小学 1 所，抽出 1 名职工任教师。设立 2 个班级，学生近 20 名。

● **1967 年**　1 月 23 日　黄庄农场因地少人多，为解决劳力和农业机械作业的安排问题，职工强烈要求调往武清县西安子村建场，经天津专署农林局同意，建立武清县卫东农场，职工 103 人，由武清县政府管理。

2 月 10 日　经宝坻县委办批复，黄庄农场成立文艺宣传队，成员 25 人。

5 月 27 日　天津地区生产指挥部农场办公室李学名、庞志忠专程来黄庄农场与军代表国庆泰、生产委员高国佩、邢树立讨论职工调动事项，决定将 62 名职工调往文安新桥农场，30 名职工调往李庄农场，由军代表李守德随车送行。

5 月 31 日　黄庄农场调动职工不满情绪高涨，部分调往文安新桥农场、李庄农场职工自行返回。

6 月 4 日　调往文安新桥农场、李庄农场的职工全部返回。

6 月 11 日　尔王庄农场与尔王庄公社商定，到西杜庄村开荒种高粱 400 余亩。该地距农场 10 公里，由 40 余名职工借宿民房进行管理。

10 月　大钟庄农场投资 5.6 万元建设职工宿舍。

● **1968 年**　2 月　河北省天津专区农场管理站将里自沽农场移交宝坻县管理，更名为国营宝坻县里自沽农场。

4月9日　大钟庄农场被解放军接管，黄庄农场接收大钟庄农场迁出的88名职工，12名家属及2台拖拉机和配套机具。

5月　里自沽农场建立种子生产大队，队长吴连富，由第三大队划拨土地3300亩，主要用于兴建队部及职工宿舍。1971年，种子生产大队改为第六生产大队。

8月　大钟庄农场与大钟庄公社合并，建立场社合一领导小组。组长李延信，副组长韩德福。

10月　大钟庄农场交由宝坻县政府管理。

10月3日　黄庄农场与尔王庄公社合并，建立场社合一领导小组。

10月　里自沽农场与牛家牌公社合并，建立场社合一领导小组。组长杨广松，经济上农场独立核算。

12月2日　尔王庄农场建立民兵组织，成立备战团，开展冬训练兵。

1969年　2月　经天津专区和宝坻县批准，将大钟庄农场（除李宦庄生产队）土地、房屋和部分固定资产、流动资金移交给北京4500部队使用。职工分别迁往里自沽农场和尔王庄农场。

3月　大钟庄农场与里自沽农场合并，大钟庄农场的土地房屋和其他设施移交，职工全部迁往里自沽农场，借住民宅安置，两场职工总数1385人。

3月　里自沽农场以农场机务队修理组为基础，建立机修厂，场长张永和，主要承揽场内外的机加工和修配业务，后发展为冲压、车工、翻砂3个车间，职工人数80余人。1974年以后开始盈利，为农场实现转亏为盈起到一定作用。

4月　大钟庄农场将部分固定资产、物资价值8341元，移交给大钟庄公社。将部分固定资产价值26310元移交给尔王庄农场。

7月　经宝坻县批准，大钟庄农场将李宦庄生产队土地、房屋移交给解放军8327部队使用，人员迁往里自沽农场。

12月30日　黄庄农场进行全年总结。农场固定资产232463元，土地面积3976亩，粮食总产84.03吨；总产值5.2万元，亏损12.5万元。全场人口436人，职工总数315人。

12月　大钟庄农场与里自沽农场恢复建制，大钟庄农场职工回迁。

1970年　1月24日　河北劳动大学附属农场刘归宁河县领导，并恢复原名潘庄农场。

3月 解放军 4697 部队将土地、房屋交回大钟庄农场，原迁入里自沽农场的职工回迁。宝坻县派以张煜为首的工作组到大钟庄农场主持农场工作。

4月 大钟庄农场重新设置机构，有政工、生产、后勤 3 个组。基层设农业一、二、三队，田园队和机务队。农场职工家属实行半费医疗制度，各单位办起托儿所。

9月15日 尔王庄农场向宝坻县农林局提交《关于到黄庄洼建场的报告》。经县革委会、县农办同意，接收设在黄庄洼的中央文化部和天津大学"五七干校"土地 7430 亩，以及房屋和部分输电设备、农业机械。

10月 尔王庄农场搬迁，场邻设在帐房鄽村东寺庙。初建的拔丝厂待今后解决搬迁，建立黄庄农场。

10月20日 黄庄农场播种小麦 4000 亩。

11月15日 黄庄农场场部设办公室、生产科、财务科 3 个科室，有职工 11 人。

12月3日 宝坻县同意黄庄农场恢复团组织，审查农场 51 名团员，同意恢复组织活动，开展工作。

● **1971 年** 1月 大钟庄农场机务队组织经营拔铅丝业务。

1月20日 黄庄农场所属 3 个农业队、机务队、拔丝厂设政治指导员、民兵连长、会计、保管各 1 人。

4月15日 黄庄农场恢复团组织、审查 51 名团员，同意恢复团组织活动并开展工作。

4月 大钟庄农场机务队开始组织翻砂生产和机床加工。场部恢复酱油生产。

5月4日 黄庄农场以生产队为单位，开展农田基本建设，以春秋 2 个农闲季节开挖渠道 63 条。总长 62 公里，动土 43000 余立方米。至 1973年，共挖 127 条排灌水渠道。总长 123.5 公里，动土 96000 余立方米，并利用渠道植树 40000 余株。

7月 潘庄农场场办学校建立初中班，有学生 50 人、教师 5 名。

10月 大钟庄农场开挖渠沟 99 条，动土 30000 立方米。

12月1日 根据宝坻县委〔71〕宝党支字第 35 号文通知，国营尔王庄农场更名为宝坻县黄庄洼农场。

12 月 6 日　建立治保委员会，委员 5 人，高静华任主任。

12 月　大钟庄农场各生产队建立妇女组织。同年，大钟庄农场日处理甜菜 30 吨糖厂建成试产。

● **1972 年**　1 月 26 日　黄庄农场党总支委员会召开广播大会。会议总结了 1971 年的各项工作，布置了 1972 年全年学习和生产计划。

3 月　大钟庄农场为农场各所属单位购入 5 台电视机。

5 月　大钟庄农场制定各项经营管理制度。

5 月 20 日　根据宝坻县委〔72〕政干字第 110 号文决定，建立黄庄农场党总支委员会。

6 月 7 日　黄庄农场场属生产单位大队编制改为行政编制。

7 月 4 日　黄庄农场根据宝坻县《关于做好各级妇女工作的意见》通知，建立妇女工作委员会，有委员 5 人。王惠如任主任，主持妇女日常工作；屈永兰任副主任。

7 月　经宁河县委批准，潘庄农场设立党委，马国孚任书记。

10 月　大钟庄农场接受天津专区农校房产并将场部迁至此处。大钟庄农场农业实施实验站建立。次年全年持续干旱 300 余天。

11 月　大钟庄农场全年开挖沟渠，动土 50000 立方米。

11 月 15 日　黄庄农场召开共青团第二届代表会议，经全体代表选举，场党总支委员会同意，县团委批复，产生委员 7 人。王珍兼任团总支书记，王惠如、徐志成任副书记。

12 月 17 日　凌晨 2 时，大钟庄农场机务队铸造车间因操作失误引发火灾，烧伤 5 人，车间屋顶被烧毁，直接财产损失 1500 元。

12 月　大钟庄农场农业 2 队新建成 0.7 立方米/秒扬水点 1 座。

同年　大钟庄农场共青团总支委员会成立。

同年春　潘庄农场在原修配厂的基础上建立冷拉钢材厂。这是农场历史上第一个工业项目。

● **1973 年**　2 月 28 日　黄庄农场制定了经营管理制度试行办法。

2 月　大钟庄农场颁布职工奖惩制度，奖励部分按超额利润分成。

3 月　大钟庄农场开办子弟学校。

4 月 8 日　黄庄农场建立第二、三生产队临时排灌水设施 2 处，分别设在二支渠堤埝南北两侧，总流量为 1.3 立方米/秒，投资 2700 元。

5月　大钟庄农场建成简易高粱白酒生产车间。农场打井队成立（1977年撤销建制）。

8月上旬　降雨过大形成洪涝灾害，大钟庄农场全力抗灾。

9月9日　为了落实中共十大提出的各项任务，尽快提升黄庄农场农业经营水平，根据宝坻县委指示，农场制定了 1974—1978 年发展农业生产规划。

9月26日　天津市委第二书记吴岱及妇联、农林局等领导来大钟庄农场视察。

11月13日　大钟庄农场召开庆祝建场 10 周年大会。机务队改为农机修造厂。

12月中旬　黄庄农场场部迁址，由账房村东搬迁至牛蹄河村北、二支渠旁，占地 15 亩，房屋 4 栋、24 间，建筑面积 927 平方米，投资 7 万余元。

12月21日　宁河县交通局与潘庄农场协商，将农场造甲城道口以东、津榆公路以南 260 余亩土地划拨给宁河县交通局，用来建立苗圃基地。

同年　大钟庄农场建成甜菜制糖厂。

同年　天专农林局决定从里自沽农场调出职工 200 多名，支援三河煤矿及文安、安次、良王庄良种场、农场等单位，此后里自沽农场职工人数保持在 500 人左右。

● **1974 年**

1月17日　黄庄农场场部设政治、生产、后勤 3 个办公室，科室干部数量调整为 17 人。

1—5月　大钟庄农场完成农村水利工程土方量 57000 立方米，植树 35000 株。

5月　大钟庄农场农机修造厂建设 580 平方米翻砂车间 1 座。

7月3日　黄庄农场梳理农场材料建档管理，对建场以来的资料进行了整理。

7月　大钟庄农场学习小靳庄，全场办起政治夜校。

9月12日　新建机务队房屋 2 栋 14 间。职工家属宿舍 3 栋 24 间，安排 12 户，占地 52 亩，建筑总面积 1200 平方米。

11月10日　黄庄农场职工家属宿舍从帐房鄱村东搬迁。

● **1975 年**   3 月 13 日   根据宝坻县通知，黄庄农场建立防火委员会。邢树立任防火委员会主任。

5 月   大钟庄农场召开职工大会，传达市农林局关于县属 5 个农场由市农林局给予业务指导的精神。全场动员抗旱，职工捐献布票，制作布水管。

6 月   大钟庄农场子弟学校开办初中班。在四支渠建扬水点 1 座，后因缺水废弃。农机修造厂试制小麦割晒机成功。

7 月 18 日   里自沽农场新建猪圈 240 间、饲养房 16 间，投资 16 万元。

10 月   大钟庄农场进行以改土治碱为中心的水利农田建设，完成渠道土方量 30000 立方米。

11 月   大钟庄农场购置 1 部 8.75 毫米电影放映机，后更换为 16 毫米电影放映机，为各生产队放映电影，丰富职工文化生活。

12 月 29 日   宝坻县通知黄庄、里自沽、大钟庄 3 个农场的职工子弟就业可就地安排，按知青插场条件对待。

同年   潘庄农场在津榆公路南侧修建排水渠 1 条，全长 3750 米，总土方量 55312 立方米，后在此地修建扬水站 1 座。

12 月   大钟庄农场在东八斗筹建养猪场，次年 6 月建成拱形猪舍 80 间。

● **1976 年**   4 月 12 日   根据宝坻县纪委宝计发字〔76〕第 33 号文件《关于下达 76 年基本建设投资计划的通知》，天津市委批准拨给黄庄农场拔丝厂搬迁建设资金 12.5 万元。

7 月 18 日   黄庄农场建立酒厂，利用天津大学旧房改建厂房 212 平方米，投资 30000 多元，1977 年 6 月投产。1978 年扩建酒厂，从帐房鄱村东搬迁。因产品积压无销路，资金周转困难，加上管理混乱，1982 年底，酒厂停产。酒厂停产后次年，农场利用厂房腌制酱菜茄子、加工食醋，由于产品质量等问题，停止生产，亏损 5.4 万余元。

7 月   宝坻县任命闫立荣为大钟庄农场党总支副书记。

7 月 28 日   唐山大地震波及黄庄农场，造成农场房屋倒塌 40 余间，死亡 3 人。地震发生后，宝坻县及时调拨救灾物资，用木杆、苇席、油毡搭起临建棚，作为职工家属的临时住所。

同日   唐山大地震波及里自沽农场，第二生产大队房屋全部倒塌，死亡职工及家属 8 人，受重伤者 6 人，全场职工组织抗震救灾。

同日　唐山大地震波及大钟庄农场，倒塌房屋 190 余间，死亡 2 人，损失 54.2 万元。

同日　唐山大地震波及潘庄农场，倒塌房屋 30 余间。

8 月 13 日　宝坻县召开抗震救灾会议，号召自力更生，重建家园。黄庄农场震损房屋至 1982 年基本修复完毕，新建职工住房 7 栋、42 间，安排职工 28 户。

9 月　大钟庄农场职工杨殿明、王贵付被评为天津市抗震救灾先进个人。

1976—1977 年　大钟庄农场安置天津市区插场知青 150 多人，1979—1980 年陆续全部回城。

1976—1977 年　里自沽农场共安置天津市区插场知青 400 多人，到 1979 年全部回城。

11 月　大钟庄农场建设职工宿舍 88 间。

12 月 19 日　邢桂友任大钟庄农场场党总支副书记。

● **1977 年**　1 月 1 日　黄庄农场制定了全年生产财务计划、管理制度。

2 月　潘庄农场与附近村社进行土地调整，调出 7000 余亩，换进 1320 亩。

4 月 20 日　黄庄农场新建职二食堂 1 栋、7 间，建筑面积 137 平方米。

4 月　大钟庄农场由北京农科院引进高粱苗试种 500 亩。职工病假工资由每天 4 角改按基本工资发放。

5 月 15 日　黄庄农场制定了农业机械管理制度和作业章程。

5 月　大钟庄农场新建医疗室 216 平方米。震后修葺和新建住房 3000 多平方米。开挖鱼池 4 个，水面共 30 亩。

6 月　大钟庄农场农机修造厂将农场牵引式中耕机改造为悬挂式。

9 月 1 日　黄庄农场建立织布厂，为天津市色织印染公司代料加工织布，1979 年 6 月正式投产。厂房建筑面积 2300 平方米，安装织布机 96 台，投资 75 万余元。自投产至 1982 年 10 月，改换品种 3 次，因来料任务不足，生产效益差，于 1984 年停产，累计亏损 7 万余元。

9 月　宁河县委派工作队入驻潘庄农场，推动农田基本建设工作。

10 月 17 日　黄庄农场接收天津市河西区知青 210 名。

10 月　大钟庄农场接收天津市知青 257 人。

11 月 9 日　经宝坻县文教局批准，黄庄农场建立职工子弟学校（小学至初中班），师资经费由农场自筹，业务指导由宝坻县文教局负责。

12 月　大钟庄农场动员 700 余名劳动力对 5 条支渠、250 条毛渠进行清淤疏通，动土 85000 立方米。

● **1978 年**　2 月 18 日　根据县委组织部〔78〕组干字 23 号文批准，马朋亭任黄庄农场团总支副书记。

2 月 24 日　黄庄农场建立第四生产队，职工 67 人，新建宿舍，办公室 2 栋 12 间，建筑面积 272 平方米。打井 1 眼，投资 5 万元。

3 月 24 日　黄庄农场参加天津市委组织召开的国营农场工作会议，会议就农场工作做了总结，提出了今后的发展计划，强调学习华国锋提出的"农场潜力很大，一定要把国营农场办好"的精神。表彰了学大寨先进集体与个人，对县管农场归口管理作了安排。

3 月　刘振坤任大钟庄农场党总支书记，同年 7 月兼任场长。

4 月 23 日　潘庄农场与大贾公社签订调整土地协议书，拨 7000 亩给对方，又从对方处调入 3638 亩归农场。

4 月　孔繁山任大钟庄农场党总支委员、副场长。

7 月 2 日　大钟庄农场发电机引发火灾，损失 6500 元。

9 月 11 日　黄庄农场新建拔丝厂桥梁 1 座，投资 3 万元。

9 月　黄庄农场拔丝厂迁建工程动工。

10 月 4 日　黄庄农场新建第二生产队扬水点，投资 7000 元。

10 月　里自沽农场建立第七生产大队，由第一生产大队划拨土地 1050 亩，队部及职工宿舍建在第一生产大队以东 1 公里处。

11 月 11 日　黄庄农场新建第一、二生产队猪场，养猪 237 头。

11 月 24 日　根据宝坻县《关于县属 3 个农场干部、家属户口迁入农场》的批示，同意黄庄农场职工家属迁入户口，涉及 12 户、53 人。

11 月　大钟庄农场职工家属 28 户、94 人的户口迁入农场。

12 月　根据中共十一届三中全会会议精神，里自沽农场在经营管理上由生产型转变为生产经营型，改变了过去以粮为纲、广种薄收、低产亏损的局面，大力发展多种经济，进行农工商综合经营。

12 月　大钟庄农场经营亏损 51.4 万元，为建场以来亏损之最。邝玉宝任大钟庄农场副场长。

12 月 20 日　天津市农林局就县属农场归口管理问题，对各农场在归口管理中需要解决的问题进行专门调查，并向市委反映情况，催办归口问题。由于天津市有关部门不承认管理体制变动，归口问题渠道一直不通，农场归属变动无法推动。

同年　潘庄农场知青开始回城，至 1980 年，共有 400 人回到天津。

● **1979 年**　1 月 17 日　黄庄农场总结 1978 年工作。广大干部、职工战胜春季干旱、夏季雨涝的自然灾害，产粮 394.4 吨，上交国家种子粮 110 吨，拔丝镀锌 500 吨，盈利 14 万余元。

3 月　天津市明确县属 5 个农场（含黄庄、里自沽、大钟庄农场）的业务由市农林局指导，其他计划、财务、劳动、工资、人事等仍由县有关部门管理。大钟庄农场服装厂建成。

4 月 1 日　黄庄农场制定了行政办公会议制度，处理行政工作由办公会议解决。

6 月 27 日　各农场参加在农场局召开的县属农场交接预备会。

6 月　大钟庄农场为建设农田水利和晒场，总投资 21 万元。

7—8 月　黄庄农场河西区知青按照天津市委政策规定，全部返津。

8 月　大钟庄农场工会成立。

9 月 7 日　黄庄农场招收宝坻县合同制工人，转退复员军人 85 人。

9 月　经宁河县委批准，潘庄农场首次进行社会招工，共招工 100 人，打破了农场职工自然增长的先例。

10 月 12 日　黄庄农场新建房屋 1 栋、6 间，开办小商店，货源由宝坻县百货公司批发，自负盈亏，农场按管理子企业的方式对其进行管理。

10 月　大钟庄农场知青 257 人全部返津。

11 月 4 日　黄庄农场在提高农村产品价格后，按现行政策制定了职工副食补贴具体规定。

11 月　田树景任大钟庄农场党总支书记，董延宝、齐永华任副书记、副场长。

12 月 14 日　国务院决定，国家对国营农场实行财务包干。规定 1979—1985 年，农场独立核算，自负盈亏，利润不上交，用以扩大再生产，资金不足可贷款，发展多种经营。推销农产品，建成农工商企业，黄庄农场按政策规定实行了财务包干办法。

同年　大钟庄农场将原有铸造车间改建成拔丝厂。

同年　里自沽农场为加速农场工业的发展，在机修厂投资 10 万元，从北京第七机床厂购进了可控型精铸电路设备。1980 年与河北省新城县南宫井公社农机厂签署协议，双方联合生产精密铸钢件，由于没有进行科学考察和技术论证，盲目上马，协作单位未能掌握这项新工艺，产品质量不能过关，合作 1 年被迫停业，电炉封存，造成了一定的经济损失。

1980 年

1 月 18 日　宝坻县委、宝党发〔80〕4 号文批准，中共天津市黄庄农场总支委员会改建为中共天津市黄庄农场委员会，党委委员 7 人，骆树先任书记，兼黄庄农场场长。

1 月　中共天津市大钟庄农场党总支改建为中共天津市大钟庄农场委员会。田树景任大钟庄农场党委书记，董延宝任场长。

3 月 10 日　宝坻县委组织部批准，高国佩任黄庄农场工会主席。

3 月 30 日　黄庄农场召开共青团第三届代表大会，选举团委会。经宝坻团县委批准，产生团委委员 5 人，李庆泰任书记，耿俊华任副书记。

4 月　国家石油地质勘探队在里自沽农场第六生产大队钻出 1 眼深 2968.72 米的热水井，日自喷水量 500 立方米，出水温度 84℃。

4 月　大钟庄农场稻田队成立，开荒稻田 400 亩。马车队撤销，人、车并入各农业队。

5 月　大钟庄农场取消各单位为供应肉食、蔬菜而设的专业组，分给职工少量菜地解决蔬菜问题。

6 月　天津市委决定将宝坻县所属的黄庄、里自沽、大钟庄 3 个农场归属市农场管理局管理。

6 月 12 日　根据天津市《关于改变宝坻、宁河县属农场领导体制的通知》，黄庄农场从 1981 年起正式划归天津市农场局领导。

6 月　大钟庄农场归属天津市农林局领导。场部增设工业、基建、行政、政治处等科室。

7 月 15 日　天津市农委责成王树贵在宝坻县主持召开县属农场交接工作会议，参加会议的有宝坻县长周兴华，副县长刘洪文，县农委副主任张礼等，市农场管理局副局长魏建英，副处长潘联、李兴华、张鹏、窦丽英等。会议就土地、职工家属户口等问题取得了一致意见。

7 月 16 日　宁河县召开农场工作交接会议，潘庄农场划归天津市农场局所属，并由其管理。

8月2日　黄庄农场调整生产安全委员会，委员7人。苏文贺任主任，王福禄、邵元洪、高国佩任副主任。邵元洪主持日常工作。

8月2日　宝坻县政府联合印发《关于县属三个农场划归市农场局领导的交接会议纪要》。县属农场归天津市农场局领导后，有关党团关系、人事工作、生产、财务、投资、计划、物资、劳资、文教等由市农场局管理。有关民政、司法、治安等工作由所在县管理，县属农场仍执行粮、油自产自食政策，职工生活取暖用煤、副食供应仍由所在县按规定标准供给。农场企业的政治待遇按县团级对待（市农委〔80〕第27号文批复）。此后，黄庄、里自沽、大钟庄农场人事、财务及党的关系全部隶属于天津市农场管理局，宝坻县里自沽农场更名为天津市里自沽农场。

8月　农场局拨款18万元，建设大钟庄农场排灌点1处涵管工程。

9月1日　经市农委批准，国营宝坻县黄庄洼农场更名为天津市黄庄农场，中共宝坻县黄庄洼农场委员会更名为中共天津市黄庄农场委员会。

10月　农场局派驻工作组至大钟庄农场进行调查研究整顿。大钟庄农场所属养猪场因亏损停办，次年开始养鸡。

10月　潘庄农场利用农场局发付的48万元抗震救灾款，兴建职工宿舍4200平方米。

11月　黄庄农场所属拔丝厂由尔王庄农场原址迁建至新厂址，占地31亩，新建厂房面积1151平方米，同时新建职工家属宿舍7栋、84间，安排41户入住，建筑面积1397平方米，投资22.6万余元。

11月　天津市农场局任命张文熙为大钟庄农场副场长，负责经营管理。场部建成商店1间，面积116平方米。农场翻砂车间历时半年改为拔丝车间，不久后组建拔丝厂。

11月　市农委批复同意将大钟庄、里自沽、黄庄3个农场职工家属66户、173人户口迁入农场，户口性质不变、吃自产粮。

12月　在天津市农场局召开的计划会议上，局领导批评了大钟庄农场种子队黄豆霉烂和基建水泥涵管质量差报废问题。

同年　为调整各农场劳动力余缺情况，潘庄农场职工调入双林农场124人、军粮城农场44人。

1981 年　1月　经天津市公安局批准，恢复里自沽农场派出所建制，更名为宝坻县公安局里自沽农场治安派出所。

1月　大钟庄农场场治安派出所恢复建制。农业三队撤销并入一队，农场在三队队址筹建养鸡场。

1月30日　经天津市农场局党委批准，黄庄农场领导体制改变后，为与局机关处室业务工作对口，建立调整管理机构。由原来的政治、生产、后勤3个办公室改设政治处、办公室、生产科、计财科、基建科、劳资科、工业科、供销科、卫生院、工会；基层单位设机务队、第一、二、三生产队、拔丝厂、化工厂、织布厂、酒厂。调整管理干部职务28名，场级干部5人，建立党支部5个，任命支部书记5人。骆树先任书记兼场长，邢树立、苏文贺任副书记、副场长，卢岩彪、王德林任副场长；有党委委员8人。

3月16日　贾德舒任潘庄农场党委书记，张逸先任场长。

3月　大钟庄农场基建队和维修组成立，前者于1983年10月撤销建制，后者不久改为养鸡设备厂，多余劳动力成立编外大队，除种田外生产点焊鸡笼网片，利用猪场厂房培育雏鸡。自建场以来，马车和酱油房第一次由个人承包。稻田队因缺水改旱作，更名为三队。

同年春　里自沽农场机关办公室落成，农场场部南迁新址。

同年春　潘庄农场在原五大队址建立奶牛队，占地面积62500平方米，建筑面积为3748平方米，到1984年基本完工。基建总投资80.8万，建成饲养能力500头混合牛群的奶牛场1座（成母牛300头），并把原五大队与三大队合并，改名为奶牛队。

4月　大钟庄农场对各生产队和所属单位签订年度"包、定、奖"合同。购入10座汽车和双排座货车各1辆。

4月25日　潘庄农场工会委员会成立，朱平、霍秀芬任副主席。

5月　于宗久、苏文贺任大钟庄农场副场长。

7月　大钟庄农场新建子弟学校校舍500平方米。

同年　里自沽农场由机修厂分出一部分设备和职工，建立工业一厂。1986年2月与天津市第三轻工业机械厂进行联合印铁制罐生产，改名为印铁制罐厂。

10月　张永合任大钟庄农场副场长。市农场局同意大钟庄农场发展养鸡业和种植葡萄的计划。

同年底　里自沽农场为了开发利用农业第六生产大队热水井的地热资源，

经市科委、市农场局批准开始筹建地热鸡场。

同年　潘庄农场扭亏为盈，盈利 12.05 万元。

● **1982 年**　1 月 31 日　根据市公安局〔81〕津公办字第 24 号文《关于恢复宝坻县三个农场治安派出所的批复》通知，宝坻县公安局黄庄农场治安派出所建立，其业务工作由县公安局领导，编制 4 人，由农场安排，负责农场治安等工作，农场建立的派出所是县公安机关的派出机构，李连富任所长。

1 月　大钟庄农场原制糖车间和库房改建为养鸡设备厂。

3 月 6 日　黄庄农场第三生产队利用养猪旧房改造 240 平方米，饲养蛋鸡 2300 只。

3 月　大钟庄农场四队并入三队，除种田外兴办塑料加工业，同年 11 月改为塑料厂。

3 月 29 日　根据宝坻县武装部《关于县属三个农场由市农场管理局接管领导，呈请撤销农场武装部请示》，经县委决定，撤销黄庄农场武装部。

4 月　大钟庄农场农业二队种植葡萄苗 400 亩。养鸡设备厂安装剪板机和剪压机各 1 台。

5 月 11 日　黄庄农场建立综合加工场。利用第二生产队的养猪旧房改造 272 平方米，投资 2 万元购置冲压机等设备，代料加工 204 型电动机配件和磨光手表链。由于技术不熟练，质量不达标停产，其间，李庆奎任场长。

5 月 18 日　根据市纺织公司召开的 1983 年设备会议，经农场局批复，为扩大织布配套生产工艺规模，黄庄农场织布厂新建浆纱车间，建筑面积 552 平方米，购买设备投资 13 万余元。次年初动工，年底投产。

5 月　大钟庄农场原糖厂生产格瓦斯，组建海河饮料厂。干旱使农场 1200 亩小苗旱死，达到播种面积的一半。

5 月　天津市科委、市农场局拨付里自沽农场实验费用共 57 万元，农场开始动工修建地热鸡场配套鸡舍、宿舍及办公室，年底建成幼雏舍 4 栋。

6 月　大钟庄农场党委号召全场干部职工向勇拦惊畜而受伤的李玉松学习。

7 月 4 日　邢树立任黄庄农场代理党委书记，董延宝任党委副书记、代理场长。

7 月 20 日　黄庄农场购 4 号铅字打字机 1 台，王春燕任打字员。下发文件由刻蜡纸印刷改为铅字打印，达到字体统一标准，资料阅读方便，字迹清楚美观。打字机由行政办公室管理。

9月13日　乔金玉任黄庄农场妇女工作委员会副主任，兼计划生育、工会会计职。

9月　大钟庄农场与天津市外贸部门签订饲养对日出口肉牛的协议。

10月10日　黄庄农场第一生产队撤销建制，与第四生产队合并，第四生产队改为第一生产队，刘希臣任队长，陈继山任副队长。

11月5日　黄庄农场拔丝厂9名职工，5户家属组成联合承包养鸡专业组。搬迁到原第一生产队队址，利用库房育雏鸡13900余只，张承桐任养鸡专业户组长。

11月29日　黄庄农场驾驶员陈启华驾驶跃进130型货车至津东郊区拉货途中与铁牛55型拖车相撞，致车损坏，直接财产损失1000余元。

11月　农场局批准大钟庄农场养鸡设备厂更名为天津市养鸡设备厂。

12月27日　黄庄农场司机宋宝军驾驶10人客车路过王顶堤途中强行超车，与1辆拖车发生剐碰，车门撞在路旁电杆上，使车体严重损坏，直接财产损失2000余元。

同年　潘庄农场投资30万元，建立二硫化碳工厂1座，很快因经营不善下马停产，损失40万元。

同年　潘庄农场在农场局的帮助下建成葡萄园1座，种植葡萄田1000余亩。

1983年　2月7日　黄庄农场建立第一养鸡场，从4月初动工，次年9月投产，占地75亩，有养鸡舍4栋及配套设施，总建筑面积4800多平方米，总投资58.13万元，饲养蛋鸡45000余只。刘希臣任场长，苏福顺任副场长。

3月　大钟庄农场职工李玉松被评为1982年天津市级劳动模范。

同年春　潘庄农场建立酱菜厂，总投资16万元。

4月3日　黄庄农场机务队利用机车库房、修理间饲养蛋鸡2300余只，由张德书、张艳丽等职工负责饲养，沈厚富任队长，年产值达30000余元。经农场局基字〔82〕第119号文批复，农场开工建设场部至宝芦公路战备闸段公路，公路全长6公里，宽5米，总投资33万余元。

5月　大钟庄农场鸡场建青年鸡舍855平方米。

6月　大钟庄农场拔丝厂更名为天津市中华窗纱厂。

9月　大钟庄农场的天津市中华窗纱厂窗纱车间建成并安装10台窗纱

机。1994 年扩建又增加 9 台 1.2 米宽幅纱机。新建修理间、机库、油库等 850 平方米，购拖拉机 3 台、联合收割机 1 台。

9 月 20 日　由宝坻县公路局承建，黄庄农场至宝芦公路战备闸段连接公路完工。

9 月 27 日　黄庄农场与天津市长途运输公司签订班车协议，农场设置为 74 路车终点站。

10 月 1 日　宝芦公路战备闸段公路通车，黄庄农场班车正式运行。杨守则、陈国栋负责售票账务工作。

11 月 2 日　根据农场局党委〔83〕24 号文《关于调整黄庄农场领导班子的通知》，张义先任黄庄农场书记，邢树立任场长、党委委员，董延宝任副书记，李云森、乔松任副场长，卢延彪、张友元任巡视员，李庆泰等 4 人任党委委员。

11 月 13 日　大钟庄农场召开建场 20 周年庆祝大会。

11 月 23 日　黄庄农场按照市委组织部、市人事局《关于整顿以工代干工作的通知》要求，根据天津市渤海农工商联合总公司下发的《关于整顿以工代干的几点意见》，完成摸底整顿工作，报总公司审批，同意 53 名农场干部转变身份为企业干部，实行场长聘任制。

11 月 28 日　邓沐身任潘庄农场场长。

11 月　大钟庄农场领导班子进行调整，党委由田树景、于宗久、胡洪亮、苏文贺、张庆彩组成。田树景任书记，于宗久任副书记，胡洪亮任厂长，张绍增、叶崇熙任副场长，张永合任工会主席。场内 50 名以工代干人员转为企业正式干部。

12 月　里自沽农场 5 万只蛋鸡的养鸡场建成。

12 月 29 日　黄庄农场建立第二养鸡场，利用酒厂附属车间饲养蛋鸡。次年初开始筹备，设计养殖量 2 万只，另由穆祥友饲养生猪 5 头。养鸡育雏、生猪饲养实行承包责任制，涉及职工 16 名，索瑞兴任第二养鸡场副场长。

同年　大钟庄农场建成养殖量 5 万只的蛋鸡场，建筑面积 5000 平方米。

同年　里自沽农场第六生产大队更名为天津渤海地热养鸡场，建成种鸡舍 2 栋，孵化厅 1 栋，幼雏舍 4 栋，中雏舍 1 栋，附属建筑 3 栋，架设冷热水管道 1500 米。

1984 年　1 月 4 日　黄庄农场制定《公文处理暂行规定》，由农场政治办公室管理。

1 月 18 日　黄庄农场调整机关、科室、基层单位管理干部 37 人。

1 月　大钟庄农场职工李玉松出席天津市建设社会主义精神文明积极分子代表会。

2 月 15 日　黄庄农场召开第四届团代会，经全体代表选举，场党委会审批，报总公司团委批复。齐兆辉任团总支副书记、团委委员 3 名，建立基层团支部 6 个，有团员 48 名。

2 月　里自沽农场试办家庭农场，将农场原由各生产大队集体经营的农业产业改为职工个人联产承包，停发工资，预借生活费。实行超利润分成，经营亏损不补发工资的管理模式，打破"大锅饭"，当年实现利润 85 万元，较上年增长 1 倍。

3 月 12 日　黄庄农场根据天津市农工商总公司召开的企业整顿会议要求，建立企业整顿领导小组，小组成员 9 人，张义先任组长，张凤柱主持日常工作。次年 6 月 13 日，经总公司、市财政局联合验收，给予评议，确认企业整顿合格，颁发了合格证。

3 月　大钟庄农场海河饮料厂汽水生产线正式投产。

4 月　根据总公司要求，大钟庄农场企业整顿工作全面展开，同年 10 月经验收后结束。大钟庄农场成立纪律检查组，苏文贺任组长。

4 月　总公司在大钟庄农场召开喷泵浇麦现场会，总公司领导和各农场代表及新闻记者数十人参加。

4 月　大钟庄农场与所属各农业队签订承包协议书，试行个人联产承包责任制和家庭农场。

8 月 10 日　大钟庄农场第一届职工代表大会召开。8 月上旬雨量集中，田间普遍积水 30～40 厘米，造成农场各类农作物受涝，农田水涝面积 6700 亩。

8 月 29 日　天津市副市长吴振、刘晋峰到天津渤海地热养鸡场视察，就如何搞好生产和修建柏油马路等问题作了指示。

8 月　大钟庄农场场部设经销、农业和工业基建 3 个专业公司。养鸡设备厂扩建金工车间 320 平方米。机加工车间实行计件工资制。

9月　大钟庄农场完成 300 亩鱼池、700 亩台田工程。在宝坻县城设商业网点，成立振华公司，进行烟草批发零售经营。

9月 18 日　总公司党委派工作组驻黄庄农场进行全面整顿，总公司党委委员杨树达任组长，张永和、张义先任副组长，总公司农经师张文熙任顾问，陶崇理、杜永昌、韩长顺、邢树立为成员，制定了企业整顿工作安排，首先是对厂级班子进行整顿，同时进行管理整顿。

10 月 13 日　经总公司党委研究决定，张永和任黄庄农场党委书记兼场长，陶崇理任副书记，杜永昌任党委委员、副场长，韩长顺任副场长，张凤柱任副场长兼办公室主任，李庆泰任党委委员，张文熙任场长顾问。

10 月 25 日　日本山田株式会社落合重雄、俵口泰生访问里自沽农场，协商建立蔬菜加工出口基地事项。

10 月 26 日　贾德舒任潘庄农场党委书记、场长。

11 月 4 日　总公司党办印发〔84〕第 43 号文《关于干部管理制度的改革方案》，规定农垦系统内关于发放干部职务津贴的补充意见。

11 月 11 日　根据总公司办字〔84〕第 378 号文《关于农垦系统所属 14 个农场增设公司名称的通知》。黄庄农场增设天津市农工商燕南公司，张永和任公司经理；大钟庄农场增设天津市大钟庄农工商公司；里自沽农场增设天津市里自沽农工商公司。

11 月 28 日　黄庄农场调整场属各单位。场部各科室有管理干部 32 人。

11 月 30 日　根据中共中央、国务院《关于经济体制改革的决定》和《关于进一步扩大国营企业自主权的暂行规定》的通知，经总公司同意，黄庄农场建立天津市永济企业开发公司（简称永济公司）。公司住所设总公司院内，隶属于黄庄农场管理。

11 月　张庆彩任大钟庄农场工会主席。

12 月　大钟庄农场筹建制线厂。

同年　大钟庄农场建成青年鸡舍。

同年　里自沽农场所属天津渤海地热养鸡场建成幼雏鸡舍 4 栋，正式投产。

1985 年　1 月 5 日　黄庄农场根据天津市农工商总公司党办印发的《关于干部管理制度的改革方案》，制定了农场《干部管理制度》和《干部职务津贴的发放办法及发放标准》。

1月15日　根据中央1号文件提出的"关于国营农场应继续进行改革，实行联产承包责任制，办好家庭农场"和总公司《关于办好联产承包责任的具体意见》文件精神要求，黄庄农场3个生产队在执行大包干的基础上，转变为职工家庭联营的农场，涉及耕地4034亩、职工127人。联营农场独立核算，按照农场下达的生产财务计划、利润指标，与农场生产科签订承包生产合同。联营农场实行联户、个人承包责任制，按农场下达的种植计划、产量、利润与联户、个人订立承包合同开展农业生产工作，并制定了职工联营家庭农场章程，自负盈亏。

1月　大钟庄农场新建制线厂定名为天津市国营兴华制线厂。饮料厂增添食品罐头生产，将海河饮料厂更名为天津市新华食品饮料厂并开始扩建工程。农场制定本年度经营承包工作实施办法，对各生产单位分别实行利润分成和大包干2种形式。农场成立工伤鉴定和安全生产2个委员会。农场与宝坻县法律顾问处签订聘请2名法律顾问的协议，约期3年。

2月5日　黄庄农场在增设公司名称后，建立农牧、工商、基建3个分公司。

4月15日　黄庄农场召开首届职工代表大会，建立职工代表委员会组织，通过各单位选举评议职工代表35人、委员9人，陶崇理任职代委员会主任。此次会议通过了《农场场规场纪实施条例》，经职代会审议并印发执行。

4月18日　黄庄农场工会委员会调整，召开第五届职工代表大会，经全体代表选举、农场党委审查、总公司批准，产生工会委员5人。陶崇理任工会主席；王福禄任工会副主席，主持工会日常工作。

4月24日　黄庄农场张永和与陈元彰协商，承包永济公司，实行独立核算，自主经营、自负盈亏，主要销售果品、烟酒，另售机电、农副产品，扩大与国营集体联合经营，签订合同。

4月25日　永济公司与内蒙古自治区赤峰市牛特旗劳动实业公司（劳动局）合作兴办天津市马丹农工商联合场，以养牛为主。由于永济公司没有履行协议条款，无法进行经营而造成亏损。1987年4月4日，双方本着互让互谅的负责原则，协商解决了遗留问题，结束合作。

5月13日　黄庄农场聘任陈元彰为永济公司经理，聘任总公司农经师张文熙为永济公司经理顾问。

5月21日 永济公司与天津市南开区亚东工商联合公司协商，联合经营开办南开区澄江浴池，附设旅店。

5月 大钟庄农场立体农业基地工程完成，在3000亩盐碱低洼地上开挖鱼池。1000亩鱼池和2000亩台田完成，并开始放养鱼苗和栽种果树。

5月 大钟庄农场与天津市外贸部门签订饲养对日出口肉牛协议因口蹄检疫问题终止。

6月26日 永济公司与天津新华书店协商，建立天津市新济联合农场，位于在北郊区温家房子仓库。

6月 大钟庄农场胡洪亮赴日本考察畜牧业和市场，为期1个月。

6月 天津市副市长吴振视察里自沽农场。

7月 大钟庄农场引进国外拜尔鸭和北京金定鸭4000只，修建鸭舍5880平方米，组建鸭场。同时，为全场职工家庭解决了烧液化气问题。农场贯彻执行《国营工业企业法》实施细则和行政分则。

8月4日 第一次全国城镇房屋普查开始。经查黄庄农场生产职工住房总建筑面积为23822平方米。

8月16日 黄庄农场调整团委委员会，王连娣任团委副书记。委员5人。

9月 大钟庄农场制定"七五"计划。

同年秋 农场局指派以王珍为组长的整党工作组至潘庄农场开展整党工作。其间，任命王珍为农场党委书记，李荫桐为场长。

同年秋 潘庄农场兴建种鸡场1座，建筑面积6557.5平方米，总投资105万元。年可孵化50万只鉴别雏，饲养种鸡1万只。次年初引进荷兰原种鸡"喜必克"种蛋1万枚，因不具备饲养曾祖代种鸡的条件，1988年将这批种鸡淘汰。

10月5日 天津市永济联合农场经总公司〔85〕工字第392号文批复，更名为天津市新济工艺美术厂，生产特种工艺传统产品。

10月10日 黄庄农场召开第四届妇女工作委员会，经基层妇女代表推荐，农场党委会批准，报请总公司工会同意，产生妇女委员8名。崔凤珍任主任；卢敏任副主任（负责计划生育工作）；刘秀芳主持日常工作，兼工会会计。

10月 大钟庄农场养鸡设备厂生产的9LJT2-4160型4层半阶梯中雏鸡

笼获天津市政府颁发的科技进步三等奖。杨殿明任大钟庄农场副场长、副经理。

12月10日　大钟庄农场为加强鱼、果开发区领导，成立食品开发公司。

同年　里自沽农场在地热鸡场东侧开挖鱼池水面307亩，陆地台面280亩，投资50万元。筹建地热渔场。

同年　潘庄农场子弟学校的学生发展到300多人。师资力量逐年丰富，教师队伍中具有大专学历的10人，中专学历的5人，其他教师均为高中毕业。

1986年　1月6日　黄庄农场对临时工劳动管理及工资待遇和劳保福利做了具体规定。

年初　永济公司因资金周转困难停止经营，各合作单位与其签订的联营协议先后终止，永济公司成立不足1年，随后注销。根据总公司记字〔86〕第491号文件转发的市政办公厅的〔86〕津政办发第186号文《关于认真清理债务的通知》，黄庄农场成立了清理债务领导小组，对永济公司账目清理，直接经济损失达33万余元。

3月3日　黄庄农场对1985年工作做了全面总结，总结了农业、工副业生产利润指标完成情况，就承包责任制、经营管理、整党、干部管理、干部职务聘任做了具体处理办法，并对1986年工作做了安排计划。

3月4日　大钟庄农场窗纱厂染色车间起火，烧坏房屋181.5平方米，经济损失2000元。

3月27日　黄庄农场张永和、杜永昌、高廷尧等与总公司工业处长张广礼等召开了加速筹建饮料厂的会议。利用拔丝厂闲置的厂房6间96平方米，扩建60平方米缓冲间，共156平方米作为厂房，筹建饮料厂，生产技术由总公司工业处提供指导。

4月15日　黄庄农场成立食品饮料厂，开始筹备工作。

4月　大钟庄农场王贵富被评为市级劳动模范。

5月3日　为安排多余劳力，黄庄农场利用饮料厂、拔丝厂闲置的厂房，进行镀锌加工。1988年4月，镀锌加二因缺乏订单停产。

5月　大钟庄农场食品、饮料厂扩建完工，投产橘子汁、汽水和鸡肉罐头。至9月，因产品滞销停产，后改成制线车间。大钟庄农场汽车运输队成立，共有7部车。

6月3日 黄庄农场根据总公司党组〔86〕第29号文决定，胡洪亮任黄庄农场党委副书记兼场长。

6月 天津市副市长、市农村工作委员会主任刘晋峰来大钟庄农场视察工作，对大钟庄农场的立体农业表示满意。

7月17日 黄庄农场召开第五届团代会。经代表选举、场党委批准，产生团委委员5人，戴仕友任团委副书记。

7月20日 天津市新济工艺美术厂因经济效益不佳停产，后注销。

7月 黄庄农场饮料厂投产。

8月15日 黄庄农场根据总公司计字〔86〕53号文《关于经理企业会计档案中的几个问题的通知》要求，建立会计档案，并制定了管理办法。

8月20日 黄庄农场为发展蛋鸡生产，扩大第二养鸡场，利用织布厂车间及宿舍、酒厂主车间改建鸡舍，面积1400平方米，饲养蛋鸡20000多只，投资15万余元，索瑞兴任场长，赵俊征任副场长兼会计。

8月 天津市粮食局通知取消大钟庄农场粮食征购任务。

9月1日 黄庄农场农业队和机务队合并，建立农机大队，刘希臣任大队长，邵元洪任大队党支部书记，沃厚富任副大队长。

9月 大钟庄农场接收宝坻县针织厂50万元资产和78名职工，改为养鸡场。

10月 大钟庄农场种禽场动工，次年完工，其间试养肉种鸡，后更名为大钟庄农场第二蛋鸡场。大钟庄农场推行场长负责制。

同年 大钟庄农场400亩葡萄移植150亩，其余废弃。

12月1日 里自沽农场与中国富利公司富源牧工商分公司在宝坻县黄庄乡西北部建立联合养鸡场，饲养蛋鸡混合群3万只，4年联办合同期满后结束。

12月 农场局党委决定，在潘庄农场推动场长责任制试点相关工作，指派副局长梁学鹏及有关处室领导到场推动。

12月15日 潘庄农场召开第一届第二次职工代表大会。李荫桐被选举为场长。

同年 大钟庄农场500吨冷库及屠宰工程、职工宿舍开始建设，冷库投资284万元、职工宿舍投资136万元。宿舍建筑面积4419平方米，次年陆续完工投产。

同年　里自沽农场在地热鸡场西南部建立地热大棚，与地热鸡场脱钩独立核算，曾定名农科站，后更名为里自沽农场园田队。

同年　潘庄农场酱菜厂下马。在此基础上建第三蛋鸡场，同时兴建第四蛋鸡场。

同年　潘庄农场党委决定逐年解决职工住宅区小马路问题。当年修筑了中片文明路小马路，总长 292.5 米，面积 1081 平方米，投资 26775 元。

同年　潘庄农场调往曙光农场 20 多人。

同年　农场局使用潘庄农场葡萄园土地，兴建中法合资天马酿酒有限公司，占地面积 73 亩。

同年　里自沽农场所属天津渤海地热养鸡场更名为天津市地热鸡场。

同年　大钟庄农场新建职工单元式住宅 100 户。

● **1987 年**　1 月　潘庄农场实行厂长负责制。

1 月　大钟庄农场职工王镛承包里自沽农场第二生产大队，兴办家庭农场，取得良好成效，承包期 3 年，到期后停止承包。

2 月　叶崇熙任大钟庄农场副书记、场长。

3 月　大钟庄农场职工李家祥被评为天津市劳动模范。

4 月 3 日　黄庄农场建立种鸡场，包括育雏鸡舍、孵化车间等，建筑面积共 720 平方米，投资 75 万元，解决鸡源问题。苏福顺任场长。

4 月 28 日　按照总公司关于为职工办十件好事的精神，黄庄农场给职工家属购置了石油液化气灶，并制定了管理办法。

5 月 13 日　日本三菱株式会社食品第一部主事崎田嘉雄等 6 人到大钟庄农场参观草莓基地。

5 月 14 日　黄庄农场对干部、职工进行普法教育，213 名干部职工通过了考核。

5 月　因白糖涨价且难以购买，产品滞销、积压几方面原因，黄庄农场饮料厂经营亏损，停产撤销编制，历时 11 个月，其间，王文武任饮料厂厂长。

6 月 1 日　里自沽农场与宝坻县南仁坪乡杨庄在杨庄建立联合养鸡场，饲养蛋鸡混合群 4 万只，合同期 4 年。10 月，与天津市建设开发公司第三分公司在本场第七生产大队联合建立养鸡场，饲养蛋鸡混合群 3 万只，合同期 5 年。到期后停止合作。

6月　里自沽农场合同制工人执行予以退休养老和待业保险金以增加工资性补贴。农场农机队购入金马收割机 1 台。

7月 4日　根据总公司党组〔87〕30 号文决定，郝老伦任黄庄农场场长、党委委员。

7月　大钟庄农场制定国营农场场长负责制实施细则。在宝坻县购置原京东旅社房地产，由振华公司经营旅社、饭店及商业。农场与市、县外贸部门签订三方协议，天津市拨付低息贷款 94 万元，新建养兔场。次年完工，后改为后备鸡场。

7月 22日　大钟庄农场扩建第一鸡场，扩建后建筑面积 1100 平方米，饲养蛋鸡 16500 只，投资 15 万元。

7月　大钟庄农场首次评定专业技术职称，中级职称 6 人，初级职称 52 人。对专业技术人员实行职务聘任。

8月　大钟庄农场新建车间、仓库，开始自主生产电焊网，次年因滞销停产，项目下马。其车间仓库后与大钟庄农场原拔丝厂、窗纱厂停产闲置厂房一并转产养殖蛋鸡，合并为大钟庄农场第二种禽场。

9月　黄庄农场根据国家计委农字〔87〕第 18 号文批准的农牧渔业商品基本项目，经市农委计字〔37〕号文批复，总公司同意，开始筹建奶牛场。

10月　天津市农工商总公司在大钟庄农场召开第三季度经济分析会，天津市副市长刘晋峰出席并讲话。会议期间，与会人员参观了大钟庄农场立体农业基地。

11月　大钟庄农场内安装自动电话，场部机关及学校安装暖气片。次年冬开始使用锅炉取暖。

12月　大钟庄农场场部机构设经营部、后勤部、计财审计部和场长办公室。制定《治安管理处罚条例》和《职工代表大会工作细则（草案）》。养鸡设备厂生产的 9LDB-396 型蛋鸡笼获天津市优质产品奖。

12月　天津市地热鸡场技术荣获市科技进步成果二等奖。

12月　潘庄农场冲压件厂合并管件厂。

同年　里自沽农场地热渔场竣工投产，与地热鸡场脱钩，成为独立单位。

同年　潘庄农场修筑幸福路口段和北侧小马路。幸福路总长 421 米，投资 44280 元。路北小马路总长 1166 米，投资 109704.33 元。农场果园队开挖防渗上水渠 1 条,全长 946 米,投资 26854 元。

同年 张绍增任潘庄农场场长。

同年 里自沽农场实行场长负责制,市总公司聘任张乃良为场长,任期 4 年,制定主要责任目标为 4 年累计实现利润目标 967 万元。至 1990 年实际完成利润 935.3 万元。

同年 里自沽农场投资 31 万元,修建场部至地热鸡场柏油路,全长 8 公里,次年投资 20 万元。除第三生产大队外,给其他 5 个生产大队修通柏油路,解决了农场区域内道路雨季泥泞不能通车的问题。

● 1988 年

1 月 6 日 黄庄农场召开基层干部科室工作人员会议,总结了 1987 年工作,对 1988 年生产任务做了具体安排。

1 月 大钟庄农场制定职工场内退休有关规定并试行干部聘任制度。刘新民任副场长。农场汽车运输队实行个人承包,3 年后汽车归个人所有。

2 月 5 日 黄庄农场党委会制定了全年党的工作安排意见。重点是坚持党的基本路线,以改革统揽全场,以振兴企业为基本目标,推动各项工作发展大好形势。做好政治思想教育,搞好党组织工作,指导好经济建设,保证全年工作正常进行。

2 月 大钟庄农场建立治安纠察队。

3 月 23 日 黄庄农场调整建立基层党组织,设立机关、学校、农机大队、饲料添加剂厂、食品饮料厂、种鸡场、养鸡场(联合)、奶牛场 8 个基层党支部。

4 月 21 日 黄庄农场建立专业技术人员职称改革领导小组。小组成员 7 人,郝老伦任组长,张凤柱任办公室主任,主持日常工作。制定了职改方案、专业技术人员职务职称聘任计划,其间完成黄庄农场职改工作。

4 月 大钟庄农场获天津市绿化先进单位奖。

5 月 5 日 黄庄农场召开党政领导班子会议,会议就农场资金周转用途等问题做了讨论,研究制定了加强财务管理 16 项具体规定和意见。

5 月 大钟庄农场第三蛋鸡场扩建车间 3 栋。农场第二届职工代表大会召开。

6 月 15 日 黄庄农场低洼盐碱地改造和防洪堤工程基本完成,历时 54 天,总改工程 800 多亩,动土 28.45 万立方米,开挖鱼池水面 293 亩,合田 378 亩,排渠 84 亩,防洪堤总长 2148 米,总投资 30 余万元。

8月 大钟庄农场与天津市禽蛋公司联营筹建肉鸡生产厂，投资 669.4 万元，次年完工投产。

9月 大钟庄农场养鸡设备厂获天津市农工商总公司产品创优先进单位奖。

10月 大钟庄农场在总公司召开的经济活动分析会期间，带领系统内各单位、公司领导参观了农场生态农业基地——鱼果开发区。

11月25日 黄庄农场拔丝厂家属区发生火灾，造成直接经济损失 500 余元。

12月24日 黄庄农场场部家属区新建职工宿舍发生火灾，房屋全部烧毁，烧伤农场学生 1 人，事改造成直接经济损失 3 万余元。

12月30日 黄庄农场奶牛场竣工投产。场区占地 169 亩，厂房建筑面积 6071 平方米，总投资 322 万元，设计饲养能力混合牛群 700 头，年产鲜奶 2400 吨，当年饲养育成牛 342 头，由本系统单位调进职工 24 人。邵元洪任场长，李自立任副场长。

12月 总公司党委在黄庄农场饲料添加剂厂召开形势教育经验现场交流会。

12月 大钟庄农场 500 吨冷库和肉鸡屠宰线工程竣工。

12月 潘庄农场 500 多亩葡萄园因地势低洼，排水不良，长势逐年衰退，病虫害严重，经专家鉴定认为没有保留价值而改种水稻。

同年 潘庄农场利用老粮库的空房兴建洗衣粉厂。

同年 潘庄农场推动农机合一工作，将原农业一队和二队合并，由机务队调出 1 台拖拉机，并新购置了气吸式点播机 1 台，70 型拖拉机 1 台、玉米收割机 1 台，统一进行管理。

同年 里自沽农场在第五生产大队投资 39 万元，栽种果树 240 亩，果树生长发育良好，苗壮株齐。后继续利用地热渔场台面投资 32 万元，栽种果树 280 亩。

同年 黄庄农场根据总公司《关于实行场长（经理）任期目标责任制的安排意见》要求，场长郝老伦与总公司签订了届期 3 年的场长任期目标责任书。

● **1989 年** 1月15日 黄庄农场召开基层、科室干部、职工代表，作财务会计会议。会议总结了 1988 年工作，对 1989 年工作做了安排计划。1988 年主要是坚持改革实行承包责任制，不断完善，使农牧业生产获得了较好的经济效益，调动了干部职工的积极性，1989年工作安排计划主要是从承包责任制基础工作做起，以计划管理作为中心，为发展生产创造良好条件。

1月　里自沽农场与天津市房建二公司在天津北郊三义庄建立联合养鸡场，饲养蛋鸡混合群4万只，合同期4年。

1月　因农机队实行个人承包、家庭承包后仍出现挂账，为避免亏损，大钟庄农场改回集体经营。

2月27日　黄庄农场党委制定了1989年党委工作要点，主要是加强党的集中统一，从基础工作入手，做好政治思想教育宣传工作，增强党的纪律，清正廉洁，深化改革完成各项工作。

2月28日　黄庄农场安全生产委员会制定了安全用电10项规定，并做了具体说明及实施方案。

3月11日　黄庄农场场部建立行政科，邵元洪任科长。

3月　总公司领导到大钟庄农场召开现场办公会，研究解决农场第一季度亏损问题。天津市农委主任王立吉、农场局局长徐宗禹、局党委书记魏建英等领导来场检查肉鸡工程情况，决定将年产300万只肉鸡的计划压缩为150万只。

3月25日　黄庄农场建立退休干部职工管理委员会，委员7人。韩长顺任主任，由工会负责日常工作。

4月1日　黄庄农场建立交通安全管理委员会（领导小组）。小组成员5人，韩长顺任组长，由场派出所负责日常工作。

4月3日　黄庄农场交通安全领导小组制定了机动车驾驶员交通安全管理规定并确定了具体实施条款。

4月3日　黄庄农场党委制定了"关于加强党员干部教育的安排"，根据总公司党委要求，坚持中心组学习制度，每周二下午为学习时间，场党政领导班子成员、纪检、工会、团委负责人参加，基层支部利用三会一课制度，坚持党的基本路线教育。

4月6日　根据总公司党组〔80〕95号文决定，张绍庚任黄庄农场代理党委书记兼纪委书记、党委委员、副场长。

4月9日　黄庄农场第一养鸡场实习驾驶员张志云驾驶天津130汽车至

天津途中超车，因回轮过急，将被超车辆挤至路边，致其撞树损坏，事故造成直接经济损失1867元。

4月　大钟庄农场与日本住友商社签订向日本出口樱桃的意向书。胡洪亮任大钟庄农场党委书记。场部商店划归振华公司统一管理。

5月16日　黄庄农场根据总公司《关于为职工办十件好事的通知》，解决职工家属区雨季上班走泥路难行问题，在场部家属区、拔丝厂、三队至种鸡场道路区域敷设砂石沥青，路面共计1000多平方米。

5月30日　黄庄农场建立安技科，撤销行政科，邵元洪任科长。

同日　黄庄农场党委制定了《关于领导干部清廉从政的规定》和《抓党风责任制规定》等清廉从政规定十项内容，要求每月召开1次党委扩大会议，每半年召开1次党委民主生活会，开展批评与自我批评，解决存在的问题。基层支部按照党委工作部署，做好党员的党风建设，发挥党组织的模范带头作用，并建立了抓党风领导小组，小组成员5人，张绍庚任组长，李庆泰主持日常工作。

6月4日　黄庄农场党委制定了《干部管理制度》，就干部的选拔、聘任、任免等做了6项具体规定。

6月14日　黄庄农场建立纪律检查委员会，纪委委员5人，杨昆山任副书记（按正科级待遇），负责纪委日常工作与老干部工作。

同日　大钟庄农场成立纪律检查委员会，沃根富任纪委书记。

8月9日　黄庄农场建立后勤科，王文武任科长。

8月　大钟庄农场农机队购入丰收2型卧式玉米收割机1台和802型拖拉机1台。张庆春、汤冠军任大钟庄农场副场长。

11月2日　潘庄农场冲压件厂的钢制闭式串片型散热器热工性能达工业部颁布标准一等品水平。

12月11日　黄庄农场根据总公司党组〔89〕55号文决定，张绍庚任黄庄农场党委书记。

12月18日　总公司党委授予黄庄农场党委1989年度"组织评选思想政治工作'三优'活动成绩显著单位"荣誉称号。

12月20日　大钟庄农场成立计划生育、科学技术和教育3个委员会。

12月　大钟庄农场汽车队建制撤销，工作并入农机队。

同年　里自沽农场地热渔场产鱼75吨，鱼苗5吨，产值27万元，利润

12 万元。后在农场第四生产大队投资 30 万元开挖鱼池，水面 200 亩，进行鱼苇间作。

同年　潘庄农场改造更新 83 亩老果园，淘汰了原有老桃树和梨树。重新定植短枝型苹果树（红星富士）4400 株，总投资 6 万元。

同年　潘庄农场利用农场局拨付费用，开始开发农场西北角土地，同时利用原供销站的房屋建成灯泡厂，设备投资 7.6 万元。

● **1990 年**　1 月 7 日　总公司党委授予黄庄农场党委会"1990 年度思想信息工作先进单位"荣誉称号。

1 月 21 日　黄庄农场调整交通安全管理领导小组，小组成员 7 人，乔松任组长。

1 月　大钟庄农场收回承包给职工王镛办家庭农场的土地，由农机队经营，房屋仍由其养鸡使用。

2 月 2 日　黄庄农场党委根据总公司党组安排，开展对党员民主评议工作。由张绍庚主持，召开了支部书记会议，作了安排部署，提出了要求。评议工作到 3 月 5 日结束，全场 56 名党员经评议为合格和基本合格，没有不合格党员。

2 月 20 日　黄庄农场制定《场部科室干部下基层参加劳动制度》，规定每月 5 日、20 日作为下基层参加劳动日。

3 月 20 日　黄庄农场建立职工政治思想教育领导小组，小组成员 7 人。张绍庚任组长，日常工作由党委办公室、工会、团委负责。赵洪林、李广生做政治教育辅导。

4 月 4 日　黄庄农场党委书记张绍庚主持召开了基层党、团支部、工会主席会议。会上就全场开展迎"五一"大学习大竞赛活动提出了要求。党委制定了活动开展计划。

4 月 29 日　黄庄农场党委举办了迎"五一"大学习大竞赛活动决赛，6 个代表队参加决赛。场领导、基层单位负责人、职工代表出席了决赛活动，并对参赛代表队颁发了奖状及奖品。场领导就比赛分别讲话，对决赛活动予以肯定并提出今后工作要求。

5 月 4 日　黄庄农场调整"双增双节"领导小组，成员 7 人，郝老伦任组长，王福禄任"双增双节"办公室主任。并召开了基层管理干部、科室人员会议，做了"双增双节"工作安排。

5月　大钟庄农场第三届职工代表大会召开。

6月15日　黄庄农场建立场史编纂领导小组，小组成员7人。张绍庚任组长，日常工作由党委办公室负责，制定了场史编撰工作方案，开始农场建场至1990年的场史编撰工作。

7月1日　黄庄农场党委召开庆"七一"大会，张绍庚做了纪念"七一"报告，回顾了党的历史，总结了党组发挥的作用和经验，讲了存在的问题和今后要求，并对2个先进支部和10名优秀党员进行了表彰。

7月10日　黄庄农场调整场工会领导干部。调整场工会委员会，委员10人，王福禄任工会主席，设农机大队、第一养鸡场、第二养鸡场、种鸡场、奶牛场、学校、场部7个分会。根据总公司有关文件规定，分会负责人（主席）享受副科级职务补贴。

7月18日　黄庄农场建立新风理事会，会员7人。王福禄任会长，并制定了新风理事会章程（试行）草案。

8月8日　黄庄农场召开共青团第六届团代会，经团代会选举，场党委会、总公司团委会批准，产生团委委员6人，李广生任团委副书记（按行政副科级待遇）。

8月　黄庄农场小麦丰收，产量达历史最高水平，总产量435吨，单产231公斤，获得总公司颁发的小麦总产优胜奖。

8月　叶崇熙赴罗马尼亚考察饲料加工设备。

8月　潘庄农场冲压件厂获国家颁发的"闭式串片型散热器"许可证。

8月25日　根据总公司〔90〕审字第308号文《关于进行场长任期目标终结审计的通知》，黄庄农场建立了场长任期终结评审委员会，对场长郝老伦任期终结作出了客观公正的评价。主要是各业绩经济效益逐年增高，企业财产真实，利润分配合理，为生产经营作出了积极努力和较大贡献。

9月20日　黄庄农场制定了《关于开展廉政建设，纠正行业不正之风的安排意见》，建立了廉政建设纠正行业不正之风领导小组，小组成员6人，张绍庚任组长，杨昆山任领导小组办公室主任，主持日常工作。

9月30日　黄庄农场新风理事会为分配来的河南籍大专生杨富强、姚夏生2位职工举办了既隆重又节俭的新式婚礼，党委书记、场长应邀作为主婚人，张绍庚代表党政领导和全场职工向2位新人表示祝贺，并要求青年男女学习这对新人做移风易俗、新事新办的好青年。

9月　大钟庄农场成立民警小队。杨殿明任大钟庄农场党委书记。

10月　大钟庄农场投资30万元，为农机队购置谷物烘干机、气吸式精良点播机、拖拉机等农业机械。

11月　大钟庄农场筹建饲料加工厂。自建职工住房26户，950平方米，为职工解决住房问题。

12月4日　黄庄农场举办中层干部学习班。由党委书记、场长主持，持续7个半天，主要学习了《关于社会主义若干问题学习纲要（规定选编）》，并结合农场年终总结与1991年工作安排进行了讨论。

12月30日　黄庄农场经场长聘任、党委会研究决定，调整基层、科室管理干部8人。

同年　潘庄农场动土34796.2方，继续改造西北角地块。农场奶牛队安装了挤奶设备，实现了挤奶自动化。奶牛场达到500头混合牛群（成母牛300头）的设计要求，开始满负荷运营。

同年　潘庄农场淘汰了"喜必克"种鸡。先后使用"星杂288""893""904""依沙白"等品种种鸡，开拓了新局面。形成了种鸡孵化、育雏一条龙生产线，解决了本场与外场的鸡源问题。

● **1991年**　1月4日　黄庄农场召开1991年工作会议，总结上一年经济工作，部署1991年经济工作和其他各项工作。干部、职工代表参加会议。郝老伦在会上做了《总结经验，找出差距，开拓进取，争取更大成绩》的发言报告。会后对会议精神进行分组讨论。

1月25日　黄庄农场调整工会委员会委员，并进行增补，由原来3人增加到7人，增补4人。王福禄为工会主席。

1月　大钟庄农场投资11.92万元，动土97427立方米，进行农场主干渠、支渠配套农田水利工程。次月完工。

2月1日　总公司批准刘希臣任黄庄农场副场长。

2月6日　黄庄农场调整安全生产委员会成员，刘希臣任安全生产委员会主任。

3月1日　黄庄农场建立交通安全领导小组，刘希臣任组长。

3月6日　黄庄农场调整消防安全委员会成员，刘希臣任主任。

3月13日　黄庄农场制定并下发《党委工作若干规定》。

3月15日　黄庄农场调整保密工作领导小组，乔松任组长。同日，农场决定并下发通知，续聘乔松等专业技术职务。同日，农场下发《关于加强基建维修项目的管理意见》。

3月16日　黄庄农场下发并执行《财务管理实施办法》。

3月20日　大钟庄农场召开全体干部职工大会，总结上一年工作，表彰先进典型，确定新一年工作思路和指导思想。会议把"以农业为基础，以经济效益为中心，以强化管理为手段，巩固提高种养业，稳定调整工商业，稳步稳妥地做好全年经济工作"作为全年经济工作的指导思想。

3月21日　黄庄农场印发《关于职工劳动保护用品发放的管理规定》的通知。

3月22日　为加强劳动人事管理，提高劳动生产率，黄庄农场印发《黄庄农场劳动人事制度》的通知，并规定今后新招聘工人必须进行全面考核，经过三级安全教育后择尤录用。

3月25日　大钟庄农场和总公司、基层单位和农场签订承包合同，落实承包经营责任制。

4月19日　大钟庄农场选送3名党员参加总公司组织的党员知识竞赛活动。

4月　大钟庄农场为迎接建党70周年，组织党的知识竞赛活动和建党以来新闻图片展览活动。

同月　大钟庄农场养鸭场经济效益不佳停产，冷冻厂将其兼并。

7月1日　大钟庄农场召开全体党员大会，庆祝建党70周年，表彰先进党支部3个，优秀党员10名。党委书记杨殿明总结讲话。

7月10日　总公司分配大钟庄农场郑州牧专、武清职专等学校学生6名，充实了农场科技人员队伍。

7月15日　大钟庄农场农业推广精量点播和化学除草技术。

7月16日　大钟庄农场绘制了果树梨小食心虫发生规律曲线图，能准确预测发病时间，确定防治办法。

7月18日　大钟庄农场召开半年经济工作总结会，表彰7个时间过半、利润过半的单位，并授予6名基层及机关主要负责人为优秀场（队、科）长荣誉称号。

7月20日　大钟庄农场设备厂自制万能式横梁冲击型胎具，提高了劳动生产率。

8月9日　南方数省发生洪涝灾害,黄庄农场干部职工向灾区捐款共计 1818.4 元。大钟庄农场干部职工向灾区捐款 6144 元。

9月下旬　大钟庄农场引进"8694"和"京411"等小麦新品种。

10月1日　黄庄农场在天津农垦集团总公司首届职工运动会田径比赛中获得团体第 4 名。

10月14日　黄庄农场安装程控电话,从此结束人工转接电话的历史。

10月　大钟庄农场翻新、新建职工宿舍 1747.75 平方米,新建校舍 126.88 平方米。

同月　大钟庄农场党委、纪委在党员、干部中进行党的优良传统作风教育。

同月　里自沽农场兴建奶牛场,占地 87000 平方米,建筑面积 18477 平方米,总投资 695 万元。奶牛场设计饲养奶牛混合群 700 头,日产鲜牛奶 8~10 吨。

同月　大钟庄农场组织职工参加天津农垦集团总公司首届职工运动会。

11月5日　按照总公司党委统一部署,黄庄农场在全体党员中开展党的优良传统作风教育活动。

11月8日　大钟庄农场杨殿明当选宝坻县人民代表大会代表。

12月15日　张国臣任大钟庄农场党委委员、副场长。

12月30日　黄庄农场制定农业"八五"期间发展规划。

12月　大钟庄农场完成 590 亩荒地改造配套工程,动土 19550 立方米。

同年　黄庄农场全年实现社会总产值 843.24 万元,全年亏损 76.5 万元,职工人均年收入 1859 元。

同年　里自沽农场拥有土地 15000 亩,有农牧兼营队 6 个、专业养鸡场 5 个、工业厂 3 个、果蔬队 2 个。干部职工共 782 人,含大、中专毕业生 55 人,其中畜牧业 13 人,农业 8 人。具备职称技术人员 75 人,其中经济师系列 30 人,会计师系列 16 人,畜牧师系列 9 人,农艺师系列 4 人,其他系列 16 人。工农业年总产值 2038 万元,人均年收入 1787 元。畜牧业为里自沽农场主业方面,产值、利润占全场总产值和总利润的 85%,其中地热养鸡场年饲养种鸡 3 万只,产种蛋 600 万枚,孵化鉴别雏 200 万只,育中、青年鸡 100 多万只,全场饲养蛋鸡混合群 20 万只,向市场提供鲜蛋 2700 吨。

同年　里自沽农场投资 30 万元为职工改善居住生活条件，兴建 4 层宿舍楼 1 栋，面积 1500 平方米。场部家属区修柏油路 6000 平方米，场部机关和六队用于美化环境投资 15 万元。邢树立任党委书记，张乃良任场长，李润良任党委副书记、纪委书记，董浩任副场长，张勤任工会主席。

同年　潘庄农场筹资 100 万元，准备兴建汽车安全带厂。

同年　张绍增任潘庄农场党委书记，杜永昌任场长。

● **1992 年**　2 月 15 日　黄庄农场印发《关于禁止赌博的有关规定》。

2 月　大钟庄农场掀起学习贯彻邓小平同志南方谈话精神的热潮，引发了一次新的思想解放进程。

2 月 18 日　黄庄农场制定下发《医疗制度改革方案》。

3 月 1 日　大钟庄农场下发《职工住房分配管理办法》，房改工作拉开序幕。

3 月 1 日　根据里自沽农场〔1992〕津里农党 5 号、政 8 号文件要求，农场场部机关改革，实行干部职工聘任制，规定基层生产单位的行政正职管理人员，在全场干部职工范围内招聘。基层行政副职由正职人员在全场范围内招聘，并根据生产和工作需要确定副职人员数和工作内容及要求。基层单位设车间班组，其他岗位人员的产生，由正职采取民主办法聘任产生。

3 月 8 日　张庆春任大钟庄农场党委副书记、场长。

3 月 10 日　大钟庄农场下发《1992 年深化改革、完善经营管理者责任制实施方案》，掀起以"破三铁"为突破口的改革高潮。

3 月 20 日　大钟庄农场下发《医药费报销管理规定及停薪留职的有关规定》。

3 月 21 日　大钟庄农场对 17 个基层单位开立账户，实行"分灶吃饭"，所属各单位作为独立法人单位经营，迈出了打破"大锅饭"的第一步。

3 月 22 日　大钟庄农场进行干部人事制度改革。中层干部全部实行聘任制。规定中层正职由场长提名，职工选举，副职由中层正职提名，自主聘任，职工选举，报场备案。这一举措改变了过去多年来干部"能上不能下"的传统观念。

3 月 23 日　大钟庄农场设备厂认真贯彻场深化改革精神，率先提出企业改革的 8 点方案，其中最突出一点是全员实行效益工资。

3月24日　大钟庄农场下发文件，免去原党委任命的所有中层正、副职干部职务，按改革后的程序重新聘任。

4月1日　大钟庄农场下发文件，按新的聘任程序重新聘任中层正职干部25人、副职干部31人。

4月16日　黄庄农场制定《关于深化改革的规定》。

4月23日　按照农场局要求，黄庄农场建立职工教育委员会，张绍庚任主任。

8月3日　黄庄农场实行土地承包，制定黄庄农场《土地承包办法》。规定限额承包，一订多年，20亩以内每亩40元，20亩以上的部分每亩70元。

8月10日　张国臣任大钟庄农场党委副书记、纪委书记。

8月　里自沽农场奶牛场一期工程竣工投产，第一批194头奶牛入栏。

8月　大钟庄农场开发三场开办小水泵厂，不久后停产。

9月1日　大钟庄农场建立农牧业技术服务中心，其职能是为农业和畜牧业提供技术指导与服务。

10月1日　里自沽农场对外业务更名为天津市农工商沽泉公司。

11月5日　张国臣任大钟庄农场工会主席。

11月8日　大钟庄农场党委下发《关于学习党的十四大精神的安排意见》，掀起学习十四大精神热潮，促进了思想解放和观念转变。

11月　大钟庄农场基建科开办建筑、装潢、土产、木材经销、农副产品收购项目。办公室兴办了民用电料经销和灯具室内安装服务项目，在开发第三产业方面起了带头作用。

11月　天津市鸡蛋价格放开，养鸡业销售价格下降，成本增加，里自沽农场养鸡业效益开始下滑。

12月1日　经政工专业技术职务评审委员会评审，黄庄农场党委决定，聘任张风力、李庆泰、王福禄为政工师，李玉发等为助理政工师。

12月7日　张宝生任大钟庄农场党委委员、副场长。

12月10日　大钟庄农场农机队购置大型挖土机1台。

12月16日　杨殿明、沃根富、张庆彩、齐永华4位同志思想政治工作突出，在大钟庄农场被评为中级政工师。另有9人被评为初级政工师职称。

12月22日 根据党的十四大建立社会主义市场经济体系的要求和落实《全民所有制企业转换经营机制条例》的规定，里自沽农场组建成立天津市里自沽禽蛋公司、天津市里自沽农业公司、天津市里自沽信达公司、天津市华强公司，4个公司实行自主经营，独立核算，自负盈亏。原地热养鸡场、场部养鸡场、七队养鸡场、五队养鸡场、杨庄养鸡场、富源养鸡场、三义庄养鸡场隶属天津市里自沽禽蛋公司。原第一、二、三、四大队、第五大队果园、果园队、养鱼场、园田队隶属天津市里自沽农业公司。原里自沽农场奶牛场隶属天津市里自沽信达公司。

12月 里自沽农场制定《1992年基础企业承包办法》，以组建公司为核算单位，享有生产经营管理自主权，实行供、产、销一条龙生产经营，直接面向市场，有权进行工商、税务登记、办理执照、银行开户等有关活动。

12月 里自沽农场畜牧饲料场建成投产，年生产畜牧喂养饲料能力10000吨以上。

同年 黄庄农场社会总产值875.96万元，利润持平，职工人均年收入2625元。

同年 潘庄农场推动机制改革，成立与天津市潘庄农场同级的挂牌公司天津市农工商天宁公司。农场行使行政职能，天津市农工商天宁公司实行对外经营。

● **1993年** 1月 大钟庄农场第三蛋鸡场因效益不佳，停产取消建制。

1月 里自沽农场所属农业公司根据总公司和场党委的指示精神及农场实际情况，决定从1月1日起，农业公司干部职工取消工资，劳动关系封存归档，每人分配1份生产资料。25亩生活田，其中10亩按人头分，15亩以基本工资为基数在全公司范围内平衡分配。承包果树、鱼池的职工按承包土地方法核算亩数。

2月18日 为节约医疗费用，根据国家关于在医疗制度改革中职工个人担负部分医疗费用的原则，黄庄农场制定医疗制度改革草案，开始实行门诊收费制度，并按照比例给予报销，分3个档次：100%、95%、80%。

3月4日 里自沽农场下发〔1993〕津里农政7号文件规定：①全场固定工、合同工、农民合同制工人均可提出停薪留职；②在停薪留职期间，职工每人每月交 30～35 元的社会统筹金；③停薪留职期间，职工所在单位停发其工资及福利待遇和医疗费，享受调资权利，并记入工资档案；④停薪留职期限为 1 年，期满后合同双方另行商定。

3 月 5 日　大钟庄农场各鸡场分户独立核算，起办营业执照。

3 月 8 日　里自沽农场成立天津市华强农产品经销公司，在位于宝坻县城建设路东段北侧。此项目占地 21.33 亩，其中耕地 4 亩。

3 月 10 日　大钟庄农场下发《基层干部奖励办法》。

3 月 12 日　印发《黄庄农场 1993 年工资总额管理办法》。

3 月 13 日　大钟庄农场农业公司、农场食品基地等 4 个开发场成立。

3 月 19 日　黄庄农场（甲方）与北京生物工程有限公司（乙方）合作筹办生物肥厂。资金设备由甲方负责，技术由乙方负责，利润 7∶3 分成，由农场所属农牧公司筹备项目。

3 月 20 日　黄庄农场制定并下发《黄庄农场干部教育计划》，计划利用 3 年时间将全场处级干部文化水平提升到大专水平，科级干部达到中专水平，职工达到初中水平。

3 月　黄庄农场在宝坻建立华宝商店。

4 月，里自沽农场的天津市农工商沽泉公司更名为天津市里自沽农工商实业总公司。

5 月 4 日　大钟庄农场李艳清兼任农场团总支书记。

5 月 29 日　黄庄农场场长郝老伦签订《天津市燕南农工商总公司任期目标责任书》，任期 3 年。

6 月 4 日　黄庄农场种鸡场饲料车间发生机械伤害，职工贾之立右手腕部被机械绞伤，负重伤，经济损失 20 万元。

6 月 22 日　郝老伦聘任张风力为黄庄农场副场长。

同日　刘振启、刘庆丰任大钟庄农场副场长。

6 月 30 日　黄庄农场所属天津燕南公司三·二八生物肥料厂建成投产，主要生产农家肥等生物复合肥料。

7 月 19 日　大钟庄农场开发二场与开发一场合并，开发二场撤销建制。冷冻厂停产，部分职工分流。大钟庄农场组建科技、职改委员会。

7 月 28 日　大钟庄农场召开扭亏增盈工作会议，提出了扭亏增盈的具体措施，成立了扭亏增盈领导小组，张庆春任组长。

8月6日　里自沽农场宏发副食百货经营部正式营业。经营部位于宝坻区南关大街，店内有职工7名，注册资金5万元，营业面积60平方米，当年实现营业额近百万元。

9月5日　黄庄农场成立禽蛋、农牧、服务、工贸4个公司。

9月　韩长顺任里自沽农场场长。

11月　大钟庄农场掀起学习《邓小平文选》第三卷的热潮。

12月10日　大钟庄农场成立中华时装厂。

12月12日　大钟庄农场下发《大钟庄农场职工场内待业的有关规定》。

同年　潘庄农场推动内部房屋改革，将职工居住的宿舍出售给职工，内部产权归职工所有。

1994年

1月15日　大钟庄农场撤销第一鸡场、第二鸡场、后备鸡场建制，在上述单位基础上组建津钟畜禽公司，刘庆丰任总经理。

1月　黄庄农场与香港及北京有关单位三方合资成立天津绿发燕南生物肥料有限公司，主要经营生物肥。2000年停产后改制，由个人承包。

3月9日　大钟庄农场批准并上报21名干部参加天津市组织的现代经济管理知识培训及参加《现代经济管理》专业高等教育自学考试（业余）。

3月15日　大钟庄农场所属振华公司成立经销部，张庆东任总经理。同时农场在宝坻县城区与个人王跃池联营成立海宝文具厂。

3月　日本项目办给黄庄农场购买挖掘机1台。

4月12日　大钟庄农场下发《关于中层干部奖励基金分配办法》。

4月28日　大钟庄农场下发《关于新建"三产"和"三资企业"的通知》，主要要求以下事项：①农业系统在宝坻县城租赁2个门市部，自筹资金联营办服装商店和自营办副食商店；②畜牧业在北京租赁150平方米门脸房，自筹资金开办饮食服务及开展商业经营活动；③畜牧业和日本客商拟进行合资，由日方投资扩大肉鸡养殖规模；④冷冻厂与邢瑞东等3人联营，对方出资启用。

4月　韦恩学获得天津市总工会颁发的"八五"立功先进个人奖章。

6月13日　大钟庄农场与天津富源食品公司签订肉鸡放养及收购合同。

6月14日　大钟庄农场在宝坻城区成立津钟粮油食品经销部，进行副食商贸经营。

6月16日　大钟庄农场党委向基层下发《关于1992年6号文件有关问题

的补充规定》，规定进一步下放基层用人自主权：基层正职对副职既有权提名聘任，又有权解聘；同时规定基层副职不作为总场管理干部的范围，但聘任与解聘要向总场备案。

6月18日　总公司党委发文，增补刘振启为大钟庄农场党委委员。

6月　黄庄农场兽药厂与香港杨先生合资合作成立天津华宝兽药有限公司，主要生产经营各种饲料添加剂，设计年产量600吨，2000年由于经营亏损停产，后实行个人承包。

6月　杜永昌任里自沽农场党委书记，李宽任场长，韦恩学、王玉发任副场长。

7月1日　黄庄农场成立流动人口计划生育领导小组，张风力任组长。

7月8日　根据〔1994〕津里农政字4号文件要求，里自沽农场场部托儿所撤销，规定1周半至3周岁孩子补贴60元/月，由父母所在单位各负担50％，3周岁以上至学龄前每个孩子补贴30元/月，由孩子父母所在单位各负担50％。

7月10日　黄庄农场成立防汛指挥部，郝老伦任总指挥，并制定分洪转移及生产自救具体方案和措施。

7月20日　兴华制线厂对外称兴发尼龙搭扣线带有限公司。

8月30日　经总公司批准，王子超任黄庄农场副场长。

9月12日　黄庄农场全场职工为贫困地区捐衣被815件套。

10月8日　大钟庄农场振华经销公司组建烟、酒、糖批发部，并组建烟草经销部，在饲料厂建立销售部。

11月2日　总公司批复《大钟庄农场恢复肉鸡生产、加工一条龙项目报告》，允许项目实施。

11月3日　大钟庄农场冷冻厂和天津市饲料公司联营合作项目签订协议，建立联营企业，并核准企业总投资360万元，其中大钟庄农场以库房、设备等固定资产折资160万元，市饲料公司投资现金200万元。

12月11日　黄庄农场印发《关于职工工作安排的有关规定》。

12月12日　黄庄农场印发《黄庄农场财务审批具体办法》。

12月　大钟庄农场冷冻厂与市饲料公司合作加工清真禽类食品，成立清真禽类加工厂。

同年　里自沽农场进一步完善各项承包措施，调动广大职工的生产积极性，农业实行"两费自理"，土地、小型鸡场、小型商店全面实行租赁承包经营。

同年　里自沽农场遭遇发展瓶颈，经济经营严重滑坡。

同年　大钟庄农场窗纱厂窗纱车间扩建，增加9台1.2米宽幅纱机，共有窗纱机19台，并新建修理间、机库、油库。

同年　陈若谷任潘庄农场党委书记，王玉明任场长。农场经营困难，种鸡场、蛋鸡场、管件厂、冲压件厂、灯泡厂自1994年至1997年陆续停产下马。

● 1995年

2月22日　原属黄庄农场管理的畜禽药厂分割后，因欠农场169万元利润，农场向总公司申请要求其还款。

3月5日　大钟庄农场将场部农业科与畜牧科合并，组建农牧科。

3月15日　黄庄农场掀起植树造林热潮，共植树3500株。

4月18日　天津农垦集团总公司党委对大钟庄农场领导班子进行考核，并组织中层干部和职工代表进行民主评议。

5月初　大钟庄农场将5000亩旱田改成稻田。

5月25日　刘振启任黄庄农场场长。张庆春任黄庄农场党委书记。

6月12日　大钟庄农场副场长刘新民聘任唐云为场长助理。

7月1日　日本专家组在里自沽农场实验科学养牛，引进先进技术和价值500万元人民币的各种农牧业实用设备。

7月15日　大钟庄农场组建天津农垦振华商贸总公司，刘振启兼任总经理。

7月　韦恩学任里自沽农场场长。

8月4日　黄庄农场根据上级规定，制定《招待费开支标准的暂行规定》。

8月17日　大钟庄农场党委聘任孙介仁为农场副场长。

8月23日　黄庄农场与合资方天津塑印中心合资建立宝德包装制品有限公司（简称宝德公司），位于宝坻县石桥工业区。

10月1日　黄庄农场与合作方协商，乔松任华宝兽药有限公司董事长，苏福顺任总经理。

10月5日　天津农垦集团总公司组织部门来场，宣布张庆春兼任黄庄农场场长。

11月7日　津垦司〔1995〕368号文件批复了里自沽农场津里农政字16、17、18号关于中低产田旱改水、建立蔬菜生产基地、养鳖种苗场的3个请示。3个项目总投资700万元，农场自筹180万元，并要求抓紧实施各项前期准备工作。

11月27日　根据总公司有关会议精神，黄庄农场拟定《黄庄农场"九五"经济发展计划》。

12月4日　总公司批复大钟庄农场《新上有色金属加工制造项目立项报告》，允许其实施。

12月11日　里自沽农场成立了职工医药费报销审查小组，在医疗费用报销问题上进一步加强了管理。

12月15日　黄庄农场成立农场退休职工管理委员会。

12月26日　大钟庄农场下发《大钟农工商总公司劳动合同制实施细则》，开始实行全员劳动合同制。

同年　里自沽农场经营形势持续低迷，奶牛场单产鲜奶4792公斤，总产1792.5吨，全年亏损达57.5万元。土地承包费仅有99万元。为解决里自沽农场蛋鸡养殖业亏损，农场决定将全场所有蛋鸡养殖业全部承包给职工个人。

● **1996年**　1月　张庆东等3人被天津市总工会授予"'八五'立功先进个人"荣誉称号。

1月4日　大钟庄农场成立退休职工管理委员会。

3月12日　大钟庄农场以农场设备厂机加工车间为基础组建中发机械厂，主要经营业务是为北京启动机厂生产配件。

3月18日　刘新民任大钟庄农场党委副书记、场长。

4月11日　总公司党委正式下发文件，决定张庆春任黄庄农场党委书记兼场长，吴振义任黄庄农场副场长。

4月14日　黄庄农场调整农场教育委员会成员，张庆春任主任。

4月15日　黄庄农场养鸡场和奶牛场实行股份合作制经营方式，职工参与入股。

5月2日　设立黄庄农场科技委员会，主任张庆春，兼任黄庄农场纠正行业不正之风工作领导小组和黄庄农场惩治腐败加强廉政建设领导小组组长。

5月14日　黄庄农场印发《重申家属区内禁止养羊、养鸡的规定》。同日，印发《禁止擅自变卖资产物资的有关规定》。

5月16日　黄庄农场制定《职工个人建房的具体规定》。

5月20日　大钟庄农场撤销振华公司烟、酒、糖批发部行政编制，将其与振华公司本部合并。

6月10日　黄庄农场成立防汛指挥部，张庆春任总指挥，吴振义任副总指挥，成员由张风力等5人组成。

7月1日　大钟庄农场党委召开庆祝建党75周年大会，表彰先进党支部2个、优秀党员8名。

7月28日　黄庄农场制定《出售公有现住房的具体办法》。

7月31日　黄庄农场制定《在实施全员劳动合同制过程中劳动工资制度的相关规定》。

10月1日　大钟庄农场撤销开发三场、开发四场建制，将二者合并到开发一场。在北振华组建农垦振华制衣有限公司，在宝坻城区成立津宝顺通商贸有限公司，组建天成制衣厂。

10月　里自沽农场根据总公司批复，与河北平山县东冶养殖场合资建立天津金地养殖公司（简称金地公司），占地150亩，建筑面积19150平方米，净水面积15650平方米，设计饲养亲鳖3000只，年产商品稚鳖50000只、商品鳖50000只，设计年总产量250吨，项目投资488万元。

12月10日　黄庄农场制定在岗科级干部实行下岗挂编，内部退休和病退的有关规定。

12月31日　里自沽农场党委研究决定设立农场党委办公室。

同年　里自沽农场拥有耕地11000余亩，其中有果树600亩，鱼池近300亩，各种蛋鸡存笼45万只，牛奶生产初具生产能力。完成了5000亩旱田改水工程，利用地热资源建成300亩地热温室蔬菜大棚，并发展了鳖养殖。

同年　里自沽农场为顺应国家住房制度改革，决定将职工现居住公有住房出售给职工个人，并制定房屋交易规定。完成劳动合同制员工劳动合同的签订，并由宝坻区劳动管理部门进行劳动合同备案，逐步理顺劳动用工制度。

● **1997年**　2月19日　邓小平逝世，大钟庄农场组织悼念活动。

2月　里自沽农场鳖养殖开始二期扩建工程。

3月7日　大钟庄农场振华公司经销部被团市委授予市级"青年文明号"荣誉称号。

4月24日　黄庄农场成立综合管理办公室，王子超任办公室主任。

4月30日　黄庄农场修订医疗制度改革的相关规定。新的规定按工龄发放基本医疗费和重新规定医药费报销办法。

5月1日　黄庄农场党委、纪委制定《职工因病住院治疗探望的规定》，探望标准每人不超过80元，离休干部在岗时为正科级以上职务的，每人不超过120元。

5月5日　黄庄农场制定《黄庄农场计划生育条例》并实行。

5月6日　黄庄农场制定《财务管理相关规定》。

5月23日　大钟庄农场组建津钟建筑队。养鸡设备厂由于鸡笼生产滞销，改为生产钳子，并更名为津宝工具厂。

5月　黄庄农场为场长、副场长及正副处级调研员、正科级厂长、经理公费安装电话并下发《报销电话费的暂行规定》。

6月2日，天津农垦集团总公司决定聘任王凤舞为里自沽农场副场长。

6月8日　大钟庄农场团总支组织迎香港回归知识竞赛。

6月14日　总公司党委对场级领导班子进行考核。

6月20日　大钟庄农场组织队伍参加总公司团委组织的香港回归知识竞赛活动，获得全系统第一名。

6月　李庆泰任黄庄农场纪委书记。

6月　里自沽农场奶牛场经营情况好转，产奶量增加，由1996年的全系统23家奶牛场总排名22位上升到第9位。

6月　里自沽农场鳖养殖开始第三期扩建工程。

9月25日　大钟庄农场组建天津市大钟农工商总公司农机队。

10月20日　大钟庄农场党委下发《学习贯彻十五大精神实施意见》并组织学习讨论。

11月30日　黄庄农场出台《黄庄农场关于加快企业改革的实施方案》，并决定对基层4个单位实行股份合作制改造和规范，拍卖农具、鸡舍和闲散房屋，放开放活农机队。职工养鸡实行个人承包及个体经营，场卫生院实行租赁承包。同时实施配套的《劳动工资制度改革方案》及实行场内退休制度和失业制度等具体措施和办法。

12 月 10 日　大钟庄农场党委下发《关于实行厉行节约、反对奢侈浪费行为八项规定的实施意见》。

同年　里自沽农场提出了"以农业为基础,以畜牧业为主导,大力发展第三产业"的发展方针。农场采取土地承包制的方式,职工可以另行从事其他经营活动。土地资源收益成为农场重要经济来源,农业成为农场重要支柱产业。农场为减轻企业办学负担,压缩编制 19 人,解聘全部外聘教师。

● 1998 年　1 月 1 日　黄庄农场制定关于场部机关、学校、卫生院经费开支有关暂行规定,并附带相关奖罚办法。

3 月 18 日　张宝生任大钟庄农场党委书记;吴振义党委副书记、场长。

3 月 20 日　总公司聘任张庆东为黄庄农场场长,刘新民为黄庄农场党委书记。

3 月 27 日　李庆泰任黄庄农场工会主席。

4 月 17 日　黄庄农场改选职工代表大会代表,新改选的职工代表人数为 25 人。

4 月 18 日　大钟庄农场下发《内部审计工作规章制度》。

5 月 6 日　大钟庄农场农垦振华制衣有限公司由于产品滞销,亏损停产,后取消建制。中发机械厂由于规模小,设备老化,缺乏创新能力,合作产品已不适应市场需求,亏损停产后取消建制。

5 月 9 日　天津市副市长朱连康、市农委主任崔世光带队来里自沽农场视察,并指示要深入研究土地资源、地热资源的综合开发工作,在抓好农牧业这一主导产业的基础上,大力创办高水平、高档次的第三产业,使里自沽农场的集体经济在现有的基础上,出现新的更大的进步。

同日　天津农垦集团总公司在里自沽农场召开了农业综合开发及精神文明建设现场会,总公司领导对农场的经济工作和精神文明建设取得的成效表示满意,并号召全局各单位深入学习研究里自沽的做法和经验,积极探索技术含量高、市场广阔、经济效益好的产业,解放思想,大胆实践,天津农垦要以里自沽农场为模式,走精品农业的道路。

同日　黄庄农场调整防汛指挥部,张庆东担任总指挥,并制定下发相应应急预案。

5月25日　大钟庄农场下发《大钟庄农场场内退休办法》；取消振华公司经销部建制，有关事宜由津垦购销中心接管。

6月14日　由于振华公司原主要负责人蒙占平涉嫌经济违纪问题，大钟庄农场党委、纪委进驻振华公司展开调查，处理有关问题。

6月24日　汪东武任里自沽农场党委副书记、纪委书记，王凤舞任副场长。

6月27日　汪东武兼任里自沽农场工会主席。

6月　李景龙任里自沽农场副场长。

7月25日　大钟庄农场下发《关于下岗待业的有关规定》。

7月27日　大钟庄农场解聘蒙占平农场副场长及振华公司总经理职务，张宝生兼任振华公司总经理。

7月27日　黄庄农场工会组织全场干部职工为患有糖尿病合并感染急需住院的职工边建华进行捐助。

8月1日　根据总公司〔1998〕31号文件精神，黄庄农场举行文体系列活动，并成立活动领导小组。刘新民任组长，张风力为副组长，王子超等3人为组员。

8月10日　黄庄农场组建企务分开、民主管理工作领导小组。

8月16日　长江流域及东北地区发生特大洪灾，黄庄农场全场职工踊跃捐款支援救灾。全场277人参与，共计捐款6611元。

8月28日　里自沽农场宏发副食百货经营部扩建为宏发超市，并启动营业。

8月　张玉海任潘庄农场场长。

8月　潘庄农场推动机构改革，合并科室，由综合办公室、计财科、保卫科、工会和党办5个部门组成。

9月17日　大钟庄农场成立物业管理办公室。原开发一场、农机队法人代表变为负责人，其法人代表由物业办公室主任兼任，工作职能是代表农场对外对土地、鱼池的承发包，对厂房、设备、鸡舍及其他场地的租赁，对上述资源的承包、租赁、签订合同、收取承包租赁费及相关资源管理等。

9月　潘庄农场将濒临破产的奶牛场承包给武警指挥学院，避免了国有资产的损失。

10月中旬　南方部分地区发生洪灾，大钟庄农场全场职工积极向灾区捐献衣被及其他物资。

10月16日　原大钟庄农场副场长兼振华公司总经理蒙占平因挪用公款罪被宝坻区人民法院判处有期徒刑5年。

12月1日　黄庄农场足球队在天津农垦集团总公司举办的"天津农垦北三场足球赛"中获得第一名。

12月6日　宏发超市采用定向募集方式，成立宏发副食百货经营部（宏发超市）股份有限公司，设161股，全部由天津市里自沽农场和宏发副食百货经营部内部职工持有，公司坚持股权平等，同股同利，利益共享，风险共担的原则。至1999年已发展为营业面积1600平方米，资金388万元，商品种类突破8000种的综合零售超市。

12月12日　大钟庄农场取消肉种鸡场、设备厂、中华时装厂等单位建制。

12月30日　黄庄农场华宝商店因经营亏损，关闭后决定拍卖。

同年　里自沽农场精简场部机关和各基层单位的富余人员，场部机关保留财务科和综合办公室，相关职能合并，工作人员由原来的44人减少到18人，精简了59％。所有上岗人员一律打破原有工资标准，实行岗位工资，按岗位性质、工作量制定相应工资基数。

同年　里自沽农场销售养殖鳖40000只，获利150万元。

同年　里自沽农场决定再购买1座648平方米的商贸楼，建立宏发副食百货经营部连锁店。

● **1999年**　1月1日　黄庄农场调整社会治安综合治理领导小组成员，组长张庆东，副组长王子超，成员由李庆泰等4人组成。同日，黄庄农场在推行"场务分开、民主管理"制度过程中，运作规范，成效显著，被市纪委、市委组织部、市总工会评为先进单位。

1月8日　黄庄农场修订印发劳动工资政策4个规定，具体为《关于职工下岗的规定》《关于职工内部退休和内部失业的规定》《关于职工场内退休的规定》《关于科级干部下岗挂编、内部退休的规定》。

1月20日　黄庄农场调整安全生产工作领导小组，组长张庆东，副组长张凤力，组员由王子超等4人组成。

2月1日　黄庄农场对病退职工贾连芝见义勇为的先进事迹进行表彰。

贾连芝拖着病体对落水的外乡人进行相救，并送衣送饭，其事迹受到全场职工的赞扬。

3月12日　大钟庄农场原副场长兼振华公司经理蒙占平因挪用公款罪被判处有期徒刑，总公司纪委决定对其开除党籍。

3月18日　大钟庄农场津垦购销中心正式营业。同日，农场与农场工会签订工资集体协议。

4月18日　大钟庄农场党委下发《关于党风廉政建设责任制的实施办法》，成立党风廉政建设领导小组。

5月20日　黄庄农场成立党风廉政建设领导小组，刘新民任组长，张庆东、李庆泰任副组长。

6月10日　云宝富主持大钟庄农场纪委工作，牛玉芹主持工会工作。

7月　潘庄农场恢复职工公积金缴交。

8月16日　云宝富任大钟庄农场党委委员、纪委书记；唐云、王子超任大钟庄农场副场长；李丽英任大钟庄农场副场级调研员。

8月30日　大钟庄农场撤销鱼果种养一场建制，人员合并到农机队。

10月上旬　大钟庄农场成立由退休职工和在职职工40多人参与的秧歌队，丰富了职工业余文化生活。

12月10日　黄庄农场制定十五年计划和2015年远景规划。

同年　里自沽农场按照中共十五大和中共中央《关于在全党深入学习邓小平理论的通知》，根据集团总公司关于深入开展"三讲"教育的具体要求，结合农场自身的具体情况，在党员干部中深入开展了以"讲学习、讲政治、讲正气"为主要内容的党性、党纲教育活动。

同年　里自沽奶牛场遭遇口蹄疫流行病。

同年　里自沽农场先后完成4期鳖养殖场扩建工程，累计投资400万元，养殖面积达到36996平方米，年生产商品鳖10万只，年产值650万元，利润120万元。

同年　副市长孙海麟，市农委主任崔世光，副主任潘义清、张毓环带领人大常委会委员和总公司领导数次来里自沽农场视察指导工作，对农场特种养殖业的发展给予了充分肯定和表彰。"水王牌"鳖被天津市授予市级"农业名牌产品"荣誉称号，金地公司被授予"天津市里自沽农场特种养殖示范区"称号，农场被天津市科委授予"科教兴农"先进单位荣誉称号。

同年　国家实行"三三制"，由国家、地方政府与企业三方共同承担下岗职工的生活费。潘庄农场成立下岗再就业服务中心，接纳了206名下岗职工，使他们的生活有了保障。

● **2000年**　1月20日　黄庄农场成立内部审计工作领导小组，张庆东任组长，李修同任副组长，成员由高金秀等5人组成。

1月　里自沽农场获得"天津市场务公开模范单位"称号。

3月　津蓟高速建设征地，里自沽农场场部搬迁至里自沽农场六队属地，因办公条件差，重新装修办公室及客房，完成后场部迁入办公。

4月5日　黄庄农场成立职工技术创新活动领导小组，组长张庆东，副组长陈继山、戴士友、邹江。下设办公室，负责日常工作，邹江任办公室主任。

5月18日　黄庄农场调整计划生育工作领导小组成员，组长张庆东，副组长邹江，成员崔龙英、龚建设、王会明。同日，总公司下发文件决定：邹江为党委委员兼纪委书记。李庆泰为副场级调研员。

5月20日　黄庄农场成立第五次人口普查工作领导小组。组长由邹江担任，成员由李庆泰等3人组成。

6月30日　黄庄农场党委召开庆"七一"大会。并表彰先进党支部1个，优秀党员11名。

7月　黄庄农场兽药厂改为股份合作制，厂房设备租赁，职工个人经营自负盈亏。

8月下旬　大钟庄农场党委、纪委在党员干部中进行警示教育，强化了党员、干部思想政治建设。

9月　总公司对各农场领导班子进行民主评议和考核。

10月16日　黄庄农场制定《会计档案暂行实施办法》。

10月　里自沽农场投资购置宝坻城南关大街27号商业楼房1座，建筑面积558平方米，总投资156万元。在宝坻南关大街25号购置平房14间，建筑面积435.21平方米，总投资50.83万元。

10月　里自沽农场完成宏发超市北二楼服装批发市场扩建工程，工程楼体投资260万元，总投资301.7万元。

10月　里自沽农场规定，凡各基层单位包括机关科室副科级以上干部一律由农场党委任免，原发各单位自聘副职的决定同时废止。

11月1日　大钟庄农场下发《关于调整场内退休办法及提高场内退休人员待遇的通知》。

11月10日　总公司党委组织中层干部和职工代表对大钟庄农场场级班子进行民主评议和考核。

11月18日　大钟庄农场制线厂蘑菇头搭扣研制成功，并增加了新设备。

同年　里自沽农场总产值4038万元，盈利65万元。奶牛场存栏630头，其中成母牛360头，年产鲜奶2200吨。饲养鳖8.5万只，出售商品鳖2万只，年产量420吨。农场引进了"循环封闭式工厂化水产生态养殖系统"进行工厂化养鱼，建筑面积6800平方米，投资160多万元，设计能力为年产彩虹鲷10万公斤。农场完成四队大渠东侧1、2、3号池1800亩的回填复垦工程。农场所有离退休人员养老金由宝坻区社会保险基金管理中心委托农业银行发放，实行养老保险金的社会化发放。

同年　为发展农场经济，加大招商引资力度，潘庄农场出让40亩土地，引进了第一家民营企业迪蔓皮具有限公司。

● **2001年**　2月26日　黄庄农场对已婚育龄妇女进行体检。

3月15日　黄庄农场生物肥厂改为股份合作制，厂房设备租赁，职工个人经营，自负盈亏。

3月16日　大钟庄农场成立改革改制与维护稳定工作领导小组。

3月　里自沽农场被评为"天津市2000年度技术创新活动先进单位"。

4月初　大钟庄农场龙海塑料厂投资20余万元购置挤出机组与剪板机。

4月16日　大钟庄农场下发《天津市大钟庄农场企业改革改制方案》。

5月8日　大钟庄农场场部东侧废弃空地承包给北王庄张庆华，承包期30年，1次交清承包费8万元，开始施工筹建北王服装厂。

5月中旬　大钟庄农场在开发公司筹建5个温室大棚，作为示范，发展精品农业。

5月　黄庄农场开展"三个代表"重要思想学习宣讲活动。

6月中旬　大钟庄农场振华公司、宝利华洗浴中心进行股份制经营改制。

6月29日　大钟庄农场党委组织召开庆祝建党80周年大会，表彰先进党支部1个，优秀党员4名，党委书记张宝生作会议总结发言。

6月29日　黄庄农场按照总公司统一部署，集中开展为期40天的"三讲"学习教育活动。

7月2日 大钟庄农场召开"三讲"学习教育活动动员大会，成立"三讲"学习教育活动领导小组，按照总公司统一部署，集中开展为期40天的"三讲"学习教育活动。

7月3日 里自沽农场按照总公司统一部署，集中开展为期40天的"三讲"学习教育活动。

8月17日 大钟庄农场从内蒙古购进肉牛300余头进行试养。

9月1日 黄庄农场场部机构进行职能合并，将原来6个科室整合为3个，人员由14人减为10人。

9月10日 大钟庄农场党委下发《关于对党的十四大以来党风廉政建设和反腐败工作"回头看"的实施方案》。该项活动从9月10日开始，11月底结束。

9月 韦恩学任里自沽农场党委书记，至天津农垦集团总公司任总经理助理，主管里自沽农场工作，王凤舞任场长。

10月15日 黄庄农场调整计划生育领导小组，组长张庆东。

10月20日 黄庄农场筹建第二奶牛场，购进第一批奶牛，共358头。

10月30日 黄庄农场制定《国有控股企业领导人员任期经济责任审计实施方案》。

11月5日 天津农垦集团绿色通道及高效农业建设推动会在农场召开，里自沽农场提出的"三个园区，五个产业"的规划思路，得到了总公司领导和兄弟单位的肯定。

11月15日 天津市委副书记朱军等领导来里自沽农场考察，授予宏发超市"青年文明号"荣誉，并对今后的工作提出了具体明确的要求。

11月27日 大钟庄农场党委下发《场领导班子及成员"三讲"学习教育活动"回查"工作方案》，回查时间为11月29日—12月6日。

11月30日 大钟庄农场宝利半洗浴中心改制后正式开业。

12月1日 大钟庄农场77名职工以鱼池置换身份签订协议。23名职工合同到期办理终止劳动合同手续。

12月9日 黄庄农场所属宝德公司递交关于研制可降解膜和蒸煮袋的项目申报。

同年 黄庄农场全年生产总值537.7万元，同比增加49万元，实现纯利润 10.4 万元，同比增加 1.9 万元，职工人均年收入 7600 元，同比增加 600 元，完成年初制定的各项指标。

同年　旱情严重，里自沽农场种植业减产严重，农场转为种植棉花与苜蓿等经济作物，并投资 300 万元，购置农机具和修建排灌设施。获得"天津市场务公开先进单位"荣誉称号。

同年　天津市修建津蓟高速公路，征用里自沽农场土地 132.48 亩。

同年　为充分利用河北劳动大学礼堂，潘庄农场转让大礼堂土地 15 亩，引进了第二家民营企业德惠衍缝制品有限公司，安置农场下岗职工 20 人再就业。

● **2002 年**　3 月 6 日　原大钟庄农场治安派出所民警潘立生因犯盗窃罪被宝坻区人民法院判处有期徒刑 8 个月（缓刑 1 年），农场党委决定开除潘立生党籍。

1 月　根据国家相关政策，潘庄农场正式启动医疗保险缴交工作，为职工缴纳医疗保险金。

3 月 15 日　大钟庄农场开展普法教育活动。每周五下午开展以世界贸易组织基本知识、专利法、商标法、合同法、民事诉讼法、担保法、公司法等为内容的普法培训班，由场党委委员、原纪委书记云宝富授课，参加人员为场中层干部和机关工作人员，共计 8 个课时。

3 月 18 日　大钟庄农场推出奖励政策，动员全场干部、职工为推销尼龙搭扣厂和龙海塑料厂产品献策出力。

4 月初　大钟庄农场进行债务重组，清偿债务本金 3532.77 万元，减少利息 1839.38 万元。

4 月 10 日　大钟庄农场组织为困难职工捐款活动，共计捐款 1605.80 元。

5 月 16 日　黄庄农场成立场务公开工作领导小组，组长刘新民，副组长张庆东、张凤力，成员由邹江等 4 人组成。

5 月 16 日　张凤力任黄庄农场纪委书记，并提名为工会主席，免去其副场长职务；邹江任黄庄农场副场长，免去其纪委书记职务；戴士友任黄庄农场副场长。

6 月　黄庄农场撤销派出所建制，恢复保卫科编制。

6 月　里自沽农场与大成肉鸡种鸡养殖公司签订饲养回收合同。

7月5日　黄庄农场制定《职工素质工程五年规划》的实施意见。同日，黄庄农场制定并下发《黄庄农场选拔任用干部若干规定》。

8月初　根据市政府办公厅〔2002〕5号文件和集团〔2002〕196号文件精神，大钟庄农场撤销农场治安派出所，恢复保卫科编制。

8月8日　根据市政府办公厅〔2002〕5号文件和集团〔2002〕196号文件精神，里自沽农场治安派出所撤销，不再行使公安机关职能，按照有关规定，枪支弹药、警械、公安专用标志、公安印章及公安文档由公安机关收回。

8月8日　里自沽农场与宝坻区规划管理局签订了《天津周良地热综合开发征地协议》，由区规划管理局出资7000万元征用农场原六队土地2700亩，由广东珠江地产公司开发珠江温泉城项目。

8月23日　黄庄农场第二奶牛场竣工投产，拥有存栏奶牛600余头，占地98000多平方米并安置职工30多人。另外，开凿300米深水井1眼，总投资480余万元。

9月初　龙海塑料厂迁址至北振华。

9月　宝坻区原轻工业市场改造为劝宝超市并营业，里自沽农场宏发超市经营情况受到影响，经农场领导班子和超市董事会研究决定利用价格策略保证市场占有率。

10月中旬　大钟庄农场与惠森公司签订4100亩土地承包合同，栽植速生杨，承包期15年。

10月18日　黄庄农场制定并推行《场务公开，民主管理实施意见》。

11月　大钟庄农场投入27900元，动土19970立方米，对五支渠进行加深加宽。

11月　张学利、林印合任里自沽农场副场长。

12月　黄庄农场所属宝德公司成功研制纸塑复合包装，并使塑-铝复合技术进一步完善，丰富公司在市场上的产品种类。

12月　孙介仁由大钟庄农场副场长改任副场级调研员，李艳清任场党委委员。

12月　天津市人民政府征用里自沽农场一队国有农用地33.3351公顷转为建设用地，用于天津市里自沽农场职工住宅小区建设。于12月2日完成招投标工作，建设规模为17090.82平方米、造价1260万元、砖混5

层的 4 栋职工住宅楼。12 月 8 日开始动工兴建。

同年下半年　原六队金地公司产业及原材料整体搬至里自沽农场一队建立新的农业园区，水产养殖进入新的调整期。

同年　里自沽农场场部机关由六队搬迁至奶牛场办公楼。

2003 年　1 月　在开展企业文明创建活动中，黄庄农场被评为 2002 年度天津农垦集团文明单位。

3 月　黄庄农场安装有线电视线路，场部建职工文体活动中心。

3 月　津垦党〔2003〕15 号文件决定，王凤舞任中共天津市里自沽农场委员会书记；免去韦恩学中共天津市里自沽农场委员会书记职务。

4 月 1 日　黄庄农场制定《黄庄农场干部职工培训管理办法》。

4 月 8 日　根据《天津市劳动保护条例》，黄庄农场制定《黄庄农场安全生产责任制》。

4 月 24 日　大钟庄农场党委下发文件《各级党组织和全体党员在防治"非典"疫情中发挥模范作用》。同日，农场组建"非典"防治工作领导小组及办公室。

4 月　武警指挥学院不允许再进行三产经营，将其承包的潘庄农场奶牛场归还潘庄农场，农场接手经营当年营利 40 万元。

4 月至 5 月　黄庄农场结合防治"非典"，投入 12 万元对全场各单位环境进行治理。

5 月 7 日　大钟庄农场制定防治"非典"工作方案，并被总公司作为典型经验材料刊登在 2003 年第 17 期《农垦信息》中。

5 月 9 日　大钟庄农场下发《关于设立防"非典"监控观察室的通知》，并把原饲料厂作为监控观察室。

5 月 12 日　大钟庄农场为抗击"非典"组织捐款活动，捐款 1729 元。

5 月 30 日　黄庄农场做出防汛抗旱工作安排。

5 月　结合红旗奶牛场搬迁，里自沽农场规划筹建农场第二奶牛场。

6 月 11 日　黄庄农场党委选举产生中共天津市黄庄农场第一次代表大会代表共 36 名。其中各级干部 18 名，占 50%；各类专业技术人员 6 名，约占 17%；女代表 6 名，约占 17%。

6 月 16 日　黄庄农场制定不得私自出租出售住房及出售鸡舍的规定。

7 月 5 日　中共大钟庄农场第一届委员会筹备委员会召开第一次会议，

并选举 58 名党员为第一届党代会代表。

7月15日　中共大钟庄农场第一届委员会召开，会议选举产生中共大钟庄农场第一届委员会和第一届纪律检查委员会。中共大钟庄农场第一届委员会由 5 人组成，书记张宝生，副书记吴振义，委员云宝富、唐云、李艳清；中共大钟庄农场纪律检查委员会由 5 人组成，书记云宝富，副书记李艳清，委员陈涛、韩克民、王景元。

7月17日　中共天津市黄庄农场第一次代表大会召开。会议选举产生中共天津市黄庄农场第一届委员会和第一届纪律检查委员会。并召开党委一届一次会议和纪委一届一次会议。选举产生党委书记、副书记和纪委书记。党委书记刘新民，副书记张庆东，纪委书记张凤力。

7月　总公司及总公司房改领导小组批复里自沽农场职工住房货币方案和销售方案。

8月26日　总公司党委对大钟庄农场选举产生的新一届党委和纪委班子做出正式批准和批复。

8月29日　大钟庄农场党委对党员、干部进行"三个代表"重要思想的学习教育活动。

8月　黄庄农场奶牛场新上德国进口韦斯伐利亚挤奶设备。

9月4日　黄庄农场做出调整独生子女费的有关规定，并将独生子女费改为独生子女父母奖励费，标准由原每人 2.5 元调整为每人 5 元，从 9 月 1 日起执行。

10月　里自沽农场六队居民搬迁至温泉小区住宅楼。本次搬迁涉及居民 95 户，人员 144 名，迁入同时完成了有线电视入户入网工作。

11月初　按照宝坻区房管局的通知精神，对大钟庄农场范围内房屋（特别是危房）进行全面查勘工作。

同年　黄庄农场完成生产总值 850 万元，同比增加 300 万元，利润 21.2 万元，同比增加 8.7 万元，职工年人均收入 13460 元，同比增长 79％，超额完成年初制定的指标。

同年　里自沽农场全场资产总额 3786.95 万元，当年实现利润 37.07 万元。

2004 年　1月1日　黄庄农场被评为 2003 年度市级文明单位。另外，奶牛场在 2003 年度实现无公害基地、绿色基地和 ISO 9001 质量管理体系等"三

"认证"的基础上，2004 年认证部门抽查全部合格。

2 月 21 日　黄庄农场所属宝德公司迁址扩建项目正式立项，一期工程购买宝坻开发区土地 30 亩（20010 平方米），每亩 8 万元，建办公楼宿舍楼 600 平方米，每平方米 900 元，建 6 个车间和 1 个固化室 4000 平方米，每平方米 600 元，建库房及锅炉配电室等其他设施，预计共 690 万元。

2 月　里自沽农场实行新基层单位副职干部聘任办法。

3 月 8 日　黄庄农场在农垦集团举办的"三八"演讲大赛中获优秀组织单位奖。

3 月初　大钟庄农场所属兴华制线厂尼龙搭扣生产项目投资 150 万元，用于购置设备和改扩建厂房：一是购置 60 万元生产尼龙搭扣设备，其中织机 10 台，染整设备 1 套；二是新建 1 个织机车间，建筑面积 630 平方米；三是改造后整理车间，建筑面积 320 平方米。

4 月初　大钟庄农场投资 3 万余元，修缮教室、学校，增添教学、体育等设施，增强办学实力，改善校园环境。

4 月初　大钟庄农场所属兴华制线厂提拔 3 名年轻骨干为副厂长，增强厂领导班子的活力，增加了厂领导班子力量。

4 月 7 日　里自沽农场第二奶牛场建成投产，出资 650 万元购买红旗农场奶牛 661 头（其中成母牛 360 头）及奶牛场设备。

4 月 15 日　黄庄农场购买 1 辆新帕萨特（1.8 升）轿车，全车共计 23.7 万元。将 1999 年 5 月购进的桑塔纳 2000 型轿车以 13 万元抵宝德公司外欠款。

5 月 18 日　黄庄农场扩建第一奶牛场，在拆改原挤奶厅、新上德国韦斯伐利亚挤奶设备的基础上，新购奶罐 1 个，改造旧奶罐 1 个，建犊牛舍 40 个，建青贮室 3900 立方米，建草栅 420 平方米，共投入 90 万元。

5 月中旬　大钟庄农场所属兴华制线厂组织建厂 20 周年厂庆活动。主要活动有职工技术技能比赛以及职工运动会。通过厂庆活动，增强了职工凝聚力。

5 月 20 日　根据市电力公司及宝坻供电局的要求，黄庄农场更换新型电表、漏电保护口及房檐大线，全部费用每户 300 元，农场为每户担负一半。

6月20日　里自沽农场与上海蓝海水产发展有限公司合作进行高密度反季节对虾养殖项目，双方共同出资建立天津蓝海有限公司，总投资300万元，上海蓝海公司占股51％，里自沽农场占股49％。

6月30日　黄庄农场扩建第一奶牛场项目竣工。

7月28日　大钟庄农场下发《大钟庄农场富余人员分流安置实施方案》。

7月　大钟庄农场所属兴华制线厂尼龙搭扣项目新购设备，整修厂房投产使用。

8月5日　大钟庄农场撤销津垦购销中心建制，原场地改为雅风阁饭店。

8月　天津蓝海有限公司高密度反季节对虾养殖项目竣工投产，养殖水面面积100亩。

9月初　大钟庄农场职工向西部贫困地区捐款7810元。

10月中旬　大钟庄农场所属兴华制线厂通过ISO9001质量管理体系认证。

10月27日　李艳清兼任大钟庄农场工会副主席（主持工会全面工作）。

11月1日　大钟庄农场与市饲料公司联营的迈得璞食品公司期满，收回了冷冻厂，并达成协议：农场出资80万元，收回联营期间改扩建的房屋、设备及相关设施。

12月　黄庄农场获天津市政府授予的"再就业先进单位（企业）"称号。

12月　大钟庄农场所属软管厂、龙海塑料厂先后停产。

12月　大钟庄农场对146名自愿申请分流的职工进行一次性分流安置。

12月　大钟庄农场成立居民委员会，唐云兼任居委会主任，其职责主要是服务家属区。

同年　里自沽农场2栋职工住宅楼分配完毕。

同年　里自沽农场第一奶牛场由全系统23家奶牛场排名第九位上升至第三位，单产由6.4吨提高到7.2吨。

同年　实现生产总值779.5万元，利润完成30.6万元，同比增长44.3％。职工年人均收入14740元。

同年　里自沽农场组织全场职工在津蓟高速里自沽农场段和温泉小区四周开展植树造林活动，植树11000余株。

同年　里自沽农场开始为城镇企业职工缴纳社会工伤保险，基数0.5％。

获得"天津市场务公开先进单位"荣誉称号。

同年　潘庄农场工作以土地承包和场区改造为主，并为农场居住区铺设了下水管道。解决了农场多年来环境脏、乱、差的问题。奶牛场经营良好，2004—2006 年每年为农场盈利 80 余万元。

2005 年　1 月 14 日　大钟庄农场召开 2005 年工作会议，总结上年工作及经营情况，提出了 2005 年工作思路及工作任务。场长吴振义作了"齐心协力，稳步发展，为推进经济增长努力奋斗"的工作报告。

1 月　黄庄农场开始农场土地确权工作。

2 月中旬　大钟庄农场购置音响设备及文化活动设施，筹办了"职工之家"文体活动中心。

3 月 16 日　黄庄农场制定《关于党风廉政建设责任制的实施细则》，并成立党风廉政建设责任制领导小组，刘新民任组长，张庆东、张凤力任副组长，组员有娄紫东、李修同。

3 月　宝坻区宝白公路改造工程占用里自沽农场一队土地，补偿土地款 145 万元，涉及搬迁职工住房 20 户。

4 月 18 日　大钟庄农场党委下发《贯彻〈公民道德建设实施纲要〉实施办法》。

4 月 19 日　黄庄农场所属宝德公司重组扩建工程竣工，并购进 7 台性能先进的新设备。

6 月 21 日　调整蓄滞洪区群众和奶牛转移安置组织领导机构，黄庄农场防汛指挥部设接收安置办公室。

7 月 1 日　黄庄农场党委召开庆祝建党 84 周年大会，党委书记刘新民作报告，并表彰先进党组织和优秀党员。

7 月 18 日　黄庄农场所属宝德公司扩建后重组，黄庄农场以自有的印刷机等 23 台套机械设备作为投资，并请评估机构进行资产评估。

7 月　黄庄农场兽药厂 2005 年承包期已到，做善后处理。

7 月　里自沽农场将职工住房公积金上交比例由 8％提高到 10％。

7 月 27 日—9 月 10 日　按照总公司统一部署，开展先进性教育活动。

7 月 27 日—10 月 25 日　大钟庄农场召开先进性教育活动动员大会。党委书记张宝生作了动员讲话，并成立先进性教育活动领导小组及办公室。下发《先进性教育活动方案》，为期 3 个月的先进性教育活动拉开序幕。

8月8日　黄庄农场制定《开展节约型社会活动的规定》。

12月12日　黄庄农场制定各级干部年初承诺，年底述职的有关规定。

同年　黄庄农场全场完成生产总值814万元，同比增长4%，完成销售收入2461万元，同比增长9%，利润完成31.1万元，同比增长2%，在职职工年人均收入达到15000元，同比增长18%。

同年　里自沽农场南美白对虾虾苗成活率逐步提高，成虾开始上市销售。

同年　里自沽奶牛场遭遇京津冀地区口蹄疫大流行。

同年　里自沽农场实现销售收入6444万元。获得"天津市场务公开先进单位"荣誉称号。

● **2006年**

1月　黄庄农场纪委编辑《警钟长鸣》半月刊，对党员干部进行警示教育。

3月1日　根据总公司〔2006〕1号文件精神，为有效地配合改革机制，促进经济发展，控制新增职工数量，黄庄农场制定《黄庄农场关于用工的有关规定》。

3月8日　大钟庄农场女职工（含退休女职工）在开发三场"职工之家"举行庆三八妇女节联欢活动。

3月15日　黄庄农场成立企业文化建设领导小组。组长刘新民，副组长张庆东、张凤力，成员娄紫东。

3月　黄庄农场场部机关开展创建节约型机关的活动。

4月18日　刘新民任大钟庄农场党委书记、副场长，张庆东任大钟庄农场场长、党委副书记。

4月20日　大钟庄农场8名青年职工报名参加《社会主义新农村建设与管理》专业大专班（业余学历班）学习。

5月初　美国白蛾繁殖严重，大钟庄农场组织进行防治工作。

5月初　大钟庄农场养鸡承包户鸡群出现不明原因大量死亡，损失严重。

5月　里自沽农场开始实行新的劳务派遣用工机制。

6月7日　里自沽农场组织全场职工进行体检，并将其固定为职工福利，每年1次。

7月15日　黄庄农场重修战备闸至农场公路建成，共投资35万元。

7月中旬　大钟庄农场与澳大利亚等方签订正式协议，成立钟澳（天津）奶牛有限公司，并开始筹建牛场，农场开始发展奶牛业。

7月20日　黄庄农场土地确权工作结束，农场土地共计3702949.7平方米。

7月下旬　大钟庄农场所属兴华制线厂领导班子进行调整，云宝富兼任厂长。

7月　里自沽农场将职工住房公积金缴交比例由10％提高到12％。

8月14日　大钟庄农场7名57岁以上中层干部实行离岗休息。

9月6日　黄庄农场制定住宅建设规划方案，包含集资建房、招商建房、合作建房等方式。

9月21日　徐宝梁任黄庄农场副场长。

9月25日　黄庄农场下发关于调整充实场安全生产委员会通知。张庆东任主任，戴士友任副主任，成员由张凤力等10人组成。

9月　大钟庄农场被总公司评为"安全生产月"活动先进单位。

10月22日　黄庄农场对天津绿发生物肥料有限公司和天津华宝兽药有限公司进行资产清算，由农场对清算后的资产及其他未了事宜进行接收。

12月4日　李艳清任大钟庄农场副场级调研员（在职）。

同年　黄庄农场全场完成生产总值815万元。完成销售收入3149万元，同比增长28％，利润完成2.3万元。在职职工年人均收入1.65万元，同比增长10％。

同年　国家级水产良种场在里自沽农场落成，用于罗非鱼、热带观赏鱼等名特优产品的育苗和培养。

同年　里自沽农场被天津市水产局评为2004—2005年度水产工作先进集体。

2007年　3月3—5日　里自沽农场遭受强降雨灾害，损坏24座大棚，直接经济损失120万元。

4月　天津农垦集团成立天津嘉立荷牧业有限公司（简称嘉立牧业公司），将潘庄农场奶牛场划归嘉立荷牧业公司管理。

5月　里自沽农场2个奶牛场移交嘉立荷牧业有限公司管理，包含96名职工和资产。场部办公室迁至农业园区。

6月　黄庄农场2个奶牛场移交嘉立荷牧业有限公司管理。

6月　大钟庄农场、里自沽农场与另外2家企业合作成立的广源畜禽养殖场投产，开始规模化养鸡。

6月　里自沽农场完成高密度养殖鳖池建设，规模达到10万只。

6月　潘庄农场开始对肉驴繁育进行市场调研。

7月　潘庄农场委托天津市规划院对农场8000亩土地进行总体规划，于9月完成，同年10月通过宁河县人大审批。

7月21日　钟澳奶牛场项目完成基建，大钟庄农场从内蒙古分2批购进荷斯坦混合群奶牛546头，其中成母牛241头、育成牛305头，次月正式投产。

7月　里自沽农场职工住房公积金缴交比例由12%提高至15%。汪东武任党委书记兼纪委书记，张学利任工会主席。

8月　集团总公司决定所属企业单位增加工资，按职工上一年度月基本工资的12%幅度增加工资，并自1月开始补发。9月，经里自沽农场领导班子研究决定，全部在岗职工增发误餐费300元/月。

8月　大钟庄农场与惠森公司签订缩短土地承包期的合同。50%左右土地承包期由原承包时签订的15年缩短为7~8年。

8月　里自沽农场完成双林温室大棚的搬迁项目并投产，投资100万元；完成棚果树树下草莓定植工作，共栽种草莓226600棵。

10月　黄庄农场农业占地面积4848亩，可耕地面积3564亩。2007年主要种植粮食作物以水稻为主3302亩，小麦173亩，玉米44亩，棉花45亩。另有少量经济作物或套种经济作物。

11月初　大钟庄农场内第一期修通公路共3公里，新村宿舍至大钟镇2公里，第一蛋鸡场道路1公里。

11月26日　黄庄农场场级班子重新进行分工。刘新民负责党务全面工作，分管计划生育、基建工作。张庆东负责行政全面工作，分管机关财务、劳资和宝德公司。邹汇负责纪检、工会工作，分管学校保健站、职工活动中心。戴士友负责全场农业，分管办公室、社区、安技、社会治安综合治理和科技工作。

11月　张庆东兼任大钟庄农场所属兴华制线厂厂长。

11月　张庆东当选宝坻区人大代表。

11月　里自沽农场完成果树苗木培育，育成树苗4400棵，葡萄苗4500棵。

同年　黄庄农场全场完成生产总值407万元，利润完成32.7万元，同比增长 30.4 万元，在职职工人均年收入 2.16 万元，同比增长 31%。

同年　里自沽农场完成销售收入 2600 万元，利润 110 万元。

● **2008 年**　1 月　里自沽农场组织温室果树大棚一期工程开始施工。

3 月 12 日　黄庄农场新架设高压线路 1050 米，改造水利工程和平整土地投资 20.9 万元。新架设 80 千瓦变压器 1 台套 10.3 万元，原三队新购 500 毫米水泵 1 台套 9.8 万元，新建过道涵洞 4 座 12 万元及相关配套设施 14.7 万元，合计共投入 67.7 万元。

3 月 15 日　黄庄农场调整充实农场安委会成员。主任由张庆东担任，副主任由戴士友担任，成员有邹江、宋月生、娄紫东、刘继忠、倪连颖、程军、王会明 7 人。

3 月　黄庄农场成立渤海牛业有限公司，与台商合作饲养肉牛，并分 4 次购进六大品系 175 头牛进行试验养殖。

3 月　大钟庄农场所属兴华制线厂投入资金 600 万元，购入织机 20 台，染色机 5 台，上胶机 1 台，添置高温常温染色机以及相关配套设施。

3—7 月　按照市委和总公司党委统一部署，黄庄农场开展解放思想大讨论活动。

3—7 月　按照市委和总公司党委统一部署，大钟庄农场开展解放思想大讨论活动。

5 月中旬　大钟庄农场党员群众积极响应上级党组织号召，为支援四川汶川地震灾区，积极交纳特殊党费，党员向上级组织交纳特殊党费 6610 元。

6 月 1 日　黄庄农场被总公司评为"安全生产月"活动先进单位。

6 月　黄庄农场所属宝德公司引进 1 台 3 层共挤吹膜机组、1 台涂布式复合机、1 台数控制袋机、2 台分切机。

6 月　大钟庄农场内第二期敷设公路共 5 公里，新村宿舍至场部 3 公里，新村宿舍至巴庄子村 1.5 公里以及至种猪场 0.5 公里。至此，场内公路全部修通。

6 月　里自沽农场出资成立天津嘉禾田源观赏鱼水产养殖有限公司（简称嘉禾田源公司），主要从事血鹦鹉、蓝白鲨、地图等名优热带观赏鱼的养殖。

6 月　里自沽农场水产养殖产业调整，撤销天津蓝海水产养殖有限公司。

7月3日　黄庄、大钟庄2场党政班子互相交叉任职。

8月　里自沽农场投资1500万元，改造升级东郊农场拆迁温室大棚，建成现代智能玻璃温室10540平方米。

8月　潘庄农场对奶牛场旧址进行改造，为种驴繁育项目打基础。

9月　里自沽农场贷款500万元，开凿1口地热深井。

9月　潘庄农场总体规划通过宁河县人民政府的审批。

10月　里自沽农场温室果林大棚一期工程完工，累计投资700万元，100座日光温室大棚栽植桃林、李子、杏树等果树45000余棵。

11月21日　里自沽农场开凿地热深井完工出水。

11月　潘庄农场与天津东海苑置业投资有限公司签订了《关于合作开发"潘庄农场和惠小区住宅建设"项目协议书》。

12月　宏发超市调整经营思路，投资50万元扩建600平方米品牌服装店开始营业。

同年　潘庄农场按总公司要求，托管曙光农场。

● 2009年　3—8月　黄庄农场按照市委和总公司党委部署和要求，开展深入学习实践科学发展观活动。

3—8月　大钟庄农场按照市委和总公司党委部署和要求，开展深入学习实践科学发展观活动。

4月　大钟庄农场家属区重新开凿饮水井，新家属区更换给水管道，解决职工生活用水问题。

4月中旬　大钟庄农场中层干部、职工代表对场级后备干部人选进行民主推荐。

4月　潘庄农场子弟学校正式移交，由宁河县政府接收，学校23名在职和退休教师及65名学生由宁河县教育部门接管。至此，企业办学校的历史结束。

5月　黄庄农场子弟学校6个班级、68名学生、9名教师，一并移交地方管理。至此，企业办学校的历史结束。

5月　大钟庄农场子弟学校移交地方管理。至此，企业办学校的历史结束。

5月　里自沽农场子弟学校15名教师一并移交地方管理。至此，企业办学校的历史结束。

5月　大钟庄农场在原子弟学校校址筹建职工文体活动中心。

5月　大钟庄农场投入70余万元架设低压线路，购置12套水泵，维修康庄扬水站；添置变压器、设备；建生产桥梁、上水渠等农业基础工程设施。

5月　里自沽农场现代智能玻璃温室在劳动节期间正式开放，接待游客。成立天津绿色世界现代农业有限公司（简称绿色世界公司），打造集观光旅游、采摘、餐饮为一体的多功能现代农业园区。

6月　大钟庄农场所属天津农垦康嘉生态养殖有限公司（简称康嘉公司）收购合资方股份，变为天津农垦集团总公司全资子企业。

7月　里自沽农场组织北三场庆祝建党节大型文艺演出。

7月　天津农垦集团总公司与自然人刘道海合资成立天津黄庄洼米业有限公司（简称黄庄洼米业公司），注册资金2000万元，由黄庄农场托管。

9月20日　里自沽农场所属水王府饭店开业。

10月　七里香格小区正式破土动工。

11月27日　天津农垦集团与阳光100置业集团签订"东方威尼斯水城"和"欧洲小镇"地产项目合作开发框架协议，开发里自沽农场5000亩土地，在京津新城的新城市区域范围内联合开发集高端物业、温泉度假、运动休闲为一体的大型复合项目。

11月　黄庄农场在马家店工业园购买土地429亩，并将该园区作为工业发展的起始基地。

12月　大钟庄农场与惠森公司土地承包达成缩短承包期协议，其中2000亩土地到期收回。

12月　里自沽农场水王牌养殖鳖进驻沃尔玛超市。

同年　里自沽农场被天津市食品学会评为2008—2009年度天津市食品安全优秀企业。

同年　里自沽农场投资800万元，进行观赏鱼养殖区扩建工程，鹦鹉鱼的养殖进入规模化，同年实现销售收入498万元，利润100万元。

同年　里自沽农场承包原宝坻区大白庄所属土地222.92亩，筹建设施果树园艺二场。按照设施与裸植相结合的原则，当年种植冬小麦110亩，解决当年冬季土地闲置问题，并引进优质果苗46000余棵。

同年　里自沽农场所属绿色世界公司被宝坻区教委指定为宝坻区中小学

生社会实践基地，被天津农学院指定为实践实习基地。

● 2010 年　2 月 5 日　黄庄农场召开 2010 年工作会议，总结 2009 年工作，部署 2010 年经济和各项工作，场长张庆东作工作报告。

3 月　潘庄农场在进行了充分市场调研和专家论证的基础上，投资 1000 万元成立了天津农垦成天畜牧养殖有限公司，与天津农学院联合，重点发展肉驴繁育项目，繁育品种以改良的华北黑驴和三白驴为主。项目占地 120 亩，种公驴存栏 15 头，种母驴 1200 头，在种驴繁育成熟期，延伸发展以驴肉制品为主的肉驴屠宰深加工项目，年可屠宰肉驴 15000 头，年可获利 1000 万元。

4 月 2 日　中央电视台 10 套"走进科学"栏目以《神奇的热井》为题，对里自沽农场调整产业结构，利用地热资源发展低碳设施果树种植、观赏鱼养殖、休闲观光农业等进行了报道。

4 月　黄庄农场组织科级干部、职工代表，对场级后备干部进行民主推荐。

4 月　里自沽农场成立天津市水产研究所里自沽科研基地，市水产局、市水产研究所与里自沽农场签订《天津市水产研究所科研基地协议》。

5 月 10 日　潘庄农场工会更名为天津市农工商天宁公司工会。

5 月　潘庄农场投资 5000 万元成立了华之杰马业投资发展有限公司，发展国际良种马繁育。

6 月 12 日　大钟庄农场开展"以深入学习实践科学发展观，创先进，树先锋，打造和谐企业，实现产业升级"为主题的创先争优活动。

6 月　张庆东任宝德包装公司董事长。

7 月 1 日　黄庄农场召开庆"七一"大会。会上表彰先进党组织和优秀党员，党委副书记、场长张夫东作报告。

7 月 15 日　由于黄庄农场所属宝德公司所在的石桥工业园被规划为宝坻区还迁住宅区，宝德公司再次搬迁。宝德公司再建项目在宝坻区发展和改革委员会立项。

8 月　宝德公司逐步搬迁到马家店工业园区。

10 月 1 日　宝德公司搬迁再建项目动工。

12 月底　大钟庄农场与惠森公司土地承包达成缩短承包期协议，将到期的 2100 亩土地收回。

12月底　里自沽农场被天津市水产局评为"天津市 2009—2010 年水产工作先进集体"。

12月　天津农垦集团与上海中凯集团签约合作开发宝坻区西双方寺城中村改造房地产项目。

同年　里自沽农场第二园艺场完成设施棚室的棚架安装及配套工程建设，定植果树苗木 33000 余株。农场所属绿色世界公司被评为国家 AA 级旅游景区。

同年　潘庄农场机构设置为办公室、劳资科、计财科、保卫科、基建科、生产科、水电科、党委办公室、工会、团委、组织科、宣传科。

2011 年　3月　里自沽农场与中恺投资有限公司合资 1 亿元，成立天津农垦中南置业投资有限公司，里自沽农场占股 51%，中恺投资有限公司占股 49%。

4月　张庆东任天津兴华织造有限公司（简称兴华公司）董事长。

7月　陈建林任天津农垦康嘉生态养殖有限公司经理，张宝东、李景龙任天津农垦康嘉生态养殖有限公司副经理，张蓓任天津黄庄洼米业有限公司副经理。

8月　为庆祝中国共产党成立 90 周年，各农场开展"学讲话、比贡献、创佳绩"主题实践活动。

9月　各农场开展天津通志农业志国营农场志编修工作，提供编修材料，并形成黄庄、里自沽、大钟庄农场 1990—2010 年场志。

9月　王振和、张静任宝德公司副经理。

12月　黄庄、里自沽、大钟庄农场推荐提名天津农垦系统出席中共十八大代表候选人初步人选。

2012 年　1月　里自沽农场制定农场"十二五"发展展望。

2月　黄庄、里自沽、大钟庄农场推荐提名天津市第十次党代表大会代表候选人初步人选。

2月　宝德公司获得天津市包装技术协会颁发的"天津市包装行业 50 强企业"荣誉称号。

3月　各农场开展"基层组织建设年"活动，组织集体座谈、进行党员谈话，提升基层组织活力，迎接党的十八大召开。

4月　宝德公司获得天津农垦集团总公司颁发的"五四红旗团支部"荣

誉称号。兴华公司获得天津市总工会颁发的"模范职工小家"荣誉称号。

4月　黄庄农场成立保持党的纯洁性教育办公室，办公室主任刘新民，副主任邹江、娄紫东。

6月　宝德公司获得天津市国资委颁发的"创先争优党组织"荣誉称号。

6月　根据天津市住房公积金管理委员会津公积金委〔2012〕7号文件要求，各农场调整职工住房公积金缴存额，比例11%，按照职工月平均工资核定，不得低于当年最低月工资标准。

7月　天津地区出现连续强降雨，黄庄、里自沽、大钟庄农场执行汛期24小时防汛值班响应机制。

7月　马为红任黄庄、大钟庄农场工会委员会女工委员，卢俊任计生委副主任，陈丽源任工会出纳。高金秀任康嘉公司副经理，胡朝霞任钟澳（天津）奶牛有限公司财务主管。

7月　王景森任黄庄农场财务科副科长。

8月　蔚严海任天津黄庄洼米业有限公司经理。

8月　天津黄庄洼米业有限公司股东刘道海将其持有的25%公司股份转让给天津农垦集团总公司，双方持股比例变为总公司90%，刘道海10%。

9月　张庆东任天津黄庄洼米业有限公司董事。

10月　钟澳（天津）奶牛有限公司奶牛场被农业部评为"奶牛标准化示范场"。

11月20日　天津农垦集团总公司批复，准许天津农垦渤海农业有限公司成立，并将黄庄、里自沽、大钟庄农场合并。

11月29日　天津农垦渤海农业有限公司成立，开始准备吸收黄庄、里自沽、大钟庄农场事宜。

12月　天津农垦集团总公司将其持有天津黄庄洼米业有限公司90%的股份转让给天津农垦渤海农业有限公司，持股比例不变。

12月　天津农垦集团总公司准将天津黄庄洼米业有限公司、天津农垦康嘉生态养殖有限公司、钟澳（天津）奶牛有限公司由天津农垦集团总公司持有的股份无偿划转给天津农垦渤海农业有限公司，上述3家企业变更为天津农垦渤海农业有限公司的全资子公司。

12月　黄庄农场印发《机关工作人员考勤制度》《办公室管理制度》和

《公司员工食堂管理制度》。

12月　黄庄洼牌大米被评为"天津市著名商标"。

12月　大钟庄农场修订职工工资方案,向需补发工资的 98 名职工补发工资共 47.35 万元。

12月　天津农垦渤海农业有限公司启用财务核算账套,原 3 个农场核算项目业务逐步向天津农垦渤海农业有限公司账套转移,所属企业均通过财务软件实现统一财务管控。

同年　天津兴华织造有限公司获得天津市总工会颁发的"工人先锋号"荣誉称号。获得中国农林水利工会颁发的"全国农林水利系统模范职工小家"荣誉称号。

● **2013 年**　1月　天津农垦渤海农业有限公司更名为天津农垦渤海农业集团有限公司。

4月　为深入贯彻落实十八大报告提出的"加强基层党组织带头人队伍建设"部署要求,各农场开展加强"三支队伍"建设工作。

5月　根据天津农垦集团总公司津垦党〔2013〕14 号文件要求,天津农垦渤海农业集团有限公司由黄庄、里自沽、大钟庄农场组建成立。张庆东任党委书记、董事长;王凤舞任党委副书记、总经理;邹江任党委副书记,兼纪委书记、监事会主席;李景龙、饶志仓、林耀民任副总经理;李修同任总会计师。

7月　大钟庄农场上报工资总额预算,上年工资总额 781 万元,从业人员 181 人,年平均工资 43149 元。

同年　潘庄农场按照天津农垦集团总公司关于深化国企改革相关要求,解决曙光农场问题,决定对天津市农工商天宁公司和曙光农场进行整合重组改制,不再托管曙光农场,曙光农场与其他农场合并。

● **2014 年**　1月　渤海农业集团向天津黄庄洼米业有限公司增资 500 万元,刘道海增资 200 万元,双方持股比例变为渤海农业集团 92%,刘道海 8%,次年,渤海农业集团收购刘道海股份,天津黄庄洼米业有限公司变为渤海农业集团全资子公司。

1月　渤海农业集团对所属天津黄庄洼米业有限公司增资 500 万元,用于推动稻米深加工扩建项目。

2月　渤海农业集团制定 2014 年公司工资考核分配制度并补发 2013 年

工资。

3月　时任渤海农业集团副总经理、天津潮弘休闲渔业有限公司经理李景龙赴马来西亚考察观赏鱼养殖产业。

3月　渤海农业集团开展"小金库"专项治理工作。

3月　渤海农业集团为推广农产品，解决农产品流通薄弱弊端，与天津滨海中瀛贸易发展有限公司（简称滨海中瀛公司）合资成立天津农垦农产品有限公司，渤海农业集团占股51%，滨海中瀛公司占股49%，注册资金500万元。

3月　徐宝梁任渤海农业集团总经理。

4月　经天津农垦集团总公司批复，为推动"北三场"合并工作，黄庄农场、里自沽农场、大钟庄农场将1993年各农场加挂的天津市燕南农工商公司、天津市里自沽农工商实业总公司、天津市大钟农工商总公司名称正式更名为天津市黄庄农场有限公司、天津市里自沽农场有限公司和天津市大钟农场有限公司。

5月　李修同兼任天津黄庄洼米业有限公司经理。

5月　渤海农业集团印发《渤海农业集团领导干部外出管理规定》。

5月　渤海农业集团与北京坤宇和农牧科技有限公司合作，利用天津农垦康嘉生态养殖有限公司基础进行现代化种猪繁殖基地扩建项目。

6月　陈建林任渤海农业集团企业管理部部长，李景龙任钟澳（天津）奶牛场副场长，聘任马寅生为天津农垦康嘉生态养殖有限公司经理，秦秀民任广源养殖场党支部书记，腾化兵任天津黄庄洼米业有限公司副经理。

8月　按天津农垦集团总公司津垦司〔2014〕184号文件批复要求，准许渤海农业集团吸收黄庄、里自沽、大钟庄农场。

9月　徐宝梁任渤海农业集团有限公司党委书记，董事长；李景龙任副书记、总经理。

10月14日　潘庄农场向天津农垦集团申请整合改制，吸收合并曙光农场。

10月　渤海农业集团选举产生公司第一届党委和纪委成员。党委委员李景龙、邹江、张爱民、娄紫东、徐宝梁，徐宝梁任党委书记，邹江、李景龙任党委副书记；纪委委员马煜、王会明、邹江，邹江为纪委书记。

10 月　渤海农业集团党委设机关党支部，将黄庄农场机关党支部、大钟庄农场机关党支部、里自沽农场机关党支部合并为机关党支部（天津黄庄洼米业有限公司党员隶属机关党支部）；钟澳（天津）奶牛公司、康嘉公司、广源畜禽养殖场 3 个单位党员隶属畜牧党支部；里自沽农场农业园区、园艺场、绿色世界观光园及观赏鱼养殖园区合并为农业园区党支部；原兴华织造公司党支部不变；原宝德公司党支部不变；集团公司所有退休党员隶属离退休党支部。全面梳理确定农场合并后的党组织建制和党员关系。

10 月　时伟宁任宝德公司副经理。

10 月　渤海农业集团与澳大利亚爱戈斯有限公司合作进行优质肉牛育种养殖，成立渤海牛业有限公司，总投资 15970.7 万元，引进牛只试养。考察市场后，项目已不适合再继续，双方协商一致终止合作，后渤海牛业注销。

10 月　广源畜禽养殖场进行改扩建，年设计养殖能力存笼 100 万只蛋鸡，年产鲜蛋 1.3 万吨，项目总投资 1.23 亿元。

12 月 31 日　天津市燕南农工商公司（黄庄农场）进行资产、债务、人员重组，并入渤海农业集团，并入时账面资产总额 2719 万元（其中流动资产 1126 万元、固定资产 525 万元、长期投资 1353 万元），负债总额 1748 万元（其中流动负债 1748 万元，所有者权益 733 万元），职工 23 名。所属单位天津市宝德包装有限公司作为独立法人单位并入。

12 月 31 日　天津市里自沽农工商实业总公司（里自沽农场）进行资产、债务、人员重组，并入渤海农业集团，并入时账面资产总额 26107.18 万元（其中货币资金 608.54 万元、存货 2618.54 万元、固定资产 6767.85 万元、长期投资 5730 万元），负债总额 23471.16 万元（其中短期借款 2500 万元、其他应付款 18369.6 万元、递延收益 1196.23 万元、长期借款 710 万元、所有者权益 2636.02 万元），职工 161 名。所属单位天津嘉禾田源观赏鱼养殖有限公司，天津潮弘休闲渔业有限公司，天津绿色世界现代农业有限公司，设施果树园艺一场、二场作为独立法人单位并入。

12 月 31 日　天津市大钟农工商总公司（大钟庄农场）进行资产、债务、人员重组，并入渤海农业集团，并入时账面资产总额 6481 万元（其中流动资产 3115 万元、固定资产 3296 万元、长期投资 1277 万元），负债总额 5721 万元，均为流动负债。所有者权益 684 万元，职工 24 名。所属单位广源畜禽养殖场、天津兴华织造有限公司作为独立法人单位并入。

12 月　天津农垦渤海农业集团有限公司工会第一届第一次会员代表大会召开，会议选举马为红、王春红、苏玉梅、杨祥、张爱民、吴振宏、宫凤贤为渤海农业集团工会第一届委员会委员。其中张爱民为工会主席；选举王景森、杨维维、高玉贤为渤海农业集团工会经费审查委员会委员，其中王景森为经费审查委员会主任；选举马为红、苏玉梅、宫凤贤为渤海农业集团工会女职工委员会委员，其中苏玉梅为女职工委员会主任。

12 月　渤海农业集团承包所属土地 12424 亩，鱼池 6969 亩，承包费 1910 万元。

12 月　渤海农业集团将闲置的原大钟庄农场冷冻厂建筑用地 35 亩及周边农用地 65 亩，共计 100 亩拨付给广源畜禽养殖场做百万只蛋鸡项目建设使用。

12 月　张烜明任渤海农业集团副总经理。

● 2015 年　1 月　娄紫东任渤海农业集团公司党委办公室主任、行政办公室主任，李捷任党委办公室副主任，苏玉梅任行政办公室副主任；卢俊任计划生育委员会副主任；马为红任工会女工委员；马煜任团委副书记；王会明任劳资部部长，陈涛任副部长；王景森任财务部部长，杨维维任副部长；李修同兼任审计部部长，高玉贤任副部长；陈建林任企业管理部部长、机关党支部书记，吴振岭、郝炘任副部长；赵紫君任农业园区党支部书记，杨庆刚兼任宝德公司党支部书记，王增任兴华公司党支部书记，秦秀民任畜牧党支部书记，张宝东任集团公司离退休党支部副书记；宋月生任农业开发部部长，刘雨亭任副部长；韩克民任中南置业有限公司副总经理；于民生任天津兴华织造有限公司总经理；王兆静任蛋品加工及百万蛋鸡项目筹建组副组长、办公室主任；聘任管国联为天津潮弘休闲渔业有限公司经理；陈移波任嘉禾田源公司副经理，主持工作；尚东维任河东水产养殖场经理；苗卉任天津绿色世界现代农业有限公司经理；李军、魏玉升任天津绿色世界现代农业有限公司副经理，聘任李文生为天津绿色世界现代农业有限公司副经理。

2 月　渤海农业集团机关设置办公室、党委办公室、劳资部、农业开发部、企业管理部、计财部、审计部，编制 21 人。

2 月　吴凤明任嘉禾田源公司副经理，刘文军任天津潮弘休闲渔业有限公司副经理。

4 月　渤海农业集团印发《天津农垦渤海农业集团干部外出学习培训管理办法》。

4 月　杨庆刚任宝德公司总经理。

4 月　钟奥（天津）奶牛有限公司收购自然人魏朝义持有的公司 2.5％的股权。

5 月　渤海农业集团发布公司防汛预案，要求所属单位职工按照安排保证涵洞、沟渠排水通畅，及时沟通跟进防汛水位并保证正常电力供应。

5 月　饶志仓兼任兴华公司党支部书记，王增任兴华公司副经理，刘玉萍任天津黄庄洼米业有限公司总经理，陈书胜任宝坻菜鲜丰门市部负责人。

6 月　渤海农业集团党委开展"三严三实"专题教育。

7 月　张烜明任康嘉公司经理。

7 月　渤海农业集团成立房产管理部，负责农场土地确权、房屋承包租赁、房屋产权变更、办理和确权及与地方政府征集土地协调等工作。王兆静任部长，刘雨亭兼任副部长。

7 月　渤海农业集团推动老农场危房改造项目，涉及职工 619 户、1115人，项目资金通过渤海农业集团向宝坻区转让建筑用地指标、收取京唐高铁占地费用与处理所属公司资产费用筹集，涉及资金 1.39 亿元。

8 月　渤海农业集团印发《天津农垦渤海农业集团公务接待管理暂行办法》。

8 月　渤海农业集团印发《天津农垦渤海农业集团群团工作管理办法》。

8 月　程磊任钟澳（天津）奶牛有限公司副经理。

10 月　娄紫东兼任渤海农业集团纪委副书记，倪连颖任宝德公司副经理，张长岭任宝德公司采购部经理，雍自波任广源畜牧养殖场副场长，乔忠滨任康嘉公司第二肥猪场负责人。

10 月　渤海农业集团申请综合农业开发土地治理高标准农田建设项目，开发地块面积 5000 亩。

11 月　渤海农业集团申请进行原黄庄农场地区美丽村庄建设项目。

11 月　渤海农业集团完成天津市大钟农工商总公司、天津市里自沽工商实业总公司、天津市燕南农工商公司财务账套合并转入工作。

12月　韩克民任宝德公司副经理，杨友军任兴华公司副经理，刘文军主持天津潮弘休闲渔业有限公司工作。

12月　天津市黄庄农场有限公司、天津市里自沽农场有限公司和天津市大钟农场有限公司注销，建制取消。至此，农场建制历史结束，完成农场公司化、农业产业集团化。

12月　天津渤海牛业有限公司注销。

12月　天津冠城投资发展有限公司收购天津农垦中南置业投资有限公司股东中恺投资有限公司49%股份，推动宝坻城区新城建设相关工作。

12月　张玉海任渤海农业集团监事会主席；李宗军、张烜明任副总经理。

同年　渤海农业集团设立董事会办公室。

同年　根据天津食品集团津食司〔2015〕218号文件要求，为进一步整合集团优势产业资源，渤海农业集团托管潘庄农场，开始负责统筹组织实施潘庄农场内部资源重组整合。托管时农场所属天津市瀛海渔具加工厂、天津农垦龙天畜牧养殖有限公司、天津市潘庄农场天宁加油站、华之杰马业投资发展有限公司在2015—2018年逐步清退、注销。

同年　潘庄农场共租赁土地1447亩，租金177.32万元。

● **2016年**　3月　渤海农业集团党委决定设立中共天津黄庄洼米业有限公司党支部、中共天津嘉禾田源观赏鱼养殖有限公司党支部。

5月　李修同兼任天津黄庄洼米业有限公司党支部书记、吴凤明兼任天津嘉禾田源观赏鱼养殖有限公司党支部副书记、赵紫君兼任天津农垦农产品有限公司副经理。

5月　渤海农业集团党委在公司所属全体党员中开展"学党章党规、学系列讲话，做合格党员"学习教育活动。

5月　林耀民兼任天津市广湄畜禽养殖有限公司（简称广源公司）经理，滕化兵任广源公司副经理，张立志任天津绿色世界现代农业有限公司副经理。

6月　渤海农业集团印发《天津农垦渤海农业集团有限公司总经理办公会议事规则》。

6月　潘庄农场所属天津市瀛海鱼具加工厂注销。

6月　天津农垦中南置业投资有限公司召开股东会，股东渤海农业集团和冠城投资公司一致同意将渤海农业集团持有的中南置业公司51％股权，转让给天津冠城投资发展有限公司。

6月　渤海农业集团制定《天津农垦渤海农业集团差旅费管理办法》和《天津农垦渤海农业集团资金管理办法》。

8月　天津食品集团（原天津农垦集团公司），同意中南置业公司转股协议，中南置业公司成为冠城投资公司全资子企业，与渤海农业集团脱钩。

8月　娄紫东任渤海农业集团纪委书记。

9月　李修同任渤海农业集团副总经理。

10月　李修同兼任兴华公司党支部书记、董事长，尚东维兼任嘉禾田源公司经理，李景龙主持钟澳（天津）奶牛有限公司工作。

同年　潘庄农场共租赁土地3381.5亩，租金157.74万元。

2017年　1月　李景龙任渤海农业集团总法律顾问，张学利兼任畜牧党支部书记，李捷任渤海农业集团党委办公室主任，苏玉梅任行政办公室主任，马煜任党委办公室副主任，兼任董事会办公室副主任，刘晓风任党委办公室副主任，兼任行政办公室副主任。

2月　渤海农业集团修订《天津农垦渤海农业集团资金管理办法》。

2月　渤海农业集团印发《天津农垦渤海农业集团有限公司总经理办公会议事规则》。

3月　李景龙兼任中国农垦农场联盟第一届理事会常务理事。

3月　赵紫君兼任渤海农业集团总经理助理，协助总经理工作，黄春玲任渤海农业集团审计部副部长。

4月　渤海农业集团对所属天津农垦康嘉生态养殖有限公司进行增资扩股，注册资本增加到3亿元，渤海农业集团占股51％。

4月　饶志仓兼任中国渔业协会水族分会副会长。

5月　天津嘉禾田源观赏鱼养殖有限公司召开全体股东会会议决议，同意将管国联持有的嘉禾田源公司30％的股权转让给渤海农业集团，嘉禾田源公司成为渤海农业集团全资子公司。

5月　陈建林任天津农垦天宁有限公司（简称天宁公司）党总支副书记、副经理，主持工作，李艳华任康嘉公司副经理，卜庆海任兴华公司党支部副书记。

6月　渤海农业集团所属天津农垦渤海饲料经营有限公司注销。

6月　渤海农业集团设立投资部，郝炘兼任部长，刘雨亭兼任安保部部长。

7月　苏玉梅兼任机关党支部书记、韩克民兼任宝德公司党支部副书记、时伟宁任天津市广源畜禽养殖有限公司副经理。

8月　渤海农业集团所属及托管企业启动纳入天津食品集团资金池管控工作。

9月　渤海农业集团修订《天津农垦渤海农业集团有限公司总经理办公会议事规则》。

9月　杨庆刚任宝德公司董事长，张炟明兼任畜牧党支部书记，韩克民任兴华公司党支部书记、董事长，倪连颖主持宝德公司工作，聘任刘峰为天津农垦农产品有限公司董事长，赵紫君兼任总经理，雍自波任宝德公司副经理。

10月　渤海农业集团所属天津市津钟畜禽公司注销。

10月　赵爱军任天宁公司资产部部长，蔡佳鹤任综合办公室副主任。

11月　渤海农业集团所属天津市宝坻区中发机械厂、天津市里自沽农工商实业总公司印铁制罐厂、天津市宝钟金属软管厂、天津市津垦糖烟酒副食品购销中心、天津市宝坻龙海塑料五金厂、天津市钟华时装厂、天津市宝坻区大钟农场农机队、天津市津宝工具厂、天津市宝坻区大钟饲料厂、天津市燕南农工商公司炼铁厂、天津市里自沽工商实业总公司饲料厂、天津市里自沽工商实业总公司五金厂、天津市里自沽工商实业总公司机修厂、天津市燕南农工商公司药品包装材料厂、天津市燕南农工商公司华燕兽药厂等15家"僵尸企业"集中注销。

11月　马为红任渤海农业集团工会副主席。

12月　渤海农业集团所属天津市宝坻区大钟农场永发五金商店、天津市清真禽类加工厂、天津市迈得璞畜禽食品公司、天津市宝坻大钟后备鸡养殖场、天津市宝坻大钟第二养鸡场、天津市宝坻大钟鱼果养殖一场、天津市宝坻大钟第一养鸡场、天津市宝坻大钟第三养鸡场、天津市津宝振华商贸中心、天津市宝坻大钟肉鸡养殖场、天津市津宝玉泉微型潜水泵厂、天津市宝坻大钟蛋种鸡厂、天津市津宝鑫源金属丝钉厂、天津市宝坻华中木材经营公司、天津市农工商燕南公司三二八生物肥料厂、天津市大钟农工商总公司农机队、天津市振华公司烟酒糖批发部、天津市振华公司综合门市部、天津市振华经销公司销售部、天津市国营兴华制线厂服装辅料经营部、天津市振华经销公司烟草经销部、天津市里自农工商实业公司机务队等22家"僵尸企业"集中注销。

12月　何学政任渤海农业集团河东水产养殖场副经理。

同年　潘庄农场共租赁土地5403.5亩，租金294.64万元。

● **2018年**　1月　时伟宁任天津市广源畜禽养殖有限公司经理，刘付任天津市广源畜禽养殖有限公司副经理。

1月　渤海农业集团所属天津农垦康嘉生态养殖有限公司剩余49%股份作价1.47亿元，在天津产权交易中心公开挂牌，进行混合所有制改革融资出售，河北大北农农牧食品有限公司摘牌。

3月　渤海农业集团印发《天津农垦渤海农业集团有限公司总经理办公会议事规则》（津渤农政〔2018〕13号）。

3月　按照国务院文件及市发展和改革委员会《关于我市2017年深化经济体制改革重点工作意见》（津政发〔2017〕18号）和市委、市政府下发的《关于进一步推进天津农垦改革发展的实施方案》（津党发〔2017〕28号）的要求，根据天津食品集团有限公司制定的农场类企业改革目标任务，由渤海农业集团对天津农垦天宁有限公司实施吸收合并。

4月　渤海农业集团撤销党委办公室，设立党委工作部；撤销中共天津农垦渤海农业集团有限公司畜牧支部委员会，成立中共天津农垦康嘉生态养殖有限公司支部委员会、中共天津市广源畜禽养殖有限公司支部委员会、中共钟澳（天津）奶牛有限公司支部委员会、中共内蒙古津垦牧业有限公司支部委员会、中共河北津垦奥牧业有限公司支部委员会。

4月　张烜明兼任康嘉公司党支部书记，林耀民兼任天津市广源畜禽养殖有限公司党支部书记、白冬梅任内蒙古津垦牧业有限公司党支部书记，王春旺任河北津垦奥牧业有限公司党支部书记、李景龙任钟澳（天津）奶牛有限公司党支部副书记，吴凤明任嘉禾田源公司联合党支部书记，刘文军任天津潮弘休闲渔业有限公司经理，魏玉升任天津绿色世界现代农业有限公司水王府饭店经理，张俊峰任渤海农业集团农业开发部部长、宋月生任副部长。

5月　渤海农业集团所属天津市农垦振华制衣有限公司注销。

6月　渤海农业集团吸收天宁公司，潘庄农场建制撤销，资产与财务并入渤海农业集团进行管理，共移交8宗土地，1处房产，土地共7819.64亩，其中农用地7494.63亩，建设用地325.01亩，土地租赁工作由渤海农业集团农业开发部负责，后农业开发部改组为土地房产部，土地租赁管理事项由其承继，建立潘庄综合部，负责对原潘庄农场所属资产进行管理，协助渤海农业集团各职能部门完成相关工作，至此潘庄农场的历史结束。

6月　渤海农业集团设立纪检监察部、统战部与潘庄农场综合部。

6月　李景龙兼任新疆津垦奥群农牧科技有限公司、新疆津垦广大农业有限公司联合党支部书记。陈建林任中共天津农垦龙天畜牧养殖有限公司支部委员会书记，兼任潘庄农场综合部部长。赵爱军任潘庄农场综合部副部长。马为红兼任渤海农业集团统战部部长、渤海农业集团退休第一党支部书记。张兴华任渤海农业集团退休第二党支部书记。运新存任渤海农业集团退休第三党支部书记。王春旺任河北津垦奥牧业有限公司经理。

7月　渤海农业集团印发《天津农垦渤海农业集团有限公司总经理办公会议事规则》。

8月　袁思垄任渤海农业集团党委副书记，总经理。仵赟任副总经理。张烜明兼任天津市广源畜禽养殖有限公司董事长、党支部书记。王景森任内蒙古津垦牧业有限公司副经理。刘玉萍兼任渤海农业集团财务部副部长，主持工作。云宝庆任内蒙古津垦牧业有限公司党支部书记。

9月　自七里香格项目建设以来不断出现环境、上访、退房等问题，天津农垦天宁有限公司（潘庄农场）负有失管失察责任，经渤海农业集团党委研究决定，免去陈建林龙天公司党支部书记、潘庄农场综合部部长职务。

10月　建立中共天津农垦农产品有限公司支部委员会，赵紫君担任党支部书记。委派张烜明任钟澳（天津）奶牛有限公司执行董事、法人。

11月　根据天津食品集团（津食政发〔2018〕707号）文件要求，渤海农业集团将持有的天津农垦康嘉生态养殖有限公司51％股权无偿转给天津农垦津港有限公司，康嘉公司与渤海农业集团脱钩。

11月　渤海农业集团设立武装部，与安保部合署办公，刘雨亭兼任武装部部长。

11 月　天津食品集团与渤海农业集团合资成立津垦牧业有限公司，共出资 5000 万元，其中天津食品集团占股 51%，渤海农业集团占股 49%。

12 月　渤海农业集团法务部组织参与天津食品集团国家宪法日宣传活动。

12 月　尚东维任渤海农业集团副总经理。苗卉兼任渤海农业集团农业园区党支部书记。

12 月　李捷任渤海农业集团企业管理部部长。白冬梅任天津红港绿茵花草有限公司党支部书记，主持工作。

同年　潘庄农场共租赁土地 4436 亩，租金 244.84 万元。

2019 年

1 月　吴凤明兼任天津市广源畜禽养殖有限公司总经理，聘任郭文龙为副经理。

2 月　渤海农业集团吸收天津农垦天宁有限公司（原潘庄农场）共 7819.62 亩土地，共涉及 8 个地块与 1 处房产。

2 月　渤海农业集团所属天津市广源禽畜养殖有限公司二期百万只蛋鸡项目开始启动。

2 月　渤海农业集团印发《天津农垦渤海农业集团有限公司机关车辆管理制度》《天津农垦渤海农业集团有限公司机关办公用品管理办法》《天津农垦渤海农业集团有限公司机关食堂管理制度》《天津农垦渤海农业集团有限公司值班工作规定》《天津农垦渤海农业集团有限公司公章管理制度》。

2 月　时伟宁任渤海农业集团企业管理部副部长。

3 月　渤海农业集团财务部开始整理黄庄、里自沽、大钟庄财务档案。

3 月　渤海农业集团印发《天津农垦渤海农业集团机关员工考勤及休假管理办法》。

3 月　渤海农业集团人力资源部推动开展三项制度改革工作。

4 月　渤海农业集团财印发《天津农垦渤海农业集团固定资产管理办法》《天津农垦渤海农业集团有限公司财务印章管理制度》《天津农垦渤海农业集团有限公司应收账款管理制度》。

4 月　渤海农业集团与天津农垦房地产开发建设有限公司合资成立天津渤海农业稻香小镇置业有限公司（暂定名），共出资 3000 万元，双方各占 50%，建设田园综合体项目。

5月　天津食品集团授权委托渤海农业集团在蒙古国设立筹备中蒙合作蔬菜科技示范园，设立全资子公司并负责其建设和运营。

5月　肖丽娟任天津绿色世界现代农业有限公司副经理。陈书胜任天津农垦农产品有限公司副经理。赵爱军兼任渤海农业集团有限公司第三退休党支部书记。

6月　根据天津食品集团下发的股权调整通知，渤海农业集团分别将持有的河北津垦奥公司、新疆广大公司、内蒙古津垦公司、新疆农牧科技公司的股份投资给津垦牧业公司。

6月　马煜任渤海农业集团党委工作部部长，兼任董事会办公室主任、团总支书记。刘玉萍任财务部部长。赵光燕任党委工作部副部长。张学峰任行政办公室副主任。

6月　渤海农业集团人力资源部按照市人社局、市国资委要求，完成系统内全部 1144 名退休人员档案社会化移交工作。

7月　渤海农业集团印发《天津农垦渤海农业集团有限公司行政办公会议事规则》。

7月　推荐尚东维为天津渤海农业稻香小镇置业有限公司董事长，苗卉、张俊峰兼任董事，魏玉升兼任监事。

8月　原黄庄农场所属天津华宝兽药有限公司、天津市华燕兽药厂注销。

8月　赵紫君兼任天津农垦蒙古有限责任公司董事、副经理，郝炘兼任监事，张学峰兼任副经理。

9月　渤海农业集团设立法务部，与行政办公室合署办公，苏玉梅任部长，卜庆海任副部长。

9月　卜庆海任渤海农业集团行政办公室副主任。刘文军兼任天津嘉禾田源观赏鱼养殖有限公司经理。

9月　李修同兼任宝德公司、兴华公司董事。黄春玲兼任宝德公司、兴华公司监事。吴凤明兼任天津市广源畜禽养殖有限公司董事。苏玉梅兼任天津市广源畜禽养殖有限公司监事。苗卉兼任天津绿色世界现代农业有限公司执行董事。

10月　渤海农业集团所属天津绿发燕南生物肥料有限公司注销。

10月　首农食品集团、天津食品集团、光明食品集团、广州越秀集团、重庆农投集团负责人及相关业务团队在天津召开京津沪穗渝五垦区合作发展研讨会，到渤海农业集团参观调研。

10月　饶志仓兼任天津农垦小站稻产业发展有限公司（简称小站稻公司）党支部书记、董事长。李修同兼任小站稻公司、宝德公司、兴华公司董事。

10月　渤海农业集团被评为"海河工匠培训基地"。

10月　渤海农业集团对天宁公司所属华之杰马业投资发展有限公司实施吸收合并。

10月　渤海农业集团所属小站稻公司小站稻开镰仪式在小站稻种植示范区核心区域举行，天津食品集团党委书记、董事长张勇，党委常委、副总经理张庆东及食品集团、渤海农业集团相关部室及企业负责人陪同参加活动。

10月　天津市市场监管委副主任郑建军一行在食品集团党委副书记齐晓巍等领导的陪同下，到渤海农业集团调研指导食品安全工作。

10月　饶志仓兼任小站稻公司董事长。李修同兼任小站稻公司董事。张俊峰兼任小站稻公司董事、经理。黄春玲兼任小站稻公司监事。宋月生兼任小站稻公司副经理。殷晓光任小站稻公司副经理。

10月　渤海农业集团所属黄庄洼米业、广源畜禽、宝德包装等企业产品参加第101届全国糖酒商品交易会，在天津馆列展。

10月　渤海农业集团相关代表出席天津市农业农村委主办的小站稻振兴峰会。

12月　渤海农业集团所属华之杰马业投资发展有限公司注销。

12月　渤海农业集团出资3800万元，成立黑龙江德信垦粮食收购有限责任公司，位于黑龙江省双鸭山市友谊县，主要进行粮食收购工作。次年，根据天津食品集团（津食政发〔2021〕146号）文件要求，将100%股份无偿划转至天津利达粮油有限公司，黑龙江德信肯粮食收购有限责任公司与渤海农业集团脱钩。

12月　渤海农业集团印发《关于渤海农业集团三项制度文件汇编》。

12月　张蓓任天津黄庄洼米业有限公司党支部书记、董事长。赵爱军任潘庄农场综合部部长，张兴华任副部长。

12月　渤海农业集团成立食品安全委员会，开始推动公司食品安全工作。印发《天津农垦渤海农业集团食品集团安全责任制管理规定》等7项食品安全管理制度。

12月　黑龙江北大荒农垦集团哈尔滨有限公司青年骨干一行30余人到渤海农业集团进行学习交流。

12月　渤海农业集团调整安全生产委员会委员，徐宝梁、袁思堃任主任，饶志仓任副主任。安委会办公室设在公司安保部，办公室主任由安保部部长担任。

12月　渤海农业集团成立推动"数字天食"管控平台建设领导小组，组长徐宝梁，副组长袁思堃、尚东维。开始推动数字天使管控平台建设，从财务管控、大宗物资采购等方面开展工作。

● **2020年**　1月　张爱民任渤海农业集团党委副书记、监事会主席。张国生任工会主席。

1月　渤海农业集团党委成立中共天津农垦小站稻产业发展有限公司支部委员会，饶志仓任支部书记。

1月　天津市宝坻区委副书记李东升、副区长王志林一行到渤海农业集团调研，宝坻区农业农村委，规划和自然资源分局，政务服务办，生态环境局，大口屯镇、新开口镇等主要负责人参加，天津食品集团副总经理张庆东、渤海农业集团党政负责人陪同。

1月　张庆东到渤海农业集团就新冠病毒防控工作进行指导，农垦事业部相关人员陪同。渤海农业集团领导班子，党办、行政办两办主任，三级企业党政负责人参加了安排部署会议。

1月　渤海农业集团召开新冠病毒感染的疫情防控工作专题会议，会议传达了食品集团关于疫情防控专题会议精神，并就渤海农业集团持续深入开展疫情防控工作进行安排部署。渤海农业集团领导班子、两办主任、三级企业主要负责人等参加会议。

2月　渤海农业集团党委成立中共天津天食田园综合体开发有限公司支部委员会，尚东维任支部书记。

2月　天津市国资委党委委员、副主任刘智与相关部室主要负责人通过视频电话形式对渤海农业集团防疫工作进行了检查。

2月　李景龙任天津市广源畜禽养殖有限公司副经理。

2月　天津食品集团副总经理张庆东到宝德公司检查指导疫情防控复产

工作，渤海农业集团党政负责人陪同。

3月　渤海农业集团企业管理部更名为企业运营部，李捷任部长，时伟宁任副部长。投资部更名为规划与投资部，郝炘任部长。房产部更名为土地房产部，合并原农业开发部部分职能，王兆静任部长，王振和任副部长。成立社区管理部。

3月　渤海农业集团成立精益管理推动小组，开始公司本部和各分公司推动精益管理工作。

3月　天津食品集团党委常委、纪委书记李敬忠到渤海农业集团检查调研指导疫情防控、企业复工复产和小站稻春耕备耕情况。

3月　侯生博、张文、赵紫君任渤海农业集团副总经理。

3月　王春旺任天津红港绿茵花草有限公司经理，云宝庆任副经理；聘任张浩为渤海农业集团总经理助理；周全为天津黄庄洼米业有限公司经理，王铁民任副经理。

3月　天津食品集团副总经理吉英明到渤海农业集团调研，天津食品集团农垦事业部负责人陪同。

4月　渤海农业集团法务部修订印发《渤海农业集团企业法律纠纷案件管理办法》、制定印发《渤海农业集团法律事务工作管理办法》《渤海农业集团总法律顾问管理办法》《渤海农业集团2020年法治工作安排实施意见》。

4月　李修同兼任黑龙江德信垦粮食收购有限责任公司董事长，侯生博、滕化兵兼任董事，苏玉梅兼任监事。张浩兼任天津绿色世界现代农业有限公司董事、经理，兼任天津天食田园综合体开发有限公司董事。魏玉升任天津绿色世界现代农业有限公司董事、副经理，兼任天津天食田园综合体开发有限公司董事。赵紫君兼任天津天食田园综合体开发有限公司监事，兼任天津农垦农产品有限公司董事。刘玉萍兼任天津农垦农产品有限公司监事。推荐尚东维兼任天津天食水产科技发展有限公司（暂定名）董事长，刘文军兼任董事。李捷兼任天津黄庄洼米业有限公司、天津嘉禾田源观赏鱼养殖有限公司、天津天食水产科技发展有限公司（暂定名）监事。马为红任渤海农业集团职工监事。

4月　天津食品集团党委副书记、总经理万守朋，副总经理张庆东到渤海农业集团所属企业嘉禾田源公司调研，农垦事业部负责人陪同，渤海农业集团负责人参加。

5月　渤海农业集团与天津立达海水资源开发有限公司（简称立达海水公司）合资成立天津天食水产科技发展有限公司，注册资金1000万元，立达海水公司占股51％，渤海农业集团占股49％。次年立达海水公司将持有的天津天食水产科技发展有限公司股份转至渤海农业集团，天津天食水产科技发展有限公司成为渤海农业集团全资子公司，随后因产业整合，天津天食水产科技发展有限公司吸收天津嘉禾田源观赏鱼养殖有限公司。

5月　渤海农业集团党委为贯彻落实《中国共产党国有企业基层组织工作条例（试行）》，开展全系统范围"国企党建质量年"活动。

5月　天津市副市长李树起，市农业农村委党委书记、主任沈欣到渤海农业集团小站稻种植基地调研，渤海农业集团党政负责人陪同。调研组一行实地查看了小站稻育秧基地和插秧准备情况，详细询问了生态立体种养情况。

5月　天津食品集团副总经理张庆东带队到渤海农业集团调研，为企业派驻专项工作组，渤海农业集团领导班子参加。张庆东听取了渤海农业集团经营状况和各项重点工作进展情况。

5月　张俊峰任渤海农业集团总经理助理，刘文军任嘉禾田源公司党支部书记，李永杰任小站稻公司副经理。

5月　天津食品集团党委书记、董事长张勇带队到渤海农业集团调研指导工作，推动宝坻国家现代农业产业园区建设。天津食品集团党委常委、副总经理张庆东，副总经理吉英明和相关部室负责人参加，渤海农业集团主要负责人陪同。

6月　渤海农业集团所属天津华雅装饰材料有限公司注销。

6月　渤海农业集团党委系统内表彰先进党支部、优秀共产党员，广源公司获得先进党支部称号，敖静、宁双双、王铁民、赵秀波、王丽超、尹晨亮、夏彦玲、林耀伟8人获得优秀共产党员称号。

6月　天津市农业农村委副主任李志荣、宝坻区政府副区长王志林和宝坻区农业农村委相关领导到天津食品集团放心水产品基地调研指导工作。天津食品集团党委常委、副总经理张庆东，农垦事业部、渤海农业集团相关负责人进行陪同。

6月　组织召开渤海农业集团精益管理启动大会，部署实施督导工作，工作推动由企业运营部负责。

6月　肖丽娟任天津绿色世界现代农业有限公司副经理，陈书胜任天津农垦农产品有限公司副经理，主持工作。马煜任渤海农业集团党委工作部部长、董事会办公室主任、团总支书记。刘玉萍任财务部部长，曾红梅任副部长。张宇琦任审计部副部长。张学峰任天津农垦蒙古有限责任公司副经理。魏玉升任天津绿色世界现代农业有限公司党支部书记、执行董事。

6月　张国生兼任天津天食智慧牧场有限公司（暂定名）董事、推荐担任天津天食智慧牧场有限公司副董事长，黄春玲兼任监事。白冬梅、王春旺兼任天津红港绿茵花草有限公司董事。

6月　北大荒农垦集团党委委员、副总经理郭宝松，黑龙江北大荒研究院党委书记、执行董事于省元一行到渤海农业集团调研，食品集团党委副书记、总经理万守朋，农垦事业部、投资与规划部、渤海农业集团主要负责人参加。

6月　张文兼任海南农垦海津益佳牧业有限公司董事、总经理，推荐其兼任海南农垦海津益佳食品有限公司董事长，刘付兼任海南农垦海津益佳食品有限公司监事。刘文军任嘉禾田源公司执行董事。侯生博兼任天津兴华织造有限公司董事。滕化兵任黑龙江德信垦粮食收购有限责任公司副总经理，主持工作。

7月　渤海农业集团修订《天津农垦渤海农业集团有限公司应收账款管理制度》。

7月　渤海农业集团党委撤销中共天津农垦渤海农业集团有限公司第一、第二、第三退休支部委员会党组织建制。成立中共天津农垦渤海农业集团有限公司潘庄农场综合部联合支部委员会，赵爱军任支部书记。成立中共黑龙江德信垦粮食收购有限责任公司支部，李修同担支部书记。

7月　李修同兼任天津兴华织造有限公司董事，刘玉萍兼任天津市宝德包装有限公司董事，云宝庆兼任天津红港绿茵花草有限公司董事。

7月　天津食品集团党委副书记、工会主席孙奇到渤海农业集团调研指导工作，集团组织部、工会主要负责人随行，渤海农业集团主要负责人参加。

8月　渤海农业集团党委成立中共海南农垦海津益佳食品有限公司支部，侯生博任支部书记。

8月　渤海农业集团所属天津市宝坻大钟肉种鸡场注销。

8月　渤海农业集团修订《天津农垦渤海农业集团有限公司资金管理办法》《天津农垦渤海农业集团有限公司会计档案管理办法》。

8月　渤海农业集团召开党员大会，选举公司第二届党委和纪委。党委书记徐宝梁，副书记袁思堃、张爱民，委员仵赟、张炬明、张国生、杨庆刚。纪委书记张爱民，委员马煜、苏玉梅、刘文军、黄春玲。

8月　天津市农业农村委副主任李志荣带队到天津食品集团渤海农业集团调研指导，集团党委常委、副总经理张庆东，集团农垦事业部、渤海农业集团、津港公司、嘉立荷牧业公司、迎宾公司相关负责人参加。调研组一行实地查看了渤海农业集团天津市广源畜禽养殖有限公司二期百万只蛋鸡和天津农垦津港有限公司（简称津港公司）生猪养殖项目基地建设情况。在智慧农业中心会议室，分别听取了天津食品集团在蛋品供应、生猪养殖、奶牛养殖、肉类加工等方面工作汇报。

9月　渤海农业集团修订印发《渤海农业集团行政办公会议事规则》、制定《天津农垦渤海农业集团有限公司资产减值准备财务核销管理工作制度》。

10月　根据天津食品集团（津食政发〔2020〕703号）文件批复，钟澳（天津）奶牛有限公司32.84％股权以增资入股出资方式天津嘉立荷牧业集团有限公司，钟澳（天津）奶牛有限公司变为嘉立荷牧业公司持股51％，渤海农业集团持股49％。次年，按照天津食品集团要求，渤海农业集团将钟澳（天津）奶牛有限公司剩余49％股份转让给嘉立荷牧业公司，钟澳（天津）奶牛有限公司更名为天食智慧牧业有限公司，成为嘉立荷牧业公司全资子公司，与渤海农业集团脱钩。

10月　渤海农业集团印发《渤海农业集团对内宣传工作管理办法（试行）》和《渤海农业集团对外新闻宣传工作管理实施办法》。

10月　渤海农业集团调整绩效与薪酬考核领导小组等22个工作领导小组成员。

11月　渤海农业集团制定《天津农垦渤海农业集团有限公司风险管理工作细则》。

11月　渤海农业集团成立党委宣传部，与党委工作部合署办公，刘晓风任部长，敬静任副部长，张丽丽任机关工会女工委主任。

11月　渤海农业集团聘任袁思堃为总经理，仵赟、张炟明、李修同、饶志仓、尚东维、侯生博、张文、赵紫君为渤海农业集团副总经理。

11月　城投集团所属企业海河金岸公司董事长李甫钊等一行8人，在天津食品集团农垦事业部部长刘卿陪同下到渤海农业集团考察调研，考察组一行依次到渤海农业集团所属广源公司、小站稻公司智慧农业中心、小站稻院士工作站和晶宝温泉农庄进行实地考察。

11月　渤海农业集团获批"天津市就业见习基地"称号，次月获批"天津市退役军人就业创业承训机构"称号。

12月　马煜任渤海农业集团党委工作部部长，敬静兼任副部长，马为红任统战部部长。

12月　时伟宁任海南农垦海津益佳食品有限公司副经理，张学峰任海南农垦海津益佳食品有限公司党支部副书记、海南农垦海津益佳牧业有限公司副经理。

12月　渤海农业集团法务部制定印发《渤海农业集团企业主要负责人履行推进法治建设第一责任人职责实施办法》。

12月　聘任：马煜为渤海农业集团董事会办公室主任；苏玉梅为行政办公室主任、法务部部长；刘玉萍为财务部部长；郝炘为规划与投资部部长；王兆静为土地房产部部长；李捷为企业运营部部长；王会明为人力资源部部长；刘雨亭为安保部（武装部）部长；陈建林为社区管理部部长，李跃进为副部长；赵爱军为潘庄综合部部长；卜庆海为行政办公室副主任、法务部副部长；曾红梅为财务部副部长；王振和为土地房产部副部长；陈涛、孙正平为人力资源部副部长；黄春玲、张宇琦为审计部副部长；张兴华为潘庄综合部副部长。以上人员聘期2年。推荐时伟宁为海南农垦海津益佳食品有限公司副经理，张学峰为海南农垦海津益佳牧业有限公司副经理。

12月　聘任魏玉升为天津绿色世界现代农业有限公司经理，肖丽娟、李军为副经理。聘任刘文军为嘉禾田源公司经理，聘任王立超、陈移波、王会英、何学政为副经理。

12月　渤海农业集团系统内各企业进行聘任制改革，完成天津市广源畜禽养殖有限公司等 7 家所属单位的聘任制改革，审议考察并同意其拟聘人选。

12 月　袁思堃任渤海农业集团党委书记，次年 1 月任董事长。李修同任党委副书记、总经理。张国生任党委副书记兼工会主席。

12 月　天津食品集团副总经理周卫国带队到渤海农业集团调研指导工作，天津食品集团运营部、总工办、投资部部室人员随行，渤海农业集团主要负责人和相关部室陪同。公司主要负责人就 2020 年企业各产业板块运营、精益管理、市级储备任务、食品安全、安全生产等方面工作完成情况及 2021 年主要工作措施和发展思路等进行了汇报。

12 月　渤海农业集团成立资产管理部。

第一编

地　理

中国农垦农场志

第一章 区域和建制

第一节 农场边界及建制

一、农场边界

（一）勘界过程

在黄庄农场、里自沽农场与大钟庄农场合并成立天津农垦渤海农业集团有限公司前，农场土地归属较为模糊，一般为开垦后直接耕种，没有明确的界线。

20世纪70年代—21世纪初，农场与周边村镇经历集体生产，互相合并，农场属地产权与相邻村镇产权犬牙交错，部分村镇实际使用农场属地，但无使用或租种手续。

2013—2015年，3家农场合并为渤海农业集团，推动资产整合，开始对农场地块进行勘界与确权，因农场土地确权需经由所属区县土地管理部门协调地块规划与用地指标调整，并需解决周边村镇用地证明问题，勘界工作暂停。

2017年6月7日，天津市宝坻区人民政府组织召开了相关镇街及土地、规划、审批等有关单位参加的专题会议，次日召集全市涉及农垦的区、县有关单位及集团直属单位参加土地确权现场推进会。

2017年6—7月，渤海农业集团组织专人将确权实施方案发放至宝坻区大钟庄镇、大白镇、王卜庄镇、林亭口镇、周良镇、牛家牌镇、黄庄镇、新城管委会、北三河管理处、引滦尔王管理处、潮白河管理处、交通局、水务局、土地局、土地整理中心、规划局、审批局、教育局、畜牧局等20多家处级以上单位，正式开始确权登记工作。

同年8—9月，调阅地籍资料，根据渤海农业集团早期土地合同及农场在历史发展中的土地调整和变更情况资料，走访农垦退休职工20余人，在了解地籍地情、掌握基本的土地历史资料的同时，按照计划并行开展一调、二调工作，做到每个界址点都清晰、规范，包括图纸、测绘报告等佐证材料。

2017年10月—2018年10月，权属争议调处和登记发证阶段，此阶段是整个确权工作的关键阶段，也是困难最多的阶段。首先，本着先易后难的原则，渤海农业集团先完成了权属清晰、无争议的地块确权工作，如大钟庄村、东老口村、大米庄村等。其次，本着尊重历史、尊重现实、互利互让、确保稳定的原则，对存在争议的地块加大调处力度，在双方争执不下难以调处的地块划出争议界，最后一并处理。如大钟庄农场原 8 个地块分解成 16 个地块，里自沽农场 6 个地块分解成 16 个地块。2017 年底，完成上述 24 个地块的确权工作，共确权国有土地 27171.25 亩。

2018 年的工作主要是解决争议不下的地块，通过走访调解，问题村队打消顾虑，积极配合工作。如大钟庄镇康家庄村、大白街道朱家窝村、小白庄村等先后同意确权。截至 2018 年 10 月，共确权国有土地 28121.25 亩，完成渤海农业集团自黄庄、里自沽、大钟庄农场合并以来的第一次全面土地地籍摸底和确权工作。

2018 年 6 月，渤海农业集团吸收潘庄农场土地 7819.64 亩。

（二）土地边界周长

黄庄农场土地周长 18618.48 米，里自沽农场土地周长 57636.07 米，大钟庄农场土地周长 44942.46 米，潘庄农场土地周长 20063.95 米。农场土地总周长 141260.96 米，约 141.3 公里。

（三）土地涉及邻域情况

黄庄农场大部属天津市宝坻区林亭口镇，小部分属黄庄镇，北接林亭口北清沟村，东临林亭口南清沟村，南接林亭口高康马村，西侧和口东镇老庄子村相连。

里自沽农场土地较为分散，分布在宝坻区牛家牌镇、黄庄镇北里自沽镇、大白庄镇小白庄村，农场土地西北两侧和牛家牌镇西老鸦口村和赵辛庄村相接，东侧和黄庄镇北里自沽镇相邻，南侧是大白庄镇小白庄村。

大钟庄农场主要大部位于大钟庄镇，除西侧和王卜庄镇李家庄村相接之外，北、东、南分别和大钟庄镇小苑庄、二米庄、康家庄接壤，土地比较集中。

潘庄农场主要位于潘庄镇，农场西南与潘庄工业园相接，东南与潘庄乡小南庄村相接，北侧与潘庄乡朱头淀村相接，土地主要分布在津榆公路两侧，比较集中。

二、建制沿革

（一）黄庄农场

1961 年 7 月，国营黄庄农场（简称黄庄农场）的前身国营肖刘杜农场（简称肖刘杜农场）建立，建场时地处河北省天津专区武清县东南（现天津市武清区上马台乡），占地 101680 余亩。

1962 年 10 月 26 日，肖刘杜农场撤销建制，同年 11 月 2 日，肖刘杜农场整体转至河北省天津专区宝坻县尔王庄洼地区（现天津市宝坻区尔王庄镇）重新建场，更名为国营尔王庄农场（简称尔王庄农场），占地 8500 余亩。

1963 年 7 月 7 日—1964 年 4 月 13 日，尔王庄农场作为国营里自沽农场（简称里自沽农场）分场经营，后重新分割，独立经营。1968 年 10 月 3 日，尔王庄农场与尔王庄公社合并，建立场社合一领导小组。

1970 年 9 月 15 日，尔王庄农场接收河北省天津专区宝坻县黄庄洼中央文化部和天津大学"五七干校"土地 7430 亩，同年 10 月，尔王庄农场由尔王庄洼地区搬迁至河北省天津专区宝坻县林亭口乡账房鄽村（现天津市宝坻区林亭口镇账房鄽村）。

1971 年 12 月 1 日，尔王庄农场更名为国营宝坻县黄庄洼农场。

1973 年 12 月，国营宝坻县黄庄洼农场由账房鄽村搬迁至天津市宝坻县牛蹄河村北二支渠旁。

1980 年 9 月 1 日，国营宝坻县黄庄洼农场更名为天津市黄庄农场。

2013 年 5 月 3 日，黄庄农场与里自沽农场，大钟庄农场整合组建天津农垦渤海农业集团有限公司，原农场建制撤销。

（二）里自沽农场

1962 年 2 月，里自沽农场建立，建场时地处河北省天津专区宝坻县牛家牌公社西老鸦口村（现天津市宝坻区牛家牌镇西老鸦口村），占地 4 万余亩。

1968 年 2 月，河北省天津专署农林局将里自沽农场移交宝坻县管理，更名为国营宝坻县里自沽农场。

1968 年 10 月，里自沽农场与牛家牌公社合并，建立场社合一领导小组。

2013 年 5 月 3 日，里自沽农场与黄庄农场，大钟庄农场整合组建天津农垦渤海农业集团有限公司，原农场建制撤销。

（三）大钟庄农场

1963 年 10 月，国营大钟庄农场（简称大钟庄农场）建立，建场时地处河北省天津专区宝坻县大钟庄洼地区（现天津市宝坻区大钟庄镇），占地 11700 亩。

1968 年 4 月 9 日，大钟庄农场由解放军某部接管，同年 8 月，解放军归还农场管理权，大钟庄农场与大钟庄公社合并，建立场社合一领导小组。

1968 年 10 月，河北省天津专署农林局将大钟庄农场移交宝坻县管理。

1969 年 2 月，大钟庄农场移交给解放军北京 4500 部队使用。同年 3 月，大钟庄农场与里自沽农场合并。同年 7 月，大钟庄农场将其所属李宧庄生产队移交给解放军 8327 部队使用。同年 12 月，大钟庄农场与里自沽农场恢复建制。

1970 年 3 月，解放军 4697 部队将大钟庄农场交回。

2013 年 5 月 3 日，大钟庄农场与里自沽农场、黄庄农场整合组建天津农垦渤海农业集团有限公司，原农场建制撤销。

（四）潘庄农场

1964 年 7 月，国营潘庄农场（简称潘庄农场）建立，建场时地处河北省天津专区宁河县潘庄乡地区（现天津市宁河区潘镇），占地 16000 亩。

1966 年，潘庄农场转为河北劳动大学校办农场并更名为河北劳动大学附属农场。

1980 年，河北劳动大学附属农场恢复潘庄农场名称。

2008 年，潘庄农场按农场局要求托管曙光农场。

2015 年，潘庄农场按天津食品集团要求，由渤海农业集团进行托管，并对其资产、所属单位等进行重组整合，农场逐步由国有资产生产经营转为国有资产管理状态。

2018 年 6 月，渤海农业集团吸收潘庄农场，农场建制撤销。

（五）管理机构沿革

1979 年 2 月，黄庄、里自沽、大钟庄农场业务工作由天津市国营农场管理局（简称农场局）统一管理。其余工作由宝坻县管理。

1980 年 6—8 月，黄庄、里自沽、大钟庄农场由宝坻县划归农场局直管，潘庄农场由宁河县划归农场局直管，农场有关党团关系、人事、生产、财务、投资、计划、物资、劳资、文教卫生等工作交接给农场局管理，有关民政、司法、治安等工作由所在县管理。

1983 年 8 月，天津市国营农场管理局撤销，成立天津市渤海农工商联合公司，后更名为天津市渤海农工商联合总公司。

1984 年天津市渤海农工商联合总公司更名为天津市农工商总公司，总公司机关位于天津市河西区气象台路 96 号。

1997 年 4 月，天津市农工商总公司成建制改组为天津农垦集团总公司。

2012 年 11 月 29 日，天津农垦渤海农业集团有限公司成立，直属天津农垦集团总公司管辖，位于天津市宝坻区八门城镇农产品加工园区规划一号路 2 号。2013 年 5 月 3 日，渤海农业集团吸纳黄庄、里自沽、大钟庄农场。

2015 年 3 月，天津农垦集团总公司和天津二商集团有限公司、天津市粮油集团有限公司、天津立达集团有限公司整合重组为天津食品集团。

第二节　区　　位

一、天文地理位置

渤海农业集团政治中心为公司场部，位于东经 117°31′0.09″，北纬 39°34′19.43″。农场涉及宗地，东至点东经 117°35'14"，南至点北纬 39°26'45"，西至点东经 117°19'51"，北至点北纬 39°42'21"。

二、自然地理位置

渤海农业集团位于天津市宝坻区八门城镇，海河冲积平原北部，西南至潮白新河 7.6 公里，东南至渤海湾 52 公里，北至盘山 62.3 公里。

三、政治地理位置

渤海农业集团西北偏西至北京市中心 102.6 公里，西南偏南至天津市中心 60.3 公里，东至唐山市中心 57.3 公里，西北至宝坻区中心 24.1 公里。

四、军事地理位置

宝坻区在历来为兵家必争之地。历史上该区域内的一些军事设施多毁于战火。抗日战争、解放战争期间的一些军事设施也随着战争的胜利被拆除、撤离或自然颓毁。

金大定十二年（1172 年）宝坻建县时，在县衙驻地，时称新仓的宝坻四围营建夯土城郭。明弘治十三年（1500 年），将夯土城墙改为砖墙，墙体总长 3429.67 米，高、厚各 8.67 米，城墙设东西南北四门，四周建女儿墙，四角建角楼。城墙在 1945 年 9 月八路军第一次解放宝坻时，城墙因战火多处残缺，1946 年 11 月解放军第二次解放宝坻时，城墙完全毁于战火。渤海农业集团西北至此 24.1 公里。

宝坻区，在金代就推行"猛安谋克"制度，此为军事编制、生产单位与地方行政机构三位一体的封建化组织，元代沿用，至明代演变为卫所屯兵，明建文二年（1400 年），宝坻设千户所，驻地位于梁城（现天津市宁河区城区），称梁城千户所，千户所分为 10 个百户所，驻扎在宝坻境内各处，统兵 1120 人。渤海农业集团东南至此 38 公里。

明清两代至抗日战争期间，在宝坻区内修筑的墩台、据点、炮楼、碉堡等均毁于战火，渤海农业集团所处黄庄洼地区地势较低，河道整治前多有洪涝灾害，故无军事设施建设。

第二章　自然环境和资源

第一节　自然环境

一、地质

渤海农业集团所属宝坻区地层为多层地质结构。按地质年代排列，有元古代的震旦系，古生代的寒武系、奥陶系、石灰系、二迭系以及新生代的第四系等。渤海农业集团处于古还乡河冲积扇区，地层沉积物质来自于北部山区，受古还乡河的冲击，第四纪地层的冲洪积物较为发育，砂层颗粒粗，厚度较大。在地下 250～260 米深度内，有 60～100 米的厚砂层，单层厚度一般为 5～17 米，主要为中细砂夹砾石组成。该区域地下水赋存量大，但补给条件差。

集团现有大部分土地所属大洼地区，洼内土壤系河流冲击物发展而成，基本分为 4种：黑土漏风地（潜育性浅色草甸土）占 44%；黑土夜潮地（黏质浅色甸土）占 17.5%；黄壤土（壤质浅色甸土）占 20.2%；黑碱土（黏质盐化草甸土）占 12.6%。各种土壤表层均具有深度不同的黑土层。过去，由于洪涝灾害频繁，土壤表面游积层较厚，故自然肥力较高，有机质含量达 0.12%～0.26%，适用于各种作物生长，但地下水位较浅，为 0.5～1.0 米，且矿化度较高，极易出现土壤盐渍化和次生盐渍现象。

二、地貌

宝坻区位于华北平原的东北部，为河流冲积型和滨海型平原地貌，地势较为平坦，整个地区大体趋势为西北较高、东南较低。渤海农业集团所处大钟庄洼、黄庄洼、里自沽洼和尔王庄洼 4 个洼地位于宝坻区东南部，统称大洼地区，高程一般为 0.5～1.0 米，洼底高程 0.3 米。自然坡降为 1∶10000 至 1∶5000。经考古发掘表明渤海农业集团所处大洼地区在距今 5000～8000 年前尚为大海或滨海地区，5000 年前，区域构造运动致使海底升高，海岸线东移，同时黄河多次改道北迁，大量泥沙冲积，在 3000～4000 年前，宝坻陆地和其他沿海地区连成一片，形成广阔的平原，后流经区内的古潮白河和古还乡河等主要河流多次决口、改道，又使地面因淤积而不断升高，形成了渤海农业集团得天独厚的肥沃土地。

三、气象

渤海农业集团所属宝坻区属暖温带大陆性季风气候，冷暖干湿差异明显，春夏秋冬四季分明。春季少雨，干旱现象明显，夏季地面吸收太阳辐射能多，又多雨高温，秋季降温迅速，冬季地面吸收太阳能辐射少，少雪多风。年平均气温11.6℃，年降水量612.5毫米，年无霜期在184天左右。

宝坻区四季天气一般晴朗，年均晴朗天数120天，阴80天，全年日照充足，年均日照时数为2578.8小时，日照率为59%。年辐射总量（计算值）为每平方厘米504.8千焦，年水蒸发量为1786.5毫米，相对湿度63%。

宝坻区冬春两季气温受西北气流控制，多风天、少雨雪。夏季和初秋季节又常受海洋暖湿气流控制，雨量较多，且集中。自1960年有记载以来，宝坻区年均降水量一直在500～650毫米，年均降水量呈波动趋势，部分年份降水量高于或低于年均水平，但超出或不足部分不多，波动量不超过200毫米。宝坻区历年雨季开始时间不一，一般在6月底前后，区内暴雨多出现在夏秋两季，大洼地区因地势问题，渤海农业集团前身的各农场，均不同程度受洪涝灾害影响，各有损失。

宝坻受季风影响，风向、风速有明显的季节性变化。冬春季多刮寒潮大风，以西北风和偏北风居多，风力强风速快。夏秋季多偏东风和偏南风，风力弱，风速慢。雷雨大风时常出现，对农作物危害大。年平均风速2.16米/秒，一年中春季风速最大，平均2.53米/秒。

农业气象方面，大洼地区年平均气温10～11摄氏度，初霜期在10月上旬，终霜期在10月中旬，无霜期180～210天。年平均降雨量591毫米，但年内分配极不均衡，80%以上的降雨集中于6—9月，其中7月和8月的雨量达400～500毫米，且常以暴雨形式出现。春季多风且蒸发量大，春旱秋涝已成规律。

四、水文

宝坻区内河流众多，水资源较为丰富，渤海农业集团西南7.6公里即为修整疏浚后的潮白新河河道，公司大部分处于黄庄洼、里自沽洼地区，潮白新河整修后，黄庄洼、里自沽洼规划为潮白新河泄洪区，潮白新河宝坻区境内长51.7公里，两堤距420～800米，堤顶高度7.15～13.1米，河底宽70～186米，河底高程－0.3～3.9米。黄庄洼泄洪闸设计标准为20年一遇，流量为3220立方米/秒。宝坻区年均径流量11.26亿立方米，加上区域降水 1.46 亿立方米，总计年径流量 12.72 亿立方米。渤海农业集团涉及潮白新河里自沽闸上蓄水量为 9116 万立方米，占宝坻区一级河道蓄水量的 85.43%，有丰富的淡水使用条件，但一级河道每年各月间径流量不平衡。渤海农业集团区域内地表水源大部分流入大海，可利用潜力很大。

宝坻区地下水位较高，一般从地表向下挖深 1～5 米即可见水，但大多因其水量小、水质差，开采利用价值较小。地下淡水一般埋深 100～200 米。渤海农业集团位于宝坻区地下水全淡水区南侧边缘，地下水含水层主要集中在 100～150 米深度内，含水厚度一般在 40～50 米，年可开采量 1.13 亿立方米，年补给量 1.17 亿立方米。全淡水区以南为咸水区，水质根据地下物质结构沿垂直方向分为淡—咸—淡水区，浅层淡水即咸水层以上的淡水，一般埋深 25 米以内，深层淡水是咸水层以下 200 米深度内的淡水层，为地下水主要开采层，含水砂层厚度 40 米以上，每年可开采量 4581 万立方米，年补给量 4581 万立方米。另外宝坻区地下水中还有地热水，渤海农业集团前身里自沽农场在 1980 年 4 月由石油勘探队伍钻出 1 眼地热自喷井，井深 2800 米，洗井深度 2500 米，当时自喷水量 500 立方米/天，并对此进行开发利用，建设地热养鸡场和热带鱼养殖等。

五、植被

宝坻区气候温和，适宜生长多种野生植物，全区陆生野生植物以 1 年生和多年生草本植物为主，约有 68 种，其中 60 种可作为畜、禽饲料。渤海农业集团所处大洼地区主要分布有芦苇、香蒲、水稗草、白茅草等。多于区东南部成片生长，有的与芦苇、树林混生，有的零散生长于沟渠、路旁和田地间隙中。全区天然草地总面积约 16 万亩，现因建设、开垦、复耕等原因逐步缩减。

六、野生动物

宝坻区处于内地平原，人口稠密，无毒蛇猛兽分布，常见的野生动物主要有以下几类。

1. 哺乳类

（1）鼠类。包括家鼠、田鼠、鼹鼠、豆鼠子等，均以盗食粮食为主，兼食各种蔬菜瓜果，"除四害"时期大肆捕杀，但 20 世纪末又有密度增大的趋势，随宝坻区开发力度加大，城镇化程度增高，鼠类动物密度随之降低。

（2）野兔。主要分布在宝坻区东南部，大洼地区周边较为多见，多食草、菜、豆类植物等。因冬季捕杀，数量密度有所下降。

（3）黄鼬。俗称黄鼠狼，为食肉动物，是鼠类、蛙类的天敌。夏秋季节多活动于田间，冬春季节多活动于村落，以鸡、兔为食。因毛皮经济价值高，20世纪被过度捕杀，后因城市化进程加快，栖息地被挤占，黄鼬在大洼地区已不多见。

（4）刺猬。属杂食性动物，粮食、瓜果、小动物等均为其食用对象。刺猬多散居于村庄，后随城市化进程，已不多见。

（5）豹猫。体型如猫，皮浅棕色，生活习性与黄鼬类似，因毛皮经济价值高，被过度捕猎，后期因其食物链上的小型动物均处于下降趋势，豹猫几乎绝迹。

（6）獾。多居于荒草野洼及面积较大的坟茔地带，因荒地开垦和城市化进程侵占其栖息地，基本绝迹。

（7）狐狸。多活动于河堤、荒草野洼地带，多为灰黄色，因荒地开垦和城市化进程侵占其栖息地，基本绝迹。

2. **爬行类**　蛇类春夏秋季多分布于河堤围埝等地，一般无毒，体长1～2米，粗2厘米，以鼠、蛙、虫类为食，现已不多见。壁虎、蜥蜴等小型爬行类动物均已不多见。

3. **鸟类**　留鸟主要有麻雀、乌鸦、啄木鸟、喜鹊、猫头鹰等。候鸟主要有燕子、野鸭等。

第二节　自然资源

一、土地资源

宝坻区土地资源历来以用于农业为主，宝坻区历史上因众多河流携带大量冲积物的不断淤积而抬高了地面，成为了土壤的基础物质。区内土壤主要是由河流冲积物淤积而成，四季分明的气候和年复一年的农耕活动使土地日益熟化，排除大洼地区的积水和季节性积水等生产活动更有效地改善了土壤的理化性状。

宝坻区内的土壤为潮土类型，细分又分为4类，分别是普通潮土、湿潮土、盐化潮土、盐化湿潮土。渤海农业集团所处大洼地区土壤主要为湿潮土，为湿土向潮土过渡的一种类型，土壤成土母质多为净水淤积物，质地黏重，地下水位较高，一般在1米左右，土色灰暗，结构不好，通透性不良，易板结，易耕期短。适宜种植水稻、高粱、大豆等作物。

从土壤质地来看，渤海农业集团所属地块是重壤质（黏质）为主，少量砂壤质、轻中壤质组成的复合质地。大洼地区主要为重壤质土壤，这类土壤保肥、保水力强，含水量高。但由于黏粒比例大，故通透性不好，易于失墒，宜耕期短，耕作费力，易出坷垃，保苗困难，对作物也有选择性。

从土地构型来看，渤海农业集团所在大洼地区属于通体黏质构型。

从土壤养分来看，宝坻区各地土壤营养含量各不相同。20 世纪 80 年代前，宝坻区全区土体营养贫瘠，但随着逐步的耕作和开发，区内的熟地面积越来越大，渤海农业集团所处大洼地区，碱解氮含量在 58.17～86.05 毫克/千克，速效磷含量在 3.02～4.70 毫克/千克，速效钾含量在 131.90～284.47 毫克/千克，有机质含量在 1.433%～1.685%，全氮含量在 0.0777%～0.1055%。养分分级各有高低，后期耕作活动增多，土壤贫磷的状况得到缓解，但磷素缺乏和氮磷失调仍是比较突出的土壤问题。

宝坻区农业用地 9.30 万公顷，占全区总土地面积的 61.6%，其中耕地占 9.09 万公顷，占总土地面积的 60.2%。另有园地 1346.9 公顷，林地 682.07 公顷，牧草地 97.2 公顷。后随着城乡建设，用地占比不断变化，农业用地面积 8.06 万公顷，占土地总面积的 53.4%，农业用地中，耕地 7.85 万公顷，占总土地面积的 52%。大洼地区土壤质地较差，中低产田多，未利用土地多，其中黄庄、大钟庄、里自沽 3 个大洼未利用土地约 6870 公顷，开发潜力大。

二、水资源

水资源分为地表水与地下水，宝坻区地表水蓄存主要靠一、二级河道、深渠河网、坑塘。区内最大蓄水能力 1.99 亿立方米，降水年际间和年内各季间分配极不均匀，境内通过一、二级河道径流量每年各月间亦不平衡，区内地表水大部分入海，开发潜力大。

宝坻区地下水位较高，一般从地表向下挖深 1～5 米即可见水，但大多因其水量小、水质差，开采利用价值较小。详见上节"水文"条目。

第三节　自然灾害

一、气象灾害

1. 水灾　水灾是宝坻区历来的主要自然灾害之一，尤其是渤海农业集团所在大洼地区，平均高程仅 0.5～1.0 米，低于区域内河流高程，出现短时强降雨极易出现沥涝，建国前有史记载的严重洪涝灾害就有 92 次，基本发生在夏季有强降水时，多有河道决口、直接淹没村庄等灾害情况。中华人民共和国成立后，随着各项河道治理工程的建设，受灾情况和频次不断降低。水灾多发生在夏秋两季，7—8 月降水量大于 460 毫米，或有 3 天连续降雨、每天降水量大于 20 毫米、其中有 1 天大于 120 毫米作为沥涝标准，发生概率

30%，平均七年半一遇沥涝灾害。现大洼地区仍作为宝坻区潮白新河泄洪区使用。

2. **旱灾**　旱灾同样属于宝坻区历来的主要自然灾害之一，中华人民共和国成立后，旱灾按照发生时段分为春旱、初夏旱、伏秋旱3种。3—5月降水量小于88毫米，为春旱；以雨季开始日（中旬大于20毫米降水过程的第一天称为雨季开始日）延至6月25日基本无雨为初夏旱；以8月降水小于110毫米，或8月降水在110～220毫米，且9月上旬降水又少于50毫米为伏秋旱。3种旱灾一同出现的概率为30%；2种旱灾一同出现的概率为50%，单独旱灾出现的概率在80%以上。旱灾对农业生产情况影响较大，常使作物歉收、绝收。

3. **风灾**　宝坻区为平原地形，8级以上大风一年四季均有发生，按气象部门统计，每年平均1.1次，每年大风天28.9天。大风多出现于冬、春两季，夏季最少。大风的类型主要为寒潮大风和雷雨大风2种，其中又以寒潮大风为多，其风向多以西北为主，一般持续1～3天。雷雨大风的风向不固定，以偏东、偏南、西北为多，一般持续不足1小时。雷雨大风虽然所占比重较小，持续时间短，但因多出现在夏季，对农作物危害较大。有时伴随冰雹等强对流天气，农作物受灾规模不小。

二、生物灾害

宝坻区虫害主要有蝗虫、黏虫、蚜虫、玉米螟、地老虎、红蜘蛛、豆尖蛾等，其中以蝗虫、黏虫危害最深。1961年，大洼地区受灾严重，受灾面积72万亩，粮食大幅减产。1984年，地下害虫在大洼地区形成虫害，受灾面积60万亩。蝗灾多发生在春夏相交阶段，一般是干旱年份成灾，危害大；黏虫灾害多发生在夏秋前后，危害时间比较集中，一般发生在7—8月，特点是密度大，蔓延迅速。20世纪末—21世纪初随着防治技术的进步，病虫害已基本没有大面积发生。

中国农垦农场志

第二编

经　济

中国农垦农场志丛

第一章　经济总情

第一节　综合及主要指标

一、经济综合

天津农垦渤海农业集团有限公司的前身是隶属于天津农垦系统的黄庄农场、里自沽农场和大钟庄农场，农场创立的任务是集中力量扩大耕地面积，增加农畜产品产量以缓解人民群众日益增长的需求，同时为国家积累发展所需的资源和资金，兼而培养管理大规模农业生产的管理人员和技术人员，为将来的农业发展做好组织准备工作。

渤海农业集团前身的3家农场，自20世纪60年代建场经营以来，一直秉承着艰苦奋斗、自给自足的朴素精神，自发开垦荒地，在保证自给自足的同时，各个农场也结合周边土地、水文、气候、自然资源等条件开展多种方式经营。

20世纪下半叶，农场经营发展虽然有波折和低谷，但保持了蓬勃发展的韧性，耕地面积不断扩大，经营规模逐年增长，职工收入逐步上涨。

（一）黄庄农场

黄庄农场1990年工农业总产值1006万元，利润30.18万元，其中种植业52万元，畜牧业941万元。拥有土地5681亩，其中耕地3395亩。职工405人。1990年播种面积3800亩地，其中粮食作物2480亩、青饲1250亩，产粮592吨、产青饲2540吨。养殖淡水鱼207亩，产量31吨。养奶牛468头，其中产奶牛286头，年产奶量1141吨。养鸡18.54万只，其中产蛋鸡10.95万只，年产量1485吨。提供市场禽肉51吨。

黄庄农场2010年拥有土地5735亩，其中耕地面积3600亩，职工人数158人，大米加工年产量18200吨，日加工能力200吨，销售收入6188万元，塑料包装制品年销售收入11000万元，利润353万元。

（二）里自沽农场

里自沽农场1990年土地面积19555亩，其中耕地7036亩，职工782人。

里自沽农场2010年土地面积13200亩，其中耕地3846亩，鱼池4624亩，从业人员158人，营业收入4277.09万元，总产值1112万元，利润219.74万元。

（三） 大钟庄农场

大钟庄农场 1990 年销售总额 840 万元，土地面积 12494 亩，耕地面积 6561 亩。职工 1007 人，1990 年总播种面积 4769 亩，产粮 1153 吨。果树面积 1781 亩，其中成果地 550 亩，产水果 123 吨。1990 年养殖水面 1217 亩，产淡水鱼 179 吨。1990 年蛋鸡存笼 23 万只，年产蛋 1549 吨，禽肉 550 吨。

大钟庄农场 2010 年土地 13663 亩，耕地 7350 亩，职工 249 人。种植水稻 4000 亩，大葱 400 亩，果树 50 亩。养牛存栏混合群 834 头，其中成母牛 474 头，育成牛 283 头，犊牛 77 头，营业收入 954 万元，利润 50 万元。养猪存栏母猪 1000 头，仔猪 3000 头，出栏肥猪 8000 头，销售收入 625 万元。蛋鸡养殖年产鸡蛋 730 吨，产值 584 万元，销售收入 500 万元，利润 25 万元。养鱼 1400 亩，尼龙搭扣缝纫线销售收入 2208 万元，产值 2565 万元，利润 171.06 万元。

（四） 潘庄农场

潘庄农场 2010 年拥有土地 7921 亩，职工 432 人，农场总人口 1200 人，所属单位有天津市瀛海鱼具加工厂、天津农垦龙天畜牧养殖有限公司、华之杰马业投资发展有限公司、水电公司、农业公司。

（五） 渤海农业集团

21 世纪初，随着市场风向变化和城市发展，职工逐渐迁出，农场经营也出现了不同程度的困难。2012 年，天津市农垦局（现为天津食品集团）决定整合国营农垦农场资源，重新梳理管理架构，按照现代企业管理方式对国营农场进行改制重组，黄庄农场、里自沽农场、大钟庄农场取消建制、安置人员、重组资产，成立天津农垦渤海农业集团有限公司，在保留农场原有产业的同时，按照企业管理方式继续经营国有农场各类产业。

2013 年初成立，资产总额 9881 万元，所有者权益合计 6881 万元，利润亏损 15 万元，当年未经营。

2014 年资产总额 1099 万元，所有者权益合计 6874 万元，利润亏损 7 万元，当年未经营。

2015—2020 年是渤海农业集团稳步发展的时期，从农场合并开始，在完善经营体制的同时，公司逐步调整、增强经济结构，确立了以农业种植板块、畜牧养殖板块、水产养殖板块、观光农业板块为支柱的发展方向。

2015 年营业收入 56510.88 万元，利润 85.69 万元。按产业细分的农业收入 33572.95 万元，其中农产品收入 2336.58 万元、水产养殖收入 2937.41 万元、米业加工收入

23833.59 万元、鲜奶收入 1087.21 万元、鸡蛋收入 678.55 万元、生猪收入 2699.61 万元；按产业细分的工业收入 22937.93 万元，其中包装印刷收入 17897.83 万元、尼龙搭扣及缝纫线收入 5040.1 万元。资产总额 58178 万元，所有者权益合计 25726 万元。利润总额 1111 万元。

经过 5 年的发展，渤海农业集团在天津食品集团的指导下整合农场资源，做好系统内农业及相关产业的孵化器与奠基者，逐步将原农场所属的奶牛养殖、生猪养殖等产业移交给系统内的其他企业，形成集约化、专业化生产局面。

2016 年，营业收入 31165.66 万元，利润总额 1290.5 万元，资产总额 72459.63 万元，所有者权益合计 27852.07 万元。

2017 年，营业收入 28210.48 万元，利润总额 1284.87 万元，资产总额 78648.67 万元，所有者权益合计 33494.45 万元。

2018 年，营业收入 12295.46 万元，利润总额 2368.3 万元，资产总额 111869.5 万元，所有者权益合计 58117.22 万元。

2019 年，营业收入 12582 万元，利润亏损 1093 万元，资产总额 94922 万元，所有者权益合计 71106 万元。

2020 年，面对新冠疫情的严峻态势，渤海农业集团响应天津食品集团号召，完成疫情期间保供任务。公司 2020 年营业收入 60016.99 万元，利润－5541.47 万元。按产业细分的农业收入 39763.14 万元，其中农产品收入 13955.29 万元、水产养殖收入 1860.85 万元、米业加工收入 13285.83 万元、观光旅游收入 285.24 万元、养殖服务收入 399.95 万元、鸡蛋收入 9975.98 万元；按产业细分的工业收入 20253.85 万元，其中包装印刷收入 9900.79 万元、尼龙搭扣及缝纫线收入 10353.06 万元。资产总额 119164 万元，所有者权益合计 90852 万元。

二、从业人员和劳动报酬

建场初期，各农场均推行编制定员和劳动定额的管理制度，农场补充人员主要是就地招收符合条件的农场职工子女，形成自然增长。20 世纪 90 年代后，劳动制度改革推动各农场与社招人员签订劳动合同并出台相关制度，如 1991 年，印发《黄庄农场劳动制度的通知》，规定为加强劳动管理，提高劳动生产率，凡招收的新工人必须全面考核，择优录用。

1993 年，随着就业压力不断加大，各农场加大力度清理和压缩计划外用工，根据农场特殊行业和具体情况，在农忙时，农业单位适当可用一些临时季节工，农忙过后，立即解雇。

1996 年，根据企业总体劳动制度改革要求，各农场开始推动实行全员劳动合同制，并根据实施全员劳动合同制有关要求，制定实施细则。所有在册职工全部签订劳动合同，并在当地劳动行政部门备案。劳动合同规定了企业和职工的双重权利和义务，使企业和职工都有了约束，既最大限度地挖掘劳动者潜能，又调动了职工的积极性。

1997 年，农场改革进一步深入，在改革改制过程中，一些企业人员过剩的矛盾较为突出。在这种情况下，各农场制定下岗失业人员安置的相关办法，实行下岗挂编和内部退休政策，这些政策的出台有效地缓解了人员过剩的问题，缓解了这段时期职工的就业压力。

1999 年以后，农场经济效益明显提高。随着企业发展，用工需求也逐年增加，在优先安排全场范围内下岗职工的前提下，各农场在扩大规模的企业和新增项目中又招收部分新工人。

2006 年，为了防止人员超编，天津农垦集团总公司下发严格控制职工人数的相关文件。根据总公司文件精神，农场决定暂停办理干部、职工的调入和新招收工人的录用，对特殊需求的人员必须经农场同意，并经总公司批准方可录用，并规定新增工人一律实行聘任制，劳动合同一年一签订。

农场合并成立渤海农业集团后，劳动用工工作由人力资源部主管，全员签订劳动合同，结合绩效考核制度进行考核。

工资方面，各农场均沿袭 1985 年企业套改工资标准，实施等级工资。1991 年 8 月，天津农垦集团总公司转发劳动部《关于调整企业职工工资标准的通知》（劳薪字〔1991〕32 号）后，各农场开始实行该文件规定的工资等级和标准。除车间、鸡舍、养牛场等实行计件工资、产量工资、效益工资外，其余人员基本实行以上工资标准。

1992 年以后，各农场农业和部分畜牧业单位实行"两费自理"或实行承包责任制，在分配上打破了原有工资制度。

1993 年，为提高劳动生产率，增收节支，各农场规定工资总额必须同经济效益挂钩，职工今后调整工资、增资都与本单位经济效益互相联系，严格控制工资以外的一切开支，并建立分配约束和监督机制。

1996 年，黄庄畜牧业整体实行股份合作制，取消工资级别。对于实行"两费自理"和实行股份制取消工资的职工，其原有的工资只有在其工作调动时作为参考基数。在现岗职工中按照农场改革的有关要求，在工资总额范围内改变分配形式，拉开分配档次，在一定范围内打破平均主义，按工种、贡献、岗位，各单位可灵活掌握，自主分配，在一定程度上调动了职工积极性。

1997—1998 年，农场在岗人员在实行工资总额与经济效益挂钩的基础上，实行核定基础工资总额和超利润指标部分按比例提奖的分配办法，有效地调动了经营管理者和职工积极性。

1999 年，各农场职工代表大会通过了下岗人员和场内退休人员以及下岗挂编人员工资待遇。

2002 年以后，除了各行业实行各种形式的承包经营责任制和"两费自理"人员外，其余在岗人员实行岗位工资。在岗人员根据岗位情况（干部根据职务情况），实行不同标准的工资。

2006—2010 年，基层工业生产单位的车间仍实行计件工资和效益工作，奶牛场实行各项指标效益挂钩的工资形式。

成立渤海农业集团后，按照现代企业管理制度，各所属企业均制定了适合企业本身的工资制度，遵循"按劳分配，多劳多得"的原则，实行岗位工资＋计件工资＋奖金的分配制度，工资与分配制度借由三项制度改革逐步完善，工资与公司经营、个人工作表现、他人评价、领导评价等指标相结合，逐步向科学化、差异化、岗位细分的完善现代企业分配制度靠拢。其中，1990—2020 年农场人员工资变化请见表 2-1。

表 2-1　1990—2020 年工资情况

	黄庄农场			里自沽农场			大钟庄农场			渤海农业
年份	1990	2000	2010	1990	2000	2010	1990	2000	2010	2020
工资总额（万元）	48.9	170.65	1890.53		227.24	378.24	76.6		1890.53	5760.64
人员数量（人）	260	246	473		313	116	548		473	707
人均年收入（元）	1880	6941	39969		7258	32586	1398		39969	81471

注：黄庄农场与大钟庄农场 2010 年合并计算人员工资；空白处为数据散佚，无法核实。

三、固定资产投资

农场固定资产投资基本用于购买农机、设备，各个农场按照自身需求进行投资，投资事项由各农场财务部门管理，所有投资的设备等均转为农场固定资产。成立渤海农业集团后，投资事项由规划与投资部负责，投资事项需经天津食品集团审核，列入年度投资计划，再行实施核准同意后由承办单位实施。表 2-2 为各农场 2010 年末资产与渤海农业集团 2020 年资产情况。

表 2-2　农场时期与渤海农业集团时期资产情况

（单位：万元）

	资产总额	流动资产	固定资产	累计折旧	净资产
黄庄农场	1826.14	407.77	327.35	204.98	488.40
里自沽农场	9782.07	3942.84	6401.86	1053.94	1762.08
大钟庄农场	5311.90	4083.29	1018.10	436.01	742.14
合并前合计	16920.11	8433.90	7747.31	1694.93	2992.62
渤海农业集团	57656.71	32460.23	13256.15	5022.65	26209.91

2020 年渤海农业集团累计固定资产投资情况如下：

（1）广源公司一期百万只蛋鸡项目于 2015 年启动建设，2016 年 6 月建成投产，占地面积 248 亩，总投资 1.32 亿元，共建有 4 栋育雏育成鸡舍、8 栋产蛋鸡舍、1 栋蛋品加工车间（含蛋液加工车间）、1 栋有机肥车间，以及配套的生产生活辅助设施，形成了完整的育雏—产蛋—加工—销售产业链条。

（2）2019 年，按照天津市国资委关于做大做强农垦农业的指示精神，结合天津食品集团总体发展规划，公司启动二期百万只蛋鸡项目建设，总投资约 1.7 亿元，于 2021 年 6 月开始产蛋，共建有 6 栋育雏育成舍、7 栋蛋鸡养殖舍、1 栋蛋品加工车间及辅助生产设施。二期百万只蛋鸡养殖项目占地 154 亩，2 个百万只蛋鸡养殖基地蛋鸡总养殖规模达 252 万只，其中雏鸡 63.6 万只，产蛋鸡 188.4 万只，年产鸡蛋约 3.1 万吨。

（3）天津黄庄洼米业有限公司智能化系统建设项目，项目位于天津市宝坻区八门城镇农产品加工园区规划一号路 2 号，该项目建设周期为 2019 年 6 月—2021 年 6 月。建设的主要内容包括智能出入库、智能安防、综合布线、机房工程、视频会议、粮库仓储管理、网络与安全、电子巡更、库级软件、系统集成与市级平台企业端进行业务请批等。该项目实际总投资 75.54 万元。

（4）兴华公司自粘布生产线项目，项目位于天津兴华织造有限公司厂区内，该项目建设周期为 2019 年 1 月—2020 年 12 月。项目内容为在兴华公司 1 号车间安装由针刺起绒机 2 台，烫平机 1 台，定型烘干机 1 套及配套的电磁加热、VOC 处理设备设施等组成的自粘布生产线，并进行相关配套设施设备的必要改造，项目投资 891.83 万元

（5）黑水虻养殖车间变压器增容项目，项目位于天津市宝坻区大钟庄农场，投资周期 2019 年 6 月—2020 年 9 月，黑水虻养殖基地新装 1 组 800 千伏变压器，以满足黑水虻养殖车间产能升级对电能的需求，项目投资 85.85 万元。

（6）渤海农业集团小站稻核心示范渠道提升项目，项目位于天津市宝坻区大钟庄农

场，项目建设周期 2020 年 4—12 月，项目主要为灌溉工程，铺设上水管 5200 米（双臂波纹管），配套进水口 48 个，项目投资 87.07 万元。

（7）渤海农业集团里自沽农场四队高标准池塘建设项目，项目位于天津市宝坻区里自沽农场，建设期 2020 年 3 月 15 日—2020 年 6 月 30 日，项目占地面积约 1390 亩，其中养殖池塘面积 1054 亩，水处理面积约 126.4 亩，新修混凝土道路约 10.34 亩、砂石路 26.76 亩，其他部分约 172.5 亩。主体工程建设内容包括新建泵点 2 座、涵闸 3 座、上水管 1870 米、进水口 26 座、出水口 26 座、涵管 80 米、投饵平台 26 座、管理仓储用房 362.56 平方米、看护用房 2 座、土方工程 400000 立方米、生态坝 4 座、池塘护坡 55000 平方米。附属工程建设内容包括新修混凝土道路 6890 平方米、砂石路 17837 平方米，种植国槐 430 棵，设置垃圾收集点 6 个（垃圾桶共 18 个），新建垃圾转运站 27.46 平方米，铺设室外输电线路 2933 米，设置大标志牌 1 块、小标志牌 26 块。主要设备有变压器（200 千伏）2 座、增氧机 60 台、投饵机 26 台、生态浮床 3000 平方米、信息化管理系统 1 套。项目投资 569.14 万元。

（8）渤海农业集团小站稻育种基地项目，项目位于天津市宝坻区黄庄农场，建设周期 2020 年 1 月—2021 年 2 月。本项目总占地面积约 188 亩，主要内容为装修改造土建工程 3071.85 平方米，铺设室内给排水工程 433.53 米、室外给排水工程 457.30 米、室内采暖工程 557.00 米、室内电力工程 1440.12 米。新建围墙及大门 1 项、庭院景观及绿化 1 项、晾晒场 1 项、混凝土路面 1 项、庭院甬道 1 项、景石 1 项。新修试验田道路（机耕路）4609.20 平方米、试验田平整场地 172 亩，铺设防鸟网 26840.02 平方米、排水沟（机砖）251.30 米、排水沟（防草布）1116 米、田间路（60 厘米宽走道）1365.00 平方米，新修试验田给排水工程 2295.10 米。主要设备包括购置空气源热泵 1 套、智能化安防工程 1 项、家具家电 1 项、实验室设备 1 套。项目投资 863.55 万元。

（9）大钟庄农场产业园区道路环境提升工程，项目位于天津市宝坻区大钟庄农场，建设期 2020 年 7 月—2021 年 3 月，项目内容为新修混凝土砖路面（人行路）1948.18 平方米、混凝土路面（车行）419.44 平方米、碎石路 1288.2 平方米。新建绿化工程 1 项、木栈道 153 米，新建亲水平台 49.4 平方米、座凳 18 米、观景台 1 座、木结构大门 1 座。设立成品标识牌 20 个、成品厂区简介牌 1 个、宣传牌 1 处，搭建宣传围挡 1 项，新建泵房 14.41 平方米。项目投资 506.25 万元。

（10）黄庄农场农田水利基础设施提升改造项目，项目位于天津市宝坻区黄庄农场内，建设周期 2020 年 3 月—2021 年 2 月，本项目：拆除重建泵站 5 座，新建泵站 1 座；配套低压输水 DN400 聚乙烯（PE）管道 3605 米，并配套相关检查井 2 座；配套田间 DN400

钢筋混凝土管道 8715 米，并配套相关分水池 10 座、进水口 107 座；排水渠清淤 3.441 公里，共计清淤量 9361.1 立方米；更换及安装混流泵 6 台，配套软启动柜 6 套，并配套电磁流量计 6 套。项目计划总投资 562.62 万元，实际完成投资 554.61 万元。

（11）小站稻公司水稻智能化育秧基地项目，项目位于天津市宝坻区大钟庄农场，建设周期 2020 年 9 月—2021 年 10 月，本项目总占地面积为 503 亩，具体建设主要内容为新建育秧棚 53 栋，单栋面积均为 544 平方米，总面积 28832 平方米。铺设主上水管 3180 米、支上水管 3480 米、梯形排水沟（露天育秧区）6100 米、进水口 96 个、排水检查口 19 个、排水涵管 31 处；新建泵站 3 座、蓄水池 1 座、分水口 17 个、排水沟（育秧温室区）1 项、上水管（育秧温室区）1655 米、输电线路（育秧温室区）912 米。购置水稻智能化物联网工程 1 项；新建变压器 1 处；购置净化水设备 2 套，拖拉机（704d）2 台。项目投资 872.73 万元。

（12）嘉禾田源公司养殖池塘尾水治理及循环使用项目，项目位于天津市宝坻区大钟庄农场内，建设周期 2020 年 10 月—2021 年 12 月，项目内容有改造养殖池塘 1232 亩、尾水净化区（含沉淀渠、生态渠、生态曝气净化渠及生态净化池）132.5 亩。主体工程建设内容包括新建进水管 2562 米、进水口 14 个、进水池 2 个、涵管 160 米，过滤坝 5 座、涵闸 4 座；新建生态渠 9744 立方米；疏浚沟渠 53292 立方米，池塘清淤及护坡 291380 立方米；场地绿化 110 平方米；改造管理用房 140 平方米、泵站 1 座；维修混凝土道路 2500 平方米；新建砂石路 4903 平方米；栽种行道树 96 棵；设置生态浮床 2000 平方米，增设大标志牌 1 块、小标志牌 48 块；购置涌泉式曝气机 10 台。项目投资 527 万元。

第二节　经济开发与合作

一、招商引资

渤海农业集团前身的各个农场，在改革开放以后为了追赶国家前进的步伐，尝试了多种形式的招商引资，也参加了由市、区两级政府在当时组织举办的招商活动。其中，黄庄农场在 1984 年与个人合资开办永济公司，走出了合资创业探索的第一步，永济公司实行独立核算、自主经营、自负盈亏，主要销售果品、烟酒、另售机电、农副产品，旨在扩大与国营集体联合经营规模，丰富农场经营形式，因缺乏经营经验，永济公司成立不足 1 年，因经营亏损关停后注销。

1994 年，黄庄农场与香港宝德公司及北京绿发生物工程有限公司三方合资成立天津绿发燕南生物肥料有限公司，主要经营生物化肥，2000年因经营不善改制。同年，黄庄农场华燕兽药厂与香港宝德公司合资成立天津华宝兽药有限公司，主要生产经营各种饲料添加剂，年产600吨，同样于2000年关停。2006年10月，绿发燕南生物肥料与华宝兽药公司进行初步资产清算，变为"四无"企业，后于2019年完成彻底清算和注销。

2000年，潘庄农场出让40亩土地，低门槛引进民营企业迪蔓皮具有限公司。次年转让河北劳动大学大礼堂土地15亩，引进德惠衍缝制品有限公司。2家公司先后因经营不善关停。

2004年，里自沽农场与上海蓝海水产发展有限公司合作，进行高密度反季节对虾养殖项目，双方采取股份制，出资人民币300万元，上海蓝海公司占51%，里自沽农场占49%，成立天津蓝海有限公司，项目养殖水面100亩。然后逐步完善白对虾养殖技术，将虾苗淡化的成活率由46%逐步提高至72%。2008年天津农垦集团总公司调整直属农场水产养殖业，天津蓝海有限公司因经营不善，连年亏损，停产撤销建制。

2006年，大钟庄农场与澳大利亚合资建立钟澳（天津）奶牛有限公司（简称钟澳公司），占地面积224亩，注册资金1412万元。大钟庄农场从内蒙古分2批购进荷斯坦混合群奶牛546头，其中成母牛241头、育成牛305头，2007年正式投产。后因市场发展，钟澳公司设备设施较差，技术力量薄弱，养殖技术水平提升缓慢，天津食品集团在整合集团所属产业、优化资源配置的前提下安排将钟澳公司并入天津嘉立荷牧业有限公司，并对其进行增资，2020年，渤海农业集团与天津嘉立荷牧业有限公司完成钟澳公司股权划转工作。

二、对外经济贸易

渤海农业集团在合并成立前，农场及各下属单位均未涉及对外贸易业务，渤海农业集团合并后，原大钟庄农场下属天津兴华织造有限公司自2016年起开始尝试将尼龙搭扣、缝纫线产品销往外埠，开始和高士公司和LigoTec公司进行初步合作，兴华公司的产品正式进入欧洲和非洲市场，全年外贸销售额220万元。2017年兴华公司继续坚持扩大外贸规模，实现销售额567万元。2018年兴华公司借广交会开始在大型展会上发力，拓客效果提升明显，全年实现销售额1008万元。2019年开始线上＋线下销售模式，开拓阿里巴巴等销售平台渠道，实现销售额1538万元。2020年受疫情影响，外贸业务冲击较大，面对全球制造业停滞的现状，兴华公司仍实现销售额1846万元。产品行销欧洲和南、北美地区，全球合作客户62家，为公司发展作出了重要贡献。

第三节 科研、教育、卫生

一、科研基本情况

各农场从建场初期就重视科技工作。到 20 世纪 90 年代，每个农场都成立了由主要领导参与并直接领导的科学技术委员会。科学技术委员会除了主要领导外，包括各行各业各部门科技人员。科技组织和科技人员认真研究解决生产实际、生产实践中遇到的技术难题。在攻克难关及开发新产品等方面发挥了重要作用，展示了科学技术第一生产力的成果。

依靠科技进步，重视人才建设一直是农场经济发展的重要举措。农场在科技队伍建设方面，一是通过多种途径提高科技人员技术水平，如认真落实科技人员的继续教育，增加科技资金投入，制定激励政策，鼓励专业人员和职工学习技术和专业知识；着重奖励在技术创新方面有突出贡献的人员，通过健全岗位技术等级工资制度等办法，对全场职工和专业技术人员增加技术工资含量，调动他们学习技术，增强他们为生产经营服务的主动性和积极性。二是针对场内缺乏高端技术人员的问题，面向社会引进聘用有真才实学的科技人员，并通过加强产、学、研相结合的科技力量，提高本场科技水平。三是造就尊重知识尊重人才的氛围，在发挥科技人员作用、促进科技兴场的同时，关心他们的生活，促进科技人员思想稳定，为农场事业的发展发挥才干和智慧。

农场合并为渤海农业集团后，科技工作由企业运营部进行管理，在接续农场科技成果的同时，也按照现代企业制度，对各个企业的科技研发投入、高新技术企业、雏鹰企业等企业资质认证提供专业技术支持和管理，支持企业进行各类各项认证，如 ISO 9001 质量管理体系认证等。各个所属企业也在科技研发方面取得了不少成果，

科技研发方面，2020 年，渤海农业集团投入总额 1277.88 万元，科技投入率 3.2%。1 年来，申请专利 20 项（其中发明专利 2 项、实用新型专利 18 项），授权 15 项（其中发明专利 1 项、实用新型专利 14 项），现累计拥有专利 26 项（其中发明专利 2 项、实用新型 24 项）、软件著作权 3 项；承接市级科研项目 1 项、申报区级重大科技项目 2 项；按照天津食品集团建设国际现代农业联合研究院要求，承接蔬菜技术中心（绿色世界公司主导）、粪污处理循环利用技术中心（小站稻公司主导）建设工作，并于 2020 年年底完成建设立项。技术创新投入力度的不断加大，为公司农业产业科技创新能力的提升、农业科技交流合作的深入以及产业发展、技术示范推广提供了重要保障。

二、教育基本情况

（一）基础教育

因农场多地处偏僻，交通不便地带且农场普遍自给自足，相对独立，社会机能相对完善。黄庄、里自沽、大钟庄农场均在20世纪60—70年代建立了场办学校，负责农场职工子弟的初级教育，但随着农场的发展，农场整体承担社会性职能的角色逐步转变为农业集中经营，市场化经营的公司体制，社会性职能逐步减弱，场办学校也逐步移交属地政府管理，但在农场的发展过程中，场办学校一直担任重要的角色，为农场基础教育、职业教育、技能教育、人才培养方面都作出了有力的贡献。

渤海农业集团前身的3座农场中，里自沽农场职工人数最多，建立场办学校的时间也最早。1966年7月就设立了场办学校，潘庄农场也于同年7月稍晚建立了简易小学，抽调1名职工任教师，设立2个班级，学生近20名。1971年7月，潘庄农场学校建立初中班，有学生50人，教师5名。1973年3月，大钟庄农场设立场办学校，1975年6月，大钟庄农场子弟学校开办初中班，1977年11月9日黄庄农场经宝坻县文教局批准设立职工子弟学校（包含小学和初中），1978年7月里自沽农场职工子弟学校开设初中班，至此，农场教育系统覆盖了小、初中，学校经费由农场自筹，业务指导由宝坻区教育主管部门负责。其间各农场也不断地改善场办学校的基础设施建设，包括新建校舍，接通电话、水暖等，因场办小学师资力量雄厚，临近村镇生源也选择到场办学校就学，场办学校在满足农场职工子弟就学的同时也解决了附近村镇生源的就近入学问题。潘庄农场子弟学校学生发展到300余人，师资力量提升，具有大专学历的10人、中专学历的5人，其余教师均为高中毕业。

20世纪90年代是场办学校的入学高峰，场办学校中、小学学生500余人，教师46人，每年毕业100余人。20世纪90年代末，农场人员分流，黄庄子弟学校将中学及小学6年级转到糙甸中学，大钟庄子弟学校取消初中班。2000年前后，随着农场的发展，农场职工多在天津市区或宝坻区购房定居，农场居住职工越来越少，场办学校生源减少。

2009年4月，潘庄农场子弟学校移交由宁河县政府接收，学校23名在职和退休教师及65名学生由宁河县教育部门接管。次月，经与宝坻区政府、教育主管部门协商，黄庄农场将教师26名，学生68名一并移交地方管理。至此，农场场办学校的历史结束。

（二）学前教育

黄庄、里自沽、大钟庄、潘庄农场均在20世纪70—80年代开办幼儿园，校舍与小学共用，随着各农场基础设施建设的不断完善，幼儿园独立出来，在农场家属区及各农场场部设点，方便看护农场职工学龄前子女，后随着农场人员流动迁离，生源减少，逐步停办。

（三）职业教育和继续教育

为加强对职工的教育，1991年，黄庄、里自沽、大钟庄、潘庄农场按照农工商总公司的文件精神，建立了教育委员会，该组织主要负责职工的业余教育和职工业务技术的培训工作，按照农工商总公司的统一安排，将原业余中学改为职工学校，发挥综合性、多功能性的办学作用，实行普教与职教统筹。全场职教由场教育委员会统一领导，由工会主抓，子弟学校紧密配合。

早在20世纪90年代，各农场就注重职工文化素质的提高，制定《关于加强劳动人事管理制度》。该制度中规定凡新就业人员，未取得初中毕业文化程度者，必须参加业余学习，进行文化补课，不学习者，一律不安排就业。同时还规定对现有学历人员，要加强学历教育，鼓励支持职工、干部脱产和在职人员参加业余学习，使其掌握更高层次的各种知识，为企业培养更多有知识的实用型人才。

1991—1995年，黄庄农场先后有84名干部职工参加业余学习和文化补课，包括畜牧兽医、财务会计等方面专业。所学人员在工作岗位上为企业发展发挥了重要作用，成为企业不可缺少的骨干力量。

从"十五"到"十一五"期间，各农场一方面鼓励职工参加业余学历教育，另一方面，通过多种途径，创造条件搞好职工的业务技术的培训，新工人必须接受岗前教育与培训，这一时期农场各技术、各专业岗位职工全部参加了专业技能岗位培训，并取得了专业岗位资格证书。农场先后选送多名技术和专业骨干参加农业部、市财政局及其他部门联系的院校继续深造学习。各种形式的职工教育和专业技术培训促进了职工文化和技术素质的提高，也促进了全员劳动生产率和经济效益的提高。

各农场合并成立渤海农业集团后，各单位自主经营，职工岗前培训、安全培训、继续教育等情况均由各单位自理。各所属单位根据单位自身发展需求，制定人员培训和继续教育计划。

三、卫生基本情况

黄庄、里自沽、大钟庄、潘庄农场自20世纪80年代就在各自的农场范围内设置卫生所，解决农场职工就医看病问题，20世纪90年代以前，卫生所只设在场部。1992年以后，大钟庄农场新家属区增设医务室，一般疾病可以直接到社区就诊，为职工提供方便。

2000年前后，农场长居人员数量减少，各农场卫生所逐步缩减规模，降级为保健站，

2005 年以后，安排医务人员在全场社区、家属区范围内流动出诊。虽然居民人数少，但此项服务措施强化服务功能，并在疾病预防、保健方面开展宣传，提高了居民的健康保健意识。在"十一五"期间，里自沽农场首先落实职工免费年度体检福利，使职工可以了解自己的身体状况，增强自我保健意识，达到对疾病的预防工作。各农场保健站随着坐诊医生的退休，逐步取消建制。

农场的发展过程中，按照上级单位的安排和号召进行如爱国卫生运动、计划生育工作，积极开展各式各样卫生防疫工作，开展职业卫生、劳动卫生工作，改善员工劳动条件，预防、消灭和控制职业病，保护劳动者身心健康。

各农场合并成立渤海农业集团后，农场社会化职能逐渐移交，职工就医、保健等医疗需求由属地医院解决，农场不再承担职工医疗服务职能。计划生育工作逐步由地方进行管理，工作由工会承担，及时与计划生育主管部门进行对接，渤海农业集团及所属单位每年组织员工体检，目前已经逐步建立职业病防治体系，对风险岗位进行职业病过程管理，保障劳动者权益。

第二章　基础建设

第一节　建设规划

渤海农业集团村庄规划涉及 6 个街镇，分别是：里自沽农场的大白街道、牛家牌镇、周良街道；黄庄农场的林亭口镇；大钟庄农场的大钟庄镇；潘庄农场的潘庄镇。

第二节　农场建设

一、房屋建筑

（一）生产性建筑

农场时期，生产建筑基本为各农场按照需求自建自用房，成立渤海农业集团后，农场部分房产不符合建筑要求，老旧颓毁，公司将此部分建筑搁置在所属地块上不再使用。2020 年，各类在用生产性建筑情况如下。

1. **天津兴华织造有限公司**　1 号、2 号生产车间始建于 2012 年，为 1 层钢混框架结构车间，位于宝坻区马家店镇产业功能区西北角，1 号生产车间面积 8715.28 平方米，2 号生产车间面积 7921.58 平方米。利用原地块的建昌不锈钢厂老建筑 4582.41 平方米，此部分为 20 世纪 90 年代初兴建的砖混结构建筑，有仓库、办公区平房和 3 层楼房，包含宿舍和食堂。

2. **天津市宝德包装有限公司**　综合车间、办公楼、宿舍、食堂始建于 2010 年，库房始建于 2014 年，位于宝坻区马家店镇产业功能区西北角，综合车间、库房属于 1 层钢混框架结构车间，办公楼、宿舍、食堂属于 3 层钢混结构楼房。综合车间面积 15727.05 平方米，办公楼、宿舍、食堂面积 1482.32 平方米，库房面积 5116.75 平方米。后增建辅助钢混结构用房 1045 平方米，钢混结构油墨库 155.27 平方米，2018 年增建钢混结构附属车间及危废车间共 74.8 平方米。

3. **天津红港绿茵花草有限公司**　办公楼始建于 2002 年，位于北辰区香河道 1 号，属于 3 层钢混结构楼房，面积 999 平方米。院内有始建于 2003 年砖混结构库房，面积 748.8

平方米，2010 年增建钢混结构草坪基地办公区、临建 2 层楼共 354.58 平方米。

4. **天津黄庄洼米业有限公司**　办公区、车间、平房、原粮西库、成品库、原粮库始建时间为 2012 年，原粮西库、成品库、原粮库、车间属于 1 层钢混框架结构库房，平房属于 1 层砖混结构房屋，办公区属于 4 层钢混结构楼房。原粮西库面积 1785.51 平方米、成品库 1640 平方米、原粮库 1996.23 平方米、车间 1651.16 平方米、办公区 2159.58 平方米、平房 402.59 平方米。

5. **天津绿色世界现代农业有限公司**　园艺场始建时间为 2010 年，园艺场属于 1 层钢混框架结构温室，面积 10679.73 平方米，另有大棚 54289.85 平方米，为原里自沽农场园艺场大棚利旧而来，修葺时间为 2010 年，后随着农场集团化后一并划归绿色世界公司管理。还有陆续增建的办公室、卫生间、环境监测站等 1 层钢混配套设施建筑，共 4660.73 平方米。

6. **天津嘉禾田源观赏鱼养殖公司**　嘉禾田源公司始建时间为 2008 年，养殖场是在开挖的鱼池基础上通过加盖塑料大棚，保持养殖环境温度稳定。养殖车间面积 7856.02 平方米，鱼池大棚面积 84794.53 平方米。宿舍、办公区、门卫室、配电室、鱼塘看护房等建筑共 1907.1 平方米。

7. **天津农垦小站稻产业发展有限公司**　小站稻公司成立后，利用原大钟庄农场老场部进行升级改造办公，涉及建筑为大钟庄农场老场部、大钟庄农场开发部（原二场宿舍）等农场时期老建筑，面积共 3444.19 平方米，为 1 层砖混建筑，始建时间 20 世纪 80 年代。

（二）非生产性建筑

渤海农业集团机关设在宝坻区八门城镇农产品加工园区规划一号路 2 号，与黄庄洼米业公司合署办公，公司租用黄庄洼米业公司的 4 层办公楼的 1、2 层的部分房间，3、4 层整层作为公司机关办公场所，办公区属于 4 层钢混结构楼房，办公楼坐北朝南，面积 2159.58 平方米。

渤海农业集团现有主要住宅小区有 4 部分：始建于 20 世纪 80 年代的里自沽农场第三大队、第五大队家属院和里自沽老场部家属区，总面积 5657.5 平方米，其房屋主要为砖混结构平房，部分房屋因农场职工迁出，不再居住而逐步废弃；始建于 2000 年的里自沽温泉小区，总面积 17000 平方米，其房屋由 4 栋 5 层砖混住宅楼组成，目前主要由里自沽农场老职工及家属居住使用；始建于 2008 年的七里香格经济适用房小区，其房屋为钢混建筑，共 620 户，总面积约 49600 平方米，目前主要由潘庄农场老职工及家属居住使用；始建于 2012 年的金水湾花园小区，其房屋为钢混建筑，共 6 栋，总面积为 54825.58 平方米，目前由黄庄、大钟庄、里自沽部分农场老职工及家属居住使用。

渤海农业集团现有主要教育建筑是黄庄农场学校和大钟庄农场新村学校，为始建于20世纪80年代的砖混结构平房，总面积1050 59平方米，因农场社会化职能脱钩，场办学校师生移交区政府，学校已经不再使用。

二、生活设施

合并前，各农场生产生活供水来源于地下水资源，井深200～260米不等。合并后，渤海农业集团及所属单位按各自需求使用公共自来水与地下水资源。

里自沽农场温泉小区2000年开工建设，共建设4栋5层楼房，可容纳200户居住，2002—2003年底职工迁入。液化气站系农场自建，小区落成同步投入使用。冬季取暖水来源于2001年开挖的地热水井产出的热水，供小区使用。输变电站设施的位置处于居民区附近，变压器产权归属国家电网。里自沽农场温泉小区自2010—2019年底用电由农场统一管理。2020年小区居民用电移交到国家电网，小区公共设施用电由小区自行管理。农场街道四旁设置太阳能路灯，里自沽农场区域设置51盏、黄庄农场区域设置93盏。农场承建污、雨水地下排水管道共5100米，其中里自沽老场部1200米，温泉小区1100米，黄庄农场2800米。里自沽温泉小区建设有1000平方米广场，用于小区居民休憩娱乐。

第三节　公共建设

各农场在建场时，选址在较偏远地区，交通不便，各农场在20世纪60年代时都通过土方作业开辟道路，如黄庄农场在1962—1964年，开挖土方57900立方米，修造排水沟渠100余条，总长度15公里，建造田间道路3条，总长度3公里。

1964年11月2日，黄庄农场开挖排灌水渠1200米，动土3000立方米，建立临时排灌点1处，购置100马力柴油机1台，14寸水泵2台用于灌溉。

1965年5月，里自沽农场动工修建第五生产大队坐落在大白庄西的扬水站和该队稻田地的桥、闸涵工程，共投资23万元，年内完工。

1971年5月，黄庄农场开始农田基础建设，当年开挖渠道63条，总长62公里，动土43000余立方米。这项活动一直持续到1973年12月，共开挖排灌水渠道127条。总长123.5公里，动土96000余立方米，并利用渠道植树40000多株。

1971年10月，大钟庄农场开挖渠道199条，动土30000余立方米。

1972年12月，大钟庄农场农业二队新建成0.7立方米/秒扬水点1座，用于灌溉。

1974 年 1—5 月，大钟庄农场完成水利工程土方量 57000 立方米，植树 35000 株。

1975 年 10 月，大钟庄农场进行以改土治碱为中心的水利农田建设，完成渠道土方量 30000 立方米。

1980 年 1 月，农场局拨款 18 万元，建设大钟庄农场排灌点涵管工程 1 处。

1983 年，经农场局批准，黄庄农场自筹资金 33 万余元，由宝坻县公路局（现宝坻区交通局）承建 1 条宽 5 米，全长 6 公里柏油路，与宝芦公路（现九园线）战备闸道口相连，此段公路自 1983 年 4 月 3 日动工，同年 9 月 20 日通车。10 月 1 日，宝芦公路建成通车，农场与天津市长途运输公司签订班车协议，将黄庄农场设为 74 路车终点站。

1985 年，里自沽农场自筹资金 31 万元，修建 1 段公路，自场部至地热养鸡场，全长 8 公里。

1988 年，里自沽农场自筹资金 20 万元，将除第三生产大队之外的其他大队与场部之间修通柏油路，改善了农场职工的出行条件。

1989 年，黄庄农场在家属院及附近单位敷设砂石沥青路面 1 公里，改善职工出行条件。

1991 年，里自沽农场自筹资金 30 万元，兴建宿舍楼 1 栋，在场部及家属院周边敷设柏油路 6000 平方米。

2006 年，黄庄农场重修宝芦公路战备闸道口至农场 6 公里柏油路，投资 35 万元。

2007 年，大钟庄农场内部整修柏油路通车，新村宿舍至大钟镇 2 公里，第一蛋鸡场道路 1 公里。

2008 年，大钟庄农场内部整修柏油路，新村宿舍至场部 3 公里，新村宿舍至巴庄子村 1.5 公里以及至种猪场 0.5 公里。至此，农场内公路全部由土路整修为柏油路。

2008 年 3 月 12 日，黄庄农场进行农田基础设施施工：新架设高压线路 1050 米并架设 80 千瓦变压器 1 台套，投资 31.2 万元；原三队新购 500 毫米水泵 1 台套，投资 9.8 万元；改造水利工程和平整土地，新建过道涵洞 4 座，投资 12 万元；相关配套设施投资 14.7 万元。总计 67.7 万元。

2009 年 5 月，大钟庄农场投资 70 余万元，架设低压线路，购置 12 套水泵，维修康庄扬水站，添置变压器、设备，建生产桥梁、上水渠等农业基础工程设施。

2014—2016 年，渤海农业集团响应天津市委第十届三次全会精神，按照"五位一体"要求，推动农场所属社区进行美丽乡村建设，包括：里自沽农场主干、里巷街道硬化 30890 平方米；黄庄农场主干、里巷街道硬化 25478 平方米。道路硬化工程分为 4 期，黄庄农场 2 期，里自沽农场 2 期。2018 年，工程陆续完工，总投资 1648.52 万元。

第四节　交通通信仓储设施

渤海农业集团下属黄庄洼米业公司储备库原粮西库和保鲜库始建于 2014 年 12 月，均为砖混高大平房仓，原粮西库使用面积为 1785.5 平方米，保鲜库使用面积为 1640.1 平方米。黄庄洼米业公司于 2015 年 12 月申请并承接了市级成品储备大米 3500 吨储备任务，当时现有仓房仓储条件只能满足日常周转储存，为了能完成储备任务，确保成品米安全储存，2016 年 8 月对现有仓房存储条件进行提升改造。包括仓房门窗保温和气密性改造，仓内安装制冷空调，成品库仓外屋顶防渗漏改造，仓内保温吊顶吊装，仓内墙面保温隔热改造等。目前原粮西库与保鲜库均正常使用并与储备粮管理部门联网，实现在线实时监控储备情况。

第三章 第一产业

第一节 农业综合

一、第一产业综合情况

1. 耕地总亩数 成立渤海农业集团后，公司对农场耕地进行确权测量，后建立天津农垦小站稻科技发展有限公司，推动小站稻产业发展，2020 年小站稻公司耕地 28912.51 亩。绿色世界公司设施农业占地面积 350 亩，包括 10540 平方米智能温室 1 栋，节能型日光温室 96 座。现有耕地总亩数 29262.51 亩。

2. 农业机械化情况 天津红港绿茵花草有限公司（简称红港公司）拥有农机共计 46 台套，种类分为剪草机、种草机、卷草机、电焊机、拖拉机、平地仪、挖穴机、旋耕机、推土机、打药机等。

小站稻公司拥有农机 13 台，其中拖拉机 6 台，水稻收割机 2 台，水稻插秧机 4 台，农业无人机 1 台。

3. 主要能源和物资消耗情况 种植业方面，小站稻公司 2020 年水电费 78.21 万元，化肥农药等农资 675.2 万元，2020 年水稻总产量 15854.6 吨；绿色世界公司 2010—2020 年电费 241.72 万元，药品费 62.08 万元，肥料费 124.16 万元，其他物资 311.27 万元，总产值 4392.7 万元。

养殖业方面，河东养殖场 2010—2019 年，水电费 905.37 万元，饲料费 3272.93 万元，总产值 10762.91 万元；嘉禾田源公司 2010—2020 年水电费 1441.18 万元，饲料费 4716.89 万元，总产值 12732.01 万元；广源公司 2012—2020 年用水 87259.56 吨，耗电量 1350.45 万千瓦时，饲料 106332.58 吨，鸡蛋产量 49494.58 吨，总产值 39139.44 万元。

详细数据见表 2-3 至表 2-6。

表 2-3 河东养殖场物料使用及产值情况

单位：万元

年份	水电费	饲料费	总产值
2010	16.16	331.32	980.04

（续）

年份	水电费	饲料费	总产值
2011	14.06	276.55	727.15
2012	45.54	320.87	941.89
2013	122.74	334.11	1255.80
2014	127.39	770.23	1286.70
2015	136.46	286.70	942.96
2016	132.89	319.42	1139.29
2017	132.61	295.45	922.68
2018	112.21	248.72	1187.36
2019	65.31	89.56	1379.04

表 2-4　嘉禾田源公司物料使用及产值情况

单位：万元

年份	水电费	饲料费	总产值
2010			575.58
2011			643.82
2012	123.24	437.19	1025.58
2013	118.14	607.19	1207.09
2014	129.31	488.75	969.65
2015	155.68	668.85	1298.65
2016	161.72	596.96	1551.27
2017	153.63	556.57	1656.90
2018	136.77	480.57	1234.76
2019	195.47	453.62	1336.19
2020	267.22	427.19	1232.52

注：空白处为数据散佚。

表 2-5　广源公司物料使用及产值情况

年份	用水量（吨）	用电量（万元）	饲料用量（万元）	总产量（万元）	总产值（万元）
2012				58.79	58.14
2013				43.16	35.99
2014				58.68	54.04
2015			4377.82	826.73	621.7
2016			6083.90	1111.04	
2017	17795.38	250.97	25378.71	9886.32	6782.01
2018	22531.08	354.79	31236.03	11734.94	10056.84
2019	24763.75	397.26	3561.80	13458.56	12268.82
2020	22169.45	347.43	35694.32	12316.36	9261.9

注：空白处为数据散佚。

表 2-6　绿色世界公司物料使用及产值情况

单位：万元

年份	电费	药品	肥料	主要物资	总产值
2010	12.21	2.61	0.37	10.53	434.97
2011	13.86	2.08	5.14	5.22	319.73
2012	13.97	1.28	9.53	9.42	287.77
2013	14.93	2.16	18.42	7.36	295.98
2014	17.94	2.68	3.86	13.87	282.89
2015	18.23	0.91	4.01	7.37	384.49
2016	20.12	3.05	3.05	5.65	414.92
2017	31.05	2.89	7.17	8.33	453.07
2018	32.2	1.34	0.5	26.46	615.49
2019	39.48	8.1	4.92	29.24	609.37
2020	27.73	34.98	67.19	187.82	294.02

二、农业产业化

农业产业化相关工作主要在渤海农业集团各所属单位开展，如广源公司在农业产业化经营方面，先后于 2015 年和 2019 年启动建设了 2 个百万蛋鸡项目基地。

公司一期百万只蛋鸡项目于 2015 年启动建设，2016 年 6 月建成投产，占地面积 248 亩，总投资 1.32 亿元，共建有 4 栋育雏育成鸡舍、8 栋产蛋鸡舍、1 栋蛋品加工车间（含蛋液加工车间）、1 栋有机肥车间，以及配套的生产生活辅助设施，形成了完整的育雏—产蛋—加工—销售产业链条。

2019 年，按照市国资委关于做大做强农垦农业的指示精神，结合天津食品集团总体发展规划，公司启动二期百万只蛋鸡项目建设，总投资约 1.7 亿元，于 2021 年 6 月开始产蛋，共建有 6 栋育雏育成舍、7 栋蛋鸡养殖舍、1 栋蛋品加工车间及辅助生产设施，二期百万只蛋鸡养殖项目占地 154 亩。2 个百万只蛋鸡养殖基地蛋鸡总养殖规模达 252 万只，其中雏鸡为 63.6 万只，产蛋鸡 188.4 万只，年产鸡蛋约 3.1 万吨。

红港公司，通过生产各类草坪，2010—2014 年混播草坪销售 52 万平方米，销售额 606.3 万元，结缕草坪销售 1.1 万平方米，销售额 20.2 万元。2012 年，开始转为销售高羊茅草坪，2012—2020 年，销售高羊茅草坪 173.51 万平方米，销售额 2357.97 万元。

绿色世界公司，2010—2013 年以种植温室果树为主，主栽品种是中油 5 号油桃和春雪毛桃，产品集中上市期为每年 5—6 月，主要销售渠道为农贸市场批发销售，主要供应天津市场。2014—2020 年，绿色世界公司种植业转型为示范种植与采摘为主，主要种植品种有草莓、西红柿、黄瓜、甜瓜等各类果蔬，形成了产销协同的都市农业发展模式，

2018 年开始结合帮扶工作向宝坻区帮扶村输出农业技术。

三、农业综合开发

渤海农业集团作为以国营农场为基础的农业综合国有企业，天然具备农业综合开发的条件，自 2015 年起，公司逐步整合各农场的农业资源，结合相关政策，以改善农业生产基本条件、优化农业经济结构、提高农业综合生产能力和综合效益为前提，逐步推动农业综合开发工作。

2017 年 4 月 25 日，宝坻区农业综合开发办公室下发了《关于对天津市宝坻区 2016 年农业综合开发土地治理新型农业主体天津农垦渤海农业集团有限公司 0.5 万亩高标准农田建设项目实施计划的批复》（宝农综字〔2017〕20 号），开始推动宝坻区农业综合开发工作。

2017 年 7 月，天津食品集团下发了《天津食品集团关于同意大钟庄农场 2017 年农业综合开发高标准农田试点——1 万亩高标准农田项目立项并实施的批复》（津食政发〔2017〕246 号）、《天津食品集团关于同意渤海农业集团 5000 亩高标准农田建设项目立项并实施的批复》（津食政发〔2017〕247 号）、《天津食品集团关于同意农业综合开发高标准农田试点——黑水虻养殖基地项目立项并实施的批复》（津食政发〔2017〕249 号）和《天津食品集团关于同意渤海农业集团大钟庄农场高标准农田试点物联网项目立项并实施的批复》（津食政发〔2017〕253 号）。

渤海农业集团高标准农田建设工作在里自沽农场与大钟庄农场范围内展开。

里自沽农场高标准农田开发治理面积 5000 亩。农田基础建设方面，拆建、维修泵站 4 座，架设输变电线路配套 2.3 公里，开挖疏浚渠道 14.04 公里，铺设管道 6.64 公里、渠系建筑物 61 座，新修道路 4.66 公里，均为水泥混凝土路面。

大钟庄农场高标准农田开发治理面积为 1 万亩。农田基础建设方面，拆建排灌站、泵站 16 座，铺设输水管道 13.125 公里，疏浚渠道 22.28 公里，修建过路涵等建筑物 106 座，改造低压线路 2.5 公里、田间道路 22.675 公里，购置各类农机共计 38 台。营造农田防护林面积 54 亩。立公示牌 1 座。

黑水虻项目位于大钟庄农场，占地 15000 平方米，新建黑水虻养殖车间 9503 平方米，仓库 936 平方米，室外电缆 120 米。同时购置安装自动搅拌机、自动辅料提升机、自动取盒升降机、养殖箱、自动输送线等配套设备、标志牌 1 个。黑水虻车间与广源公司蛋鸡养殖车间形成无缝对接，鸡粪通过密闭的传动苇自动进入黑水虻养殖车间，养殖产物可以作为高标准农田的肥料，从而实现废物利用，循环发展。

物联网项目在高标准农田项目区域内，新建监控中心 203 平方米，自动气象站 4 座，信息采集系统 37 套，泵站自动化及水位监测系统 14 套，视频监控系统 1 套，对 1.5 万亩高标准农田形成信息采集、自动化灌溉、视频监控组成的智能物联网络，提高高标准农田运营效率。

渤海农业集团高标准农田总面积 1.5 万亩，总投资约 8200 万元，通过农业综合开发，公司建设了高标准、集约化、规模化、智能化的农田，农业板块产业基础条件得到了大幅提升。

同年 12 月 25 日，根据中华人民共和国农业部办公厅《农业部办公厅关于印发〈2017 年畜禽养殖标准化示范创建活动工作方案〉的通知》（农办牧〔2017〕4 号）文件，天津市广源畜禽养殖有限公司被确定为畜禽养殖标准化示范场。

第二节 种 植 业

一、种植业概况

种植业，尤其是粮食作物种植，是农场自建场到集团化这 60 年一直坚持不变的根本，20 世纪 60—70 年代，农场建设初期，农场种植业以粮食作物为主，辅以种植麻类、高粱等抗涝作物，如大钟庄农场，1964 年播种面积 1.6 万亩，总产量 150 吨。1966 年播种面积 2.2 万亩，总产量 768 吨。这一时期，是开垦荒地，扩大种植规模，尝试种植各类粮食作物、经济作物的时期。

20 世纪 90 年代后，农场经营方式和目的发生转变，社会职能逐步退化，作为企业的经营职能慢慢凸显，农场在前 30 年发展摸索的过程中，农场种植业的结构也在随着市场需求进行调整。1990—1992 年，农场土地统一经营时，粮食作物主要种植小麦、玉米、大豆。1990 年，黄庄农场粮豆播种面积 2130 亩，总产量 321 吨，平均亩产 150 公斤，其中小麦平均亩产 230 公斤。大钟庄农场粮食总产 1175 吨，其中：小麦种植面积 1900 亩，总产量 439 吨，单产 231 公斤；玉米种植面积 2270 亩，总产 581.9 吨，单产 256.34 公斤；大豆种植面积 1048 亩，总产 125.4 吨，单产 119.66 公斤。

1991 年，黄庄农场改造稻田 800 亩，种植北方优质小站稻，单产近 500 公斤。同年，大钟庄农场通过引进优良品种（小麦 8694 和京 411）等，粮食总产达到 1545 吨，其中：小麦总产 472 吨，单产 248 公斤；玉米单产 404.5 公斤。次年，小麦总产 575 吨，单产 309 公斤；玉米总产 943 吨，单产 336 公斤。这段时间，农场同时进行了小麦和玉米制种，每年调出一定数量的种子支援周边农民，在推广优良品种的同时，农场还推广了玉米精量点播及化学除草等先进农业技术，不但节省了人力、物力，还大大提高了经济效益。

1993 年以后，各农场土地实行"两费自理"，职工个人承包经营。为提高经济效益，除小麦外，从 1995 年开始增加水稻种植面积。大钟庄农场加大了农田水利基本建设投资。并将 5000 亩旱田改为水稻田。

1995 年 11 月，里自沽农场改造中低产田，建立蔬菜生产基地。总投资 700 万元，农场自筹 180 万元，将现有 5000 亩低产田改为水稻田并建设 300 亩蔬菜大棚，进行反季节蔬菜种植。

1996 年，黄庄农场水稻种植面积 2800 亩，台面玉米为 370 亩。大钟庄农场水稻的种植面积近 5000 亩。并不断引进新品种，其特点为省种、节水、成熟早、产量高。

2001 年，里自沽农场因罕见旱情调整农场种植业比重，播种苜蓿 2200 亩。

2007 年，黄庄农场水稻种植面积达到 3302 亩，小麦仅为 173 亩，玉米仅为 44 亩。水稻品种主要是 W45 和津原 45。

2003—2008 年，大钟庄农场水稻的种植面积有所减少，每年在 2500 亩左右。2009—2010 年，水稻种植面积扩大到 4000 亩左右。

2010 年，黄庄农场与海外归来的崔晶博士合作建立中日水稻品质食味中心，主要负责津川 1 号的推广种植、收获、加工、包装及消售网络平台建设。

渤海农业集团成立初期，公司种植业态基本在绿色世界公司，种植业结构发生较大变化。各农场自有耕地实施土地承包，按年度将土地承包给个人耕种。

2011—2013 年，绿色世界公司种植设施为 24 个砖混结构大棚和 72 个土棚，以设施果树种植为主。

2014 年，绿色世界公司升级改造温室大棚 56 座，其中 2 座用于蔬菜和草莓的生产，4 座用于研学游课程接待，24 座砖混结构大棚未进行改造，仍以种植果树为主。

2017—2018 年，24 座砖混结构大棚改造成新型温室大棚 20 座，用于种植果树、草莓、蔬菜。

2018 年，在公司园艺一场东侧种植水稻 680 亩。

2019 年，渤海农业集团响应小站稻产业振兴号召，成立天津农垦小站稻产业发展有限公司，将公司耕地 28912.51 亩交由小站稻公司种植水稻。次年，种植水稻 24620 亩，玉米 1220 亩。

二、谷物种植

农场建立初期，种植的谷物是小麦、玉米、高粱，因各农场地处大洼地区荒地较多，随着农场发展，荒地不断开垦，谷物作物的种植规模也在不断扩大。

随着农场的发展，水稻种植开始受到重视，21世纪初，随着市场经济的发展，各农场不断缩减其他谷物的种植比重，调整种植业结构，将资源倾注到水稻的种植工作上，收获了喜人的成果，黄庄农场、里自沽农场和大钟庄农场逐步把水稻种植作为农业生产主业，2010年，各农场水稻总播种面积1.3万余亩。

2011—2018年，渤海农业集团通过出租土地带动周边种植农户种植水稻，结合大洼地区高程较低，易于蓄水的特点，逐渐形成八门城至黄庄一带的大片连作稻田，为天津振兴小站稻产业打下了坚实的基础。

2018年，渤海农业集团采用水田插秧栽培的方式，种植津原E28品种水稻680亩，产量362.74吨，亩产533.43公斤。

2020年，小站稻公司自主种植水稻24620.98亩，委托种植7000余亩，联农带农10.5万亩。其中，自主种植津原89品种17273亩，津原U99品种4404亩，津稻919品种1900亩，津育粳22品种1038亩。当年收获未折合标准水分稻谷约15854吨：津原89品种11167吨，亩产646.5公斤；津原U99品种2737.8吨，亩产621.7公斤；津稻919品种1188.9吨，亩产625.7公斤；津育粳22品种760.65吨，亩产732.8公斤。初步形成规模化小站稻种植育成的业态。

三、蔬菜种植

1984年，日本山田株式会社赠予里自沽农场一批塑料大棚和物资，利用地热进行大棚种菜实验。

1986年，里自沽农场在地热鸡场范围内建立了地热大棚，大棚建成后与地热鸡场脱钩，成为独立的核算单位，后扩建蔬菜大棚6亩，一般菜地220亩，1989年已获利润7.8万元。

1995年，里自沽农场投资建立300亩蔬菜大棚，开展了农场蔬菜的规模化种植，这部分蔬菜种植业务，结合地热资源，催生了设施观光农业，自渤海农业集团成立后，一直沿袭至今。

2011年，种植甜瓜1.5亩，总产2022.68公斤，亩产1348.45公斤，产值5.03万元。

2012年，种植甜瓜6亩，种植品种甜瓜，总产14919.86公斤，亩产2486.64公斤，产值34.97万元。

2013年，种植甜瓜5亩，种植品种甜瓜，总产12691.60公斤，亩产2538.32公斤，产值19.97万元。

2014 年，种植甜瓜、香菜 1.5 亩，总产 3814.89 公斤，亩产 2543.26 公斤，产值 8.18 万元。

2015 年，种植西红柿、甜瓜、茄子、辣椒、黄瓜、生菜、韭菜、芹菜 31.5 亩，总产 112996.2 公斤，亩产 3587.18 公斤，产值 59.3 万元。

2016 年，种植西红柿、甜瓜、茄子、辣椒、黄瓜、韭菜、芹菜 24 亩，总产 122382.60 公斤，亩产 5099.28 公斤，产值 67.56 万元。

2017 年，种植西红柿、甜瓜、茄子、辣椒、黄瓜、韭菜、芹菜 15 亩，总产 69067.70 公斤，亩产 4604.51 公斤，产值 67.29 万元。

2018 年，种植西红柿、甜瓜、茄子、辣椒、黄瓜、韭菜、芹菜、大蒜、圣女果 18 亩，总产 68464.01 公斤，亩产 3803.56 公斤，产值 72.26 万元。

2019 年，种植西红柿、茄子、辣椒、黄瓜、韭菜、大蒜、圣女果 33 亩，总产 79632.90 公斤，亩产 2413.12 公斤，产值 107.2 万元。

2020 年，种植西红柿、茄子、辣椒、黄瓜、韭菜、芹菜、大蒜、圣女果 33 亩，总产 87890.90 公斤，亩产 2663.36 公斤，产值 52.24 万元。

在此期间，蔬菜种植均采用土壤栽培的方式。销售方式逐步由向天津市批发市场、零售商贩供货转变为旅游观光采摘。

四、水果种植

水果种植与蔬菜种植一样走在农场农业多样化发展探索的道路上，1984—1985 年，大钟庄农场就通过改造台田栽种果树，并成立了大钟庄农场生态农业基地。

1988 年，里自沽农场在其第五生产大队辖地投资 39 万元，栽种果树 240 亩，果树生长发育良好，苗壮株齐。随后又利用地热渔场台面投资 32 万元，栽种果树 280 亩。1990 年部分果树开始挂果。

农场因经营原因，对果树的后期管控和关注不够，没有及时更新果树种类，销售情况不佳，果树种植规模慢慢缩小，至渤海农业成立时，能够正常挂果的果树已经不多。

2011 年，种植桃、杏、李子、葡萄、草莓、西瓜 70.5 亩，产量 300762.36 公斤，亩产 4266.13 公斤，产值 156.76 万元。

2012 年，种植桃、杏、李子、葡萄、草莓、西瓜 66 亩，产量 184065.97 公斤，亩产 2788.87 公斤，产值 150.29 万元。

2013 年，种植桃、杏、李子、葡萄、草莓、西瓜 15 亩，产量 30379.54 公斤，亩产 2025.30 公斤，产值 29.41 万元。

2014 年，种植桃、杏、李子、葡萄、西瓜 10.5 亩，产量 14961.5 公斤，亩产 1524.90 公斤，产值 35.05 万元。

2015 年，种植桃、杏、李子、葡萄、草莓、西瓜 18 亩，产量 14735.78 公斤，亩产 818.65 公斤，产值 61.21 万元。

2016 年，种植桃、杏、李子、葡萄、草莓、西瓜 25.5 亩，产量 21941.94 公斤，亩产 860.47 公斤，产值 77.78 万元。

2017 年，种植桃、杏、李子、葡萄、草莓、西瓜 25.5 亩，产量 32390.22 公斤，亩产 1270.20 公斤，产值 122.38 万元。

2018 年，种植草莓、葡萄、桃、西瓜 24 亩，产量 35116.93 公斤，亩产 1463.21 公斤，产值 180.9 万元。

2019 年，种植草莓、西瓜 27 亩，产量 30515.82 公斤，亩产 1130.22 公斤，产值 180.32 万元。

2020 年，种植草莓、西瓜、油桃、樱桃 27 亩，产量 20057.60 公斤，亩产 742.87 公斤，产值 72.9 万元。

2011—2020 年，水果种植亩产呈下降趋势，主要是由于桃树大面积发生缺铁性黄化，逐年减产，果树的挂果与蔬菜种植不同，受树龄影响产量呈现先升后降的曲线变化，2018—2019 年不再种植，改为草莓和西瓜。

从销售方面来说，水果更适合采摘销售，虽然单位面积产量不高，但销售收入逐年增加。2018—2019 年一度占总收入的 80%，2020 年受新冠疫情影响，采摘业务萎缩，收入减少。

第三节　畜　牧　业

一、牲畜饲养

（一）奶牛

1987 年，黄庄农场率先投资兴建奶牛场，开启了农场养殖奶牛的历史。黄庄农场奶牛场 1988 年底竣工投产，场区占地 169 亩，厂房建筑面积 6071 平方米，总投资 322 万余元，饲养能力 700 头，全部达产后，预计年产鲜奶 2400 吨，投产时有职工 24 人，由北大港农场调进饲养育成牛 342 头。

1990 年，黄庄农场奶牛场存栏奶牛 468 头，年产奶量 1141 吨。

1991 年，里自沽农场兴建奶牛场。总投资 695 万元，占地 8.7 公顷，建筑面积 18477

平方米，饲养能力 700 头，日产鲜奶 8～10 吨。次年 8 月，奶牛场投产，奶牛进场 194 头。

1995 年，日本专家组在黄庄农场实验科学养牛，引进先进技术和价值 500 万元人民币的各种农牧业实用设备，奶牛单产达到 5500 公斤。同年，里自沽农场奶牛场鲜奶单产 4792 公斤，总产 1792.5 吨。

1996 年，黄庄农场奶牛场存栏数达到 556 头，成年母牛 312 头，年单产奶量 5848 公斤。1996 年 5 月以后，奶牛场实行股份制改革，成母牛月单产奶量提高了 32 公斤。

1997 年，里自沽奶牛场奶牛日产奶量从 16.23 公斤提升至 17 公斤。

1998 年，奶牛场经过改造后，黄庄农场奶牛存栏数为 700 头，成母牛从 300 头扩大到 540 头，奶牛单产奶量由 5.9 吨提高到 7 吨。年总产奶量由 1738 吨提高到 3780 吨。

2000 年，里自沽农场奶牛场存栏 630 头，其中成母牛 360 头，年产鲜奶 2200 吨。

2001 年，大钟庄农场自内蒙古购进肉牛 300 余头，进行试养。同年 10 月，黄庄农场第二奶牛场竣工投产，进场奶牛 358 头，次年继续扩大规模，至次年 8 月，奶牛存栏 600 余头，占地 98000 平方米。职工 30 余人。

2003 年 5 月，红旗农场奶牛场搬迁，里自沽农场基于其旧址规划第二奶牛场，次年 4 月，通过购买红旗奶牛场奶牛与设备，第二奶牛场竣工投产，奶牛存栏 661 头。

2003 年，黄庄农场奶牛场完成无公害基地认证、绿色基地认证和 ISO9001 质量管理体系认证。

2004 年，黄庄农场第二奶牛场奶牛单产量 6600 公斤。里自沽农场第一奶牛场奶牛单产量 7200 公斤。

2006 年，黄庄农场奶牛存栏 1200 头，全年产奶 4200 吨，单产平均 6354 公斤，利润 163.3 万元。

2006 年，大钟庄农场与澳大利亚等方签订正式协议，筹建成立钟澳（天津）奶牛有限公司。

2007 年，天津农垦集团总公司成立天津嘉立荷牧业有限公司，整合系统内资源，黄庄农场第一、第二奶牛场与里自沽农场第一、第二奶牛场移交给嘉立荷牧业公司经营。同年 7 月，大钟庄农场从内蒙古分两批购进荷斯坦混合群奶牛 546 头。钟澳公司奶牛场竣工投产，当年实现营收 104.4 万元，盈利 6.1 万元。

2008 年，钟澳公司奶牛场存栏奶牛 708 头，奶牛饲料主要是玉米青饲，粉碎后发酵。精料在挤奶前后饲喂。饲养方式为舍养，舍外设运动场，挤奶方式采用博美特 2×14 并列式先进挤奶设备。

2010 年，钟澳公司奶牛场存栏混合群 834 头，其中成母牛 474 头，育成牛 283 头，犊牛 77 头。平均每头牛产奶量为 7100 公斤，每头牛年利润为 1000 元。2010 年实现营业收入 944 万元，利润 50 万元。

2016 年，总产奶量 2390.59 吨，销量 2322.04 吨，营业收入 895.88 万元，利润亏损 109.76 万元，资产总额 3417 万元，所有者权益 898 万元。其间，渤海农业集团将澳方股份购回，钟澳公司成为其全资子公司。

2017 年，钟澳公司奶牛存栏 642 头，其中成母牛 336 头，（泌乳牛 293 头），青年牛 170 头（青年牛 64 头，育成牛 96 头），犊牛 136 头（母犊 113 头，公犊 23 头）。总产奶量 2434.81 吨，销量 2371.47 吨，营业收入 905.24 万元，利润亏损 76.55 万元，资产总额 3537 万元，所有者权益 1607 万元。

2018 年，钟澳公司总产奶量 2018.8 吨，销量 1983.3 吨，营业收入 972.46 万元，利润亏损 339.10 万元，资产总额 3223.23 万元，所有者权益 1450.89 万元。

2019 年，钟澳公司营业收入 954 万元，利润亏损 480 万元，资产总额 2980.37 万元，所有者权益 1024.42 万元。同年，天津食品集团同意天津嘉立荷牧业有限公司向钟澳公司增资扩股，嘉立荷公司占股 51%，渤海农业集团占股 49%。双方合作经营。次年，钟澳公司与渤海农业集团脱钩，成为嘉立荷牧业全资子公司，农场养殖奶牛的历史至此结束。

（二）肉牛

肉牛养殖是黄庄农场继奶牛养殖后的第二次牛类养殖尝试，2008 年 3 月，黄庄农场出资成立了渤海牛业有限公司，与台商合作试养和牛、西门塔尔、安格斯、鲁西黄、荷斯坦公牛、夏洛莱、渤海黑牛 7 种高档肉牛。公司先后分 4 次购进 175 头肉牛进行试养。

同年 11 月，经中国科学院团队来农场进行超声波大理石花纹测定，其中 4 个品种体重在 488～567 公斤的牛均已达到日本高档肉牛的评定标准 A 级别。2012 年试养结束后，通过总结饲养经验及分析市场前景，双方投资人决定不再进行大规模养殖，公司进行清算，结束经营，渤海牛业随后注销。肉牛养殖历史结束。

（三）肉羊

农场在 1997 年曾饲养过小尾寒羊，到 1998 年有种羊 400 余只，由于对养羊缺乏饲养经验，一些羊患病出现死亡现象。之后，农场不断总结经验，通过不断掌握疫病防治和饲养技术后，生产形势一直良好，1999 年停止养殖。

（四）生猪

农场建场初期，为了提高经济效益，解决农场肉食来源，里自沽农场曾短暂饲养生猪，但因管理经验不足，死亡率较高，经济效益不佳而停止饲养。

1965 年，大钟庄农场各生产队开始养猪，存栏 606 头。

1972 年，大钟庄农场筹建养猪场，次年 6 月建成 80 间拱形猪舍。

1978 年，黄庄农场建设第一、第二生产队猪场，存栏 237 头。

1980 年，大钟庄猪场因亏损停办。在此期间各农场均因生猪养殖专业性不足而停止饲养，至大钟庄农场所属天津农垦康嘉生态养殖有限公司成立前，农场有近 30 年的养猪空白期。

2008 年 3 月，大钟庄农场在原肉鸡场场址，经改扩建建成了瘦肉型生态猪场。5 月天津农垦康嘉生态养殖有限公司正式成立，为实现科学养殖，先后引进高级产床 180 套。仔猪待在床上饲养，母猪限位，减少了饲料浪费，降低了成本，同时也提高了仔猪的成活率。同年 10 月，又在原第二养鸡场投资改造了年可出栏肥猪 10000 头的肥猪场。

2010 年，康嘉公司养殖出栏生猪 8000 多头，实现销售收入 625 万元，2010 年底，存栏母猪 1000 头，仔猪 3000 头。

康嘉公司初建时为合资企业，股东是天津农垦集团总公司与天津天农康嘉生态养殖有限公司，至 2010 年 5 月，注册资金仅到位 1000 万元，天农康嘉公司未出资，6 月公司改制减资，减掉天津天农康嘉生态养殖有限公司注册资金 1104 万元，12 位自然人注册资金共计 120 万元，天津农垦集团总公司注册资金 176 万元。由天津农垦集团有限公司全资经营，康嘉公司成为全资子公司。

2012 年，股份由天津农垦集团总公司转至天津农垦渤海农业集团有限公司。

2017 年，康嘉公司增资扩股，经评估到产权交易中心公开挂牌交易，河北大北农农牧食品有限公司摘牌。同年 7 月 12 日完成混改，注册资金 30000 万元，渤海农业认缴注册资金 1.53 亿元，持股比例 51%，大北农公司认缴注册资金 1.47 亿元，持股比例 49%。

2018 年 8 月 31 日，渤海农业将持有的 51% 股权无偿转给天津农垦津港有限公司。康嘉公司股东变更为津港公司 1.53 亿元，持股比例 51%，大北农公司 1.47 亿元，持股比例 49%。农场养殖生猪的历史至此结束。

三、家禽饲养

（一）蛋鸡

1973 年国家石油勘探队在里自沽农场第六生产大队打出了一眼深 2972 米的热水井，水温为 93 摄氏度。1981 年，天津市科委、市农场管理局决定依托里自沽农场，利用地热进行鸡只孵化试验。1982 年 5 月，天津市科委拨付实验经费 30 万元，市农场管理局拨付经费 27 万元，里自沽农场开始制作孵化器，进行小规模试验。

1982 年，里自沽农场利用老场部办公室、酒厂的 65 间旧房做鸡舍，建立了场部养鸡场，后扩建鸡舍 90 间，养鸡 4000 余只。

1983 年，里自沽农场地热养鸡场正式建成投产。同年 2 月，黄庄农场第一养鸡场建成投产，12 月，黄庄农场将其原织布厂改建为第二养鸡场。

1984 年，大钟庄农场开始养鸡。

1986 年，里自沽农场与中国富利公司富源牧业工商分公司、宝坻县南仁垺乡杨家庄村、天津市建设开发公司第三分公司分别合作建立了联合养鸡场，统一签订合作协议，合作期限 4 年，于 20 世纪 90 年代初结束合作。

1987 年，黄庄农场引进 4 台种鸡孵化设备，建成规模为 8000 只种鸡、年育雏（90 日龄鸡）18 万只的种鸡场。

1989 年，里自沽农场场部养鸡场存笼量 4.6 万只，累计利润 175.08 万元。各生产大队拥有鸡舍 13527 平方米，蛋鸡存笼 25 万只，产值 880.14 万元，利润 88.42 万元，里自沽农场开始由农业向农牧结合经营方式转变。

1989 年，里自沽农场地热养鸡场拥有鸡舍 20654 平方米，孵化器 37 台，年孵化鸡雏 200 万只，销售青年鸡 100 万只，当年利润 137 万元，已成为全国规模最大的地热养鸡场。

1990 年，大钟庄农场饲养蛋鸡 14.49 万只。其中产蛋成母鸡 10.57 万只，年产鲜蛋 1352.5 吨。

1990 年，里自沽农场地热养鸡场年饲养种鸡 3 万只，产种蛋 600 万枚，孵化鉴别雏 200 万只，繁育中、青年鸡 100 多万只，全场饲养蛋鸡混合群 20 万只。

1990—1991 年，黄庄农场年平均存笼量 18 万只。其中，产蛋鸡 11 万只，平均每年向市场提供计划内鲜蛋 1200 吨，计划外 20 吨，年利润 110 万元，人均创利 6470 元，产蛋率 63%。

1991 年，大钟庄农场成立蛋种鸡场。

1991—1992 年，大钟庄农场蛋鸡饲养规模平均每年为 13.12 万只，其中 1991 年 12.68 万只，1992 年 13.57 万只。平均每年生产鲜蛋 1635 吨，其中 1991 年产蛋 1756.7 吨，1992 年产蛋 1764 吨，平均每只鸡年产蛋 13.86 公斤。

1991 年 11 月，国家取消蛋价补贴，鸡蛋价格转为市场机制决定，蛋鸡市场出现供大于求现象。在此期间，各农场家禽养殖业均受到了不同程度的影响。

1992 年，黄庄农场年蛋鸡存笼减少到 15 万只，年平均饲养 8 万只。在随后的几年里，由于个人养鸡逐年增多，集体养鸡亏损额增加，鸡场蛋鸡存笼逐年减少。1993 年存笼 9 万只，1994 年存笼 7 万只，育雏工作停止。到 1996 年 4 月，鸡只混合群只有不到 4 万只，其中产蛋鸡也只有 13037 只，月产量下降到 30.8 吨。家禽养殖规模开始萎缩。

1993 年，由于饲料涨价，大钟庄农场第三蛋鸡场亏损关停，次年第一、二蛋鸡场关停。农场转为进行肉鸡笼养试验。试养 1 年后也因亏损取消，所有鸡舍出租给个人养鸡。

1992—1995 年，家禽养殖除 1993 年盈利 28 万元外，其余年份连续亏损，为解决此问题，1996 年，黄庄农场养鸡业改变体制，试行股份合作制，实行职工集资入股的生产经营方式。实行股份合作制后，鸡群有所增加，同时又由单一的饲养蛋鸡扩展到孵化、育雏同步进行，平均每只鸡年产蛋达到 14.28 公斤。

1998 年，里自沽农场地热养鸡场因市场原因，实施个人承包经营。

各农场为了扭亏，对家禽养殖业实行了股份制经营、个人承包等方式，尽管经济效益有所好转，但由于养鸡业风险大，不易预测，市场变化快，到 1999 年，各农场家禽养殖基本停止，只余少数个人承租零散鸡舍进行养殖。

2007 年 6 月，大钟庄农场在原第一鸡场开始组织饲养蛋鸡，与里自沽农场和其他 2 家企业合作经营，里自沽农场支援专业养殖人员，成立天津市广源畜禽养殖场，注册资金 160 万元。次年，合作企业退出，由大钟庄农场和里自沽农场经营，2010 年改由大钟庄农场独自经营。

2010 年，广源畜禽养殖场被授予"天津市现代畜牧业示范园区称号"。同年，蛋鸡饲养存笼 5 万只，2010 年产蛋 730 吨。

2013 年，广源畜禽养殖场所有"家爱格"鸡蛋品牌，经中国绿色食品发展中心审核认定为中国绿色食品 A 级产品。

2014 年，广源畜禽养殖场开始筹建年新增存笼百万蛋鸡扩建项目。

2015 年 7 月 28 日，广源畜禽养殖场名称变更为天津市广源畜禽养殖有限公司。

2015 年，广源公司被评为天津市农业产业化重点龙头企业。

2016 年 2 月 25 日，广源公司注册资金增加至 13238 万元，百万蛋鸡项目扩建完成后，养殖规模达到 100 万只。

2017 年 8 月，广源公司荣获第 18 届中国绿色食品博览会金奖，同年被天津市农村工作委员会评为第十三届运动会食材供应优秀基地和安全保障工作先进集体。

2018 年，广源公司通过质量管理体系 ISO 9001 认证、食品安全管理体系 ISO 22000 和 HACCP 体系认证。

2019 年，按照天津市国资委做大做强农垦农业的指示精神，结合天津食品集团总体发展规划，打造农产品从田间到餐桌的全产业链条，为都市百姓提供优质、健康产品的总体部署，广源公司启动二期百万只蛋鸡项目，投资约 1.7 亿元。

2020 年 1 月，"家爱格"品牌在 2019 年品牌农业影响力年度盛典活动中，被推选为"影响力产品品牌"，同年被广东省家禽产业技术体系认定为 2020 优质品牌蛋供应商。

到二期百万蛋鸡项目竣工投产，广源公司占地 402 亩，拥有 10 栋育雏舍、15 栋养殖舍、2 个蛋品加工车间（配套 1 座蛋液加工车间），蛋鸡总养殖规模 260 万只，其中雏鸡 60 万只，产蛋鸡 200 万只，当年产鲜蛋 2.3 万吨，蛋鸡存笼 131.7 万只，产值 3.5 亿元。形成了完整的育雏—产蛋—加工—销售产业链条。打造了农产品从田间到餐桌的全产业链，发展成为规模化、自动化、现代化的蛋鸡养殖企业，成为渤海农业集团养殖板块的支柱产业。

（二）肉种鸡

大钟庄农场于 1988 年开始筹建了集肉种鸡孵化、饲养、加工、储存、销售为一体的一条龙中型肉鸡产业。年饲养父母代肉种鸡 2.75 万只，年生产父母代合格种蛋 495 万枚，可孵化出雏鸡 214 万只，自养仔鸡 115.7 万只，社会放养 98.3 万只，年加工肉仔鸡 200 万只，1989 年竣工投产。

1990 年，农场的肉鸡育种工作已基本健全了繁育体系，拥有孵化器 12 台，年可孵化种蛋 67.6 万枚，出雏率为 75%。采用电脑监测手段，控制孵化器温度。农场先后又在美国爱拔益加公司引进 1 万套 2 代 AA 品种肉种鸡（每套 1.2 只），从西德 SAB 公司引进 2500 套 TETRA 品种肉种鸡，从北京家禽育种有限公司引进 5000 套艾维菌品种肉种鸡，为发展肉鸡饲养业提供了良好鸡源。同时，也为周边农村及东北等地解决了大量种蛋和鸡源。1990 年种蛋产量 137.36 万枚，孵化鸡雏 51.68 万只，1991 年种蛋产量 166.37 万枚，孵化肉用雏鸡 43.69 万只。

1993—1998 年，平均每年饲养肉种鸡 12805 只，平均每年生产种蛋 222.4 万枚，平均产蛋率为 54%。

为提高经济效益，从 1999 年起，肉种鸡饲养由原来的国有形式经营改为个体承包租赁经营，之后农场未再进行肉种鸡养殖。

（三）肉仔鸡

大钟庄农场于 1986 年开展肉仔鸡饲养。1990 年肉仔鸡入栏 33.93 万只，育成出笼 20.74 万只，育成率为 81.34%。平均鸡只重 1.61 公斤，死亡率 18.7%，料肉比 2.45∶1，销售 19.75 万只，334.3 吨，年末存笼 6.86 万只，由于肉鸡出笼达不到规定标准，料肉比和死亡率都比较高，再加上饲料涨价，亏损 20 万元。

1991 年饲养肉仔鸡，全年出笼 30 万只，由于多方面原因，仍然亏损，为此，1992 年和 1993 年改养蛋鸡。

1994 年 1 月—1995 年底，农场又进行了肉鸡笼养试验，规模为 5 万只，也因亏损而停产，肉鸡鸡舍租赁给个人养蛋鸡。

四、特色畜牧业

黑水虻繁育基地依托于天津嘉禾田源观赏鱼养殖有限公司河东养殖厂，占地面积 3000 平方米，其中 2 间育蛹车间，1 间种虫繁育车间，1 间商品虫烘干车间。繁育基地主要生产环节包括培育虫蛹、成虫管理、收集卵、卵孵化，最终将幼虫供给天津市广源畜禽养殖有限公司，处理鸡粪 100 吨/天。

黑水虻又称凤凰虫，腐生性水虻科昆虫，能够取食畜禽粪便和生活垃圾，广泛应用于鸡粪、猪粪及餐厨垃圾等废弃物处理。生产高价值的动物蛋白、繁殖迅速、生物量大、食性广泛、吸收转化率高、容易管理、饲养成本低、动物适口性佳，成为与蝇蛆、黄粉虫、大麦虫等齐名的资源昆虫，在全世界范围内得到推广。原产于美洲，后全世界广泛分布。

目前国内处理畜禽粪便的成本相对较高，为配套处理鸡粪，广源公司引进黑水虻，利用生物转化工艺进行鸡粪处理，形成的有机肥可以应用于渤海农业集团水稻种植，观光园植物花卉栽培、园艺场果树、蔬菜栽培。现已建成黑水虻工厂化养殖车间 1 万平方米，计划投入 8 条生产线，处理鸡粪 100 吨/天。截至 2020 年已投入生产线 4 条。

第四节　渔　业

各农场初建时，因地处大洼地区，地势低洼，天然具备内陆淡水养殖的条件，在农场的发展过程中，淡水渔业是自农场发展到成立渤海农业集团一直延续并继承的产业。

1977 年，大钟庄农场开挖鱼池 4 个，水面面积 30 亩。

1984 年，大钟庄农场开始探索立体农业，开挖鱼池 300 亩，次年，再次开挖 700 亩，合计 1000 亩。

1985 年，里自沽农场地热养鸡场投资 50 万元，开挖鱼池水面 307 亩，成立地热渔场，1987 年，地热渔场竣工投产后，与地热鸡场脱钩，成为独立核算单位。

1988 年，黄庄农场改造 820 亩低洼盐碱地，开挖鱼池 290 亩，修复台田面 400 亩。通过开挖鱼池开始进行淡水养鱼。

1989年，里自沽农场地热渔场产鱼75吨，鱼苗5吨，产值27万元，利润12万元。

1989年，里自沽农场投资30万元，在其第四生产大队辖地开挖鱼池，水面200亩，进行鱼苇间作养殖。

1990年，大钟庄农场共有鱼池1217亩，其中包括年孵化能力为5000万尾的鱼苗孵化场，当年销售113.25吨。

1990—1991年，黄庄农场养淡水鱼水面为207亩，平均每年产鱼31吨，养殖品种主要有白鲢、鲤鱼、草鱼、罗非鱼等。

1991年后，大钟庄农场养殖鱼的主要品种有罗非鱼、草鱼、鲤鱼、白鲢等。

1991年销售商品鱼164吨，鱼苗57.69万尾。

1992年，黄庄农场鱼池实行对职工承包经营，品种基本上还是原来的四大家鱼，产量进一步提高。承包经营的形式，既提高了经济效益，又调动了职工积极性。

1993年，大钟庄农场鱼池实行了"两费自理"的个人承包经营责任制。

1994年，大钟庄农场鱼池产鱼量243.5吨。

1995年，为改变农场农田低产状况，充分利用土地资源和地热资源优势，里自沽农场筹建养鳖种苗场。

1996年，里自沽农场利用地热资源试养鳖取得初步成功并积累一定的生产管理经验，同年10月，里自沽农场与河北平山县东冶养殖场合作，投资488万元建立天津金地养殖公司，占地150亩，建筑面积19150平方米，净水面积15650平方米，设计饲养亲鳖3000只，年产商品幼鳖50000只，商品鳖50000只。

1997年，金地公司鳖投放市场，根据市场反馈的情况，经过考察调研，里自沽农场决定在鳖养殖原一期工程、技术、管理的基础上，进一步扩大养殖规模。当年出售商品鳖10000只，利润59万元，次年二、三期扩建完成，出售商品鳖40000只，利润150万元。

1999年，里自沽农场完成四期鳖养殖场扩建工程，累计投资400万元，养殖面积36996平方米，年生产商品鳖10万只，年产值650万元，利润120万元。

同年，时任天津市副市长孙海麟、市农委主任崔世光及副主任潘义清、张毓环带领人大常委会委员和天津农垦集团总公司领导数次来里自沽农场视察指导工作，对农场特种养殖业发展给予了充分肯定和表彰。"水王牌"鳖被天津市授予市级"农业名牌产品"称号，金地公司被授予"天津市里自沽农场特种养殖示范区"称号，农场被天津市科委授予"科教兴农"先进单位奖。

2000年，金地公司投资23万元，完成42亩自然池扩建，饲养鳖8.5万只，出售商品鳖 2 万只，年产量 420 吨。

同年，里自沽农场引进了"循环封闭式工厂化水产生态养殖系统"进行工厂化养鱼，建筑面积 6800 平方米，投资 160 多万元，设计能力为年产彩虹鲷鱼 100 吨。将第四生产大队大渠东侧 1、2、3 号鱼池共 1800 亩进行回填复垦。

2001 年，企业改革逐步深入，大钟庄农场承包鱼池的 77 名职工以鱼池为资产，置换了职工身份。到 2010 年，鱼池水面增至 1400 亩。

2002 年，由于京津新城建设，鳖养殖场搬迁到里自沽农场第一生产大队辖地，但由于鳖市场供大于求，单价持续处于低位，鳖养殖盈利能力不足，经营重心逐步转为南美白对虾温棚反季节养殖、观赏鱼养殖。通过几年的实践经营，以血鹦鹉为主的观赏鱼养殖具有较好的盈利能力，其他的养殖方向不是很理想，于是观赏鱼养殖逐步扩大规模，成为主流。河东养殖场以血鹦鹉养殖为主，其他品种包括银龙、地图、战船、七星刀、虎皮、蓝鲨、罗汉等。主要开拓了上海、郑州、太原、鞍山、营口、大连观赏鱼市场。其间，摸索出一套长途运输管理技巧，创造了血鹦鹉鱼高密度运输 26 小时无损耗的安全运输纪录。

2006 年，国家级水产良种场在里自沽农场落成，用于罗非鱼、热带观赏鱼等名特优产品的育苗和培养。

2008 年，里自沽农场出资 100 万元，成立天津嘉禾田源观赏鱼养殖有限公司，进行观赏鱼养殖。

2009 年，天津农垦集团总公司整合旗下高端食品资源、农产品全线进入超市、宾馆、健康中心等处，里自沽农场的"水王牌"鳖率先进入沃尔玛超市，满足人们对绿色健康食品的追求，倡导绿色健康的生活理念。

2012 年，天津潮弘休闲渔业有限公司成立，主要从事水产养殖、销售，观赏鱼养殖、销售，货物进出口，收购鱼苗、成鱼、种鱼。收购红头虾、红线虫、蛔虫卵、小鱼、鱼虫及其他活鱼饵料，公司占地面积约 10000 平方米，建筑面积约 5000 平方米，是天津市水产技术推广站观赏鱼实验示范基地，是宝坻区出入境检验检疫局定点检疫单位，是华北地区大型观赏鱼检验检疫隔离场。

公司严格按照进境观赏鱼检验检疫操作规程执行，本着"政府指导、企业化运作、合作经营"的宗旨，开拓新型产业发展模式、促进国际交流合作、搭建国际交易平台、博览世界水族名品、弘扬水族休闲文化、展示最新行业技术。公司与印度尼西亚、泰国、马来西亚、哥伦比亚、秘鲁、斯里兰卡、美国等 8 个国家 20 多家供货公司达成贸易与技术合作。公司拥有慈鲷、富贵猫、银龙、红龙、金龙等热带淡水鱼 200 多个品种，年产销量

200万尾，销售网络覆盖国内的大部分地区。

2016年，渤海农业集团渔业养殖板块销售观赏鱼240余万尾，销售收入共计1139.89万元，净利润78.34万元。

2017年，嘉禾田源公司股权调整，渤海农业集团购回个人出资人股权，嘉禾田源公司转为渤海农业集团全资子公司。

2019年，为更好发展观赏鱼产业，提高市场竞争力和占有率，渤海农业集团将河东养殖场与嘉禾田源公司合并，河东养殖场由嘉禾田源公司吸收管理。2010—2019年共销售各类观赏鱼5528.45万尾，销售额1.08亿元。

2020年，根据《天津食品集团关于将农垦渤海公司所属及托管的11户未纳入混改范围企业无偿划转至饮服公司的通知》（津食政发〔2020〕637号），将潮弘渔业公司划转给饮服公司。

2020年，渤海农业集团水产养殖板块基本由嘉禾田源公司涉及的经营业务覆盖，主要从事食用鱼虾、热带观赏鱼的繁育、养殖、销售和鱼饲料、渔药的销售。养殖水面7000余亩，有种鱼育苗棚3座，养殖大棚60座，其中36座大棚养殖鹦鹉鱼，24座大棚养殖食用鱼。

养殖技术方面，通过种鱼提纯复壮，尖头率降低20%，好鱼率由行业平均水平44.1%提升到行业领先的72.6%，其养殖技术处于国内领先地位，并荣获全国鹦鹉鱼比赛金奖。

鱼花下池之前进行大小筛选，提高鱼花的整齐度，鱼花养殖阶段的淘汰率从17.3%降低到13.6%，尖头率从26%降低到7%，鱼花平均养殖周期从34天缩短至25天。

科研核心竞争力方面，具备高级职称的技术人员1人，中级职称5人，初级职称6人。先后与中国农业大学、中国农业科学院、天津农学院、天津市水产研究所合作，从事水产科学研究。嘉禾田源公司被授予"天津农学院实验实习基地""天津市水产研究所淡水科研基地""天津市水产技术推广站观赏鱼试验示范基地"等称号。自有实验室100平方米，仪器设备20台套，可开展常规水质检测、细菌检验及病害防治。

获得荣誉方面，有中国渔业协会水族分会副会长单位、天津市水族业协会副会长单位、国家级水产健康养殖和生态养殖示范区、国家大宗淡水鱼产业技术体系天津综合试验站试验示范基地、中国水产学会范蠡科学技术奖等。水产养殖规模详细情况请见表2-7至表2-9。

表 2-7　河东水产养殖场规模

年份	销售数量（万尾）	销售额（万元）
2010	175.69	980.04
2011	1187.64	727.15
2012	631.12	941.89
2013	536.50	1255.80
2014	185.91	1286.70
2015	331.43	942.96
2016	599.38	1139.29
2017	1032.63	922.68
2018	701.88	1187.36
2019	146.27	1395.14

表 2-8　嘉禾田源公司养殖规模

年份	销售数量（万尾）	销售额（万元）
2010		575.58
2011		643.82
2012	293.88	1025.58
2013	381.94	1207.09
2014	364.12	969.65
2015	679.71	1298.65
2016	596.59	1551.27
2017	641.25	1656.90
2018	337.07	1234.76
2019	246.08	1338.35
2020	177.46	1853.37

注：空白处为数据散佚。

表 2-9　潮弘渔业公司养殖规模

年份	销售数量（万尾）	销售额（万元）
2012	35.26	83.44
2013	160.75	759.58
2014	176.21	1189.27
2015	129.81	697.00
2016	145.92	975.16
2017	228.45	1413.64
2018	118.99	1219.73
2019	48.93	397.89
2020	0.44	7.48

第五节 农业机械化

1961年，坊社村43名男女青年农工，到河北省黄骅县中捷友谊农场学习农业机械技术。

同年3月，天津专署农林局调入黄庄农场东方红54型拖拉机5台及配套的机耕犁、Y型耙、播种机和变压器共44台套，铁牛40拖车和轮式车及翻斗1辆。建立了黄庄农场机务队。

1962年，里自沽农场建场时由其他农场调拨东方红54型拖拉机5台，乌尔苏斯拖拉机1台，五铧、三铧犁8台，播种机7台，变压器5台，机引耙11台，胶轮大车6辆，农用船6艘。同时建立机务队。

1963年，大钟庄农场设立，接收七机部拨付拖拉机（带犁）2台，拖斗3个、农垦局拨付汽车1辆。

1964年7月，大钟庄农场购入拖拉机9台，汽车1辆。

1968年4月，黄庄农场接收大钟庄农场迁出的拖拉机2台和配套机具，次年将其送回。

1970年，黄庄农场接收中央文化部和天津大学"五七干校"部分农用机械。

1975年，黄庄农场农业机械化水平逐步提高，在建场初期只能机耕、机耙、机播的基础上，发展为用机械进行苗期中耕和收割大部分小麦。

1977年，黄庄农场制定农机管理制度，机务人员执行工资制，每台机车设备长、管理员各1人，农具手2人，修理工2人，机件、油料保管员各1人，统计员1人，机务正副队长2人、会计1人。安全生产由农场生产办公室直接领导，按照生产计划进行机耕作业。

1983年，大钟庄农场购入拖拉机3台，联合收割机1台。

1987年，里自沽农场农机队购入金马收割机1台。

1989年，大钟庄农场农机队购入丰收2型卧式玉米收割机1台和802拖拉机1台。

1990年，大钟庄农场投资30万元，为农机队购置谷物烘干机、气吸式精良点播机、拖拉机等各种农业机械。

1995年，各农场农机队土地、鱼池实行"两费"自理个人承包经营，农机具也由个人租赁承包。

1997年，黄庄农场出台《黄庄农场关于加快企业改革的实施方案》，并决定对基层4

个单位实行股份合作制改造和规范，拍卖农机具。

至渤海农业集团成立前，各农场农机基本通过拍卖或承包转为个人所有，集团成立后，本部不再有经营活动，农业机械由各所属单位单独管理。

红港公司现有各类型号拖拉机4台、果岭机1台、喷灌机用柴油机2台、叉车用柴油机1台、叉车1台、喷灌机用液压泵2个、平移式喷灌机1台、草皮移植机1台、深水泵3台、收割机及配件1台套、草坪播种机1台。

小站稻公司现有农机13台，其中拖拉机6台、水稻收割机2台、水稻插秧机4台、农业无人机1台。机耕、机插、机收水平达90%以上。

绿色世界公司现有三轮汽车3辆，轮式拖拉机配旋耕机3台，配套旋耕机2台，杂草粉碎机1台。

第四章 第二产业

第一节 工业综合

各农场建场初期，以生产商品粮为主，生产结构较为单一，开展非农业的其他产业，无论从论证层面还是从实际生产层面来说都不合适，农场职工只在农闲时间打草，利用收获的高粱稍制作笤帚，自产自销，作为副业收入。加之建场初期，开垦的地块多为荒地，产量与地权都不稳定，在农业主业生产和种植计划尚不能完成的前提下，工业加工生产更无从谈起。

随着农场的发展，开垦的荒地逐渐变为熟地，粮食产量日趋稳定，国营农场自身作为生产资料非常集中且在当时代表了先进集体农业生产力的农业集合体，其剩余的生产力在农场干部职工自发的引导组织下，开始发展成多种多样的小型工业，这与农场干部职工积极探索的开拓精神是分不开的。

20世纪70—80年代，黄庄农场先后兴办酒厂、织布厂、化工厂、综合加工厂。以铁称厂为主建立弯头、镀锌、铁管加工业，以酒厂为主建立食醋酱等食品加工业，以化工厂为主建立燃料、洗洁剂、生产业，前后成立工厂12家，到1984年底陆续停产，累计亏损38.4万元。20世纪90年代初新上几个小型工业项目，其中有玻璃制品厂（瓶子厂）、炼铁厂、兽药制造厂和生物化肥厂。由于缺乏生产资金以及经济效益差等原因，瓶子厂和炼铁厂经营时间不长就停产下马，只剩下兽药制造厂和生物化肥厂。

里自沽农场在发展过程中逐步建立了机修厂、酒厂、工业一厂、印铁制罐厂等，后因产品滞销，逐步转产停产。

大钟庄农场工业的发展过程是由围绕农牧业办工业（为农牧业服务）转变为围绕市场办工业，向工业要效益的过程。

1990年底，农场工业主要有畜禽笼具、制线业、冷冻厂和电焊网业。其中，电焊网业因产品滞销，1991年转产为养鸡场。

冷冻厂在500吨冷库及屠宰生产线投产后进行鸡鸭屠宰生产，其间合并大钟庄农场养鸭场，1990年生产各种禽肉制品474.4吨。其中冻鸭出口11吨，销售349吨。1991—

1992年生产冷冻食品1254.39吨。1993年因肉鸡、鸭饲养停产，冷冻厂停产。1994年，冷冻厂与天津市饲料公司联营复产至2004年终止合作，彻底停产撤销编制，分流职工。

畜禽笼具制造业从1982年开始，主要生产雏鸡笼和蛋鸡笼。1982—1988年产量逐年上升，1988年达到最高峰，年产笼具8770套，1990年产量为2282套。1991年起，鸡蛋价格市场化，蛋鸡市场供大于求，养殖业务萎缩，连带畜禽笼具产量下降，1996年产品滞销。1997年改为生产工具钳，产品仍旧积压带销，资金周转困难，1998年12月停产。

制线业从1985年1月开始，主要生产经线轴、涤纶线。1990年受市场影响，只生产涤纶线52.85万塔，利润12.29万元。1991—1994年，年均生产涤纶线70.47万塔。1994年7月又增加了尼龙搭扣的生产，半年试生产72万对米。1995年正式生产。在不断研制新工艺、新技术的同时，不断推出新品种。先后研制出蘑菇头搭扣、背胶搭扣等，逐步发展壮大。

在此期间，大钟庄农场也进行如不锈钢软管、小水泵、服装加工、文具、塑料等生产，均以停产收场。

各农场从建场初期至20世纪末这30年进行的工业生产，是作为副业发展起来的，以大钟庄农场举例，其实行的是"以副养机、以机便农"的发展路线，主要是利用建场初期发展提升的多余生产力，结合生产资料，反哺农业发展，因而发展工业生产受到相当的重视。从产值比重可以看出，1971年工业产值占工农业总产值的23%，1975年上升到59.8%，迁场回来后首先在机务队（后改称农机修造厂）办起了机床加工、拔丝和铸造等加工工业，继而办起了糖、酒厂（糖厂因甜菜原料不足，实未正常生产）。1974年工业盈利曾达到4.3万元，工业的发展不仅产生了经济效益和社会效益，而且对提高本场农机化水平也起到积极作用。自制的推土铲、开沟犁等都在生产和农田建设上发挥了重要作用，并基本做到了非大修、中修不出场。工业的发展基本上实现了"以副养机、以机促农"的目的。

同时，各农场这段时间在工业发展的道路上也走了不少弯路。首先，工业作为农场的副业，在资源倾斜、人员的专业程度上与农业主业是无法相比的。其次，从这段时间各农场的工业企业发展变化过程来总结：规划层面，有操之过急和盲目的问题，没有对工业产品在市场上的销售情况进行摸底，用农业经营思维考虑工业发展问题，这导致了绝大部分农场所属工业企业因为原料供应和产品滞销问题停产；经营层面，缺少工业企业运营经验，工业生产过程中出现质量问题不能及时解决，导致产品质量不稳定，报废件层出不穷，浪费了工厂物料。到20世纪末，各农场还在存续的工业企业仅有兽药制造厂、生物化肥厂、塑料包装厂、制线厂4家，其余工业企业均停产或转产为农场其他产业。

21 世纪初，各农场开始注重科技在农业、工业生产中发挥的作用，在此期间，沿袭存续经营的工业企业的同时，也在探索新的利润增长点。同时，越来越完善的市场机制，也给农场企业带来了新的机遇和挑战。

一、兽药制造

1992 年，黄庄农场出资成立华燕兽药厂，主要生产兽药和各种系列饲料添加剂。兽药主要用于医治畜、禽种细菌性疾病，主要针对鸡、猪等畜禽，可以增强其抗病能力。有系列产品 19 个品种，其中畜禽用维生素复合 AD 粉和多种维生素为该厂主要产品，年产量和销售量占全部产品的 60%。但兽药厂的原料全部需要进口，没有直购渠道，中间商层层加价，生产成本居高不下，市场竞争力不足，2006 年停产，随后企业注销。

二、生物肥料制造

1993 年，黄庄农场建立生物肥料厂，主要生产农家肥及生物肥料。次年，与香港宝德公司和北京生物工程有限公司 2 家共同合作成立股份公司，主要生产无公害生物肥、有机肥、无机肥、生物菌和微量元素组成的生物复合肥，生产能力 3000 吨。2000 年停产改制，由个人承包，开发了酵素菌肥生产，并对全套设备进行改造。但新型设备仍然改变不了生产落后局面，经济效益差。2003 年销售肥料不足 200 吨，2006 年停产，随后企业注销。

三、塑料包装制品制造

1995 年，黄庄农场宝德塑料包装制品厂主要生产塑料包装袋，工艺包括吹膜（包装膜、里子膜）、印刷、制袋等，年生产能力 600～700 吨。1997 年，销售包装膜 248 吨、里子膜 248 吨、包装袋 718 万个，销售收入 1000 万元。1998 年，为适应市场需求，制品厂购置 8 色印刷机、制袋机。2000 年，积极研究生产出亚光膜、朱光膜、铝箔、蒸煮袋、降解膜等新产品。2002 年，完成 2 台分切机、6 色印刷机和三边封袋机的技术改造。成功研制低塑复合包装，并使塑-铝复合技术进一步完善，丰富了产品种类。

2004 年，宝德塑料包装制品厂重组扩建，搬迁至宝坻开发区石桥工业园，占地 2 万平方米，注册资金 2400 万元，更名为天津市宝德包装有限公司。天津农垦集团总公司投资 2400 万元，占股 70%，黄庄农场投资 700 万元，占股 30%。拥有 12 色大型凹版印刷机 3 台、干法复合机 2 台、吹膜机 4 台套、分切机 3 台、制袋机 7 台、药用铝箔印刷涂布机 1 台、铝箔分切机 1 台。2006 年在边迁址边生产的情况下，生产各种包装膜 935 吨，产值 2352 万元，销售收入 2095 万元。

2008 年，引进三层共挤吹膜机吹塑机组 1 套、涂布式复合机 1 台、数控式制袋机 1 台和分切机 2 台，在此基础上又新建固化室，2008 年实现销售收入 6500 万元，利润 200 万元。2009 年，扩建药包车间、印刷车间、复合车间、分切车间、吹膜车间和物流通道及库房。2009 年实现销售收入 6800 万元，利润 350 万元。2010 年实现销售收入 1.1 亿元，利润 353 万元。

2011 年，宝德公司由宝坻区石桥工业园迁址至宝坻区马家店工业区，新址占地面积 75 亩，其中建筑面积 23500 平方米，生产车间占地 20000 平方米。

四、水稻稻米加工

2009 年 1 月，黄庄农场与天津农垦集团总公司合资 2000 万元，成立天津黄庄洼米业有限公司。主要生产加工高、中档绿色有机大米、食味米和普通大米。企业占地面积 30 亩，其中生产车间 2000 平方米，投资规模 2000 万元。稻米加工业以黄庄大洼 25 万亩水稻资源为依托，打造了"黄庄洼"绿色食品品牌，显示了良好的市场前景。

21 世纪初至渤海农业集团成立的这段时期，农场企业进一步向市场机制靠拢，农场也探索了股份经营、合资经营等方式，希望将创办的企业延续下去，这时的农场企业独立性越来越强。能够生存至今的企业，都是积极通过开拓市场，迎合市场机制，建立顺畅的生产销售渠道的企业，已经具备现代企业的管理雏形。这个时期，农场企业实际上已经脱离了为农场供应产品的角色，转为直接向市场服务，而且随着农场"两费自理"、个人承包等新型经营方式的兴起，农场企业率先向现代企业模式转型，最终，3 家国营农场合并成立渤海农业集团，农场建制成为历史，农场所属工业企业也转变成为大型农业综合性集团公司的下属独立法人单位，成为国有农业资产的组成部分。

2020 年，渤海农业集团所属工业企业产值产量如下：①稻米加工产业。2015—2020 年总产值 3.42 亿元，大米总产量 7.64 万吨。②塑料包装制品产业。2010 年生产复合膜 3399 吨、非复合膜 1500 吨，产值 9891 万元；2015 年生产复合膜 5263.1 吨、非复合膜 9293 吨，产值 15102 万元；2020 年生产复合膜 2833.78 吨、非复合膜 1608 吨，产值 6260 万元。③尼龙搭扣及制线业。2015—2020 年总产值 4.99 亿元，生产尼龙搭扣 109473.6 万米，缝纫线 319.7 万塔，散装线 405.41 吨。

第二节 制 造 业

一、农副产品加工业

渤海农业集团现有的农副产品加工业，是天津黄庄洼米业有限公司作为代表的稻米加工产业。

天津黄庄洼米业有限公司成立于2009年，现有员工33人。公司拥有先进的稻米加工生产线、1.5万吨的原粮储藏库及1500平方米恒温成品库，年加工能力6万吨，日加工稻米200吨，是专业大米生产加工及粮食仓储贸易的综合型粮食企业，年营业额1.5亿元。

2010年，公司通过中国绿色食品发展中心绿色食品认证、ISO 9001质量管理体系认证。2012年5月7日注册"黄庄洼"商标。2012年，"黄庄洼"被评为天津市著名商标。公司被天津市粮油应急指挥中心办公室评定为粮油定点加工企业、天津市农业产业化经营市级重点龙头企业。2013年，被天津市人民政府认定为天津市农业产业化经营市级龙头企业。同年，根据市场需求建立了2000多平方米的低温储藏库及烘干塔，保证全年市场销售大米的质量安全和数量安全。

2017年，"黄庄洼"品牌被认定为天津市知名农产品品牌，公司被指定为第十三届全运会大米独家供应商。2018年，公司获得食品安全管理体系认证和危害分析与关键控制点体系认证。同年，公司聘请专业产品包装设计公司，对产品进行全线升级，形成编织袋、塑料袋、真空礼盒包装等更加符合市场需要的系列大米产品，受到广大消费者的喜爱。2019年，公司获得职业健康安全管理体系和环境管理体系认证。

2020年，"黄庄洼"牌小站稻米被评为天津好粮油。黄庄洼大米产品现已遍布市区50余家天食物美门店，并成功进驻京东、天猫小站稻旗舰店，黄庄洼品牌大米正在逐渐深入人心，成为天津市民身边的好大米。

公司配有日烘干粮200吨烘干塔1套、旋振筛2台、平面筛2台、去石机2套、砻谷机2套、谷糙分离机1套、碾米机5套、抛光机2套、色选机2套、自动化分装包装机和真空包装机3套。仓储能力为18000吨，其中低温恒温库5000吨，成品库2000吨，原料粮立筒仓及平房仓储存能力11000吨。

稻米加工的主要生产工艺是将收集的原粮，经过清理、去石、磁选、净谷等工序，进行谷糙分离，碾磨成成品白米，并进行抛光分类，直接生产可食用大米，其间通过米粒筛选、质量检验，然后入库封存，出库销售。

公司产品品种是成品大米。按米粒形状分为长粒和圆粒 2 种；按照商品名称和包装规格分为粒粒香、小站稻、洼田米、长粒香、花育稻香米、珍珠米、营养粥米 7 个品种 17 个品类。

2015 年，大米产量 14773 吨，从业人数 46 人，总产值 687 万元，利润 4.43 万元；2016 年，大米产量 16233 吨，从业人数 38 人，总产值 7174 万元，利润 279.20 万元；2017 年，大米产量 9390 吨，从业人数 37 人，总产值 4324 万元，增加值 701.86 万元，利润 410.12 万元，税金及附加 31.66 万元；2013 年大米产量 11308 吨，从业人数 36 人，总产值 5127 万元，增加值 568.74 万元，利润 132.26 万元，税金及附加 30.32 万元；2019 年大米产量 11719 吨，从业人数 39 人，总产值 5078 万元，增加值 277.64 万元，利润－262.21 万元，税金及附加 30.67 万元；2020 年大米产量 12936 吨，从业人数 36 人，总产值 5850 万元，增加值 219.73 万元，利润－248.25 万元，税金及附加 12.51 万元。

二、纺织业

渤海农业集团现有的纺织业，是以天津兴华织造有限公司为代表的化纤织造产业，主要生产尼龙搭扣和缝纫线。

1984 年 5 月 12 日，兴华公司成立，当年盈利 20 余万元，随后公司吸收农场其余闲置厂房，一直在扩大生产。1995 年，兴华公司购进 20 台织机，年生产能力扩大到 1500 万对米。2000 年，继续扩大生产规模，增加生产设备，继蘑菇头搭扣研制成功后，次年背胶搭扣（不干胶搭扣）的研究又取得突破性进展，为生产背胶搭扣这一新品种奠定了基础。

2004 年，投资 150 万元，购置设备扩建厂房。其中 60 万元增加生产搭扣的设备：织机 10 台和染整设备 1 套。新建织机车间 1 个，建筑面积 630 平方米，改造 1 个后整车间（建筑面积 30 平方米），新增设备当年投入使用。2008—2009 年，投资 600 万元，购进织机 20 台，大型上胶机 1 套，并添置了高温、常温、染色机及相关配套设施，更新了锅炉，新建了联合染整车间、锅炉房、配电室及库房等。

2010 年，兴华公司的市场开拓工作稳步推进，先后在北京、石家庄、秦皇岛等地设置办事处，又在青岛成立了分公司，形成了覆盖华北和东北地区的销售网络，同年兴华公司与加拿大 FAB 公司达成合作，开始进行尼龙搭扣外贸业务。

2014 年，兴华公司搬迁扩建至马家店工业园，拥有织机 300 台及配套设备，设计年产 3 亿对米搭扣。

2016 年，成立外贸部，入驻阿里巴巴国际平台，产品在欧洲、东南亚、东亚、中亚等地市场均有销售。2018 年公司营业收入达到 9300 万元，利润 150 万元。

2019 年引进全套无纺地毯生产线，主要包括：无纺针刺定型生产线 4 条，日均生产能力 25 万平方米；高速起绒机 2 台，平均日生产能力 10000 平方米；高效定型机生产线 1 条，平均日生产能力 75000 平方米。地毯类主要产品涵盖各种平纹及拉绒地毯、各类阻燃地毯，以及工程类土工布产品，在尼龙搭扣、缝纫线两大支柱产品外寻找新的利益增长点。

公司现有梭针式织带机 300 台、整经机 8 台、联染机 2 台、染缸 48 台、脱水机 7 台、放带机 4 台、起绒机 3 台、上胶机 4 台、切钩机 52 台、分条机 15 台、扣盘机 6 台、背胶机 3 台、制线打轴机 6 台、无纺针刺机 2 台，无纺定型机 1 台。

化纤纺织主要的生产工艺是将尼龙或涤纶长丝由小轴打成大轴，上织机制成半成品带，经染色、涂层烘干硬化、毛面起绒、钩面切钩后整理分条包装，也可按要求继续覆背胶，或使用热塑设备一次成型钩面。缝纫线则是由小轴分色染色，也可打散成捆，批量染色后烘干重新制轴销售。无纺布地毯则是通过对成品无纺布的修边、分切、起绒、热定型，将其加工为符合要求，单位面积重量不同的半成品地毯，再行销售。

公司主要生产由锦纶（尼龙）和涤纶化纤纺织的尼龙搭扣、缝纫线以及无纺布，有普通粘扣带、背胶型、射出钩型、软细钩型等各种规格、等级的粘扣带，不同粗细的缝纫线以及无纺布展览用地毯等产品。

2015 年，尼龙搭扣产量 20114.6 万米，缝纫线产量 82 万塔，从业人数 248 人，总产值 6013.5 万元，增加值 2027 万元，利润 94 万元，税金及附加 237 万元。

2016 年，尼龙搭扣产量 21084.8 万米，缝纫线产量 100.8 万塔，从业人数 252 人，总产值 6308.7 万元，增加值 2170 万元，利润 36 万元，税金及附加 336 万元。

2017 年，尼龙搭扣产量 19815 万米，缝纫线产量 76 万塔，从业人数 268 人，总产值 8345 万元，增加值 2155 万元，利润－261 万元，税金及附加 351 万元。

2018 年，尼龙搭扣产量 16356.5 万米，缝纫线产量 60.9 万塔，从业人数 263 人，总产值 9325.1 万元，增加值 3101.4 万元，利润 108.8 万元，税金及附加 401.2 万元。

2019 年，尼龙搭扣产量 13660.7 万米，缝纫线产量 212.01 吨，从业人数 288 人，总产值 9511.1 万元，增加值 2276.3 万元，利润－761.4 万元，税金及附加 275 万元。

2020 年，尼龙搭扣产量 18442 万米，缝纫线产量 193.4 吨，从业人数 268 人，总产值 10353.1 万元，增加值 3096.7 万元，利润－65.3 万元，税金及附加 292.3 万元。

三、印刷和记录媒介复制业

渤海农业集团现有的包装印刷业，是以天津市宝德包装有限公司为代表的包装印刷产业。

宝德公司是一家以塑料包装为主要生产产品的现代化包装企业。公司始建于1995年，由天津市黄庄农场投资成立，2005年搬迁至石桥工业园区，占地面积约30亩，2011年搬迁至天津宝坻马家店工业区，占地面积75亩 注册资金6260万元，由改组后的天津食品集团和天津农垦渤海农业集团有限公司控股。

公司主营业务分为2个系列产品，分别是复合膜软包装、非复合膜生产加工。公司可以生产各种不同类型的包装袋，如自立袋、立链袋，风琴袋，五边封袋，高、中温蒸煮袋，八连杯，果冻封口膜，冷冻系列包装，锡箔复合包装，国际药品包装，抽真空系列复合袋等；可以加工吹塑PE膜、流延CPP膜、CPP镀铝膜、PET镀铝膜等薄膜产品。公司包装产品主要销售给国内各大知名食品企业、药品企业和包装企业，主要大型客户包括统一集团、伊利集团、顶新国际、立白集团、农夫山泉、同仁堂、仁和制药、小肥羊、东方雨虹、修正药业、哈药六厂、长海集团等国内知名企业。宝德公司"视产品质量为企业生命，以优质服务面向社会"，相继通过了ISO 9001质量管理体系认证、ISO 14001环境管理体系认证、ISO 22000食品安全管理体系认证、BRC认证及药品包装铝箔复合膜注册证等。

公司的主要设备有12色双收双放印刷机1台、8色印刷机2台、10色电子轴印刷机1台、10色机械轴印刷机2台、干式复合机5台、无溶剂复合机1台、分切机9台、制袋机14台、吹膜机3台、流延机1台、真空镀铝机1台、流延分切机1台、镀铝分切机2台。2020年全年复合膜总产量2833.78吨，非复合膜总产量1608吨。

塑料包装膜的主要生产工艺是通过将复合膜印刷上要求图案，将其正反面覆上薄膜，然后经复合、熟化、分切，制袋后包装成成品。非复合膜则需要使用聚乙烯树脂吹膜，然后再进行复合、熟化、分切，制袋后制成成品；或者通过流延制成聚丙烯薄膜，然后镀铝形成镀铝膜，再将其分切，制成成品。

2010年，复合膜产量3399吨，非复合膜产量1500吨，从业人数145人，总产值9891万元，增加值958万元，利润353万元，税金及附加91.6万元。

2015年，复合膜产量5263.1吨，非复合膜产量9293吨，从业人数249人，总产值15102万元，增加值2847万元，利润250.7万元，税金及附加455万元。

2020年，复合膜产量2833.78吨，非复合膜产量1608吨，从业人数161人，总产值6260万元，增加值1346.1万元，利润－1082万元，税金及附加226.25万元。

第五章　第三产业

第一节　仓　储　业

农场发展至成立渤海农业集团后，谷物仓储业仅天津黄庄洼米业有限公司涉及，其具备1处粮食储藏库。

黄庄洼米业公司储备库原粮西库和保鲜库始建于2014年12月，均为砖混高大平房仓，原粮西库使用面积为1785.5平方米，保鲜库使用面积为1640.1平方米。

公司于2015年承接了市级成品储备大米3500吨储备任务，当时现有仓房仓储条件只能满足日常周转储存，为了能完成储备任务，确保成品米安全储存，2016年对现有仓房存储条件进行提升改造。包括对原料库仓房门窗进行保温和气密性改造，仓内安装制冷空调；对成品库仓外屋顶漏雨进行改造，仓内安装保温吊顶，仓房内墙面墙体附加保温隔热材料，对仓房门窗进行保温和气密性改造。此项改造由天津市储备公司按改造资金的60％提供资金补贴，其余款项由本公司自筹。目前该库房正常使用中，并与粮食储备主管部门联网。

第二节　批发和零售业

各农场在建场初期，批发零售业的发展一般是通过建立小卖部，方便职工生活，里自沽农场1962年就开设了小卖部，黄庄农场在1979年新建商店房屋1栋6间，货源由原宝坻县百货公司批发，实行自负盈亏的经营方式。至1997年，商店转让给职工个人经营。

1984年，大钟庄农场在宝坻县城建立了商业网点，主要经营日用百货及副食品的批发兼零售业务，1990年营业额为837.4万元。次年营业额1958.29万元，但经营亏损。

1992年，大钟庄农场进行烟草批发尝试，直接由厂家进货，并进行异地委托购买，通过地区差价明显提升经济效益，农场及时跟进，扩大销售网点，在宝坻区增加经销部，1992—1994年，盈利645.46万元。

1993年，里自沽农场位于宝坻区南关大街的宏发副食百货经营部正式营业。全店7

名员工，注册资金 5 万元，营业面积 60 平方米，年营业额近百万元。

1994 年，黄庄农场在宝坻县城建立了华宝商店。主要经营各种副食、烟酒等，以及其他日常生活用品，平均每年销售额在 150 万元左右。随着商业网点的密集、市场竞争激烈及其他多种原因，几年来，华宝商店累计资金亏损 30 多万元。1997 年，农场将其承包给个人经营，1998 年，将该商店关闭后拍卖。

1996 年，国家烟草政策调整，异地委托购买被禁止，烟草批发发展空间变小，农场负担加重，1999 年，烟草销售停止经营。

大钟庄农场其他批发零售业方面的尝试，多数经营周期都很短。如 1994 年，在宝坻县城租赁门市部经营粮油等副食品，1998 年因亏损严重而停办。1999 年，在宝坻再次成立商业公司，主要经营烟、酒、糖批发零售业务，但由于业务少、负债率高、亏损数额大，2004 年停止经营。

1998 年，里自沽农场宏发经营部扩大规模，将副食经营部扩展为副食超市并启动营业。同年，采用定向募集方式，成立宏发副食百货经营部（宏发超市）股份有限公司，设 161 股，全部由天津市里自沽农场和宏发副食百货经营部内部职工持有，公司坚持股权平等，同股同利，利益共享，风险共担的原则。至 1999 年已发展为营业面积 1600 平方米，资金 388 万元，商品种类突破 8000 种的综合零售超市。完成募集后，里自沽农场决定再购买 1 处 648 平方米的商贸楼，建立宏发副食经营连锁店。在此期间，宏发超市销售收入由 275 万元增长至 2420 万元，年利润由 3.6 万元增长至 150 万元，成为里自沽农场重要的经济支柱。

2000 年，里自沽农场投资 301.7 万元，扩建宏发超市北二楼，添置空调设备，建设服装城，进行服装零售销售。

2002 年，宝坻区原轻工业市场改造为双宝超市并营业，里自沽农场宏发超市经营情况受冲击，经农场领导班子和超市董事会研究决定利用价格策略保证市场占有率。

2006 年，劝宝超市在各大乡镇及千人以上的自然村共增加了 300 多家加盟连锁店，宏发超市的消费人群被明显分流，销售额受到了很大影响。

2008 年，宏发超市调整经营思路，投资 50 万元扩建 600 平方米品牌服装店开始营业。

2012 年，宏发超市业务日益萎缩，里自沽农场决定关停宏发超市，将房产租赁给天津十朋商贸有限公司，承租时间 10 年，随后关停退出。

2014 年 7 月，渤海农业集团和滨海中瀛公司共同出资组建天津农垦农产品有限公司（以下简称农产品公司），注册资本 500 万元（渤海农业集团占比 51%，滨海中瀛公司占比 49％）。主要经营销售农场农产品的初加工品和批发零售业务，包括供应商超、饭店、连锁购物商场等大客户，后逐步转为销售以天津食品集团旗下各单位的产品为主，其他农产品企业的产品为辅。

农产品公司从成立至 2020 年，探索多种业务经营模式，2016—2018 年，以生猪批量采购销售业务为主，农产品零售为辅。2019 年，猪肉市场下行压力较大，经营重点转为以米、面、蛋和粮油等产品为主，拓宽各项商品的市场销路，增加高品质、高附加值产品。

2016 年，营业收入 842 万元，亏损 52.47 万元。

2017 年，营业收入 537.91 万元，亏损 551.75 万元。

2018 年，营业收入 859 万元，亏损 127 万元。

2019 年，营业收入 868 万元，亏损 133 万元。

2019—2020 年，渤海农业集团将农产品公司剩余 49％ 股份购回，农产品公司成为渤海农业集团全资子公司。

2020 年 9 月 23 日，按照混合所有制改革工作要求，渤海农业集团将农产品公司所有股份无偿划转至天津市饮服餐饮服务有限公司，至此，农场批发零售业经营历史结束。

第三节　住宿和餐饮业

农场的餐饮业发展，是伴随着观光农业、设施农业的兴起而成长的。里自沽农场所属绿色世界现代农业有限公司，为了完善观光农业服务链条，结合农场鳖养殖资源，2009 年 9 月，成立水王府饭店，占地面积 40 亩，建筑总面积 2200 平方米，包括接待大厅 1200 平方米，能同时接待 300 人用餐，包间 15 间 270 平方米，能同时接待 180 人用餐，后厨房 440 平方米，附属设施 290 平方米。

水王府饭店的宗旨是打造"从田间地头到餐桌"的食品安全产业链，提供健康、优质、安全的放心菜品。客户群体以到观光园旅游的天津、北京及周边客人为主，兼以旅游团队、天津市中小学生团餐、大型婚宴、九园开发区企业商务、公司团建及企业年会等接待工作为辅。饭店所用原材料以基地自产绿色蔬菜和集团下属企业的米、面、油、肉、蛋、调料、鳖为主，菜品以农家菜品为主，其中鳖作为主打菜品，以湘菜为辅助菜品。

发展期间，2010—2013 年，有职工 45 人，2014—2015 年，有职工 35 人，2016—2019 年，有职工 25 人，2020 年 1 月停业，现转为经营绿色世界公司宝雅园区餐厅，职工 7 人，现提供团建简餐、接待正餐、旅游简餐等餐饮服务，作为宝雅园区餐饮服务的主要支撑。

中国农垦农场志丛

第三编

管理体制

中国农垦农场志

第一章　机构设置

第一节　机构设置沿革

一、建场至 20 世纪 90 年代

我国发展国营农场的初期，主要是中国人民解放军转业官兵创办军垦农场和为革命残废军人兴建一些荣军农场。这些初期创办的国营农场数量不多，对全国国营农场的发展进程来说是星星之火。随着全国社会主义建设的大规模展开，国营农场很快地发展到遍布全国，星罗棋布，呈现燎原之势。

为加强对国营农场的领导，中央人民政府农业部于 1950 年成立了国营农场管理局。1952 年 12 月，农业部成立了国营农场总局；1956 年 7 月，中共中央、国务院决定成立农垦部。1957 年 12 月，农业部召开全国国营农场工作会议，提出了今后国营农场的基本任务。第一，发展农牧场，扩大耕地面积；第二，大量增加农畜产品，供应国家和人民的需要；第三，从各个方面支援农业合作社；第四，为国家社会主义建设积累资金；第五，培养管理大规模农业生产的管理人员和技术人员，为将来大规模垦荒做好组织准备工作。国营农场逐步发展成为国家农业经济的重要组成部分。

1979 年 9 月，中共中央十一届四中全会通过了《关于加快农业发展若干问题的决定》，明确指示了国营农场的方针任务，努力办好国营农场，为国家提供更多的高产粮、经济作物和其他农副产品，目前仍然亏损的农场，要限期扭亏为盈。搞得好的，盈利多保，职工收入可以增加。

1983 年 1 月，中央发布的《当前农村经济政策的若干问题》又一次明确指示：国营农场，是国家重要的商品粮生产基地，应实行经济责任制，农工商结合经营，努力增加商品产量，提高产品质量，作出更大的贡献。

1985 年以前，国营农场利润不上缴，用以扩大再生产，搞好多种经营，兴办农业产品加工业，发展推销自己的产品商业，加快促成农工商联合企业，在农业现代化中发挥示范带头作用。

国营农场在创建初期的领导体制，是由农垦部门实行集中统一指导，有力地推动和保

证了事业的发展。1958 年，农业部给中央呈报了《关于农垦企业体制下放问题的报告》和《关于国营农场与农业生产合作社合并成立人民公社的报告》，国营农场层层下放给县，而各县没有设立相应的管理农场的业务机构，由县的政治部门对农场实行政治领导。

各级农场下放给县后，最突出的问题是物资供应中断，必要的物资无法解决。由中央和省投资兴办的国营农场大部分下放到省、县管理，便出现了混乱现象。一方面是政出多门，乱抬杆，乱计划，农场经营管理无所适从。另一方面是地方党政部门乱调农场耕地、物资，挪用给人民公社，化大公为小公。凡是下放到县的农场，生产力都受到不同程度的破坏。针对这些问题，1962 年以后，下放给县的农场，陆续收归省、市农垦管理机构领导，恢复健全了领导机构，保证了农场生产的顺利进行。

中共十一届三中全会以后，随着经济体制改革的不断发展，领导体制在稳定中不断完善。国营农场内部管理体制也经历了深刻变化，在较长的时间内实行党的绝对领导，党的一元化领导后，调整为党委统一领导下的分工负责制，党委领导下的场长分工负责制，但都是政企不分，党政不分。近几年来，随着农场改革的不断推进，实行了政企分开，逐步完善了以场长负责制为核心的农场内部管理体制。

黄庄、里自沽、大钟庄农场自 20 世纪 60 年代建场至 20 世纪 90 年代，由所属地区农林局垂直领导，为便于场和周围村队统一规划土地和解决排灌矛盾，初建时均经地区批准将场和区域内相近或包括村庄划归农场管理，实行分别核算自负盈亏，并由此建立党委领导下的场长分工负责制，管理机构主要为场和生产队（厂）2 级。场部设立生产、会计、供销、人保、政工等职能机构，计划、物资、产品、劳动工资和干部均由地区统筹统管，收支直接纳入国家预算，农工实行等级固定工资制，财务结算由国家统收统付，统负盈亏。在此期间，机构设置由简单的政治、生产、后勤 3 个办公室向细分化、专业化、职能化的处室开始发展。

二、世纪交替期间的建制变化

（一）黄庄农场

黄庄农场自建厂以来，农场内部管理机构一直分为总场（场部）和基层单位 2 级，总场机关设置相关职能科室。随着农场的发展，特别是改革开放以后，农场由单一的农业发展为农工商多种经营，根据农场各产业板块的需要和产业的逐步增加，到 1990 年末总场科室增设到 13 个。分别是党办、纪检、办公室、生产科、计财科、劳资科、后勤科、基建科、粮库、卫生所、派出所、计生办、工会。

1992 年 4 月，组建经销科，同时撤销后勤科。

1992 年 6 月，为加强安技工作，在原来生产安技科的基础上，分别设置安技科和生产科。

1992 年 12 月，国家粮食价格放开后，取消粮食补贴，粮库职能不再保留。农场取消粮库机构。

1993 年 1 月，农场开发各业项目，为明确责任，取消经销科，分别组建工商科和农牧科。

2001 年 9 月，为减员增效，农场机关科室进行整合，撤销生产科、农牧科、工商科、基建科，场部机关由原来 14 人减少到 10 人，综合管理相关事务，既分工明确又互相协调配合，整合后科室分为三大部分，即办公室、社区科、财务科，原来一些科室的工作职能由相关科室兼管，人人成为身兼多职的多面手。

2002 年，根据天津市人民政府及总公司有关文件要求，农场撤销派出所，恢复保卫科职能和建制。

2003 年以后，由于农场产业结构进一步调整，也为了上下级业务的工作衔接，原整合科室又恢复原来的名称。

2005 年以后，农场居住人口逐渐向市区和宝坻迁移，社区人口相应减少，农场卫生所规模也相应缩小。按照行业机构建制，社区原卫生所也变为保健站的职能。

截至 2010 年，总场（场部）机构设置职能科室 8 个，分别是党办、办公室、计财科、劳资科、保卫科、安技科、保健站、工会（含计生办）。

（二）里自沽农场

1996 年 12 月 31 日，为了适应改革开放的需要，增强党的战斗力，里自沽农场党委研究后决定在原有部室构成基础上，设立公司党委办公室，以提高全面服务的能力。

1998 年，农场按照减员增效的原则，精减场部机关和各基层单位的富余人员，场部机关保留 1 科 1 室，即财务科和综合办公室，相关职能合并，工作人员由原来的 44 人减少到 18 人，精简 59%。

（三）大钟庄农场

大钟庄农场与黄庄农场发展情况近似，1990 年末总场（场部）职能科室 14 个，分别为党办、办公室、计财科、肉鸡办、行政科、工业科、农业科、畜牧科、劳资科（含安技）、工会、计生办、基建科、派出所、化验室。

1992 年 3 月，机关机构改革，精简人员，肉鸡办并到畜牧科（1995 年撤销畜牧科）。基建科建制保留，但人员转到原第三蛋鸡场附近的八字桥门脸房，开办经济实体，搞三产

（后又组建津钟建筑队），场部工作人员由原 77 人减少到 50 人。

1993 年工业科、化验室撤销，在基层成立农牧业技术服务中心。

1994 年撤销行政科，有关业务由办公室兼管。

1995 年农业科与畜牧科合并，组建农牧科。

1998 年 9 月取消农牧科，组建物业管理办公室，其主要职能是对场内各行业资源对内对外承发包，并进行日常管理和与承包方签订合同，收取承包费等。

2002 年，根据市政府文件精神，农场撤锤派出所，恢复保卫科。

截至 2010 年底，场部机关设置职能科室 7 个，分别是党办、办公室、计财科、工会、劳资科、物业办、保卫科。

三、农场集团化后的机构设置

渤海农业集团成立前期，黄庄、大钟庄农场的场部已经合署办公，里自沽农场场部虽然单设，但北三场的工作基本已经统一管理、统一安排，这为 3 家农场集团化奠定了基础。

2013—2015 年，为整合农业资源，天津市推动国营农场集团化工作，黄庄、里自沽、大钟庄农场均地处天津市北部，故按便于管理的原则将北三场合并，成立天津农垦渤海农业集团有限公司，渤海农业集团吸收北三场的资产、人员、土地，按照现代企业制度建立公司架构，2013 年公司建立时，设立党委办公室、行政办公室、计财部、人力资源部、安全生产部、物业办公室 6 个部门。

2014 年初，增设企业管理部、审计部。

2014 年 12 月，渤海农业集团对部门职能进行重新分工设置，确定部门 9 个：党委办公室、行政办公室、企业管理部、财务部、审计部、劳资部、农业开发部、安全生产部、物业办公室。

2015 年初，根据天津食品集团要求，按需建立现代企业管理制度，完善法人和董事会管理机制，开始组织进行董事会工作，设立董事会办公室，与党委办公室合署办公。

2017 年，安全生产部更名为安保部，设立投资部。

2018 年，党委办公室更名为党委工作部，设立纪检监察部、潘庄农场综合部、党委统战部（与党委工作部合署办公）、房产部（与物业办公室合署办公）、武装部（与安保部合署办公）。

2019 年，设立法务部（与行政办公室合署办公）。

2020 年，投资部更名为规划与投资部，企业管理部更名为企业运营部，房产部更名为土地房产部，劳资部更名为人力资源部，物业办公室更名为社区管理部，设立党委宣传部（与党委工作部合署办公）、资产管理部（与企业运营部合署办公）。

截至 2020 年底，渤海农业集团共有部门 19 个，分别是党委办公室（董事会办公室、党委统战部，党委宣传部）、行政办公室（法务部）、纪检监察部、规划与投资部、企业运营部（资产管理部）、人力资源部、财务部、审计部、工会、安保部（武装部）、土地房产部、社区管理部、潘庄农场综合部。

第二节　机构调整与改革

一、建场至 20 世纪 90 年代

黄庄、里自沽、大钟庄农场自建场后，出于统合场周资源、共同进行农业集约化生产的目的，将场区周围的村庄及耕地统一划归农场管理，农场和村庄的生产仍旧实行分别核算，各负盈亏，在经营发展过程期间，1 套人马 2 套组织，经营上牵涉精力，农场代管村和邻近公社属村同步性差，后经地区同意，农场将代管村庄交回公社进行管理。

恢复为全民所有制农场后，北三场实行党委领导下的场长分工负责制，管理机构主要为场和生产队（厂）2 级。场部设立生产、会计、供销、人保、政工等职能机构，计划、物资、产品、劳动工资和干部均由地区统筹统管，收支直接纳入国家预算，农工实行等级固定工资制，财务结算由国家统收统付，统负盈亏。

这种管理体制在过去虽曾起过积极作用，但随着国民经济的发展，这种管理体制日益严重地暴露出它的种种弊端：一是政、企不分，以行政手段为主进行管理；二是企业成了政府主管部门的附属物；三是集中过多，统得过死，农场及所属单位没有自主权，缺乏经济发展时的生机与活力；四是分配上吃"大锅饭"，挫伤了企业和职工的积极性。随着改革开放程度的越发深入，统收统付，吃"大锅饭"的情况越来越不适应市场经济和改革开放的要求。农场也随之进行职能部门的增删合并，来适应生产力和生产关系的发展要求。

在此期间，北三场的场部均由政治、生产、后勤 3 个统合的部门向细分化、职能化、专业化发展，按照管理和发展产业的不同，增设经济类管理部门，如工业科、农业科、畜牧科，随着国家企业政策和劳动管理制度的不断健全，农场的机构也在随着政策进行调整，增设党办、工会、劳资、安技等职能部门。农场的机构设置改革的重心和出发点从以

农业生产为主，土地、社会化职能管理为辅逐渐转变成以服务农业经营为主，兼顾多种经营职能和社会管理职能为辅的综合经营机构。重心从基础农业建设、社会管理逐步转变到农工商综合发展经营上来。

二、20世纪90年代至合并前

20世纪90年代开始，改革开放程度越发深入，农场的社会化、中心化作用随着所属区县城市化程度的提高逐渐降低，在此期间，越来越多的农场职工迁离农场，农场人口在不断流失，社会职能工作内容越来越少，农场逐步转为纯经济经营，计生办、派出所、卫生院等社会职能部门逐步取消。

到2010年，北三场场部的管理部门基本统合，包含党办、行政办、工会、安技、计财、劳资等职能。经营发展由各所属企业独立推动。场部职能部门逐步与直接的生产经营活动脱钩，发展方向转变为服务、技术支撑、后勤保障等，进一步向现代企业架构发展演进。

三、农场集团化后的机构调整与改革

成立渤海农业集团后，农场时期基本确定的管理部门统合＋所属企业推动经营的模式继续发展完善，公司按照现代企业架构进一步完善管理方式，2015—2016年开始健全"三重一大"决策管理架构并将其纳入公司日常管理活动当中，组织架构由农场时期的扁平化逐步发展为金字塔式的"直线职能式"管理架构，即一部分为自上而下直线式的领导，另一部分按照专业化原则，组建各类职能部门，推动相应的工作。渤海农业集团上级天津食品集团各职能部门对应公司本级各职能部门，本级职能部门对应所属单位职能部门或工作人员。经营生产工作由各所属单位独自推动完成，公司本部彻底与经营生产工作脱离，转为监督结果、管控过程、专业指导、整合系统内资源的服务支持机构，各所属单位也按照要求，逐步结合自身实际建立职能部门。

农场集团化对应着机构改革的方向，原有的社会职能与经营生产职能相结合的局面逐步转变为经营为重，各职能部门的工作变化能够明显体现出以上趋势，如：党员关系方面，农场时期公司退休党员党关系由公司管理，现在均由公司党委或所属单位党支部转出至社区党组织管理；劳动关系方面，以前的人员档案与劳资档案由公司管理，现在退休人员档案统一移交至属地劳动局或档案机构，公司管理档案均为在职职工；组织架构方面，成立企业运营部、规划与投资部、电商事业部、法务部、审计部等部门，进一步规划，完善现代企业架构，充实专业部室职能与细分门类，形成现代企业管理经营新局面。

第三节　场办社会职能改革

黄庄、里自沽、大钟庄农场在建场选址时，为便于集中管理土地，尽量选择非自然村、荒地较多的地区，这导致各农场建场时交通不便，同时农场生产资料相对集中，农场职工的基本生活均在农场解决。北三场在建场时均有过吸收周边自然村的过程，但因管理不便，生产生活不能和公社下属村庄同步，吸收的村庄全部退回。农场在发展壮大过程中涉及的社会化管理职能仅限社区治安管理、卫生管理、教育3个方面，并随着农场社会职能的剥离和农场集团化进程逐步脱钩。

一、治安工作

黄庄、里自沽、大钟庄农场初建场时均建立场属治安派出所，农场发展期间一度受影响取消建制，北三场治安派出所于20世纪80年代根据天津市公安局〔81〕津公办字第24号文《关于恢复宝坻县三个农场治安派出所的批复》通知要求，重新恢复建制，派出所治安人员由企业派出，业务工作由宝坻公安局领导。

2002年6—8月，黄庄农场、里自沽农场、大钟庄农场治安派出所按照天津市政府办公厅文件要求，撤销农场治安派出所建制，取消其公安机关社会职能，将枪支弹药、警械、公安专用标志、公安印章及公安文档全部交回宝坻公安局，仅保留保卫科编制。随着农场经营发展，保卫科职能逐渐和安技部门合并，2015年合并成立渤海农业集团后取消保卫科建制，治安工作由安保部负责。

二、卫生健康工作

黄庄、里自沽、大钟庄农场自20世纪80年代就在各自的农场范围内设置卫生所，解决农场职工就医看病问题，90年代以前，卫生所只设在场部。1992年以后，大钟庄农场新家属区增设医务室，一般疾病可以直接到社区就诊，为职工提供方便。

2000年前后，农场长居人员数量减少，各农场卫生所逐步缩减规模，降级为保健站。2005年以后，安排医务人员在全场社区、家属区范围内流动出诊。虽然居民人数少，但此项服务措施强化服务功能，并在疾病预防、保健方面开展宣传，提高了居民的健康保健意识。后随着各农场保健站坐诊医生的退休，逐步取消建制。

三、教育工作

黄庄、里自沽、大钟庄农场均在 20 世纪 60—70 年代建立了场办学校，到 20 世纪 90 年代达到入学和办学规模的高峰，场办学校中、小学学生 500 余人，教师 46 人，每年毕业 100 余人。2000 年前后，随着农场的发展，农场职工迁出户数较多，农场居住职工人数减少，场办学校生源逐年减少，周边村镇公立学校逐步发展壮大，农场社区生源进一步被压缩分流，至 2009 年 5 月，北三场经与宝坻区政府、教育局协商后，将教师 26 名、学生 68 名一并移交地方管理并取消农场场办学校的建制。

第二章　经营机制改革

第一节　垦区集团化、农场企业化改革

一、改革开放以来，由单一农业化到农工商综合经营发展的企业化改革

改革开放以来，根据中共十一届三中全会精神，北三场均在经营管理上由生产型转变为生产经营型，改变了过去单一的农业生产状况，大力发展多种经济经营形式，转变为农工商综合经营。次年，根据国务院"对国营农场实行包干"的决定，1979—1985年，各农场独立核算，自负盈亏，利润不上交，成立农工商综合企业。

1984年，根据天津农垦集团总公司办字〔84〕378三号文《关于我系统所属14个农场增设公司名称的通知》，黄庄农场增设公司名"天津市农工商燕南公司"。里自沽农场增设公司名"天津市农工商沽泉公司"，后更名为"天津市里自沽农工商实业总公司"。大钟庄农场增设公司名"天津市大钟庄农工商实业总公司"。在此期间农场在进行合同签订，对外合作，工商注册等工作时均使用公司名，但农场本身并未改变所有制，管理结构也没有变更为现代公司治理结构。这是农场作为农业实体，在改革开放后，转变为经营实体后的1次宝贵尝试，随着公司法、劳动法等法律的建立健全，全民所有制企业也开始逐步向国有企业过渡。

二、发展新农业经济，由单一农场到多个农场整合合并的企业化改革

从20世纪90年代开始，北三场逐步发展多种经营，在保证农业基本盘的情况下发展工商业，经过多种尝试和长时间的发展，形成了农业养殖业、观光农业、制造业、批发零售业等多种业态结合的情况，但北三场都是各自成立下属企业，分散经营，各自为战，不能很好地和市场接轨。在推动农工商混合经营的发展过程中，绝大多数企业因为无法满足市场要求连年亏损，下马关停，形成了很多"四无"企业和壳企业，同样影响到了各农场农业主业的发展。天津农垦集团总公司出于现代企业发展的需求，本身在改组为天津食品集团前后，就开始推动国营农场资源整合，发挥资源集中化、产业化作用，推动黄庄、里自沽、大钟庄农场进行合并，并借此建立现代企业管理制度。2013—2015年，黄庄农场、

里自沽农场、大钟庄农场正式取消建制，统一合并为天津农垦渤海农业集团有限公司。按照公司法要求订立公司章程，进行工商注册，建立党委领导的，由党委会、董事会、经理层治理结构组成的现代企业。接续北三场原有的劳动关系、离退休人员、固定资产、社会资源等，正式以现代公司形式开始发展壮大。

第二节 农业经营管理体制的创新

一、黄庄农场

1985 年，农场试行职工家庭农场联营承包责任制，即在农场的统一管理下，将生产任务和主要劳动成果指标包干到户，实行定额上交，产量自销，保留职工身份，取消工资、奖金、福利等待遇，交够国家的，交够农场的，剩下都是自己的。这种承包责任的形式，职工家庭有了明确具体的责任制，多数家庭成员都关心生产经营效果。

同年，农场农业板块进行了结构调整，建立了 3 个职工联营农场，采取了联产和个人家庭承包。全年播种面积 4714 亩，粮食总产量 286.9 吨，产值 35.96 万元，比上年增长 121%。畜牧业上，加强对第一、第二养鸡场管理，大力发展养鸡业，执行按车间承包制，加强管理，降低损耗，全年饲养鸡 9198 只，产蛋 717.86 吨，产值 210.64 万元，比上年增长 261%，创造利润 22.17 万元。

1991 年 1 月，农场制定的经营管理改革规定：①全场各生产单位均采用大包的形式，单位向下可根据具体情况决定经营管理方式；②工资总额和超定额劳动费 1 次定死、灵活使用、盈亏自负、成本列支。

1992 年 1 月，农场企业改革工作拉开序幕，先后制定一系列改革相关规定和制度，基层各生产单位实行多种形式的承包经营责任制，主要有风险抵押和部分工资抵押，完成或完不成责任目标的奖罚办法等。在分配上打破工资，实施以岗定薪、计件工资、销售承包、系数工资法等。并按责任大小、贡献大小、工作好坏拉开档次，有奖有罚等。

1992 年 8 月，场制定土地承包办法，规定承包土地年限，实行"两费自理"。20 亩以内每亩上交各种费用 40 元，20 亩以上的部分每亩上交 70 元。

1993 年，农业和畜牧业一部分职工实行"两费自理"，土地由集体耕种改为由职工个人耕种，生产和生活费用自己解决。

1993 年，除农业和部分畜牧业外，对其他各单位实行核定工资（基础工资）总额。工资总额与经济效益挂钩。基层领导除实行这一政策外，同时实行风险抵押与利润奖罚办法。

1996年，第一养鸡场和奶牛场实行股份合作制。职工集资入股，流动资金自筹，固定资产折旧顶租赁费。

1997年，养鸡业总体实行固定资产租赁，民有民营，引资发展的模式和经营机制。重点培养和支持1～2个勤劳致富的典型，并且立足稳住2个外来养鸡大户，保证资源效益的稳步提高。

1997年11月，农场制定实施《关于加快企业改革的有关方案》，主要内容有：①实行资本与劳动相结合的原则，全场所有干部职工（含未招工的职工子女）按规定的数额和日期购买股份；②实行同股同利、同股同权、利益共享、风险共担的原则；③实行按劳分配与按股分红相结合的原则；④各单位股权设置根据资产构成情况分别确定；⑤奶牛场要进一步建立健全股东大会、董事会、监事会，逐步达到规范化；⑥场部和学校人员入股后，按4个生产企业的平均数享受分红或承担风险，同时设立职工持股会，发挥参与管理和监督的职能，退休、下岗干部职工可自愿入股。

1997年11月，农场改革推出多项举措，主要有：拍卖农机具和鸡舍、闲散房屋，放开放活农机队，职工养鸡承包或个体经营，将农场鸡舍、房屋、农机具作价，作为对职工当时至法定退休年龄期间"两费自理"费用的补偿，共涉及鸡舍、房屋面积13435.05平方米，涉及职工53人，农场不再对这些职工进行安置，职工自己"两费自理"，鸡舍、房屋产权归职工个人所有。

1998年，全场干部职工从上到下全部实行核定基础工资总额与经济效益挂钩的办法，企业利润先对职工奖励，然后按股分红场级领导班子及基层生产单位领导班子，逐层实行风险抵押经营目标责任制，完不成利润指标，扣除全部押金。完成和超额完成的按奖励办法奖励。

1999年，所属华宝兽药厂不断完善销售政策，实行定出差天数、定销售数量、定回款金额、定应收数限额的办法，调动销售人员多跑、多销、多回款的积极性。

2001年3月，对兽药厂进行股份合作制改造。

2001年7月，对化肥厂进行股份合作制改造。

2001年，宝德公司在原国有股份占60％的基础上，退出一部分国有资本，由职工个人持股，个人股份为10％，建立职工持股参加董事会，规范公司的经营管理，转变管理机制、调动全体员工积极性。

二、里自沽农场

1992年10月1日起，农场对外业务改称天津市农工商沽泉公司。1993年4月更名为天津市里自沽农工商实业总公司。

同年 12 月 22 日，根据中共十四大建立社会主义市场经济体系的要求和落实《全民所有制企业转换经营机制条例》的规定，农场成立天津市里自沽禽蛋公司、天津市里自沽农业公司、天津市里自沽信达公司、天津市华强公司，实行自主经营，独立核算，自负盈亏。原地热养鸡场、场部养鸡场、第七大队养鸡场、第五大队养鸡场、杨庄养鸡场、富源养鸡场、三义庄养鸡场隶属天津市里自沽禽蛋公司。原第一、二、三、四大队、第五大队果园、果园队、养鱼场、园田队隶属天津市里自沽农业公司。原里自沽农场奶牛场隶属天津市信达公司。出台里自沽农场《1992 年基础企业承包办法》，以组建公司为核算单位，享有生产经营管理自主权，实行供、产、销一条龙生产经营，直接面向市场，有权进行工商、税务登记，办理执照、银行开户等相关活动。

1993 年 1 月，农场所属农业公司根据总公司和场党委的指示精神及农场实际情况决定，从 1 月 1 日起凡农业公司干部职工取消工资，工资关系封存归档，每人 1 份生产资料，每人 25 亩生活田，其中 10 亩按人头分，15 亩以基本工资为基数在全公司范围内平衡分配。承包果树、鱼池的职工按承包土地方法核算亩数。

1994 年，农场进一步完善各项承包措施，调动广大职工的生产积极性，农业实行"两费自理"，土地、小型鸡场、小型商店全面实行租赁承包经营。

1997 年，农场结合实际对农业职工"两费自理"农业政策进行了深化改革，对土地资源实行资源资本化经营。采取对现有部分土地进行企业与职工共同入股经营方式，职工可以另行从事经营其他活动，此项改革一举使土地资源收益成为农场重要经济来源，得到了各方面的认可。

2003 年，里自沽农场实行货币分房，规定从职工应享受住房标准面积中扣除其平房面积，平房仍属于职工个人所有。经统计里自沽农场现有平房 169 户，面积 12784.12 平方米，其中正房 7783.62 平方米，倒房 5000.5 平方米，围墙 1268 米，自建附房 1173 平方米。同时包括对外出租的鱼池，场地上的变玉器、低压线路、看护用房等。

三、大钟庄农场

1991 年底，农场改变肉鸡场生产流程，将种鸡、孵化、肉用鸡产成品一条龙的计划型改为售蛋（种蛋）、购鸡的市场型，将仔鸡场调整为蛋鸡场。

1992 年，农场推行了统分结合的双层经营机制，制定了销售承包利润分成，指标承包及大包干等多种承包办法。同时，对基层企业实行了包死基数，保证上缴，超收多留，少收不补，资金自筹。

1993 年，农场果树鱼池个人承包，"两费自理"。

1994 年，农场所属振华公司实行"大公司、小经销部、多业务员"的经营机制。全场实行所有权与经营管理权分开"两权分离"的承包经营责任制，试行了企业效益同经营者个人收入直接挂钩的做法，在分配上拉大了经营者与生产者，经营者与经营者之间的档次。比较科学地解决了计划经济时期干好干坏、干多干少、盈亏大小都一样的经营者在分配上的"大锅饭"行为。农业产业实行了多种经营成分，多种经营方式并存的经营模式；工业实行国有国营、利润分成；畜牧业板块实行国有国营单位核算、国有民营"两费自理"、租赁承包场内资金合作 3 种经济成分并存；第三产业板块实行国有国营利润分成、包死基数超额分成、国有私营 3 种经营模式。

1995 年，农业土地向有经营能力和管理知识的个人手里转移，培育职工＋农户集约型的"两费自理"模式，即土地实行个人承包经营。

1996 年，各基层单位可根据本单位实行设计计件、计量、生产指标、毛利额、净利提成、费用包干等多种奖励办法。

1998 年，针对农场所属小型工业企业亏损严重的问题，决定放开放活，即软管厂的厂房设备租给职工经营，费用自理。津宝工具厂租给职工个人经营，设备作价卖给职工。机加工车间"租壳卖瓤"，个人经营，设备变卖，厂房出租。同时部分亏损企业申请破产，减轻农场负担，如饲料厂、冷冻厂、肉鸡场、孵化场、振华线厂、中华时装厂、农垦制衣厂等。然后调整和完善所有制结构，在压缩国有企业规模的同时，发展、支持、扶持非国有经济，把其作为安置下岗职工、富裕职工的重要途径。

2001 年，振华公司宝利华洗浴中心以股份制形式改制。商业整体改变了经营机制，由过去的国营（农场经营）改为个人承担（租赁）经营。

四、潘庄农场

1997 年，潘庄农场职工分流，潘庄农场同意职工在农场土地上自建养殖用房，自主经营，农场不再负责安置工作，实行"两费自理"。自建养殖用房人员 40 人，建筑面积3079.57 平方米，

五、渤海农业集团

成立渤海农业集团后，农场各所属单位均按照要求转为现代企业架构，体制机制沿袭原有产业情况，机制层面以完善现代企业经营框架为主，经营体制机制变化主要集中在经营重心、经营策略等方面。因公司本部与生产经营工作基本脱钩，经营体制机制变化主要

集中在所属单位。

（一）红港公司

2010 年，红港公司采取多台机械同时作业，提高了劳动效率。同时采用播后覆盖无纺布措施，既节约了人力、水电，提高了出苗率，还达到了提前出苗的目的，做到了既节能降耗，又能生产出优质草坪。

2011 年，通过创新研发薄膜沙基质全根草坪种植技术与单股丙纶纤维模块草坪加固技术，红港公司推广面积 10 万平方米，营业收入 1248 万元，达到了国内领先水平。

2012 年，公司调整草坪基地生产结构，由过去生产不同等级的草坪转为重点推出高质量的精品草坪和足球场等专用草坪，提高产品附加值，提升市场占有率。

2013—2016 年，红港公司与天津师范大学生命科学学院合作研究垃圾堆肥自主肥效强化技术在地毯草皮生产中的应用与示范项目，总体目标为在具有自主知识产权核心技术的基础上，借鉴现行的草皮生产模式，研究草皮的冬季生产，低温保存，垃圾堆肥基质草皮生产中的堆肥菌剂利用，纳米微肥开发及其在草皮抗旱、耐盐性能等方面的应用示范，使城市生活垃圾资源化利用与草皮绿化有机结合，组建生活垃圾最大资源化、高效多途径利用体系。该技术体系应用，实现了草皮生产的资源节约、成本降低和效率提高。

（二）嘉禾公司

2020 年，按照天津食品集团打造天津放心菜篮子工程的精神，嘉禾公司调整养殖结构，与养殖户进行鲈鱼繁育与养殖的合作，由纯观赏鱼养殖逐步过渡到观赏鱼与食用鱼兼养的养殖结构。此举克服了纯观赏鱼养殖带来的行业风险。

（三）广源公司

公司针对鸡群疫病防控流程进行规范，积累鸡只养殖数据，检测不同日龄鸡群抗体、饲料原料、水质、空栋鸡舍环境，搭建重要疫病（MS/MG/IB）数据库，把控生产流程。同时与瑞普公司、易邦公司进行技术交流，建立疫病预警与防控机制，及时掌握国内外流行病信息，研判病情，更新疫情处置方案。加强与市畜牧科研所、中国农业大学专家团队合作，加强技术培训，提升广源公司技术人员在饲养管理、疫病防控的能力。

（四）绿色世界公司

2014 年，绿色世界公司将经营模式由生产耕种向休闲采摘转变，原有规模种植的温室桃、杏、葡萄、李子等水果不再进行种植。改为进行设施农业果蔬的多品种种植，包括草莓、西红柿、黄瓜、甜瓜、西瓜、桃、樱桃等。以品种多、口感好为种植目标，主要面向游客和团队进行采摘销售。采摘销售收入逐渐成为公司农业收入的主要来源。

（五）兴华公司

2019 年，兴华公司在原有尼龙搭扣带和缝纫线产业的基础上，增加自粘布生产线，将公司的两大支柱扩充为三大支柱，开发了新的利润增长点。

第三节　新型劳动用工制度的构建

各农场自建场至 1984 年，推行编制定员和劳动定额的管理制度。农场补充人员主要是就地招收符合条件的农场职工子女，形成"自然增长"。即职工子女达到就业年龄，不能升学且有劳动能力的，由农场根据需要，自行安排参加工作，国家承认参加工作的职工子女为全民所有制职工。

1986 年，劳动制度改革，从这时开始，各农场招工在劳动部门下达指标内，面向社会招收工人，新招收工人一律实行劳动合同制。

1991 年，黄庄农场印发《黄庄农场劳动制度的通知》，规定为了加强劳动管理，提高劳动生产率，凡招收的新工人必须全面考核，择优录用。新就业人员必须经过三级安全教育方能上岗。为提高新招工人素质，从基层到农场劳动部门层层严格把关。

20 世纪 90 年代初期，随着生产规模扩大，大钟庄农场曾根据农场所属单位用工特殊性需求，雇佣了一部分临时工和季节工。至 90 年代中后期，多数企业停产后，临时工全部解雇。

1995 年，黄庄农场为规范劳动纪律，根据《企业职工奖惩条例》，结合单位实际制定《黄庄农场场规场纪》，教育和约束职工遵守劳动纪律，认真落实岗位责任制。同时，规定执行劳动纪律好的人员要激励和鼓励。对违反劳动纪律的人员要惩罚或作相应处理，做到奖罚分明。

1996 年，各农场在劳动用工制度上实行了重大改革，废止了"统分、统招、内招和子女接班"等制度，实行全员劳动合同制，所有在册职工全部签订劳动合同，并在当地劳动行政部门备案，招用职工面向社会公开招录，并有权依法制定劳动报酬，辞退违纪职工，农场职工由"国家职工"变为"企业职工"。

20 世纪 90 年代末，农场经营遭遇瓶颈，用工制度随着经济形势开始收紧，黄庄农场制定下岗失业人员安置的相关办法，实行下岗挂编和内部退休政策，科级干部男 55 岁、女 50 岁，经本人申请，经同意可实行下岗挂编，原待遇不变。职工男 50 岁、女 45 岁，经本人申请劳资部门同意可实行内部退休。大钟庄农场暂停招工，逐步引导职工分流，如通过资产置换身份、一次性发放安置费，提前退休等。这些政策的出台有效地缓解了人员过剩的问题，调节了一段时期内的就业压力。

20世纪初，为促进劳动关系和谐稳定，各农场建立工资集体协商和集体合同制度，合同约定按15%幅度增长工资，并通过党政工三方联席签订工资集体协议，通过职工代表大会审议，劳动工资的增长开始推行集体协商机制。

2005年5月，为适应市场经济发展需要，各农场所有用人单位实行新的用工机制，新增员工一律从劳动服务公司劳务派遣人员中聘用，劳动合同与劳务派遣公司签订。

成立渤海农业集团后，公司以国企改革三年行动圆满收官为目标，推进三项制度改革，健全职工招录、培训和考核体系，逐步建立以劳动合同制为核心，劳务派遣人员为补充的市场化用工制度，结合企业实际出台《劳动用工管理办法》。

建立青年人才筛选体系，对企业系统中的青年人才加大扶持力度，拓宽上升渠道，给予到各企业、本部机关了解各项工作，各类产业的机会。

加强技能培训和就业服务，加大政策扶持力度，拓展就业渠道。对符合条件的农垦企业失业人员及时进行失业登记，并按规定享受失业保险待遇。对符合就业困难人员条件的农垦企业人员，按规定纳入就业援助范围，形成现代企业劳动用工管理制度体系。

第四节　国有资产监督体制的健全

农场时期，国有资产监督具体工作基本是经由财务审计工作扩展到专项审计工作，再经由内部审计工作体系的建立逐步完善的。

1998年，大钟庄农场制定了《大钟庄农场内部审计工作规章制度》，对所属各单位进行内部监督，设置2名审计人员，1名专职，1名兼职，每季度对所属单位进行1次初审，每年1次总审，同时单位与单位之间进行互审，保证了各项财务制度的有效落实。

1999年，黄庄农场在原有实施内部审计有关规定基础上又进行了规范和完善，制定《黄庄农场内部审计办法》，并设置专门机构。审计办法规定：内部审计工作每季度进行1次初审，年末进行1次总审。组织各单位之间进行互相审计。

大钟庄农场在20世纪80—90年代，基建投资规模大，国家政策调控，使农场相关行业受到影响（如鸡蛋价格放开，取消价格补贴），大多数基层企业出现亏损，加上资产负债率高，经营困难。

1998年，农场多数企业停产，2002年，资产总额为8982万元，负债总额为11914万元，其中各金融机构贷款8181万元，历年累计亏损3446万元，年末所有者权益合计－2932万元，农场已经资不抵债。

2002—2005 年，大钟庄农场重点处理不良资产和减债。在天津农垦总公司（现天津食品集团）的大力支持下，经过多方面努力，协调各有关部门，用 2477 万元的成本核销了 1.2 亿元的贷款本息，甩掉了企业包袱，避免了国有资产的流失，进一步体现了国有资产监督体制的作用。

成立渤海农业集团后，管理机制方面，建立完善了"三重一大"审核制度，自 2015 年起，建立董事会，设立董事会办公室，任命董事会秘书，完善现代公司法人治理结构。制度体系建设层面，逐步完善章程，结合《公司法》，添加党组织前置审议相关内容，印发修订"三重一大"会议议事规则，结合公司《投资管理办法》《资金管理办法》等制度，建立自上而下的、由宏观到微观的制度监督体系。资本配置方面，整合公司种植业板块，成立小站稻公司，整合水产板块，成立嘉禾田源与天食水产公司，随着资源集中整合，天食水产公司吸收嘉禾田园公司，小站稻公司吸收黄庄洼米业公司，进一步突出资源集中化，规模化作用。社会职能方面，吸收农场时，已经基本与其社会化职能脱钩，凸显国有企业经营主责。最终形成完善的国有资产监督体制，即经营决策有把控，管理过程有监督，保证国有资产保值增值的局面。

第三章　计划财务管理

第一节　概　　况

农场初建场到改革开放初期，财务管理和结算均由国家进行统收统付，统负盈亏。中共十一届三中全会后，1979 年 2 月，国务院批转了《财政部、国家农垦总局关于农垦企业实行财务包干的暂行规定》，确定 1979—1985 年，对农垦企业实行"独立核算，自负盈亏，亏损不补，有利润自存，发展生产，资金不足可以贷款"的财务包干办法。农场财务经营体制由调度集中统一计划经济体制转变为市场经济体制，企业也由高度统一集体经营改为多种形式承包经营。为适应改革后环境，各农场财务管理相关制度和办法也相应地作了调整。

同年 9 月，中共中央十一届四中全会通过了《关于加快农业发展若干问题的决定》，明确提出了国营农场的方针任务。努力办好国营农场，为国家提供更多的商品粮、经济作物和其他农副产品，目前仍然亏损的农场限期扭亏为盈。搞得好的，盈利多的，职工收入可以增加。

1985 年之前，国营农场利润不上缴，用以扩大再生产，搞好多种经营，经营农产品加工业，发展属于自己的产品的商业，加快建成农工商联合企业，

1991 年，黄庄农场制定并下发《黄庄农场财务管理实施办法》，对加强企业在承包经营过程中的财务管理，最大限度地提高资金使用效果起到重要作用。

1992 年，随着农场改革的逐步深入。农场在财务管理方面实行"分灶吃饭"，即基层每个核算单位分别在银行开设账户（1993 年又在工商部门办理了营业执照），基层单位真正成了法人单位，在资金使用上打破了统收统支体制，并按银行划拨的各单位固定资金和流动资金占用额下发，还贷还息，农场场部不再统筹。"分灶吃饭"后，经营管理及效益好的单位可以加快还贷速度，减轻包袱，不再受全场资金紧张的困扰。这样，财务部门主要职责和工作重心随之转移到制定资金管理办法及监督各单位资金使用等方面。

1992—1993 年，为深化改革、发展经济，原大钟庄农场、黄庄农场和里自沽农场分别由农场名称先后更名为大钟农工商总公司、黄庄农工商总公司、里自沽农工商

总公司，更名后财务管理以各农场及下属子公司为单位实施独立核算，农场对下属子企业财务实施统一管理，各农场财务科的行政管理职能与经营服务职能得到了充分的体现与发挥，财务管理体制得到了进一步的发展与完善。

1996年，黄庄农场制定财务审批制度，规定资金数额使用权限，并规定开支1000元以上必须由场长审批，基层单位基建工程经报基建部门和财务部门进行预算同意后，再报场长审批同意后方可施工，基层单位固定资产经财务同意后报场长审批后方可购置。这些财务制度对于集中、统一、协调资金使用实施了有效的把关。

2008年11月，按照上级主管部门天津农垦集团总公司的安排部署，各农工商总公司及下属子企业逐步推行财务会计电算化核算，初步实现了由财务软件进行财务核算替代手工记账的转换，借助财务软件实施财务网络化树形管理。国有企业改革不断深化，为进一步发展现代农牧业及农产品加工产业奠定了基础。

渤海农业集团成立后，各农场财务核算逐步向渤海农业集团集中统一核算转移。2015年渤海农业集团先后吸收合并了大钟庄农场、黄庄农场和里自沽农场，并承继对原吸收合并各农场所属子企业财务实施统一管理，各子企业财务实施独立核算，自主经营，自负盈亏。

2017年，渤海农业集团财务核算报表以合并范围内所有企业为依托编制合并报表，财务电算化水平不断提高。

2018年，渤海农业集团又对天津市农工商天宁公司（原潘庄农场）实施吸收合并，对其旗下所有子企业实施财务统一管理。

根据国家及天津食品集团相关财务法律、法规，结合自身实际，渤海农业集团以建立现代企业财务管理机制为目标，从资金资产管理、应收账款管理、存货管理、档案管理、财务人员队伍建设、预算管理、经济业务事项处理、程序管理、财务制度建设等方面入手，先后制定了18项内部会计控制制度，基本使渤海农业集团各项经济业务的发生做到了制度化、规范化、程序化管理，从财务制度上为渤海农业集团各项经营核算提供了保证支撑。

第二节　计划管理

农场建场初期，各农场进行农业生产前就开始制定计划，生产计划机制贯穿了农场发展的各个阶段，从发展趋势来看，20世纪60—90年代，生产计划是较为简单的目标-结果制，即年初制定目标，年底按照实际经营情况确定目标是否完成。

随着国有农场的财务机制由统收统分变为独立核算，各农场的经营状态由单一农业经营转变为多种产业经营，农场的生产从单一的农业种植扩展到各个产业，生产计划开始逐步转变为经营计划，计划内容不断充实扩大，转变为总目标-总结果制，是将数个目标-结果计划汇总形成的综合经营计划。这一阶段的计划管理特点是，各农场对所属单位的计划进行汇总，农场本身也参与经营，计划的时间周期都是年度，计划周期没有向下细分。

20世纪初，各农场经营出现瓶颈，经营管理工作要求提高，经营者开始逐步探索计划的过程管理和确保目标实现的落实措施，计划管理逐步现代化，各农场整体的经营计划还是总目标-总结果制，但其所属单位计划管理的时间周期开始从年度细分为半年度、季度或月度，逐步向过程管理发展。

渤海农业集团成立后，计划管理工作进一步发展细分。经营方面，每年底，公司层面汇总各所属企业的经营计划，制定新一年的整体经营计划；投资方面，每年底由规划与投资部负责汇总制定公司投资计划并上报上级单位核准；资金使用方面，每年底由财务部负责汇总制定公司资金使用计划、预算指标；土地房产租赁方面，由土地房产部制定公司土地房产租赁使用计划；公司各职能部门，按照各自的工作，制定部门工作计划，如党建、安全、审计、人事等。

此阶段的计划管理已经发展演变为目标核准、过程管控、实施监督和结果反馈的工作闭环，计划制定后，按照职能的不同通过"三重一大"集体决策核准实施，实施过程中，所属单位的经营工作按照月度或季度上报本部，公司本部对各所属单位的经营过程进行管控和实施监督，过程中出现问题及时提示和纠正，每年落实计划完成情况，对结果进行反馈，包括兑现绩效薪酬，以此为基础制定下一周期的目标并对不同经营结果的经营主体进行调整。各职能部门也按照直线管理原则，对接各所属单位职能部门或人员，推动各项工作落实，从而实现公司整体的经营目标。

第三节　统计管理

自建场至20世纪90年代，各农场的统计工作基本由财务工作覆盖，且统计工作的本质是各单位核算产量产值，然后向上汇总，没有形成现代统计体系。

1992年8月30日，国务院决定从1992年起在全国分2步实施新国民经济核算体系方案，天津农垦集团总公司（现天津食品集团）将统计工作单独划分，建立自上而下的统计工作，由财务部门负责，上报国民经济基本情况，这时统计工作重新建立了统一格式、统一渠道的报送传达体系。

成立渤海农业集团后，统计工作在沿袭以前年度工作方式外，对天津食品集团编报月报、季报、国民经济基本情况统计年报以及上级主管部门布置的国家统计调查报告。根据综合统计数字为渤海农业集团财务核算和领导决策提供可靠的数据。

第四节　财务管理

一、财务管理概况

20 世纪 90 年代初，各农场建立了财务分析制度，财务监督制度等，对农场生产经营和发展起到了较大作用。当时虽然基层企业单独核算，但是在资金使用上还是全场范围内统收统支的传统办法。

黄庄农场为促进流动资金的周转，监督对流动资金使用，杜绝各类非法占用行为，在流动资金方面实行有偿使用规定，即按现行银行贷款利率结算利息，并强调流动资金专款专用，只限生产和流通过程中使用，不准挪作他用。同时，对限额流动资金实行严格审批程序，以及对储备资金强调以销定产，促销压库。在成本管理上，规定成本开支范围，控制成本支出。大钟庄农场为防止流动资金沉淀或挪作他用，实行财务流动资金核定各单位使用定额的规定，明确各单位使用数额和范围。提高基层单位对资金使用的效益观念，达到少占用、早回收，保证现有资金用于支持正常的生产活动。这种统收统支的传统办法，不能从根本上解决资金管理方面的弊端。

渤海农业集团成立后，为规范渤海农业集团及所属企业资金的运作和管理，提高资金使用效益，防范资金运作风险，自 2018 年起，渤海农业集团不断完善健全各项制度，针对资金管理先后制定了《资金管理办法》《货币资金管理办法》《资金集中管控工作管理办法》《使用财政性资金绩效管理实施细则》等相关财务制度，完善现代企业资金管理制度体系。

二、资金集中管控

2017 年 8 月，根据《天津食品集团资金集中管控工作管理办法》的要求，渤海农业集团及所属企业资金全部纳入天津食品集团资金结算中心，资金按食品集团结算中心要求进行"收支两条线管理"，由天津食品集团财务部担负资金调度、管理职能。各经营主体单独设立银行资金池结算账户，资金均通过收入账户和支出账户分别结算。

渤海农业集团及所属企业于每月向结算中心上报下一个月的资金使用计划；每周五

16 点前和每日 16 点前向结算中心上报下一个周和次日的资金使用计划，经天津食品集团结算中心批准后安排使用各项资金支出。

三、银行账户管理

2015 年，为进一步规范银行账户管理，保证资金安全，避免多头开户，减少闲置账户，渤海农业集团根据《天津食品集团银行账户管理办法》要求，结合自身实际制定了《渤海农业集团银行账户管理办法》，定期组织对所属企业和已无实际合作的闲置银行账户清理工作。

渤海农业集团及所属企业开立银行账户实行审批管理，审批权限分为：渤海农业集团开立账户由天津食品集团审批；所属企业开立银行账户需经渤海农业集团审核后报天津食品集团审批，企业经批准后方可办理银行开户手续。所属各企业财务部门负责统一办理本企业银行账户的开立、变更、撤销手续，并负责日常银行账户使用和管理。

四、资金管理

1. **货币资金管理** 货币资金包括现金、银行存款及其他货币资金，为保证货币资金安全，降低资金使用成本，根据《天津食品集团货币资金管理办法（修订版）》，渤海农业集团 2020 年制定了《渤海农业集团货币资金管理办法》，办法中明确规定了对现金、银行存款和其他货币资金的管理。

2. **重大资金管理事项** 为进一步防范资金风险，渤海农业集团又对重大资金管理事项的关键环节做出规定，自 2018 年起，渤海农业集团已连续 5 年对《渤海农业集团资金管理办法》进行修订，资金管理办法中对借款事项及签批手续进行了具体规定，借款必须经相关决策机构按照决策权限进行决策批准于履行规定的签批手续，签订合同后方可办理款项借出。每月 10 日前，按银行同期贷款基准利率收取资金占用费。

五、应收账款管理

农场时期，各农场均规定现金库存量不得超过场部下达的限额。各部门和各单位对职工个人借款一律不得准批。对外部所欠的销售货款及时清算，不得拖欠，坚持钱货两清原则，特殊情况需主管场长批准。

渤海农业集团成立后，为了有效控制应收账款额度，规范销售回款管理工作，缩短应收账款占用时间，提高资金使用效率，防止和减少坏账的发生和不良资产的形成，2020年，修订《渤海农业集团应收账款管理办法》。

六、预算管理

2015 年至今，渤海农业集团一直延续天津食品集团全面预算编制工作，为提升进一步规范经营管理和财务管理行为，2020 年制定了《渤海农业集团全面预算管理办法》，成立了渤海农业预算管理委员会。渤海农业预算管理委员会是由公司董事会直接领导、组织实施全面预算管理的决策和管理机构，委员会主任由渤海农业总经理担任，副主任由分管财务的副总经理担任，委员包括渤海农业分管各领域的副总经理。预算管理工作办公室设在公司财务部，负责日常预算事务的处理。办公室主任由渤海农业财务部部长担任，办公室成员包括党委工作部、行政办公室、企管部、人力资源部、投资部、土地房产部、财务部、法务部、审计部、安保部等各部门负责人。

预算管理委员会职责：①根据渤海农业远景规划、发展战略及中长期计划，制定企业本年度预算控制目标；②审批有关预算管理的政策、规定、制度等相关文件；③制定全面预算编制的方针、程序和要求；④审查渤海农业总预算草案和各企业预算草案，并提出修订建议；⑤将经过审查的预算方案提交渤海农业董事会审议，通过后下达正式预算；⑥审批预算管理奖惩办法；⑦协调预算管理中出现的问题；⑧审批预算调整事项和在必要时对预算执行过程进行干预；⑨接收预算与实际比较的定期预算报告，审定年度决算。

经营年度内，正式下达执行的预算，一般不予调整，如在预算执行中由于市场环境、经营条件、政策法规等发生重大变化，使财务预算的编制基础不成立，或者将导致预算执行结果产生重大偏差的，可以在半年度按照相关程序调整 1 次。渤海农业对各企业的预算考核，由渤海农业预算委员会组织相关部门组成联合考核组，于当年年终决算审计结束后对各企业预算收入及利润指标执行情况进行考核。

七、财务档案管理

渤海农业成立后，财务档案进行统一管理，原 4 个农场及下属子企业财务档案分散在各个农场，由于档案存储环境和管理不善，财务档案出现毁损，需要进行重新收集归档。

2019 年起，组织财务人员对农场及下属子企业档案进行整理造册，以各个农场为单元安排专人分别管理。

2020 年，制定《渤海农业集团财务档案管理办法》，建立和完善会计档案的收集、整理、保管、利用和鉴定销毁等管理规定，保证会计档案的真实、完整、可用、安全。

八、财务队伍建设

渤海农业集团成立后，不断对旗下产业板块进行整合。整合后渤海农业集团共涉及 4 大产业板块，所属企业 6 家，托管企业 3 家，财务人员 33 人，其中具有中级会计职称的 4 人，初级会计职称的 14 人，本科以上文凭的 28 人，既有从事多年财会工作有着丰富实际工作经验的财务人员，又有近几年新毕业大中专及本科生，形成新老搭配、经验互补的财会队伍。为提升财务人员财务水平，公司财务部每季度组织召开例会，学习相关法规及制度并对工作中存在的问题进行交流，对财务人员实行跨企业岗位轮换。

九、经济业务事项处理程序管理

1. **财务基础工作管理** 为明确财务核算基础工作，2018 年，制定《渤海农业集团财务管理细则》，细则对会计核算基础工作、网银密钥、报销流程、资金支出审批权限、代扣代缴等管理进行相关规定。

2. **财务印章管理** 为规范财务印章的管理，2019 年，制定了《渤海农业集团财务印章管理办法》，为防范财务风险，财务印章分开管理，财务印章使用要严格审批流程，做好使用登记。

3. **差旅费管理** 2018 年，修订《渤海农业集团差旅费管理办法》，办法规定出差审批权限，国内和国际出差住宿费、交通费、伙食补助及公杂费、城市间交通费标准及报销的管理。

4. **资产减值准备财务核销** 2020 年，制定了《渤海农业集团资产减值准备财务核销管理工作制度》，各经营主体按照《企业会计准则》规定计提坏账准备、存货跌价准备、长期股权投资减值准备、固定资产减值准备、工程物资减值准备、在建工程减值准备、生物资产减值准备、无形资产减值准备、商誉减值准备、贷款减值准备等资产减值准备，经取得合法、有效证据证明确实发生事实损失，需要进行处置时，按照资产减值准备核销程序对其账面余额和相应的资产减值准备进行财务核销工作。

第五节　审计管理

一、概况

20 世纪 90 年代，各农场开始建立健全内部监督审计机制，审计工作开始作为一项专项工作进行推动。

1998 年，大钟庄农场制定《大钟庄农场内部审计工作规章制度》，对所属各单位进行内部监督，依法检查会计账目及相关资产，检查财务收入，经济效益是否合法，设置专门机构（2 名审计人员，1 名专职，1 名兼职），每季度进行 1 次初审，每年 1 次总审，同时单位与单位之间进行互审。

1999 年，黄庄农场制定《黄庄农场内部审计办法》，并设置专门机构。

渤海农业集团成立后，沿袭之前审计工作，成立审计部。属内部审计性质，自 2015 年起，每年初制定审计范围和计划，以财务常规审计和经济责任审计为主，对渤海农业集团所属企业开展如财务常规审计、经济效益审计、经济责任审计、基本建设审计、其他专项审计及专项检查等工作内容。

2015—2016 年，对公司及所属企业开展了财务常规审计，重点审核资产、负债、往来账项、成本、费用、利润等项目。审计过程中，检查了各单位的账务处理情况、经营情况，同时调阅了各企业的会计凭证、财务报表等会计资料，重点关注凭证的完整性、准确性、合规性，发现各企业会计基础工作需要加强，并提出一定建议。

2017—2018 年，在开展了财务常规审计、经济效益审计工作的基础上，结合各企业经营实际，对个别企业开展了相关专项审计，如应收账款专项审计、成本费用专项审计、长期股权投资专项审计、基建工程专项审计等，所有审计项目均及时出具了审计报告或审计建议书，后续对各单位的审计问题整改情况进行了复查，各单位均按照审计建议进行了整改。

2019—2020 年，继续开展财务常规审计，审核所属企业上年度的财务工作，关注财务收支情况、债权债务情况、成本费用情况、固定资产投资情况等。同时对各单位的经济效益情况进行检查，包括上年度经营指标完成情况，为各企业年度绩效考核提供了参考依据。审计部对审计发现的问题提出了审计建议并制定了整改落实清单，各企业针对审计问题及时反馈了落实情况。

同时期，对公司所属企业主要领导开展经济责任审计，重点对企业主要领导任期内企业的资产、负债、所有者权益情况、各项经济指标的完成情况、重大经营决策情况、国有资产保值增值情况及国有资产的处置情况、企业内控制度的建立执行情况、财务管理情况及遵守国家财经法规法纪情况、个人廉洁自律情况等进行了检查。

二、机构人员

渤海农业集团设立审计部，明确了部门职责，配备了相应的专职审计人员，设部门负责人 1 名。2015—2019 年 8 月，编制 2 人，其中部门负责人 1 人，审计人员 1 人；2019

年9月至2020年底，编制3人，其中部门负责人1人，审计人员2人。

三、制度建设情况

2017年，出台《天津农垦渤海农业集团有限公司内部审计工作管理办法》《天津农垦渤海农业集团有限公司经济效益审计实施细则》《天津农垦渤海农业集团有限公司企业领导人员经济责任审计办法》。

2018年，修订《天津农垦渤海农业集团有限公司内部审计工作管理办法》《天津农垦渤海农业集团有限公司经济效益审计实施细则》《天津农垦渤海农业集团有限公司企业领导人员经济责任审计办法》。

同年，制定《天津农垦渤海农业集团有限公司关于聘请社会中介审计机构及备案的规定》。

通过内部审计制度的建设和内部审计流程的规范，使内部审计工作逐步走向程序化、正规化，监督服务职能进一步加强。

四、配合上级审计部门工作情况

2015—2020年，公司审计部每年年初配合天津食品集团审计组完成公司上年度经济绩效审计工作。

2017年2月，配合天津市国资委监事会完成对渤海农业集团2016年度企业情况调研。

2018年5月，配合天津市国资委监事会完成了对渤海农业集团2015—2017年度企业情况调研。

2018—2020年，每年下半年配合天津食品集团审计组完成对渤海农业集团及所属企业收到的财政补贴项目资金使用情况专项审计工作。

第四章　人力资源和劳动保障管理

第一节　人事管理

一、劳动工资管理

农场建场初期，农场的劳动工资由地区统筹统管，收支直接纳入国家预算，农工实行等级固定工资制，按等级计算工资。

改革开放以来，农场由单一的农业生产发展为多行业的生产经营，除农业外，还有畜牧业、工业、商业等，在管理制度上实行场长任期目标责任制，各行业根据生产的不同特点和性质因地制宜，分别采取了利润提成、大包干、专业承包、定额作业等多种形式的生产经营承包责任制。劳动工资实行统一安排，定额生产，工资奖金与当年完成指标情况挂钩。

根据1985年企业套改工资的标准，黄庄农场至1991年仍实行等级工资标准。1991年8月，天津农垦集团总公司转发劳动部《关于调整企业职工工资标准的通知》（劳薪字〔1991〕32号）后，农场开始实行该文件规定的工资等级和标准。除车间、畜牧业的鸡舍、养牛场等实行计件工资、产量工资、效益工资外，其余人员基本实行以上工资标准。

1990年后，大钟庄农场仍实行等级工资制。各基层单位后勤岗位一般实行等级工资。工业厂车间一线工人实行计件工资。畜牧养殖业一般实行毛利润当量工资或产量工资等，实施效果较好。

1992年后，黄庄农场农业和部分畜牧业单位实行"两费自理"或实行承包责任制，在分配上打破了原工资制度。

1993年，为提高劳动生产率，增收节支，黄庄农场向基层单位下发了《关于限定工资总额的规定》，规定工资总额必须同经济效益挂钩，职工今后调整工资、增资都与本单位经济效益互相联系，严格控制工资以外的一切开支，并在全场建立分配约束和监督机制。

1993年，自大钟庄农场农业果树鱼池实行了个人承包经营取得不错效果后，1995年起，农场农业土地、畜牧业、鸡舍、工业车间厂房、商业都分别实行了多种形式的承包经营责任制或租赁承包制。除了按合同规定上交农场的承包费或租赁费及其他各种保险费用外，其他一切收益归个人所有。职工除了退休、调级、调动工作时工资还按照等级作为参照数外，平时工资已经打破了职工工资等级制度。这种多形式的生产经营承包责任制，使个人的劳动报酬和经营成果直接挂钩，打破了传统"大锅饭"的局面。

1996 年，黄庄农场畜牧业整体实行股份合作制，取消工资级别。对于实行"两费自理"和实行股份制取消工资的职工，其原有的工资只有在其工作调动时作为参考基数。

同年，在岗职工中按照农场改革的有关要求，在工资总额范围内改变分配形式，拉开分配档次，在一定范围内打破平均主义，按工种、贡献、岗位各单位可灵活掌握，自主分配，在一定程度上调动了职工积极性。

1997—1998 年，在岗人员在实行工资总额与经济效益挂钩的基础上，实行核定基础工资总额和超利润指标部分按比例提奖的分配办法，有效地调动了经营管理者和职工积极性。

1999 年，黄庄农场职工代表大会通过了下岗人员和场内退休人员以及下岗挂编人员工资待遇。下岗人员每 1 年工龄发给 1.5 个月的下岗费，下岗费标准：10 年以下工龄每月 130 元，20 年工龄及以上工龄每月 203 元，30 年以上工龄每月 205.5 元。场内退休人员，工龄满 10 年、不满 15 年的每月 200 元，满 15 年、不满 25 年的每月 285 元，满 25 年、不满 35 年的每月 305 元，满 35 年的每月 330 元。

2002 年后，除了各行业实行各种形式的承包经营责任制和"两费自理"人员外，其余在岗人员实行岗位工资。在岗人员根据岗位情况（干部根据职务情况），实行不同的工资标准。

2006—2010 年，基层工业生产单位的车间仍实行计件工资和效益工作，奶牛场实行各项指标效益挂钩的工资形式。

渤海农业集团成立后，各单位按照上级单位和渤海农业集团的指导，结合公司实际，建立了岗位工资＋计件工资＋绩效薪酬的工资管理体系，并按照天津食品集团的要求实施工资总额管理制度，定员定岗定编，各所属企业按照现代企业管理制度，均制定了适合企业本身的工资制度，遵循"按劳分配，多劳多得"的原则，实行岗位工资＋计件工资＋奖金的分配制度，工资借由三项制度改革逐步完善，工资与公司经营、个人工作表现、他人评价、领导评价等指标相结合，逐步向科学化、差异化、岗位细分的完善现代企业工资制度靠拢。

二、专业技术人员管理

农场发展过程中，专业技术人员管理一直由各农场劳资部门管理，职称工作分为评审和考试两大类，评审类在每年 8 月完成推荐申报工作，考试类按照各个不同系列的要求时间一般在每年的年中和年底进行，分别是会计、统计、审计、经济、卫生等系列，专业技术职务评聘各项工作随着农场发展逐步趋于完善和规范。

1996 年以来，国家进一步完善专业技术职务聘任制度，在专业技术人员中继续推行专业技术资格考试制度。会计、统计、审计、经济、卫生等系列的初、中级职称全部实行考试，考试每年举行 1 次，全国统一组织，统一考试大纲、试题、标准。凡开考系列的中级以下专业技术人员不再参照专业技术职务评审，晋升高级时也逐步实行考试和评审相结合的办法。

20 世纪 90 年代，各农场均建立了一定规模的专业技术人员队伍。黄庄农场拥有技术人员 33 人，具有高、中级以上职称人员 11 人；里自沽农场拥有技术人员 75 人，其中经济师系列 30 人，会计师系列 16 人，畜牧师系列 9 人，农艺师系列 4 人，其他系列 16 人；大钟庄农场取得拥有技术人员 85 人，其中中级 5 人，初级 80 人。这些专业技术人员支持了农场的发展。

成立渤海农业集团后，专业技术人员管理由公司人力资源部负责，每年负责汇总提交职称评审材料，随着各条线职称评审情况的改革，政工系列的职称单独独立出来，由党委办公室负责组织提交职称评审材料，汇总评审情况。会计、统计、审计、经济等以考代评的职称系列，由职工自愿报名参加国家人社局组织的统一考试，取得职称证书后报人力资源部备案。

2020 年，渤海农业集团及所属单位，具备各类各级职称人数 97 人，正高级职称 2 人，副高级职称 9 人，中级职称 34 人，初级职称 52 人，包含经济类、工程类、农业类、教育类、审计类、档案类、政工类等。

三、工资福利与离退休管理

农场发展期间，职工的工资福利主要由年底奖金，春节、中秋发放的物品等组成，成立渤海农业集团后，各所属单位结合公司实际，妥善利用工会经费，向职工发放传统节日福利。如端午节发放粽子、中秋发放月饼、春节发放米面油等，支持发放实物福利的资金由农场时期的总账支出转为公司时期的工会经费专户支出。除实物福利之外，还包括国家和天津市规定的法定福利项目及公司自定的福利项目两大类。法定福利项目包括社会保险、住房公积金、带薪年休假、防暑降温费、冬季取暖补贴（集中供热采暖补助费）。公司福利项目包括误餐费、体检、员工培训、职称等补贴。

农场时期的退休管理一直由各农场劳资部门负责。20 世纪 90 年代，各农场建场时期的老工人全部退休；21 世纪初，农场建场初期插场，留在农场的知青职工全部退休；20 世纪 90 年代至 21 世纪初，各农场因经营瓶颈，都实施过一段时间的下岗挂编政策，即各农场科级干部男 55 岁、女 50 岁，经本人申请，农场同意可实行下岗挂编，原待遇不变。职工男 50 岁、女 45 岁，经本人申请劳资部门司意可实行内部退休，缓解了农场的经营压力。

成立渤海农业集团后，退休职工一直由公司人力资源部负责，档案也由其管理。2019 年 12 月，天津市国有企业退休人员社会化管理工作领导小组开始协调天津市国资系统，做好天津市国有企业离退休人员社会管理工作，至 2020 年 12 月 31 日，形成固定流程，规定了国企职工在退休前，应由所属企业办结职工垫付理疗费医保报销工作，协助职工完成退休审批手续，向退休人员长期居住地街道（乡镇）提供基础信息，将其纳入管理服务。如退休人员是中共党员的，要将其纳入社区党组织，按时参加组织生活。同时要把退休人员档案移交至对应的档案管理服务机构，之后的新退休人员要按照以上要求办理。

渤海农业集团积极推动此项工作，排查历史人员档案，汇总人员工资情况，按要求补充部分人员档案，向天津市及宝坻区档案管理机构移交社会化管理人员档案 1144 份，部分人员档案不全，工资材料遗失等情况也一并说明报送，后续，随着新退休人员的产生，公司人力资源部按照以上要求，每月对退休职工档案进行移交，至此，农场建场以来的国有企业职工离退休档案也全部移交社会化管理，公司人力资源部仅管理在职职工档案。

四、机构编制管理

自农场时期至成立渤海农业集团，机构人员编制一直由公司人力资源部管理，农场集团化时，各农场编制重新按照现代企业管理要求，结合公司部门制定编制数，包含公司本部各职能部门，编制共 48 人。

各所属单位在自 2019 年开始，结合天津食品集团混合所有制改革尽职调查要求，上报公司生产、后勤岗位编制情况，以此为基础，一并纳入食品集团机构编制管理工作，每年如编制有变化，提前向上级单位申请调整，每年上报人员招聘及变动计划，实行动态编制管理。

五、人力资源改革

2017 年，渤海农业集团根据天津食品集团要求，开始推动三项制度改革，制定或修订《员工考勤及休假管理办法》《员工招聘与劳动用工管理办法》《工伤认定申报管理办法》《员工基本行为准则》《惩罚制度》《员工交流退出机制》等各项管理办法，并要求所属单位参照公司现行制度执行或自行出台制度，将原有的岗位工资制改为岗位工资、月度绩效工资、绩效年薪、特别奖励、福利相结合的综合工资结构，同时在内控手册中明确各个岗位的岗位责任，定人定岗定编，实行目标和绩效考核制度，员工绩效年薪全部纳入考核范围，具体的绩效年薪基数由公司薪酬与绩效考核领导小组根据公司全年经济效益情况确定。

公司同时制定了惩罚制度，以规范职工行为，出现不同的违规行为，公司将进行书面警告、记过、辞退等不同的惩罚措施，如擅自离岗，违反保密工作要求，违规使用公司名称、商标等商业信息，扰乱公司秩序，违反会场纪律，工作上报不及时，违规使用网络、计算机，因违反流程造成公司损失等行为。违反者除按惩罚制度给予相应的处罚外，给公司造成损失的，应予以赔偿，触犯法律的，移送司法机关处理。

第二节 劳动社会保障管理

农场发展期间，通过设立劳资科管理农场职工工资的计算与发放，社会保险工作无论从收缴、发放、社会保险覆盖面等方面都有了长足的发展。对企业的发展稳定，对老百姓的安居乐业都起到了举足轻重的作用。尤其是随着国家建立起独立于事业、企业之外的社会保障系统的指导思想体系和组织体系，农场的社会保险工作也日臻完善，并形成了系统。

1992年2月，根据国家关于医疗制度改革中职工个人担负一部分医药费的文件精神，黄庄农场进行医疗制度改革，制定《黄庄农场医疗制度改革方案》，其主要内容有以下方面：一是实行门诊收费制度；二是医药费按照不同类别的人员，规定不同的报销比例，其中离休干部100%，退休干部和退休工人95%，在职职工根据参加工作工龄按80%～95%比例报销。

1993年2月，黄庄农场调整医疗费报销比例。其中离休干部调整为95%，退休干部和退休工人调整为90%，在职职工根据工龄长短报销比例调整为75%～90%。

1997年5月，黄庄农场将个人担负一部分医药费的相关规定改为按工龄发放基本医疗费。每1年工龄按每月发放0.8元。并规定医药费1年累计1000元以上按不同比例报销，1000元以下不报销。属于工伤和落实政策疾病药费按100%报销。离休干部每月发放100元药费，平时不再报销，如果住院按100%比例报销。

2000年下半年，天津市城镇企业实行养老保险金全额征缴，企业离退休人员养老金全部由社会保险基金通过银行发放，各个农场所有离退休人员养老金由天津市宝坻区社会保险基金管理中心委托发放，实行养老保险金的社会化发放。11月全市实行社会医疗保险缴交。

2004年，天津市开始要求缴交城镇企业职工社会工伤保险，各农场职工按缴费基数0.5%缴纳工伤保险金。

2005年10月，天津市城镇企业职工失业保险由社会保险基金管理机构统一征缴，至此全市社会保险（养老、医疗、失业、生育、二伤）五险合一，统一征缴基数，统一征缴时间，五大社会保险统一征缴后，社保基金的旦报、征集缴纳制度全面趋于完善，各个农场的社会保险管理工作进一步细化和规范。

随着农场的发展与合并，成立渤海农业集团后，由人力资源部负责社会基本保险相关工作，各所属单位财务独立核算，社会保险缴交均由其自行承担办理。2020年渤海农业集团工资总额5760.64万元，职工人数707人，基本养老保险缴交比例24%，总缴交额1382.50万元；基本医疗保险缴交比例11%，总缴交额633.70万元；失业保险缴交比例1%，总缴交额57.60万元；工伤保险缴交比例0.072%，总缴交额4.15万元；生育保险缴交比例0.5%，总缴交额28.80万元。

第三节　社会保障机制管理

农场时期至成立渤海农业集团期间，一直实行企业主体向社保管理部门缴交社保金的机制，各农场的在未合并前，社区居住职工均为农场职工，其社保金由各农场缴交，农场并未作为社保金的收缴使用单位，成立渤海农业集团后，农场社会化职能脱钩，企业管理过程中不涉及社会保障机制管理方面工作。

第五章　安全生产管理

第一节　概　　述

根据各农场社区、场区一体化特征，农场安全生产管理已完全超出了一般企业生产车间安全管理范围。在20世纪80年代，农场设置安技科。

1980年8月2日，黄庄农场调整生产安全委员会，委员7人。苏文贺任主任，王福禄、邵元洪、高国佩任副主任，邵元洪主持日常工作。

1985年1月，大钟庄农场成立工伤鉴定和安全生产2个委员会。

1989年2月28日，黄庄农场安全生产委员会制定了安全用电10项规定，并做了具体说明及实施方案。4月1日，建立交通安全管理委员会（领导小组）。小组成员5人，韩长顺任组长，由场派出所负责日常工作。4月3日，交通安全管理领导小组制定了机动车驾驶员交通安全管理规定，确定了具体实施条款。

20世纪90年代起，农垦系统各单位都组建安全生产委员会，日常工作由安技科牵头。安全生产委员会管理范围含场区社区的全部安全工作，其主要职能包括：坚持安全第一，预防为主方针，搞好对职工和社区人员安全意识和防范各种安全隐患的教育；搞好特种作业、工种及相关人员培训及操作规程的监督，防范危险化学物品等；同时，监督搞好消防、交通等领域安全，遏制不安全因素和隐患；搞好季节性安全检查，如冬季防煤气中毒，夏季防雷电等，保证社区职工及人员安全。

1990年1月21日，黄庄农场调整交通安全管理领导小组，小组成员7人，乔松任组长。

1991年2月6日，黄庄农场调整安全生产委员会成员，刘希臣任安全生产委员会主任。3月1日，黄庄农场调整交通安全管理领导小组成员，刘希臣任组长。3月6日，黄庄农场调整消防安全委员会成员，刘希臣任主任。

1993年以来，安全工作实行目标管理，强化各种责任制，并实行了从上到下层层安全风险抵押金制度。

1996年，大钟庄农场下发关于实施安全生产目标责任书的相关规定。从上到下，层层签署目标责任书。

1999 年 1 月 20 日，黄庄农场调整安全生产工作领导小组，组长由张庆东担任，副组长由张凤力担任，组员由王子超等 4 人组成。

2001 年后，随着企业改革不断深入，场区为外来人员到场内承包和租赁经营者不断增加，安全工作需进一步延伸和扩展到这些新成员。场安技科及时增加了对这些人员进行安全知识普及的工作，把安全工作做到场区的每个角落。

2003 年 4 月 8 日，根据《天津市劳动保护条例》，黄庄农场制定《黄庄农场安全生产责任制》。

2006 年后，随着整个社会对安全意识的进一步增强，农场也不断加大安全管理工作力度，不断加大安全工作覆盖面。在不断完善重大危险源点事故预案和安全生产有关档案外，认真落实企业法人代表，企业安全管理人员及特种作业人员培训考核及持证上岗制度。由于各项制度有效落实，宣传工作到位，各项措施有力。多年来，各农场均无重大安全事故发生，多次获上级有关部门表彰和奖励。

渤海农业集团成立后，安全管理工作由安保部负责，领导对安全生产工作非常重视，安保工作开展有序，2018 年，重点完善公司本部及所属企业安全生产责任制，按责任制要求签订责任书，梳理风险点，逐级签订安全生产目标责任书。共签订安全生产责任书 958 份、预防硫化氢中毒承诺书 958 份、交通安全承诺书 1100 份。组织专项培训 5 次，日常培训 237 次，参训人员 5681 人次。督促所属单位结合实际成立专职安全管理部门，配备专、兼职安全工作人员 29 人。

2019 年，修订安全生产管理制度和应急预案等 10 项，全公司组织安全生产和消防应急处置等教育培训 100 次，参加培训人次 2216 人次，渤海农业安保部组织对所属企业检查 47 次，企业自查和互查 130 次，其中主要责任人参与次数 80 次，全部参与检查 550 人次，共检查出现场隐患 165 项、制度隐患 2 项，完成全部隐患整改 167 项，投入整改资金共计 46.5 万元。本部与所属单位签订安全生产、消防安全工作目标承诺书 33 份，签订安全生产责任书 934 份、预防硫化氢中毒承诺书 658 份、交通安全承诺书 895 份。组织综合演练 10 次、现场演练 15 次、专项演练 13 次，参与演练 587 人次。

2020 年，颁布实施安全生产管理制度 33 项、召开各项工作会议 12 次、组织对所属企业检查 48 次，各企业自查和互查 174 次，主要责任人参与检查 108 次，全部参与检查人次 822 人次，完成隐患整改 359 项，投入整改资金共计 70.1 万元，共组织各类宣传教育培训 124 次，参加人次 5697 人次，组织各类应急演练 24 次，参与演练 789 人次。

渤海农业成立以来，未发生任何人员伤亡和经计算式的安全生产事故，渤海农业安全生产形势持续稳定。

第二节　安全教育、管理与监察

一、安全教育

安全教育一般通过安全培训方式实现，而培训是安全生产管理工作中一项十分重要的内容，它是提高全体劳动者安全生产素质的重要手段。《中华人民共和国安全生产法》中把安全培训工作写入法条，规定生产经营单位主要负责人必须组织制定并实施本单位安全生产教育和培训计划。

渤海农业集团严格执行法律规定，每年年初制定培训计划并以行政红头文件印发至部室及所属单位，并按照计划组织全面教育培训工作，主要开展"两节""两会""五一""安全生产月""国庆"及季节性和重点时期等教育培训工作，同时按照要求开展三级安全教育，确保达到"单位主要负责人每年必须进行安全培训，其中初次参加安全培训的时间不得少于32学时，每年再培训时间不得少于12学时""安全生产管理人员每年必须进行安全培训，其中初次参加安全培训的时间不得少于32学时，每年再培训时间不得少于12学时"的教育培训制度规定。

渤海农业集团按照规定，每年组织渤海农业及所属企业主要负责人、分管安全生产副总、安全管理人员参加培训取证工作，考取安全管理培训合格证书，确保管理人员持证上岗。

通过多层级、多领域、多种形式地开展教育培训工作，全公司上下形成了良好的安全生产氛围，职工安全意识普遍提高，安全责任明显增强，安全技能显著提升，有效预防了各类生产安全事故的发生，为渤海农业集团安全发展起到了至关重要的作用。

二、安全管理

安全管理是企业生产管理的重要组成部分，是一门综合性的系统科学。安全管理的对象是生产中一切人、物、环境的状态管理与控制，安全管理是一种动态管理。安全管理，主要是组织实施企业安全管理规划、指导、检查和决策，同时，又是保证生产处于最佳安全状态的根本环节。

渤海农业集团始终贯彻"安全第一、预防为主、综合治理"的安全生产方针，统筹安全与发展共同进步，公司不断完善安全管理队伍建设，建立了从集团公司到所属各单位的安全管理网格，按照法律法规定配置了相应的专、兼职安全管理人员，实施全方位、全过程的生产安全管理。

渤海农业集团推动全公司应急预案建立、应急救援队伍建设，全公司预案完成属地备案，应急救援队伍定期开展专门培训，按照规定组织应急救援队伍和岗位职工开展综合应急预案、专项应急预案、现场处置方案演练，在演练中不断完善预案和救援流程，不断磨合预案和队伍，确保应急情况拉得出、顶得上能够完成初期救援工作，一定程度上保障企业职工生命和财产安全。

渤海农业集团全公司都建立了完善的安全管理制度和岗位操作规程，从安全教育培训、隐患排查治理、安全生产投入、风险分级管控等各个方面全面执行制度管理。通过管理制度和操作规程的执行，管理生产过程中人、物、环境的状态，能有效地把风险控制在隐患形成之前，把隐患消灭在事故之前，全面预防生产安全事故发生。

三、安全监察

企业的安全监察工作主要是对企业职工安全生产工作的监督检查及考核。渤海农业集团及所属单位均建立了从主要负责人到一线员工全覆盖的全员安全生产责任制、安全生产考核制度、安全生产奖惩制度，从制度规定上明确了每一名员工的安全生产职责，通过考核检验岗位人员安全职责的履行情况，配合教育培训、奖惩制度，不断完善企业安全管理过程。渤海农业集团在执行法律法规的前提下，不断探索、磨合，逐渐形成一套完整的安全管理监察体系。

第六章　土地管理

第一节　土地利用与管理

一、黄庄农场土地概况

农场初创为肖刘杜农场，以11个村庄为基础建立。分别是上马台、西安子、王三庄、李凤庄、贾林庄、薛庄、肖庄、刘庄、杜庄、大辛庄、北五村。土地面积11.17万余亩，以种植高粱、玉米、大豆为主。农场建立前，大部分土地是荒地。

后农场迁址建立尔王庄农场，经宝坻县政府同意与尔王庄和大唐庄2个公社的高庄子、于家垄、冯家庄、景庄、潘庄、东淀、大唐庄村7个村签订了8500亩的土地合同。

1970年9月15日，经区县主管部门同意，农场接收在黄庄洼的中央文化部和天津大学的"五七干校"土地7400亩，同年11月搬迁至黄庄洼建场，以黄庄洼为参考更名为黄庄农场。

1990年，农场土地面积为5682亩，其中耕地面积为3800亩，2007年土地经确权后，面积为5735亩。到2010年仍为5735亩，耕地面积为3600亩。

二、里自沽农场土地概况

1962年建场初期，农场从牛家牌、大白庄、周良庄、黄庄4个乡（公社）所属21个村，共征地48296.75亩，建场后土地逐年有所减少，其去向为：

1965年，根据主管部门意见，将李宦庄大队所属土地4100亩拨给宝坻县商业局筹建畜牧场使用；

1966年前，各村要回土地11968亩；

1966年后，各村陆续要回土地3335亩；

1972年，修引青入潮海河占地1737亩；

1982年，天津市引滦工程明渠占地826.83亩；

1983年，根据市农委、市农场管理局，天津市引滦指挥部、宝坻县的共同意见，划拨给大小白庄土地600亩；

1984年，因修尔王庄水库划拨给黄花甸村580亩；

1984年，宝坻县大白庄乡修八道沽水渠工程占地45.01亩；

1972年5月29日—1986年12月31日，无证征地和调换土地共失去2562.05亩；

1982年，空测农场实有土地数较原来征用土地又减少4186.86亩（建场初期征地时没有精确丈量，可能有虚数）。

以上共计减少土地30440.75亩。

1983年，经市、县两级政府，市引滦指挥部决定，从西老鸦口大队征地100亩补偿给农场，至此农场共持有土地17956亩。其中耕地7036亩，其余为道路、沟渠、基建、苇地、鱼池等各类地块共10920亩。地块零散分布在牛家牌、大白庄、周良庄、黄庄4个乡管辖区域之内。多数地块与农村生产队、林地犬牙相接，插花地较多，给土地规划、农田基本建设、生产管理等方面带来诸多不便。

1990年，农场拥有土地15000亩。

1996年，农场拥有耕地11000余亩，其中有果树600亩，鱼池近300亩。

2001年，天津市修建津蓟高速，征用农场土地132.48亩。

2002年8月8日，为建设珠江温泉城项目，宝坻区规划局出资7000万元征用农场原六队土地2700亩。

2005年，宝白公路改造工程占用农场一大队部分土地。

三、大钟庄农场土地概况

1964年春，经地区批准，农场将大洼区内12个村队划归农场管理。这12个村是巴庄、李庄、王木元庄、龙坛庄、小苑庄、二米庄、大米庄、大钟庄、李英庄、牛庄、靳庄、康庄，共有1322户、6294人、35399亩耕地（不包括已拨给农场的1.2万亩）。

1990年农场土地面积12494亩，耕地面积6561亩。近20年间，由于农场开发了废弃土地和建筑物，扩大了土地面积和耕地面积。截至2010年，农场土地面积达到13663亩，耕地面积7350亩。

四、渤海农业集团土地概况

2015年，渤海农业集团共拥有土地32233亩。其中：基本农田12224亩；一般耕地15434亩（其中水面7069亩）；建设用地2517亩；畜牧占地2058亩。其中黄庄农场占地总面积5373亩，其中：基本农田3794亩；一般耕地858亩（其中水面383亩）；建设用地412亩；畜牧占地309亩。大钟庄农场占地总面积13660亩，其中：基本农田6195亩；

一般耕地 5828 亩（其中水面 1747 亩）；建设用地 496 亩；畜牧占地 1141 亩。里自沽农场占地总面积 13200 亩，其中：基本农田 2235 亩；一般耕地 8748 亩（其中水面 4939 亩）；建设用地 1609 亩；畜牧占地 608 亩。

2015 年，公司成立农业开发部，由农业开发部统一管理土地并对外租赁。2015 年耕地出租 11856 亩，鱼池出租 6752 亩，大田出租 2270 亩，租金 2061.6 万元。

2016 年，耕地出租 11856 亩，租金 1101.14 万元。鱼池出租 6752 亩，大田出租 2270 亩，租金 2172 万元。

2017 年，公司从天津市宁河区廉庄镇任千村和大于村流转土地 7000 亩，每亩流转费用 950 元，用于种植水稻。

2017—2018 年，公司进行土地确权工作，未将土地进行出租。

2019 年，公司吸收原所属天津农垦天宁有限公司（原潘庄农场）土地 8 宗，划归房产 1 处。

2020 年，渤海农业集团成立土地房产部，统一管理公司确权后的土地、房产，共有土地 41372 亩，其中耕地 25048 亩（含沟渠），鱼池 8488 亩，下辖原里自沽农场 14847 亩、大钟庄农场 13566 亩、黄庄农场 5101 亩、潘庄农场 7858 亩。共有房产 39 处，总面积 109108.59 平方米，另有大棚 3 处，总面积 196459.65 平方米。

本年出租地块 70 个，共 6350.43 亩，租金 522.25 万元。出租鱼池 31 个，共 5306.4 亩，租金 738.52 万元。其余土地由公司自用，进行各类生产活动。

第二节　土地权属管理

一、农场的土地权属管理

各农场建场初期，都存在将场区附近村庄及土地纳入农场统管，然后交回的历史，这种情况造成了农场土地在相当长的一段时期内和周边村庄土地呈现犬牙交错，插花地众多的状态。各农场在初建场一段时期内和周边村庄都产生了规模和程度不等的土地权属纠纷，纠纷一度影响了农场正常的生产生活秩序，场群关系十分尖锐。

20 世纪 80 年代后，农场土地经过多轮置换，将农场属地村庄移交回政府管辖后，土地权属才日渐清晰。各农场均设置土地管理部门如社区管理部对农场土地进行管理，但因国有土地存续年代久远，农场土地多为自行开垦，又多经划拨、置换、换耕，权属关系不清且和周边村庄土地界限模糊，确权工作的进行一直比较困难。

各农场在 2004—2007 年，对各自所有土地进行了基本确权，但有部分争议土地未完成确权，而且农场部分土地权属关系虽然清晰，但不具备正式的地籍证件和资料，管理方面多有不便。

二、渤海农业集团的土地权属管理

渤海农业集团成立后，农场土地由公司统属统办，2015 年，公司成立土地开发部，开始接续管理农场土地，因各农场开发土地程度和方式的不同，农场土地分为种植用地（耕地）、鱼池（养殖用地）、设施农业用地、工业用地、设施道路用地等，土地开发部按照要求对土地进行资产资源化管理，进行租赁使用。

2017 年 6 月，根据国土资源部、财政部、农业部《关于加快推进农垦国有土地使用权确权登记发证工作的通知》（国土资〔2016〕156 号）精神，以及市国土房管局、市财政局、市国资委下发的《加快推进我市农垦国有土地使用权确权登记发证工作的方案》要求，渤海农业集团开展了国有土地使用权确权登记发证工作，与涉及农场各处土地的村镇如大钟庄镇、大白镇、王卜庄镇、林亭口镇、周良镇、牛家牌镇、黄庄镇、新城管委会、北三河管理处、引滦尔王管理处、潮白河管理处、交通局、水务局、土地局、土地整理中心、规划局、审批局、教育局、畜牧局等村镇和单位研究农场历年土地权属情况，完成了地籍一次、二次调查。第一批次制证 24 张，涉及土地 27171.25 亩，第二批涉及土地 950 亩，历时 18 个月全部确权完毕。

2019 年，确权完毕的土地 28121.25 权属彻底由各农场转至渤海农业集团名下，公司成立土地房产部对其进行统一管理至今。

第三节　土地管理方式与创新

一、农场时期

各农场建场初期，面对的土地大多数是亢开垦的荒地，20 世纪 60—80 年代，农场土地的管理方式相对简单，即垦荒—耕种—复种，土地由农场各生产大队或村镇直接管理。这一时期，是耕地面积不断扩大，荒地逐步被开垦的过程，是农场这个土地所有人使用土地进行最基础的生产，也就是农业生产的阶段，是土地管理、利用的初级阶段。

20 世纪 80 年代—21 世纪初，随着改革开放，市场经济，农场规模扩大，外部环境等因素的共同影响，农场土地管理方式也出现了与时俱进的变化。首先，各农场利用自有土地进行种植业多元化发展，如种植各类经济作物、蔬菜水果等，土地产出开始从单纯的粮食向多种多类的农业产出发展。其次，农场第一产业的经济规模增速不能满足自身日益扩大的需求，缓解矛盾的方法就是各个农场开始发展第二、第三产业，期望用更快、更好的经济发展方式满足农场人民的需求，农场的土地就成为了最便捷的载体，农场通过开办各种企业、和外埠企业合资办厂来扩大经营规模。此阶段，农场土地的功能不单单是作为种植业的基础，更成为了农场第二、第三产业建设的载体，土地管理产生的附加值增加了，土地开始作为资本，进入农场经济的运作环节当中。

20世纪初，各农场都处于发展困难的瓶颈阶段，为了盘活经济，开始纷纷进行生产资料承包，包括土地承包，厂房、工段或车间承包等，如1996年，黄庄农场第一养鸡场、种鸡场、奶牛场实行职工集资入股经营（股份合作制），固定资产租赁，流动资金募股，养鸡场以固定资产折旧费余额上缴租金，奶牛场以固定资产折旧的1/3数额作为租赁费等方式进行个人承包，农场土地的所有权管理发生了改变，由农场自主经营发展为农场自主经营与授权外部经营相结合的状态，此阶段是土地管理、利用的发展阶段，这个时期的土地已经从基础的生产资料逐步升级为农场经营的重要资本。

二、渤海农业集团时期

成立渤海农业集团后，公司进一步对土地资源实行资源资本化经营，土地资源的使用呈现多种方式，如划拨至所属单位使用，有偿交由农垦系统内部单位使用，租赁给个体户或系统外经营实体使用等方式，管理方式越发灵活。

国有资产，尤其是土地资产不容流失，渤海农业集团逐步按照上级单位要求，完善土地管理流程，每年梳理土地资产利用情况，此阶段，土地作为公司经营的重要资本，管理方式已趋向成熟。

第七章 政务管理

第一节 办公综合管理

一、文秘工作

文秘工作主要是负责对公文的处理，包括对文件的审核、打印、下发、上报，党政班子会议记录、重要文件的起草、信息上报、重要材料撰写等工作，并负责上级和农场重大方针、政策的督办落实。公文工作按照制发标准化、规范化、程序化的要求，结合农场的实际工作需要，严格抓好制发过程中的各项管理。各农场的文秘工作由办公室负责。

成立渤海农业集团后，2017年，按照"三重一大"管理方式，公司设立党委办公室（简称党办）、行政办公室（简称行办）、董事会办公室（简称董办）。党办主任负责党委会文秘相关工作；行办主任负责经理会文秘相关工作；董办主任负责董事会文秘相关工作。

2017—2020年，渤海农业集团党办与董办主任由1人兼任，2020年后，为满足董事会工作新要求，党办主任不再兼任董办主任。

2013—2020年，共起草、审核、印发各类文件3520份，其中下行文1384份，农场文件2136份。上级来件传阅领导和部门7000余人次，没有出现因为文件起草、传阅延误而影响工作的情况和其他问题。

二、接待工作

成立渤海农业集团后，接待工作按照客人身份、访问事由分类，分类工作属于哪个部室就由该部室负责接待。系统内部室之间工作交流一般由对口部室负责接待，上级领导考察、调研、指导由党办接待，公司设有会客室，来访接待一般在公司会客室进行。

第二节 应急管理

一、应急管理工作概述

农场所在宝坻大洼地区，因地势低洼历来饱受洪涝灾害影响，1964年、1973年均发生过洪涝灾害，使当时农场作物几乎绝收。20 世纪 90 年代后，应急管理工作逐步成为各农场关注的重点工作之一，随着安全管理知识的普及和相关法律的推动，各农场应急管理工作开展得越发正规。

1994 年 7 月 10 日，黄庄农场成立防汛指挥部，郝老伦任总指挥，并制定分洪转移及生产自救具体方案和措施。

1996 年 6 月 10 日，黄庄农场调整防汛指挥部成员，张庆春任总指挥，吴振义任副总指挥。成员由张风力等 5 人组成。

1998 年 5 月 12 日，黄庄农场调整防汛指挥部，总指挥由张庆东担任。并制定下发相应应急预案。

渤海农业集团成立后，应急管理工作由安保部负责，除防汛抗旱工作外，也对火灾、环境保护、信访等工作建立对应的应急管理体系，如印发《天津农垦渤海农业集团有限公司环保管理制度》等文件对应急事项进行预案规定。

二、防汛抗旱工作

防汛抗旱工作方面，公司建立渤海农业集团防汛抗旱领导小组，下设集团防汛抗旱领导小组办公室。办公室设在集团本部安保部，办公室主任由安保部部长担任，办公室成员由安保部成员组成。其职责为：承担渤海农业集团防汛抗旱领导小组日常工作，起草集团防汛抗旱有关文件，组织落实领导小组各项工作部署；组织开展渤海农业集团防汛抗旱应急预案的编修和应急演练；协调各所属单位（托管企业）召开会商会议；做好预警信息发布；负责防汛抗旱抢险救灾处置情况的收集、上报工作；承办领导小组交办的其他工作。

三、火灾防控工作

消防工作方面，公司建立渤海农业集团消防工作应急处置领导小组，下设集团消防工作应急处置办公室。办公室设在集团本部安保部，办公室主任由安保部部长担任，办公室成员由安保部成员组成。其职责为：统一指挥消防应急处置工作；核批准应急处置方案，对发生的火灾事件启动应急预案进行决策；统一调配人员、物资、设备等，迅速组织力量进行事故处理，全面指挥应急救援工作；配合地方消防救援机构组织开展灭火救援，联系地方政府及有关部门和单位提供必要协助；配合有关部门进行事故调查处理；统一信息发布口径；负责向天津食品集团及有关部门报告火灾事故和应急救援工作情况。

四、环保突发事件

环保工作方面，公司建立渤海农业集团环境保护工作管理领导小组，环保领导小组组长由渤海农业集团党委书记、董事长和总经理担任，副组长由分管环境保护工作的渤海农业集团副总经理担任，领导小组成员由渤海农业集团领导班子成员组成。环保领导小组下设环保工作管理办公室（简称公司环保办），主任由安保部部长兼任，公司环保办设在安保部，负责渤海农业集团环保工作。其职责为：贯彻执行环保领导小组的要求和部署，接收并下达上级部门环保工作的各项指令；监督和指导企业日常环保工作，组织对渤海农业集团所属单位环保问题、隐患及整改落实情况的检查；建立健全渤海农业集团环保应急机制，指导渤海农业集团环保应急处置工作；建立渤海农业集团环保工作联络网，掌握系统环保工作动态，定期向环保领导小组汇报；负责企业各项环保工作报告、信息，建设项目所涉环保资料的备案管理。

第三节　政务公开

农场发展期间，为进一步实施民主管理，强化对这项工作的领导，各农场以场务公开形式实施民主管理。

1997年，黄庄农场成立"场务公开，民主管理"工作领导小组，后又成立监督小组。通过场务公开领导小组，随时将场内重大事项进行公布，亮出全部家底，接受群众监督。

1998年，场务公开工作进一步规范化，制度化，农场先后制定《黄庄农场场务公开制度》，同时在各项具体事务中制定专项制度。如《黄庄农场土地承包若干规定》，强调土地承包必须实行规范的投标制度，还制定《黄庄农场民主议事制度》，由于农场场务公开工作运作比较规范，效果明显。

1998年，黄庄农场被评为天津农垦系统场务公开、民主管理工作先进单位。

1999年，黄庄农场被评为市级场务公开、民主管理先进单位。

20世纪初，农场不断加大职工民主管理的参与范围，加大实行场务公开领域，通过民主管理进一步强化各级干部的自律意识，密切干群关系，调动了职工积极性，促进了社区稳定和经济社会的全面发展。

为进一步提高职工参与民主管理的能力和水平，农场还对职工代表和职工进行经营管理知识，党的方针政策，法律、法规等方面知识的培训，从而使职工和职工代表更加有效地参与民主管理。

渤海农业集团成立后，政务公开体系更加完善，渤海农业集团各部室对人员任免、费用列支、重大事项等须公示的事项均进行公示公开，公开渠道有公示栏张贴、公众号宣发、流转公示文件至上级单位或所属单位等，同时每年通过职工代表大会、董事会等会议公开公司经营发展情况、职工薪酬福利给付情况、"三重一大"决策情况等，做到公司管理流程的公开透明、重大决策事项的公开透明、资金使用来源的公开透明和重要人事任免的公开透明。

中国农垦农场志丛

第四编

政　治

中国农垦农场志

第一章　中共天津农垦渤海农业
集团有限公司委员会

第一节　历届党委

第一届委员会于2014年10月由第一届第一次党员大会选举产生,书记徐宝梁,副书记李景龙、邹江,委员张爱民、娄紫东。其间:党委副书记邹江2015年12月调离,张玉海调任;党委副书记张玉海2017年2月退休,李宗军调任;党委副书记李景龙2018年8月调离,袁思堃调任;2018年8月党委委员仵赟、郭剑新调任;党委委员娄紫东2018年12月调离,吕世民调任;党委委员李宗军2018年12月调离;党委委员吕世民2020年1月调离。

主要工作如下。初步梳理完成黄庄、里自沽、大钟庄农场合并事项,经济建设取得新成效;完善基础农田水利设施,增加水电力设备,奠定现代农业可持续性发展基础。推动稻米品牌建设,形成"津垦"系列产品。发展设施农业,提升温室设施,调整种植结构。引进现代化种猪繁殖技术,与澳大利亚爱戈斯公司合作试养高品质肉牛,完成奶牛场鲜牛乳无公害产品认证,鸡蛋加工业实现5万存笼蛋鸡养殖项目投产。淡水养殖淘汰带毒种鱼,提高成鱼品质,发展锦鲤养殖。工业企业调整产品结构,完成新厂址迁建。休闲观光农业完成园区改造,建成亲子多功能室内乐园。农场集团化初见成效,渤海农业集团已成功转型为大型国有农业集团公司。

本届期内,到2012年12月,各农场党费情况如下:黄庄农场党委党费账面结存6995.88元;大钟庄农场党委党费账面结存3784.79元;里自沽农场党委账面结存13164.27元。账面共结存23944.94元。

渤海农业集团成立后,2013年党费收入21025元,支出22810.4元。2014年党费收入20289元,支出7173.6元,收入共计41314元。与各农场账面结存收支相抵后,共结存35274.94元。

第二届委员会于2020年8月由第二届第一次党员大会选举产生,书记徐宝梁,副书记袁思堃、张爱民,委员仵赟、张烜明、张国生、杨庆刚。党委书记徐宝梁2020年12月调离，袁思堃调任；党委副书记张爱民2020年12月调离，李修同、张国生调任；党委委员杨庆刚2020年12月调离。

主要工作如下。全力推动企业改革，配合天津食品集团混合所有制改革工作，完成农场土地确权41756.48亩，完成"三供一业"社区职能管理移交。推动所属单位经理层人员聘任工作，完成90名退休党员党组织转接和1144名退休人员档案移交工作。项目建设顺利推进，百万蛋鸡项目、小站稻振兴工程、万亩水产养殖基地、物联网项目农业信息化、农业综合开发高标准农田、津垦黑水虻养殖基地、休闲农业观光、园艺场提升改造等项目落地见效，推进稻香田园综合体、中蒙合作蔬菜科技示范园区、第二个百万蛋鸡、海南省澄迈县新建年存笼百万只蛋鸡养殖基地、国家储备粮建设、高标准池塘建设等项目实施。企业管理水平得到不断提升，完善"三重一大"法人治理结构与制度管理体系，印发修订65项管理制度，建立法律审核管理体系，各层级管理机构定时听取各项重点工作完成落实情况，企业经营水平得到不断提升。继续巩固安全环境，结合33项制度形成公司安全生产制度汇编，并建立食品安全7项制度，初步构建食品安全制度管理体系。切实关心职工生活，金水湾与危陋平房置换安置选房工作解决了各农场986户职工住宅安置问题。每年组织全体职工体检，特别组织公司500余农业户口职工免费体检；通过节日送温暖、生日蛋糕券等形式关怀职工；组织慰问困难职工、劳模、党员和老干部100余人次，年均投入慰问资金10余万元。加强党建工作，签订落实全面从严治党主体责任书246份、党建目标责任书150份、党风廉政建设责任书和廉洁从业承诺书158份。组织党委理论学习中心组学习102次，其中集中传达学习54次，集中学习研讨48次，撰写研讨材料660篇，累计800余人次。加强组织和干部队伍建设，规范党组织建制，党组织设立达到100%全覆盖，共有党支部13个，评定产生"三星级红色支部"2个，"二星级红色支部"5个，"一星级红色支部"6个，向集团组织部上报"六大红色工程"开展情况10余次，完成所有基层党支部换届工作，党支部换届累计25次。考察选拔中层正副职级干部32名。做好党员发展工作，新吸收预备党员30人，按期转为正式党员26人。调整一线党员比例，优化党员队伍结构，转出3个退休党支部中在册退休党员90人，现有党员数量为150人。完成"131"创新型人才申报工作，同集团组织部申报二层次人才2人、三层次31人，申报获得自然系列高级职称3人、中级职称19人、初级职称48人，申报获得政工中级职称5人。

本届期内，公司党委党费账面结存35274.94元，总收入1235813.72元，支出1224698.75元，收支相抵后党费结存共46389.91元。

第二节 党员大会

2014年10月30日，中共天津农垦渤海农业集团有限公司第一次党员大会在所属宝德公司会议室召开，会期1天。出席会议的党员112名。

此次会议的议程有4项，分别是：审议中共天津农垦渤海农业集团有限公司委员会的工作报告；审议中共天津农垦渤海农业集团有限公司纪律检查委员会的工作报告；选举新一届中共天津农垦渤海农业集团有限公司委员会；选举新一届中共天津农垦渤海农业集团有限公司纪律检查委员会。

此次会议报告的标题为《强化资源整合、推进机制创新，为打造具有现代化精品特色及休闲观光农业集团而努力奋斗》，会议的主要任务是高举邓小平理论的伟大旗帜，以中共十八大和中共十八届二中、三中全会精神为指导，深入贯彻落实科学发展观，强化资源整合，推进机制创新，为打造现代农业及休闲观光农业集团而努力奋斗，同时选举渤海农业集团第一届党委委员会和纪律检查委员会。

大会决议通过了《中共天津农垦渤海农业集团有限公司委员会的工作报告》和《中共天津农垦渤海农业集团有限公司纪律检查委员会的工作报告》。

会议选举徐宝梁、李景龙、邹江、张爱民、娄紫东为中共天津农垦渤海农业集团有限公司第一届委员会委员。其中徐宝梁为党委书记，李景龙、邹江为党委副书记。选举邹江、陈建林、王会明为中共天津农垦渤海农业集团有限公司纪律检查委员会委员，其中邹江为纪委书记。

2020年8月19日，中共天津农垦渤海农业集团有限公司第二次党员大会在所属宝德公司会议室召开，会期1天。出席会议的党员118名。

此次会议的议程有5项：由党委书记徐宝梁做工作报告；审议中共天津农垦渤海农业集团有限公司委员会和中共天津农垦渤海农业集团有限公司纪律检查委员会的工作报告；审议《党员大会选举办法（草案）》；选举新一届中共天津农垦渤海农业集团有限公司委员会；选举新一届中共天津农垦渤海农业集团有限公司纪律检查委员会以及向党员大会报告选举结果。

此次会议报告的标题为《奋勇前进、乘势而上，为建设特色高效的现代化农业企业努力奋斗》，会议的主要任务是认真贯彻落实中共十九大和中共十九届三中、四中全会精神和市委十一届六次、七次、八次全会精神，深入学习贯彻习近平新时代中国特色社会主义思想和治国理政新理念、新思想、新战略，特别是习近平总书记对天津工作提出的"三个着力"重要要求，旗帜鲜明讲政治，坚定不移贯彻新发展理念，进一步统一思想、凝聚力量，激励干部勇于担当作为，推动渤海农业集团高质量发展。总结过去几年的工作，明确今后几年的目标任务，把握新机遇，发挥新优势，开创新局面，积极投身到公司发展建设中来，同时选举渤海农业集团第二届党委委员会和纪律检查委员会。

大会决议通过了《中共天津农垦渤海农业集团有限公司委员会的工作报告》和《中共天津农垦渤海农业集团有限公司纪律检查委员会的工作报告》。

会议选举徐宝梁、袁思垫、张爱民、仵赟、张烜明、张国生、杨庆刚为中共天津农垦渤海农业集团有限公司第二届委员会委员。其中徐宝梁为党委书记，袁思垫、张爱民为党委副书记。选举张爱民、马煜、苏玉梅、刘文军、黄春玲为中共天津农垦渤海农业集团有限公司纪律检查委员会委员，其中张爱民为纪委书记。

第三节　党员情况

渤海农业集团成立时，吸收 3 家农场的党员组织关系，同时负责管理退休党员党支部，2019—2020 年，响应天津市国资委关于国有企业社会化职能剥离的要求，将退休党员逐步转至其所属社区或街道党支部。

2014 年，渤海农业集团及所属单位有党员 237 名，其中在职党员 120 名（含预备党员 7 名），离退休党员 117 名。

2018 年，渤海农业集团及所属单位有党员 262 名，其中在职党员 153 名（含预备党员 6 名），退休党员 109 名。

2019 年，渤海农业集团及所属单位有党员 247 名，其中在职党员 141 名（含预备党员 5 名），退休党员 106 名。

2020 年，渤海农业集团及所属单位有党员 94 名，均为在职党员，其中预备党员 2 名。

第四节　中国共产党组织机构

一、领导机构

农场建立至成立渤海农业集团期间，一直由党组织领导，部分时期组织人数变化，由党委降级为党总支，但农场始终坚持党的领导不变。农场初建至成立渤海农业集团的领导沿革情况、成立渤海农业集团后的领导沿革情况请结合附表 1 至附表 6 并参考本章第一节。

二、党委机构

农场初建时，设政治处、政工处和政治办公室，负责党员管理、党务工作、政治宣传等工作。20 世纪 80 年代，天津农垦集团总公司进行体制改革后，各农场调整管理机构，与天津农垦集团总公司机关处室进行业务工作对接，逐步转变为党委办公室。渤海农业集团成立后，2018 年，党委办公室更名为党委工作部。随着党对党务工作要求的发展变化，党委工作部的工作职责也在不断发展变化，现在渤海农业党委工作部编制 5 人，设部长 1 人、副部长 1 人、职员 3 人。涉及的职能和工作内容如下。

负责组织协调召开党委（扩大）会议、书记会议、党委专题会议，组织会议的会务、会议材料撰写归档、会议落实相关工作。

组织党委落实全面从严治党主体责任领导小组办公室工作，并制定工作计划、安排、清单。

负责组织党委理论学习中心组学习，服务、指导、监督所属单位党组织理论学习中心组学习和监督其领导干部的思想理论武装。贯彻执行党的组织、干部、人才工作的路线、方针、政策，提出具体措施并组织实施。

按照干部管理权限，做好企业领导人员培养、选拔、考察、任免、交流及后备干部队伍建设工作。

负责组织推动并严格执行基层党组织换届选举、"三会一课"等制度，指导基层党支部加强自身建设。负责公司意识形态领域工作落实，推动、监督集团公司所属单位落实。

负责天津市党内统计信息系统日常维护及报送报表，统计公有经济企业经营管理及专业技术人才信息。负责干部信息统计和干部人事档案管理。负责党员教育管理、党员发展和接转组织关系工作，以及党费的收缴和管理工作。推动所属基层党支部落实党费收缴使用管理、换届选举、发展党员、民主评议等党务公开工作。

负责巡视巡察工作，推动整改落实、进行相关工作的协调检查，以及推动长效机制的建立落实。负责管理保密文件，做好组织学习。负责传阅上级文件，负责审核、办理、管理公司党委文件。负责提出企业法人离职调离、吸收合并、到龄退休经济责任审计建议。

负责基层党组织党建评议工作，开展基层党建巡察工作，对所属单位领导班子和领导人员的年度考核工作。

负责重要时间节点、重大事件等主题社会宣传的氛围营造。负责及时报送新闻信息，组织协调新闻媒体对公司及所属企业宣传报道工作。负责公司微信订阅号宣传阵地的编辑、管理；指导、监督所属企业加强对内部宣传阵地的管理，积极开展宣传工作。负责公司企业文化建设，组织协调企业文化活动和文化产品制作。负责公司思想政治工作人员专业职务任职资格推荐工作。负责公司本部并指导监督所属企业网络信息安全管理工作。

负责抓好团员青年思想政治建设，开展理想信念教育，抓好党中央大政方针、市委决策部署和集团党委工作要求在团组织和团员青年中的传达学习贯彻。负责抓好团的组织建设，指导基层团组织按期完成换届，完善基层团组织生活，做好团费收缴、团内统计、智慧团建、团干部培训等工作。负责抓好团员管理工作，做好发展团员、团员教育、超龄退团、团组织关系转移、团员民主评议等工作。

负责公司离退休人员服务管理工作，组织对离休干部、退休干部的慰问活动。严格管理和合理使用各项老干部专用经费。负责老干部报刊的征订工作。负责集团公司本部离退休人员医药费报销工作。

负责因公出国工作人员政审，出入境备案，备案人员因私出国（境）审批工作。负责渤海农业集团党委、党委工作部印章的日常使用管理。负责领导干部相关兼职材料的梳理上报。负责渤海农业集团领导干部离岗、离津请销假手续管理。法人单位党组织到驻地社区党组织及在职党员居住地所在社区党组织报到工作的日常推动及管理。

负责党委会议事规则、党建考核、干部提拔任用等制度的制定、完善。组织党建、意识形态、青年团、老干部等工作要点、计划、总结、报告的撰写。

负责公司主要领导日常工作安排的协调落实工作、领导交办的其他工作，以及其他部室要求协助完成的工作。

第五节　党务工作

一、组织工作

（一）基层组织工作

渤海农业集团成立后，2014—2020 年，随着公司各项改革的不断深入，党的各级组织随着所属企业的变化而变化，党员队伍也不断变化。2014 年，公司共有各类党组织 7 个（其中党委 1 个，党支部 6 个），党员 237 人。

2016 年，与所属基层党组织签订《党建工作目标责任书》12 份，所属党支部组织在职党员签订《党员岗位承诺书》147 份。按期转正党员 7 名，发展党员 2 名。公司内部表彰先进基层党支部 1 个、优秀党务工作者 2 名、优秀共产党员 10 名。3 人被授予天津市五一劳动奖章荣誉。同时推动监督所属各单位到期应换届的 10 个基层党组织全部完成换届选举工作。

2017年，制定党建工作任务清单，与所属企业党政负责人签订《党建工作目标责任书》《党风廉政建设和反腐败工作目标责任书》《廉洁从业承诺书》共计30份，强化基层负责人"一岗双责"责任意识。各党支部组织在职党员签订《党员岗位承诺书》共计145份。本年度新吸收预备党员6人、确定发展对象10人、积极分子6人，其中大专以上学历、35岁以下的年轻人占到60%以上。公司不断优化党员队伍结构，增强党员队伍的活力和战斗力。对基层党组织工作落实情况集中巡察4次，并将存在的问题及时向每个党支部进行反馈、限时整改，压实基层党组织建设工作。建立基层党建工作联系点制度，结合公司班子成员分工，明确班子成员在基层党建工作联系点的工作目标任务，对工作中存在的问题和不足，有针对性地提出解决办法和措施。重新制定"五好党支部"创建细化标准，努力按照"五好党支部"标准规范支部建设。公司内部表彰先进党支部4个、优秀党员21名，公司党委被食品集团评为"五好党支部组织者"，天津黄庄洼米业有限公司党支部被评为"五好党支部标兵"。

2018年，公司与所属基层党政一把手签订了《党建工作目标责任书》《党风廉政建设和反腐败工作目标责任书》《廉洁从业承诺书》《社会管理综合治理工作目标责任书》共计87份，发展党员5名。公司内部经各党支部评选推荐，表彰先进党组织3个、优秀党务工作者3名和优秀共产党员26名。公司所属兴华党支部、1名党支部书记、3名党员分别被天津食品集团评为先进党支部、优秀党务工作者和优秀党员。本年，公司共有各类党组织18个（其中党委1个，党支部17个），党员262人。

2019年，公司党委书记与领导班子成员、所属基层党政一把手签订《落实全面从严治党主体责任书》《党建工作目标责任书》《党风廉政建设和反腐败工作目标责任书》《廉洁从业承诺书》共76份。严格遵循"坚持标准，保证质量，改善结构，慎重发展"的方针，本年新吸收预备党员6人、按期转为正式党员5人、确定明年发展计划5人。截至2020年，公司有积极分子20人、入党申请人46人，各所属单位积极调整车间班组党员比例，不断优化党员队伍结构。以组织力提升工程三年行动计划为抓手，以实施"六大红色工程"建设为契机，深化"五好党支部"创建，广泛开展"星级红色支部"创优达标活动，评定产生"三星级红色支部"1个、"二星级红色支部"4个、"一星级红色支部"6个，开展"五好党支部"创建活动。组织所属14个党支部结合"红色支部工程"创建活动开展了"五好党支部"创建自评工作。各党支部根据评定结果积极建立升星台账、培优台账，认真进行整改，使基层党组织建设更加标准化。推选优秀共产党员14名、先进基层党组织2个，向天津食品集团推荐2名优秀党员、1名优秀党务工作者、1个先进基层党组织。积极推动基层党组织换届工作，完成 9 个基层党支部的换届。本年，公司共有各类党组织 18 个（其中党委 1 个，党支部 17 个），党员 262 人。

2020 年，公司党委研究制定了全面从严治党责任、任务清单，签订《落实全面从严治党主体责任责任书》23 份、《党建工作目标责任书》13 份，把落实全面从严治党纳入检查考核内容。本年共计研究确定发展对象 10 人、预备党员 4 人、转为正式党员 6 人。推动"国企党建质量年"活动，发现问题全部整改，并围绕统筹疫情防控和企业改革发展双战双胜、决战脱贫攻坚等生动实践，组织公司班子成员到分管领域、党建联系点讲党课 11 人次，基层党支部书记普遍为本部门本单位党员讲党课 12 人次，向上级组织部门推荐报送党课视频 3 个。积极推进"五好党支部""六大红色工程"创建，评定 2020 年度"五好党支部"12 个、"三星级红色支部"2 个、"二星级红色支部"5 个、"一星级红色支部"3 个。评选"党员示范岗"17 个、"党员责任区"13 个，发挥了基层组织的战斗堡垒和党员先锋模范作用。本年，公司共有各类党组织 12 个（其中党委 1 个，党支部 11 个），党员 94 人。

（二）干部工作

渤海农业集团成立后，一直把干部工作作为重点工作来抓，通过各种形式和方法，提升公司干部的选拔、监督和教育培训水平。

2016 年，落实全面从严治党，切实履行"两个责任"。认真落实党风廉政建设责任制。公司党委与各基层单位分管领导、党政负责人签订了《党风廉政建设和反腐败工作目标责任书》《廉洁从业承诺书》25 份，将纪律放在第一位，进一步增强领导干部廉洁从业的责任意识。加强廉政教育，严格执行述职述廉制度，通过领导班子述职述廉、民主生活会、干部考核、专项检查、内部审计、"一岗双责"等多种方式，巩固党风廉政建设。

2017 年，以问题为导向，制定党建工作任务清单、责任清单，实行挂图作战、销号管理。与所属企业党政负责人层层签订《党建工作目标责任书》《党风廉政建设和反腐败工作目标责任书》《廉洁从业承诺书》共计 30 份。以开展"不作为、不担当问题专项治理"活动为契机，全面抓好"自查自纠、教育管理、问题处理、整改落实、建章立制"等各项工作。通过自查自纠，基层单位共排查不作为不担当专项问题 172 项，并全部完成整改。严格干部队伍管理，完成公司 75 名科级干部档案审查、178 名大专以上毕业生学历认证排查工作，向集团推送正科级年轻干部 4 人，申报"天津市 131 人才"21 人，申报专业技术职称 8 人。严格落实干部选拔任用工作规定和程序，选拔中层正科级干部 2 名、副科级干部 4 名，给他们压担子，促使他们在实践中迅速成长。通过召开"八一"座谈会、青年座谈会、基层推荐等方式积极发现人才，有效调动职工积极性，真正实现"能干事者有机会、干成事者有舞台"。

2018 年，公司坚持党管干部原则，强化党委的领导和把关作用。严格遵循《干部选拔任用程序的规定》，按照干部选拔程序考察选拔中层正科级干部 4 名、副科级干部 1 名。4 名中层干部进行了公司部室、基层企业间的调整交流，推荐 5 名科级干部报名参加天津食品集团竞争上岗选拔。持续推进不作为不担当问题专项治理，以开展不作为不担当问题专项治理三年行动为契机，重点查找在谋划企业发展中存在的不作为不担当问题，经过自查自纠，基层单位共排查不作为不担当专项问题 194 项，已全部完成整改。

2019 年，修订完善干部选拔制度，重新修订了《渤海农业集团干部选拔任用程序的规定》和《渤海农业集团选任干部进行民主推荐和组织考察的操作办法》，制定了《渤海农业集团实行干部任前公示的规定》和《渤海农业集团实行干部任职试用期的规定》，努力用制度使选人用人工作更加科学化、民主化。严格按照干部选用流程进行考察，提拔中层正副职级干部 6 名，对机关中层正副职、所属各基层单位领导班子和班子成员履职情况等进行了测评，对公司 56 名中层管理人员进行了考核。注重人才培养，完成"131"创新型人才申报工作，向上级组织部门申报二层次人才 4 人、三层次人才 23 人，申报获得自然系列中级职称 8 人、初级职称 9 人，推荐 3 名中层干部参加天津食品集团"青年马克思主义者培养"工程学习，各单位党政负责人参加天津食品集团企业领导人员能力提升高级研修班 50 人次，基层党支部书记参加国资委组织的集中培训 14 人次，努力加强对各类人才的培养，提高综合素质。

2020 年，与所属单位党政负责人签订《落实全面从严治党主体责任责任书》23 份、《党建工作目标责任书》13 份，召开全面从严治党会议 3 次，进行工作检查 10 次，与所属企业党支部书记开展廉政、履职谈话累计 20 人次，加强干部责任管理。加强对党员干部的教育培训，组织公司领导班子成员及党支部书记共 23 人参加天津食品集团组织的《中国共产党国有企业基层组织工作条例（试行）》专题讲座，组织党委工作部 5 人参加天津食品集团组工干部培训班。坚持理论联系实际，以问题为导向，深入一线开展调查研究，党员领导干部带头思想联系工作实际，撰写调研报告，领导班子成员及所属单位形成调研报告 20 余篇，有效推动调研结果转化。对渤海农业集团 2019 年度选人用人工作和新提拔的中层干部开展了"一报告两评议"测评工作，接受党员群众对公司选人用人工作的监督。公司党委分 2 批次对所属党支部书记进行党建述职、述责述廉工作民主测评，对党支部书记进行综合评判，进一步厘清党支部书记工作职责和思路。制定《渤海农业集团 2020 年优秀人才培养使用工作计划》，坚持党管人才原则，把政治标准和政治素质作为考察工作的重中之重，依靠职工群众认真考察选拔了中层正副职级管理人员 7 名。

（三）老干部工作

农场时期，老干部工作由各农场党委办公室负责，主要是对离退休干部及家属进行慰问，管理其产生的医药费和住院费等费用。

2008 年，黄庄、大钟庄农场共有离退休干部 84 人，其中离休干部 8 人、退休干部 76 人，另有老干部遗孀 8 人。农场党委建立了以离退休干部为主体的离退休党支部，有党员 20 人，其中 1 人的组织关系转出。为老干部订阅了《天津日报》《天津老干部》杂志。建立老干部联系机制，主要负责人与老干部一对一联系，由专人在节日进行慰问和看望。其间药费 16.9 万元，住院费 11.54 万元。

2010 年，黄庄、大钟庄农场共有离退休干部 81 人，其中离休干部 6 人、退休干部 76 人，另有老干部遗孀 6 人。退休党支部党员 21 人。其间药费 2.8 万元。

2011 年，黄庄、大钟庄农场共有离退休干部 82 人，其中离休干部 6 人、退休干部 75 人，另有老干部遗孀 6 人。退休党支部党员 19 人。其间药费 2.8 万元。

2015 年，渤海农业集团成立后，老干部工作由党委办公室承接，对农场系统与渤海农业集团系统离退休干部及干部家属开展管理工作。渤海农业集团系统退休干部 123 人，其中党员 72 人，通过与其住址所在的社区党支部联系，将组织关系转到现在居住的地方，便于退休老干部们学习和过组织生活，对其余的 16 名退休干部，渤海农业集团建立离退休党支部 1 个，涉及党员 49 人。有离休老干部 7 人（黄庄 4 人、大钟 1 人、里自沽 2 人）、遗孀 12 人（黄庄 4 人、大钟 5 人、里自沽 3 人）、退休正处级干部 5 人（黄庄 1 人、大钟 2 人、里自沽 2 人）、退休副处干部 13 人（黄庄 4 人、大钟庄 6 人、里自沽 3 人）。

对离退休干部，渤海农业集团通过订阅《天津日报》《支部生活》《天津老干部》等报纸杂志，每月每人发放医疗补助金 1650 元，每年及时提醒老干部进行体检，对去世的老干部一次性发放病故抚恤，同时建立联系机制，做到定期走访慰问老干部，做到重大节日必访、老干部住院必访、老干部和老干部遗属有特殊困难必访、老干部过生日必访，及时为他们解决实际生活中如修房屋、用车、预支药费等困难。

2018 年，公司现有离退休干部 160 人，目前还有 20 名退休干部的党组织关系在公司，建立离退休党支部 3 个，共有党员 107 人。现有离休老干部 3 人、遗孀 10 人、退休正处级干部 6 人、退休副处级干部 16 人。公司在春节等传统节日期间，按照离休老干部、退休干部（处级）1000 元慰问金、约 300 元慰问品，退休干部（副处级）800 元慰问金、约 300 元慰问品，离休干部遗孀、退休老工人 200 元慰问金的标准进行慰问。每年进行，延续至今。

渤海农业集团成立至今，对系统内离退休老干部及相关人员进行各项补助，发放食用油、面粉、大米、牛奶、鸡蛋慰问品等关怀支出共计177.44万元。

二、党务工作

（一）宣传工作

成立渤海农业集团前，各农场的宣传工作由各农场政治办公室负责，主要工作是响应上级单位的宣传要求，向所属单位干部职工宣贯政策和相关事项情况，各农场的宣传工作主要集中在政策宣导、报纸杂志征订、征文等方面工作。

渤海农业集团成立后，宣传工作由党委办公室负责，主要工作是对国家重大会议、中共中央和各级党组织的会议讲话精神的宣贯，集团系统宣传平台的搭建，组织开展主题宣传活动，参加并完成上级单位组织的各项宣传活动和宣传任务。

2013年，按照公司党委要求，组织宣贯中共十八大报告、中共十八届三中全会报告及党的群众路线等精神内容。从所属单位抽调有文字功底的职工8人，作为本单位的宣传通讯员，充实了通讯员队伍，调动了内部通讯员的工作积极性。鼓励他们从生产经营、改革创新等各个方面，及时反馈信息，提供了大量鲜活的题材，每月上报新闻信息，营造正确的舆论导向，引导职工增强对企业的信心。

2014年，响应天津食品集团号召，开展"我的农垦我的梦"大型主题征文活动。参加食品集团直属企业信息化建设工作，上报所属企业信息化建设情况。参加"新国企、新天津"摄影活动，选送参赛作品34份。

2015年，配合天津食品集团宣传要求，渤海农业集团不断推进企业文化建设，加大宣传报道工作力度。将公司主要产品通过电视台、网站及微信公众号向社会各界展示，增加关注度。与北方网、工人日报、宝坻电视台等媒体进行合作，将宣传片投放到电视台播放。广告方面投放宣传画册上万册，在津蓟高速温泉城站投入2组四面宣传画面，在位于京沈高速和塘承高速互通处投入1组三面宣传画面，宣传所属企业优质大米产品。展会推广方面，参加了在天津举办的中国全国食品博览会，展出了公司绿色蔬菜、各规格大米、猪肉及鸡蛋等农副产品。公司进一步细化宣传平台管理工作，结合各公司网站和微信公众号，拓展宣传工作渠道，增大信息覆盖面和传播效率。

2016年，参与天津食品集团文化手册、宣传片、品牌故事等对外宣传文化产品的制作工作，编写6家所属企业的品牌故事。组织所属单位绿色世界公司申请天津市爱国主义教育基地。参加建党95周年文艺作品征集，上报摄影、征文、书画作品12份。组织进行中共十八届六中全会精神宣贯工作，包括宣讲10次，参与党员人数165人。

2017年，组织进行以牢固树立"四个意识"为主题的宣讲活动，召开宣讲活动18

次，参与党员人数 158 人。参加"节能宣传周和全国低碳日"征文活动。组织进行天津市第十一次党代会主体精神宣讲。组织建军 90 周年座谈会并参加"庆'八一'话军魂"主题征文活动，座谈会 8 名系统内军转人员参加。参加天津市全运会产品宣传活动。组织渤海农业集团喜迎中共十九大系列宣传活动，各所属单位制作宣传展板 50 余块，布置宣传标语 40 余条，组织文艺汇演 1 场。组织推动中共十九大精神宣讲工作，共组织：报告会 10 场，参加人数 180 人；进车间班组 3 场，参加人数 85 人；进班组 10 场，参加人数 50 人。系统内职工宣传全覆盖，共计 750 人次。

2018 年，组织参加"我最喜欢的天食品牌"展示评比活动，讲述了黄庄洼米业的品牌大米和康嘉公司的精品猪肉的由来和发展作为品牌故事。组织所属绿色世界公司进行"晶宝温泉农庄第二届草莓采摘音乐节"，宣传采摘产品，提升品牌影响力。参加"习近平新时代中国特色社会主义思想在津沽大地扎实实践"征文活动，报送征文作品 11 篇。在天津食品集团发放视觉识别手册后，开始在宣传口径统一形象，将天津食品集团的标识在渤海农业集团所属单位的各类产品上统一，在对外宣传上展示天津食品集团商标，凸显食品集团品牌文化。组建了网络舆情监测团队和职工思想动态监测团队，要求各支部及时监测舆情情况，每月报送舆情监测报表，公司研究制定了《渤海农业集团舆情应对处置工作管理办法（试行）》，规范和加强渤海农业集团舆情风险管理体制机制，掌握引导舆情的主动权，提升渤海农业集团舆情应对工作水平。

2019 年，参加《中国农垦》杂志组织开展的"垦区巡礼"专题报道，提供渤海农业集团的稿件至《中国农垦杂志》。开展"壮丽七十年、国企共奋进"主题宣传工作，上报征文 2 篇。完成"学习强国"学习平台组织架构搭建，组建学习管理员队伍。积极安排部署庆祝中华人民共和国成立 70 周年群众性三题宣传教育活动，营造了热烈的氛围：组织文艺汇演 15 场次、197 人观看国庆阅兵式、组织多种形式主题宣讲活动共计 48 场次，受众人数 722 人、国庆当天举行 20 场次升国旗仪式，参与人数 684 人，活动中悬挂国旗 89 面次、制作大型户外广告牌 9 块，布置户外 LED 宣传屏 2 块、灯杆道旗 60 个、宣传展板 36 块、通过官方微信公众号宣传新中国成立 70 周年伟大变化 11 次。

2020 年，组织所属广源公司参加 2019 品牌农业影响力年度盛典并获奖。组织撰写渤海农业集团社会责任报告。协助组织发布新冠疫情防控相关信息。推动开展厉行节约、反对浪费主题学习宣传工作。组织开展党史、新中国史、改革开放史、社会主义发展史学习宣传教育活动。组织开展"听党话、感党恩、跟党走"群众性主题活动，组织 130 余人参观"人民至上天津市抗击新冠疫情纪实展"。组织所属各单位开展"时代新人说——决胜小康奋斗有我"主题演讲比赛。协助天津电视台对渤海农业集团农业产业进行拍摄。

（二）党员理论教育工作

成立渤海农业集团前，各农场的党员理论教育工作由各农场政治办公室负责，主要工作是响应上级党组织的学习教育要求，向所属单位干部职工宣贯政策和相关事项情况，各农场的党员理论教育工作主要集中在国家大政方针的理论学习、习近平新时代中国特色社会主义思想理论专著的学习和各类各样的专题学习。

渤海农业集团成立后，党员理论学习工作在党委领导下，由党委办公室具体落实，主要是对国家重大会议、党中央和各级党组织的会议讲话精神的传达学习，组织开展集中学习活动，参加并完成上级党组织的各项学习教育活动。认真落实"三会一课"制度，抓好各个专题的学习和研讨活动，确保学习教育取得实效。

2016年，公司党委认真组织基层12个党支部抓好"两学一做"学习教育活动，参与学习的党员441人次，两级领导干部讲党课22次，接待天津食品集团领导专题调研2次，参加座谈会党员人数52人，为企业建言献策17条。年内为各所属党组织订购了《中国共产党章程》《习近平总书记系列重要讲话读本》《中国共产党廉洁自律准则》《中国共产党纪律处分条例》等学习用书共576册，做到了党员学习用书全覆盖。组织基层7名党支部书记代表参加了集团基层党组织书记示范培训班学习，夯实了支部书记业务素质。为检验成果，组织"两学一做"知识竞赛，天津食品集团组织部带领系统基层党组织书记、党务干部50多人进行了现场观摩。

2017年，公司党委坚持把学习贯彻习近平总书记系列重要讲话、市第十一次党代会、中共十九大精神作为首要政治任务，严格按照天津食品集团《中心组理论学习工作指引》，深化学习内容，创新学习方式，严格规范学习制度，组织公司两级中心组深入学习22次。组织公司12个党支部全体党员进行增强"四个意识"、坚持"四个服从"、学习贯彻中共十九大精神3个阶段的学习和研讨，以牢固树立"四个意识"和"市第十一次党代会"为主题宣讲23次。深入基层单位传达、宣讲中共十九大精神20次、参加基层单位研讨10次，党支部书记讲党课11次，参与学习的党员干部、积极分子、职工群众共计750人，实现学习贯彻中共十九大"全覆盖"。

2018年，组织党员干部进一步研读党的中共十九大报告和新党章，深入学习中共十九届三中全会、市中共十一届三次全会等精神，认真学习《习近平谈治国理政》《理论热点面对面》《习近平新时代中国特色社会主义思想三十讲》等书籍。集中观看《新时代新思想新目标》《新党章》学习专题光盘、《厉害了我的国》《榜样》等专题片。以纸质、微信等形式组织党员干部开展中共十九大、党章、习近平谈治国理政等知识答题活动。聘请党校老师对党员干部进行集中培训，共计174人次，提升了党员的理论水平。

2019 年，公司党委及所属党支部继续以推进"两学一做"学习教育常态化制度化为契机，认真学习贯彻习近平新时代中国特色社会主义思想和中共十九大精神，深入开展"不忘初心、牢记使命"主题教育，严格规范政治理论学习，学习《习近平新时代中国特色社会主义思想三十讲》《习近平新时代中国特色社会主义思想学习纲要》《中国共产党支部工作条例（试行）》《中国共产党党员教育管理工作条例》等内容，并举办 2 期党员干部培训班，邀请市委党校教授为党员干部系统讲授关于党的奋斗历程、社会主义意识形态、中共十九届四中全会、企业高质量发展等内容，累计培训 220 余人次。各所属党组织开展"不忘初心、牢记使命"主题教育学习活动，并广泛开展基层调研活动，结合思想和工作实际，撰写调研报告 10 余篇，向上级党组织推荐优秀调研报告 4 篇。

2020 年，公司党委深入开展习近平新时代中国特色社会主义思想学习教育培训。以"准"民主生活会的形式完成习近平总书记在"不忘初心、牢记使命"主题教育总结大会上的重要讲话精神的学习研讨。公司党委理论学习中心组集中学习 28 次，其中集中学习研讨 16 次，集中传达学习 12 次。开展一系列形式多样、内容丰富的"四史"专题教育主题读书活动，组织所属各党支部通过主题党日和重温党章、入党誓词等方式，深入开展对党忠诚教育活动，使党员切实做到增强"四个意识"、坚定"四个自信"、做到"两个维护"的思想自觉、政治自觉、行动自觉，进一步推进社会主义文化强国建设，传承中华优秀传统文化，弘扬爱国主义精神，践行社会主义核心价值观。

（三）精神文明建设工作

20 世纪 90 年代初，黄庄农场成立新风理事会，促进社区社会主义精神文明建设和新风尚形成。2003 年、2004 年先后被评为天津农垦系统精神文明先进单位、天津市文明单位。黄庄农场所属天津市宝德包装有限公司 2005 年被评为天津市文明单位。

农场合并成立渤海农业集团后，精神文明建设工作由党委办公室负责，在此期间，党委办公室积极推动各所属单位志愿服务工作，建立志愿服务队，开展社区共建，以主题党日、志愿活动等方式弘扬精神文明建设新风。所属绿色世界公司和宝德公司在 2017—2020 年连年被评为全国文明单位、天津市文明单位、宝坻区文明单位，促进了公司精神文明建设工作的发展和落实落地。

三、统战工作

渤海农业集团 2018 年成立统战部，统战工作由工会负责，后转至党委办公室负责，这一时期的统战工作的总体要求是，以习近平新时代中国特色社会主义思想为指导，紧扣深入学习贯彻中共十九大精神这个首要任务和工作主线，紧紧抓住新时代统一战线工作的新机遇，认真落实全国和全市统战部长会议精神，坚决贯彻落实天津食品集团统战部关于统一战线工作的各项部署，全面加强党的领导，筑牢共同思想政治基础，大兴调查研究之风，围绕中心、服务大局、凝聚人心、创新竞进，努力开创农业集团统一战线工作新局面，全力推动渤海农业集团改革发展稳定的各项工作。

2018年，通过组织党外知识分子开展"跟党迈进新时代，同心共筑中国梦"主题教育活动，以聚焦国企改革发展为主要内容的党外人士岗位建功奉献活动，选树先进典型。组织党外知识分子积极参加天津食品集团统战人员座谈会，为天津食品集团改革发展提供智力支持。进一步健全和完善党外人才库。完善渤海农业集团无党派人士人才库，做好无党派代表人士人才发现培养工作。加强党外知识分子工作，发挥重要作用。

2019年，结合新时代统一战线新方位新使命，全面加强党的领导，扩大团结覆盖面、筑牢共同思想政治基础，为推动公司高质量发展、打赢"五大攻坚战"作出贡献的总体要求，以庆祝新中国成立70周年为契机，在党外知识分子中开展"弘扬爱国奋斗精神，建功立业新时代"主题教育活动，在少数民族干部职工中开展"党旗在我心中，国旗在我心中"主题教育活动，为服务公司发展大局奠定思想政治基础。组织动员统战成员，发挥优势，围绕公司"深化改革、项目建设、提质增效、市场拓展、对口帮扶"五大攻坚目标任务建言献策，为实现公司高质量发展提供有月的"策论"。

2020年，以习近平新时代中国特色社会主义思想为指导，认真贯彻中共十九大和中共十九届二中、三中、四中、五中全会精神，持续学习贯彻习近平总书记关于加强和改进新时代党的统一战线工作的重要思想，全面落实中央和市委统战工作会议部署，围绕天津食品集团首届五次职代会暨统筹推进疫情防控和企业改革发展工作动员部署会安排和渤海农业集团公司2020年重点任务，团结最大公约数，动员统战干部和统战成员为实现渤海农业2020年全面工作任务作出新贡献。在党外知识分子中开展"弘扬爱国奋斗精神，建功立业新时代"系列活动，通过研讨交流、谈心谈话等各种方式，增进政治认同，凝聚发展改革共识，奉献智慧力量。真正落实统战成员及少数民族人士联谊交友工作，在采用举办茶话会传统形式的基础上，积极探索利用线上多媒体网络拓宽交友方式，实现统战工作目标。

四、法务工作

各农场发展时期，政法工作随着农场社会职能的变化与剥离，逐步转变为法务工作，主要集中在企业经营层面的法律支持、合规工作、合同审查等。

1985年，大钟庄农场实行利润分成和大包干2种经营形式，与宝坻县法律顾问处签订聘请 2 名法律顾问的协议，聘期 3 年，对公司经营进行法律指导。

1987 年，黄庄农场对干部、职工进行普法教育，经考核，农场向合格的 213 名职工颁发了证书。

2003 年，大钟庄农场开展普法教育活动。每周五下午开展以世界贸易组织基本知识、专利法、商标法、合同法、民事诉讼法、担保法、公司法等为内容的普法培训班，由农场党委委员云宝富授课，参加人员为农场中层干部和机关工作人员，共计 8 个课时。

成立渤海农业集团后，按照天津食品集团的要求，法务工作对接由行政办公室承担，2019 年 10 月，经渤海农业集团党委研究决定，成立渤海农业集团法务部，与行政办公室合署办公，编制 2～3 人。主要任务是积极贯彻落实国有企业依法治企相关规定，贯彻落实各项法治建设工作制度及要求，开展法治宣传教育相关工作，坚持防范和化解各类法律风险，切实维护渤海农业集团合法权益。

2018 年，为贯彻落实中共中央关于全面依法治国的战略部署，积极推进依法治企工作，渤海农业集团成立渤海农业集团法治建设领导小组。法治建设领导小组组长由党委书记、董事长兼任；副组长由 3 人组成，党委副书记、总经理，党委副书记、工会主席，副总经理、总法律顾问兼任。渤海农业集团党委办公室、行政办公室、法务部、人力资源部主要负责人为领导小组成员。领导小组下设办公室，承担领导小组的日常工作。办公室的日常工作由法务部承担，法务部部长由行政办公室主任兼任。小组组长徐宝梁，2020 年离任，袁思堃接任。总法律顾问李景龙，2017 年离任，李修同接任；李修同 2020 年离任，侯生博接任。

渤海农业集团法治建设领导小组认真贯彻落实法治建设的部署和要求，全面推进渤海农业集团依法治企工作，在防范和化解法律风险、重大决策事项审核、规章制度审核、合同审核、涉诉案件应收账款清收、普法等方面取得进展，职工的法治意识不断提高。自 2020 年起逐年制定渤海农业集团法治工作要点，对全年法治工作做出安排部署并落实执行。

制度建设方面，法务部分别于 2018 年制定了《渤海农业集团生产经营重大决策法律审核办法》《渤海农业集团规章制度法律审核办法》《渤海农业集团合同管理办法》《渤海农业集团企业法律纠纷案件管理办法》。2020 年修订印发《渤海农业集团企业法律纠纷案件管理办法》，2020 年制定《渤海农业集团法律事务工作管理办法》《渤海农业集团总法律顾问管理办法》《天津农垦渤海农业集团有限公司外聘法律顾问实施细则》《渤海农业集团企业主要负责人履行推进法治建设第一责任人职责实施办法》等制度，自推进依法治企工作以来，渤海农业集团法治建设各项制度不断完善，依法治企水平显著提高，运用法治思维解决日常工作及运营管理问题的意识不断提升。

普法工作方面，2011 年起，原黄庄、大钟庄、里自沽农场分别专门成立了"六五"普法工作领导小组。2013 年 5 月，渤海农业集团成立后，普法工作领导小组组长由渤海农业集团总经理兼任，成员由劳资部及农业开发部负责人组成。制定了《渤海农业集团"六五"普法工作安排》，对普法工作进行部署和落实。学习了《依法治国新征程学习读本》《依法治国新征程学习 100 问》《全面推进依法治国、加快建设法治天津学习读本及作业本》等法治建设文件以及《安全生产法》《消防法》《天津市安全生产条例》等法律法规，并张贴法治宣传资料，做好"六五"普法工作，提升法治工作意识。

2017 年，渤海农业集团成立普法工作领导小组，制定了《渤海农业集团 2017 年普法工作要点》。以涉及国企改革的法律知识为重点，开展《公司法》《企业国有资产法》《企业国有资产监督管理暂行条例》及国资监管方面法律法规知识的学习，多次组织渤海农业集团及所属企业参与普法答题活动 325 人次，通过法律咨询、图片展览、微信公众号宣传等各种形式开展宣传法律知识。大力宣传各项法律法规，做好"七五"普法工作，在全体领导干部职工中营造了学法、懂法、守法、用法的良好氛围，渤海农业集团干部职工的法律意识和法治观念不断增强，法律素质得到较大提高。

五、纪检工作

农场成立至今，纪检监察工作一直由党务部门沿袭。农场时期，各单位结合工作实际，并未设立专门的纪检监察部门，主要是将工作集中在纪委书记或党组织纪检委员上；成立渤海农业集团后，公司按照上级组织要求成立了纪检监察部，开始由独立部门推动纪检监察工作。

（一）查办案件工作

纪检监察部坚守执纪审查安全底线，严格贯彻执行《中国共产党纪律检查机关监督执纪工作规则》等党内法规，依规依纪依法查办案件，不断提高案件查办质量。几年来，共立案审查 1 人次，因违反工作纪律，给予党内严重警告处分。

（二）领导干部廉洁自律工作

2014 年，公司两委通过对公司领导干部进行反腐倡廉教育，认真学习中纪委十八届二次、三次全会，市纪委十届五次全会会议精神，学习贯彻《中国共产党党员领导干部廉洁从政若干准则》《国有企业领导人员廉洁从业若干规定》，市纪委《关于扎实推进国有企业廉洁风险内控机制建设的意见》，市国资党委《关于建立健全廉洁风险防控机制推进国有企业惩防体系建设的实施意见》等相关文件，严格执行廉洁从业若干规定，遵守天津食品集团和公司关于领导干部薪酬方面的各项制度，按照上级部署，继续开展"企业领导人员报告个人有关事项情况"的工作。公司制定了《干部廉洁从业承诺制度》以及"天津农垦渤海农业集团'三重一大'决策规定"，具体规定了重大事项、重大项目、重要人事任免的范围和大额资金的数额及权限范围，规定了"三重一大"的决策程序、管理监督和责任追究等8个方面的内容，规范和加强了重大事项管理。

2015年，组织所属单位党政负责人共19人签订《党风廉政建设和反腐败工作目标责任书》和《廉洁从业承诺书》，其中党组织书记6人，经理13人。

2016年，公司党委书记、总经理和纪委书记分别签订2016年落实《党风廉政建设和反腐败工作目标责任书》和《廉洁从业承诺书》。公司纪委组织党总支、党支部书记共11人，基层企业总经理、经理或公司负责人共11人，分别与公司党委书记、总经理签订《党风廉政建设和反腐败工作目标责任书》和《廉洁从业承诺书》。公司党委制定下发《天津农垦渤海农业集团有限公司关于加强公务用车管理的办法》《天津农垦渤海农业集团有限公司公务招待管理办法》，规范了公务用车购置和运行管理、公务接待费管理、纪律要求和监督检查等方面事项，明确了责任追究范围。

2017年，公司纪委组织党总支、党支部书记共7人，基层企业总经理、经理或公司负责人共10人，分别与公司党委书记、总经理签订《党风廉政建设和反腐败工作目标责任书》和《廉洁从业承诺书》。通过观看《打铁还需自身硬》专题电视片，召开领导班子扩大会议，班子成员、各党支部书记参加会议，集中通报了栾庆伟警示案件。公司党委会研究制定了《渤海农业集团党建工作和党风廉政建设工作会制度》，确定每半年召开1次党建工作和党风廉政建设专题会议，对公司党建和党风廉政建设工作情况进行定期总结、研究部署。

2018年，渤海农业集团纪委及时召开党风廉政工作会议，布置全年党风廉政工作计划任务，对公司党建和党风廉政建设工作情况进行定期总结、研究部署。制定印发《天津农垦渤海农业集团2018年度纪检工作要点》，确定渤海农业集团2018年纪检监察38项工作任务清单，公司党委书记、总经理和纪委书记分别签订2018年落实《党风廉政建设和反腐败工作目标责任书》和《廉洁从业承诺书》。渤海农业集团纪委组织领导班子成员、各部室负责人、党支部书记、基层企业负责人共计53人，分别与公司党委书记、总经理签订《党风廉政建设和反腐败工作目标责任书》和《廉洁从业承诺书》。渤海农业集团召开基层单位党组织主要负责人述责述廉会议，此次会议主要采取口头和书面述责述廉的方式，对党支部书记进行了民主评议。通过述责述廉和民主测评，大家肯定成绩，查找不足，进一步理清了党支部书记工作职责，自觉地把各项工作抓得更实、更好、更到位。

2019年，公司积极组织党员干部学习市纪委通报、观看警示教育片等，召开述责述廉会议、全面从严治党暨党风廉政建设和反腐败工作会，加强对党员干部的纪律教育，切实增强党规党纪意识。持续开展形式主义官僚主义、不作为不担当问题等专项治理工作，营造积极作为、勇于担当的干事氛围。严格贯彻落实中央八项规定精神，做好廉政教育工作，坚决抵制"四风"问题。召开领导干部反面典型案例学习教育会议，开展警示教育。同时，对所属企业政治建设、"三重一大"决策事项、中央八项规定精神、财务规范性工作等方面进行了全面深入的监督检查，对检查发现的问题及时向基层单位下达监督意见书，目前问题已全部整改到位。认真落实"5·22"会议精神，多次召开专题会议部署推动所属单位应收账款清收工作。针对上级巡视巡察、监督调研工作以及对所属单位监督检查反馈、查摆不作为不担当的问题，并对相关责任人开展诫勉谈话1人次，批评教育10人次，提醒谈话18人次，提高强化担责尽责的意识。公司纪委组织召开了领导干部警示教育大会暨廉政党课。公司领导班子成员、机关各部室负责人和所属三级企业领导班子成员50余人参加会议。

（三）纠正部门和行业不正之风工作

2013年起，按照集团公司纪委的工作安排，公司纪委对在建项目进行效能监察，打造阳光工程。对黄庄洼米业的原粮库的建设和成品库房扩建改造，进行了重点监察。采用融入项目的方法，党委决定项目的实施，纪委派党委班子成员从项目的设计、预算到施工，全程参与，按月汇报进度情况。另外对宝德公司的"有机废气高效净化处理及溶剂回收项目"和绿色世界公司的"设施农业提升工程项目"进行了监察。继续加强效能监察工作，使每一个项目都在阳光下运行。

2014年，公司两委组织落实党的群众路线教育实践活动整改方案，落实6项整改任务。为了巩固和发展党的群众路线教育实践活动成果，公司纪委完善制度体系，严格执行各项制度，确保作风建设制度化、规范化、常态化。尤其对于职务消费、公务用车、业务招待、培训、差旅和因公临时出国（境）等方面进一步健全制度，严格执行，强化管理。按照上级部署对"小金库""会所里的歪风"等进行专项整治，进一步解决"四风"方面存在的突出问题。

2015年，继续对职务消费、公务用车、业务招待、培训、差旅和因公临时出国（境）等方面的工作进行排查管理，并着重在春节元宵、中秋国庆2个重要时间节点对干部廉洁自律的情况进行跟进，利用党员教育活动室，公司党委以《习近平关于党风廉政建设和反腐败斗争论述摘编》为题材，结合警示教育片《道》，开展廉洁学习教育12次，共有123名党员干部（其中副科级以上领导干部63名）接受学习教育，节日期间走访基层单位14

次。公司纪委认真开展专项督查工作，强化监督检查，主动接受职工群众监督，公布举报电话，设置举报邮箱，加强两节期间的值班管理，做好全公司的保卫工作。

2016年，按照市纪委在全市纪检监察系统延伸开展"三再三清"作风纪律专项整治行动要求，公司纪委开展了"三再三清"作风纪律专项整治。整治过程中，公司纪委清点自查了纪检干部办公室居住地、执纪审查点等地，均无违规擅自私存或无意留存涉密文件、涉案款物，并作出了承诺。节日期间，严格落实中央八项规定精神，纪检干部带头坚决抵制在春节、清明节、五一劳动节、端午节等节日期间可能发生的违法违纪行为，坚决抵制"四风"问题。每逢节假日前夕，公司纪委均会下发通知，要求各基层单位公务车辆必须封存在固定停车地点，做好公务车辆封车登记台账。如遇节日期间使用公务车辆，必须填写公车使用审批表，由办公室及部门领导签字备案，纪委留档。同时要求所有党员干部，必须做到不收送节礼、不公车私用、不参加公款吃喝、不公款或变相公款旅游、不出入私人会所、不公款进行娱乐健身活动、不公款报销个人费用等，严格执行公务接待标准，做廉洁自律的表率，树廉洁从业的楷模。

2017年，渤海农业集团党委严格按照天津食品集团党委的部署要求制定了《渤海农业集团关于开展不作为不担当问题专项治理实施方案》。同时，根据天津食品集团组织部的要求，结合实际，制定了《渤海农业集团组织部门开展不作为不担当问题专项治理实施方案》，对专项治理工作进行了全面部署，成立了渤海农业集团不作为不担当问题专项治理工作领导小组。依照天津食品集团整治不作为不担当问题的82条问题，由渤海农业集团纪检部门牵头，各部门及各基层企业对照自身自查自纠，汇总上报，详细列出渤海农业集团30条整治问题清单，各部门及各基层单位分别提出整改措施，落实专项治理工作。继续严查"三公"情况，对公务招待、公务用车、办公用房等制度落实情况进行检查，保证行权合规。重要节假日期间，封存公车、要求干部不收节礼、不公车使用、不出入私人会所，做廉洁自律的表率。

2018年，渤海农业集团党委严格按照天津食品集团党委的部署要求制定了《渤海农业集团不作为不担当问题专项治理三年行动方案（2018—2020年）》，成立了不作为不担当问题专项治理三年行动领导小组和办公室，推动开展自查自纠工作，排查不作为不担当专项问题64项，全部整改完成。继续严格落实中央八项规定，遵守领导干部廉洁从业"九不准"和"十严禁"纪律规定，同时采取不打招呼不提前通知的方式，深入各基层单位进行监督检查，切实增强执纪监督的实效性和震慑力，对重点部位、重点场所、重点区域开展随机抽查和专项检查。上半年，公司纪委深入基层单位监督检查30余次。

（四）党风党纪教育工作

2014年，在全体党员干部中开展理想信念教育和宗旨意识教育活动，使党员干部不断增强自我净化、自我完善、自我革新、自我提高的能力，努力践行社会主义核心价值观，为实现公司的目标多做贡献。在科级以上的党员干部中开展集中学习，认真学习中央和上级纪委的各项指示精神，学习习近平总书记的系列讲话，做践行"三严三实"的好干部。强化警示教育，领导干部不断增强责任意识、大局意识和自律意识。组织全体党员干部观看电影《焦裕禄》并撰写观后感，组织党员干部观看反腐倡廉警示片《欲》《房》等，教育广大党员干部特别是领导干部筑牢拒腐防变的思想防线，不断增强了企业领导干部搞好廉洁风险防控工作的积极性和自觉性。

2016年，组织公司纪委工作人员学习贯彻《习近平关于严明党的纪律和规矩论述摘编》，集中观看《永远在路上》电视专题片、《国有企业领导忏悔录》光盘。通过反面典型警示教育，吸取教训，时刻保持清醒头脑，自觉以谨慎之心对待权力，以敬畏之心使用权力，始终筑牢严以用权的防线。

2017年，结合"维护核心、铸就忠诚、担当作为、抓实支部"主题教育实践活动，组织党员干部观看《打铁还需自身硬》《巡视利剑》专题电视片和警示教育片《蜕变》，以及黄兴国、栾庆伟等案件警示录等。

2019年2月19日，公司纪委组织召开领导干部反面典型案例学习教育会议，集中学习市纪委通报、剖析警示案件、观看警示教育片。8月6日，公司纪委组织召开了领导干部警示教育大会暨廉政党课。公司领导班子成员、机关各部室负责人和所属三级企业领导班子成员50余人参加会议。会议传达了天津食品集团党委警示教育大会精神以及天津食品集团系统通报的违规违纪典型案例，同时对渤海农业集团违规违纪典型案例进行通报曝光。公司党委负责人结合"不忘初心、牢记使命"主题教育活动讲廉政党课。7月25日—8月8日，公司纪委组织各支部全体党员收看了警示教育专题片《贪欲之害》《蜕变的初心》《致命的决口》等。公司纪委组织所属全体党员分别于7—8月间参观了新中国反腐败第一大案展馆，进一步增强了党员意识和宗旨意识，增强了党员们的凝聚力。公司纪委负责人与各基层单位党组织负责人进行了廉政谈话共计10次，对党员领导干部的廉洁从业意识进行了及时提醒，切实增强了警示教育效果。

2020年，公司纪委持续推进不敢腐、不能腐、不想腐在党员干部中入脑入心，落实"以案三促"相关工作要求。一是组织开展"以案三促"工作落实情况监督检查累计22人次。开展"肃清李福明、李明清恶劣影响，深刻吸取教训，净化和修复政治生态"专项监督工作，查摆问题7个，已全部整改到位。二是组织召开警示教育大会，集中学习市纪委通报、警示案件、观看警示教育片。同时在公司微信公众号上转发反面警示教育素材、传达上级通报的典型案例累计 12 次。

六、其他党务工作

渤海农业集团成立后，保密工作由党委办公室负责。2017 年，公司成立党委保密工作组，由党委办公室负责保密相关工作。保密工作主要是对需保密的工作内容进行全流程保密管理。

2019 年，按照天津食品集团保密办关于开展 2019 年保密法制宣传教育活动的要求，渤海农业集团组织开展保密法制宣传教育活动。公司保密工作组组织保密组成员、机关部室成员、基层单位党政负责人开展"保密干部讲保密"专题教育培训。保密工作组结合公司实际，重点围绕涉密人员的教育及管理、秘密文件的管理、计算机信息网络的保密管理、涉密会议的管理等方面，进行保密知识专题培训。各所属党支部组织党员领导干部及企业员工系统学习《保密法》及保密相关知识，强化涉密人员管理。向广大职工发放《日常工作泄密隐患与防范》《增强保密意识，筑牢安全防线：公民保密常识须知》《警惕，泄密就在身边》等保密知识宣传材料，进一步提高全体职工对新形势下加强保密宣传工作重要性的认识，增强保密意识，普及保密知识，提高防范能力，形成全员参与的保密工作格局。组织观看《红线不能触碰，底线不能逾越：保密法第四十八条背后的案例故事》保密警示教育系列光盘，各党支部组织涉密人员、党员干部职工集中观看，教育广大干部职工以案为鉴，进一步强化保密意识，牢记保密纪律。

2020 年，为深入贯彻习近平总书记关于保密工作的重要指示批示精神，认真落实市委、市保密委对保密工作的新部署要求，按照《关于印发天津食品集团保密工作相关制度的通知》要求，党委办公室结合公司实际，修订了《渤海农业集团领导班子成员保密工作责任》《渤海农业集团涉密人员管理规定》《渤海农业集团涉密文件管理办法》《渤海农业集团涉密人员移动通信设备使用规定》《渤海农业集团涉密计算机保密管理规定》《渤海农业集团复印机、打印机保密管理规定》《渤海农业集团涉外工作保密管理规定》《渤海农业集团保密要害部门、部位管理规定》8 项保密制度，进一步完善公司保密工作制度体系建设。

第二章　人民团体

第一节　工　会

一、职工代表大会

2014年12月26日，天津农垦渤海农业集团有限公司工会第一届第一次会员代表大会在所属宝德公司会议室召开，会期半天，出席会议的会员代表57人，其中工会干部和工会积极分子占50％左右，多数为基层工会代表。其他为劳动模范、基层单位党政干部、科技人员、生产一线工人。代表中，女代表22人，35岁以下的代表18人。

大会的主要任务是，以中共十八大精神和"三个代表"重要思想为指导，深入贯彻落实科学发展观，总结天津农垦渤海农业集团有限公司工会5年来的工作，讨论、确定和部署今后5年的工作任务，选举产生新一届工会委员会、经费审查委员会和女职工委员会。

大会的主要议程：审议《天津农垦渤海农业集团有限公司工会委员会工作报告》；选举天津农垦渤海农业集团有限公司工会第一届委员会、经费审查委员会、女职工委员会。

大会决议通过了《天津农垦渤海农业集团有限公司工会委员会工作报告》。

会议选举马为红、王春红、苏玉梅、杨祥、张爱民、吴振宏、宫凤贤为天津农垦渤海农业集团有限公司工会第一届委员会委员，其中张爱民为工会主席；选举王景森、杨维维、高玉贤为天津农垦渤海农业集团有限公司工会经费审查委员会委员，其中王景森为经费审查委员会主任；选举马为红、苏玉梅、宫凤贤为天津农垦渤海农业集团有限公司工会女职工委员会委员，其中苏玉梅为女职工委员会主任。

2015年12月21日，天津农垦渤海农业集团有限公司工会第一届第二次职工代表大会在所属宝德公司会议室召开，会期半天，出席会议的会员代表64人。

大会的主要议程：推荐张爱民为2015年天津市"三八红旗手"候选人并选举出席天津食品集团第一届第一次职工代表大会代表候选人。

大会决议通过了张爱民作为天津市"三八红旗手"候选人，选举了出席天津食品集团第一届第一次职工代表大会代表人选，共10人。

2017年2月15日，天津农垦渤海农业集团有限公司工会第一届第三次职工代表大会在所属宝德公司会议室召开，会期半天，出席会议的会员代表 63 人。

大会的主要议程：听取并审议《天津农垦渤海农业集团有限公司 2017 年工作报告》。决议通过了《天津农垦渤海农业集团有限公司 2017 年工作报告》。

此次会议报告主要对公司 2016 年的工作进行了总结，渤海农业集团认真贯彻中共十八大和中共十八届三中、四中、五中、六中全会精神，深入学习贯彻习近平总书记系列重要讲话精神，认真履行全面从严治党责任，围绕中心抓党建。集团上下紧密围绕党委会、董事会、经理会的工作部署，以深化改革为动力，以加强党的建设为保证，落实任务、努力工作、亮点突出、成效显著，经营业绩持续保持良好增长态势。

2018 年 3 月 5 日，天津农垦渤海农业集团有限公司工会第一届第四次职工代表大会在所属宝德公司会议室召开，会期半天，出席会议的会员代表 66 人。

大会的主要议程：听取并审议《天津农垦渤海农业集团有限公司 2018 年工作报告》；进行 2018 年工资集体协商工作，签订集体合同和工资集体协议书；对领导班子和领导干部进行职工代表评议。大会决议通过了《天津农垦渤海农业集团有限公司 2018 年工作报告》；决议通过了集体合同和工资集体协议书；选出的 24 名职工评议代表对渤海农业集团领导班子和领导干部进行了民主评议。

此次会议报告主要对公司 2017 年的工作进行了总结，渤海农业集团认真贯彻落实中共十九大和市第十一次党代会精神，在市委、市国资委和天津食品集团的正确领导下，认真履行全面从严治党责任，团结带领广大干部职工积极应对各种挑战，坚持以深入党的建设为统领，以战略为导向，转变发展方式，破解发展难题，厚植发展优势，主动作为，各产业取得了较好的业绩；集体合同及工资集体协议符合相关法律规定，符合集团实际状况，对职工相关权益做出了明确的规定，对劳资双方的权益起到了规范作用，对职工权益起到有效的保护作用，对企业的发展起到有效的促进作用。

2018 年 12 月 25 日，天津农垦渤海农业集团有限公司工会第一届第五次职工代表大会在所属宝德公司会议室召开，会期半天，出席会议的会员代表 73 人。

大会的主要议程：审议《天津农垦渤海农业集团有限公司职工代表大会制度实施办法》；审议《天津农垦渤海农业集团职工住宅区危房改造方案》；审议《天津农垦渤海农业集团金水湾危改项目还迁安置房选房方案》；审议《里自沽农场货币分房、拆迁遗留问题解决方案》；审议《关于变更美丽村庄项目一事一议建设项目实施地址及内容的议案》。

大会决议通过了《天津农垦渤海农业集团有限公司职工代表大会制度实施办法》《天津农垦渤海农业集团职工住宅区危房改造方案》《天津农垦渤海农业集团金水湾危改项目还钱安置房选房方案》《里自沽农场货币分房、拆迁遗留问题解决方案》《关于变更美丽村庄项目一事一议建设项目实施地址及内容的议案》。

2019年3月29日，天津农垦渤海农业集团有限公司工会第一届第六次职工代表大会在所属宝德公司会议室召开，会期半天，出席会议的会员代表71人。

大会的主要议程：审议《天津农垦渤海农业集团有限公司2019年工作报告》；审议《天津农垦渤海农业集团有限公司2019年工资集体协商（征求意见稿）》；审议《天津农垦渤海农业集团有限公司工会工作管理办法》；审议《天津农垦渤海农业集团有限公司关于职工集体福利、困难招工帮扶、慰问的实施办法及标准》；审议《天津农垦渤海农业集团有限公司慰问大病、去世退休职工实施办法及标准》；审议《天津农垦渤海农业集团有限公司员工薪酬调整方案》。

大会决议通过了《天津农垦渤海农业集团有限公司2019年工作报告》《天津农垦渤海农业集团有限公司2019年工资集体协商（征求意见稿）》《天津农垦渤海农业集团有限公司工会工作管理办法》《天津农垦渤海农业集团有限公司关于职工集体福利、困难招工帮扶、慰问的实施办法及标准》《天津农垦渤海农业集团有限公司慰问大病、去世退休职工实施办法及标准》《天津农垦渤海农业集团有限公司员工薪酬调整方案》。

此次会议报告主要对2018年工作进行了回顾，渤海农业集团深入学习贯彻习近平新时代中国特色社会主义思想和中共十九大精神，贯彻落实市委第十一届三次全会精神，念好"五所大学"，紧扣"五个现代化天津"建设要求，以全面从严治党为统领，以天津食品集团推动"六个建设""两大改革""四项管理"为中心，滚石上山、锐意进取、担当作为，实现各项工作较好发展。农业综合开发项目、物联网项目大幅提升了原有耕地基础设施水平，打造出1.5万亩高标准农田；园艺场农业示范园区提升改造项目整体提高了观光旅游产业服务水平；新疆、河北等地的帮扶项目按期完成，宝坻困难村帮扶工作完成各项阶段工作；完成与海南农垦合作100万只蛋鸡项目合资公司注册；黑水虻项目进展顺利，中央电视台农业农村频道（原军事·农业频道）《科技苑》栏目对黑水虻项目进行专题报道，"黄庄洼"大米、"家爱格"鸡蛋和"晶宝"草莓通过媒体广泛宣传提高了知名度。同时完成天宁公司吸收合并，康嘉公司混改，土地确权，4个农场社区管理职能和"三供一业"移交以及北三场平改还迁选房工作。积极推进土地整合，规模化经营，全力打造绿色生态农业，实现农业种植提质增效。

2019年4月19日，天津农垦渤海农业集团有限公司工会第一届第七次职工代表大会在所属宝德公司会议室召开，会期半天，出席会议的会员代表70人。

大会的主要议程：推荐赵紫君为天津食品集团五一劳动奖章候选人；推荐黑水虻养殖项目组作为天津食品集团工人先锋号候选人；职工代表对领导班子及领导进行廉洁自律、

民主意识和综合评价 3 方面的民主评议。

大会决议通过了赵紫君为天津食品集团五一劳动奖章候选人，黑水虻养殖项目组作为天津食品集团工人先锋号候选人，集团领导班子和领导在廉洁自律、民主意识和综合评价方面得到与会职工代表一致好评。

2019 年 12 月 19 日，天津农垦渤海农业集团有限公司工会第二届第一次职工代表大会在所属宝德公司会议室召开，会期半天，出席会议的会员代表 54 人，其中生产一线职工及技术人员代表 44 人，女代表 26 人，35 岁以下代表 21 人。

大会的主要议程：审议《天津农垦渤海农业集团有限公司第二届职工代表大会人选及代表资格审查报告》；审议《工会工作报告》《工会财务工作报告》《工会经费审查委员会工作报告》；选举产生天津农垦渤海农业集团有限公司第二届工会委员会、经费审查委员会及女职工委员会。

大会决议通过了《天津农垦渤海农业集团有限公司第二届职工代表大会人选及代表资格审查报告》，通过了《工会工作报告》《工会财务工作报告》《工会经费审查委员会工作报告》。

会议选举马为红、王增、刘玉萍、张爱民、苏玉梅、陈移波、宫凤贤为天津农垦渤海农业集团有限公司工会第二届委员会委员，其中张爱民为工会主席、马为红为工会副主席；选举马煜、刘玉萍、李捷为天津农垦渤海农业集团有限公司工会经费审查委员会委员，其中马煜为经费审查委员会主任；选举马为红、苏玉梅、宫凤贤为天津农垦渤海农业集团有限公司工会女职工委员会委员，其中苏玉梅为女职工委员会主任。

2020 年 4 月 3 日，天津农垦渤海农业集团有限公司工会第二届第二次职工代表大会在黄庄洼米业公司会议室召开，会期半天，出席会议的会员代表 58 人。

大会的主要议程：审议《天津农垦渤海农业集团有限公司 2020 年工资集体协议》；审议《天津农垦渤海农业集团有限公司职工董事、职工监事制度》；审议《天津农垦渤海农业集团有限公司厂务公开制度》；选举天津农垦渤海农业集团有限公司职工董事和职工监事。

大会决议通过了《天津农垦渤海农业集团有限公司 2020 年工资集体协议》《天津农垦渤海农业集团有限公司职工董事、职工监事制度》《天津农垦渤海农业集团有限公司厂务公开制度》。

大会选举了张国生为天津农垦渤海农业集团有限公司职工董事，马为红为天津农垦渤海农业集团有限公司职工监事。

2020 年 6 月 3 日，天津农垦渤海农业集团有限公司工会第二届第三次职工代表大会暨混合所有制改革专题职代会在米业公司会议室召开，会期半天，出席会议的会员代表61人。

大会的主要议程：审议《天津食品集团有限公司混合所有制改革实施方案》；审议《天津食品集团有限公司混合所有制改革天津农垦渤海农业集团有限公司人员安置方案》。

大会决议通过了《天津食品集团有限公司混合所有制改革实施方案》《天津食品集团有限公司混合所有制改革天津农垦渤海农业集团有限公司人员安置方案》。

2020年7月2日，天津农垦渤海农业集团有限公司工会第二届第四次职工代表大会在黄庄洼米业公司会议室召开，会期半天，出席会议的会员代表56人。

大会的主要议程：审议《天津农垦渤海农业集团有限公司2020年工作报告》。大会决议通过了《天津农垦渤海农业集团有限公司2020年工作报告》。

此次会议报告主要对2019年工作进行了总结，渤海农业集团认真贯彻落实中共十九大精神，深化"不忘初心、牢记使命"主题教育活动，紧紧围绕国企改革中心任务，攻坚克难、狠抓落实、聚焦重点、精准发力、勇于担当作为，着力打好五大攻坚战，坚持稳中求进工作总基调，积极围绕集团年初职代会确定的目标任务，在食品集团党委的领导下，全力以赴做好公司的各项工作。

二、工会组织机构

渤海农业集团成立前，各农场单独设立工会，其所属单位按照上下级工会建制建立各自的工会，自上而下搭建工会组织机构。

2012年：黄庄农场职工代表15人，工会会员192人；大钟庄农场职工代表15人，工会会员139人；里自沽农场职工代表29人，工会会员354人。

2013年：黄庄农场职工代表15人，工会会员198人；大钟庄农场职工代表15人，工会会员139人；里自沽农场职工代表29人，工会会员353人。

2014年：黄庄农场职工代表15人，工会会员210人；大钟庄农场职工代表15人，工会会员189人；里自沽农场职工代表29人，工会会员353人。

渤海农业集团成立后，工会属于天津食品集团工会管理，下辖各所属单位工会，工会设办公室，编制2人。

2015年，渤海农业集团基层工会组织11个，工会干部14人，职工代表67人，工会会员752人。

2016年，渤海农业集团基层工会组织12个，工会干部16人，职工代表70人，工会会员962人。

2017 年，渤海农业集团基层工会组织 14 个，工会干部 14 人，职工代表 70 人，工会会员 962 人。

2018 年，渤海农业集团基层工会组织 15 个，工会干部 16 人，职工代表 80 人，工会会员 962 人。

2019 年，渤海农业集团基层工会组织 12 个，工会干部 12 人，职工代表 81 人，工会会员 1091 人。

2020 年，渤海农业集团基层工会组织 8 个，工会干部 10 人，职工代表 61 人，工会会员 912 人。

三、工会组织活动

（一）劳动竞赛

渤海农业集团工会把劳动竞赛作为工会工作的一项经常性任务来抓，围绕公司中心工作，每年都组织开展劳动竞赛活动。

2014—2015 年，各分会组织开展了"五比一创"劳动技能比赛。

2016 年组织开展了"展风采促发展，建功渤海农业"劳动竞赛。

2017 年组织开展了以"献计献策、节能减排"为主题的"合建月"和"电工、司炉工"劳动技能大比武。

2018 年组织开展了"滚石上山，担当作为，大干 150 天，人献千元"劳动竞赛。

2019 年组织开展了"当好主人翁　建功新时代"劳动竞赛。

2020 年组织开展了"强技能，促提升，争做渤海农业高质量发展排头兵"劳动竞赛。

（二）职工之家建设

公司工会按照全国总工会关于进一步开展好建设职工之家活动的要求，积极开展创建忠诚之家、创新之家、和谐之家、温暖之家、活力之家的"五家"建设活动。2014—2020 年，创建全国级职工书屋 1 个、集团级职工书屋 4 个，建设职工活动室 7 个、妈咪之家 3 个。以职工书屋为载体，组织开展"创建学习型组织，争当学习型职工"活动，以读书"分享会""领读会""培训会"形式引领职工学政治、学科技、学法律、学文化，提高职工综合素质。2020 年，公司工会被天津食品集团工会授予 2017—2019 年度模范职工之家荣誉称号。

（三）文化体育活动

1. **职工文化活动**　2018 年，举办渤海农业"中国梦·劳动美——学习贯彻习近平新时代中国特色社会主义思想和党的十九大精神"主题演讲比赛。15 名职工参加了比赛，选拔 4 名优秀职工参加食品集团演讲比赛，张丽丽取得集团演讲比赛一等奖。

2018 年，开展了渤海农业读书节活动，组织读书分享会 14 场，覆盖职工 758 人，选拔 8 个优秀作品参加了天津食品集团第二届读书节活动，田媛的文学作品《书香传家，幸福绵长》获得征文比赛二等奖，王磊、杨庆刚的书画作品《祝福祖国》《拼搏》分获书画比赛二、三等奖。

2018 年，开展了渤海农业集团"安康杯""安全在我心中"演讲比赛，郭宏芳获得一等奖。

2019 年，开展"建功新时代，幸福在渤海"女职工系列文娱活动。

2020 年，开展"时代新人说——决胜小康、奋斗有我，渤海农业职工在行动"演讲比赛。选拔 3 名优秀职工参加集团"中国梦，劳动美"演讲比赛，吴蕊取得集团演讲比赛一等奖。

2. 职工体育活动　组建了渤海农业篮球队、足球队，每年都举办乒乓球、羽毛球、篮球选拔赛，选拔优秀职工选手参加上级工会举办的体育比赛。

2019 年，72 名职工参加了天津食品集团首届职工运动会。2020 年，10 名职工参加了天津食品集团乒乓球、羽毛球体育比赛。

第二节　共　青　团

一、概述

各农场建立初期就开展了共青团工作，1963 年，里自沽农场党总支委员会就确定由专人推动共青团组织工作。

1964 年，黄庄农场经宝坻团委批准，黄庄农场团总支委员会，召开了首届团代会。

1965 年，黄庄农场组织高粱抢收任务，历时 17 天，26 名青年经宝坻团委批准加入共青团。

1972 年，黄庄农场召开共青团第二届代表会议。同年，大钟庄农场共青团总支委员会成立。

1975 年，黄庄农场召开了知识青年学大寨誓师大会。会议由农场团总支委员会、民兵团、妇联会联合主持召开。各单位知青代表在会上发言，提出挑战、应战书。展开学大寨友谊赛，并表示决心苦战 3 年，铁心务农志不变，奋战 1 年，要把农场建成大寨。

1980 年，黄庄农场召开共青团第三届代表大会。同年，各农场团工作转由天津市农场局领导。

1984 年，黄庄农场召开共青团第四届代表大会，建立基层团支部 6 个，发展团员 48 名。

1986 年，黄庄农场召开共青团第五届代表大会。

1990 年，黄庄农场召开共青团第六届代表大会。

1997 年，大钟庄农场所属振华公司经销部被天津市团委授予市级"青年文明号"荣誉称号。同年，农场团总支组织迎香港回归知识竞赛，并在天津农垦集团总公司团委组织的知识竞赛中获得全系统第一名的荣誉。

2001 年，共青团天津市委副书记朱军等领导来里自沽农场考察，授予宏发超市"青年文明号"荣誉，并对今后的工作提出了具体明确的要求。

渤海农业集团成立后，共青团工作由党委办公室负责，主要工作是在团市委、天津食品集团团委和渤海农业集团党委的正确领导下，紧紧围绕公司的中心工作，不断加强青年思想教育，积极引导青年参与经济建设，全面实施青年创业实践行动、青年文明示范行动，大力加强团的自身建设，引导广大青年团员勤于学习、善于创造、甘于奉献。广大团员青年在改革开放和现代化建设中建功成才。

2020 年，渤海农业集团共青团共有各类团组织 6 个，其中团总支 1 个、团支部 5 个，团干部 16 人、团员 33 名，35 周岁以下青年 169 名。团组织有天津农垦渤海农业集团有限公司团总支、天津市宝德包装有限公司团支部、天津兴华织造有限公司团支部、天津农垦渤海农业集团有限公司绿色世界团支部、天津农垦渤海农业集团有限公司畜牧团支部和天津农垦渤海农业集团有限公司机关团支部。

二、共青团代表大会

2017 年 5 月 4 日，共青团天津农垦渤海农业集团有限公司第一届第一次团员大会在所属宝德公司会议室召开，会期半天。出席会议的团员及青年代表 45 名。

此次会议的议程有 6 项：审议共青团天津农垦渤海农业集团有限公司委员会的工作报告；宣布共青团天津农垦渤海农业集团有限公司第一届委员会委员及各团支部委员的选举结果；党委副书记、工会主席张爱民发表讲话；全体青年团员进行入团宣誓；各团支部新当选的团干部召开座谈会，同时，其余团员青年观看《入团第一课》视频；新任团委书记发言，党委委员、纪委书记娄紫东讲话。

此次会议报告的标题为《坚定信心 创新竞进 在新的征程中谱写壮丽的青春篇章》，会议的主要内容：总结渤海农业集团的共青团工作，点明青年作为渤海农业集团在历史转折点的主角，要坚定信心、奋发向上、适应新常态、开创新局面，落实渤海农业集团的各项部署，在公司改革改制的大发展过程中谱写更加壮丽的青春篇章。同时选举渤海农业集团第一届共青团委员会。

大会决议通过了《共青团天津农垦渤海农业集团有限公司第一届委员会工作报告》。

会议选举马煜、孙正平、张佳为共青团天津农垦渤海农业集团有限公司第一届委员会委员。其中马煜为团总支副书记。

2020年9月17日，共青团天津农垦渤海农业集团有限公司第二届第一次团员大会在公司一楼会议室召开，会期半天。出席会议的团员及青年代表28名。

此次会议的议程有5项：听取并审议《共青团天津农垦渤海农业集团有限公司委员会的工作报告》；审议《共青团天津农垦渤海农业集团有限公司新一届总支部委员会选举办法（草案）》；选举产生共青团天津农垦渤海农业集团有限公司新一届总支部委员会委员；向大会报告选举结果；渤海农业集团党委副书记、纪委书记、监事会主席张爱民发表讲话。

此次会议报告的标题为《坚定信心 汇聚青春正能量 奋勇争先谱写壮丽篇章》，会议的主要任务是认真贯彻落实中共十九大和共青团十八大全会精神，深入学习贯彻习近平新时代中国特色社会主义思想和治国理政新理念新思想新战略，旗帜鲜明讲政治，坚定不移贯彻新发展理念，进一步统一思想、凝聚力量，激励团员青年勇于担当作为，推动渤海农业集团高质量发展。总结过去三年的工作，明确今后几年的目标任务，把握新机遇，发挥新优势，开创新局面，积极投身到公司发展建设中来。希望与会团员青年不负重托，履职尽责，把这次团员大会开成一个团结奋进、凝聚力量的大会。同时选举渤海农业集团第一届共青团委员会。

大会审议通过了《共青团天津农垦渤海农业集团有限公司总支部委员会工作报告》。

会议选举马煜、白丽曼、孙思明、李素洁、张翊川为共青团天津农垦渤海农业集团有限公司新一届总支部委员会委员。其中马煜为团总支书记。

三、共青团组织机构

渤海农业集团成立后，共青团总支办公室设在党委办公室，各所属单位团支部工作由党务工作人员兼任。

2016年，共有各类团组织11个，其中团委1个、团总支1个、团支部9个，团干部11人、团员55人。

2017年，因公司团员人数不足100人，公司申请调整团组织建制，将共青团天津农垦渤海农业集团有限公司委员会调整为共青团天津农垦渤海农业集团有限公司总支委员会。有各类团组织 7 个，其中团总支 1 个、团支部 6 个，团员 41 人。

2018 年，共有各类团组织 7 个，其中团总支 1 个、团支部 6 个，团干部 9 人、团员 35 人。

2019 年，共有各类团组织 7 个，其中团总支 1 个、团支部 6 个，团干部 9 人、团员 35 人，

2020 年，共有各类团组织 6 个，其中团总支 1 个、团支部 5 个、团干部 16 人、团员 33 人。

四、共青团活动情况

2017 年，渤海农业集团共青团组织团员青年参与党组织开展的政治活动中。通过参与党支部大会、党小组会，号召所有团员青年学习习近平系列重要讲话精神，强化团员的先进性和光荣感，坚定共产主义远大理想和中国特色社会主义共同理想，牢固树立政治意识、大局意识、核心意识、看齐意识。各级团组织向党组织看齐，与党组织开展的"两学一做"制度化常态化学习教育活动看齐。每次召开学习活动之前，团支部书记与所在党支部书记共同策划，发动团员青年开展学习教育活动。组织动员青年投身创新创效实践，为公司培养推荐了一批优秀的管理、技能人才。每年五四青年节举办"互看互比互学""读书交流会"等活动。开展"不忘初心跟党走"主题团日活动，全体团员青年参加入团宣誓活动。在渤海农业集团党委领导的主持下，团支部书记及团青代表召开以"五四薪火相传 争做天食青年"为主题的座谈会。团员青年踊跃交流发言，结合自身成长发展经历，畅谈学习、工作、生活等方方面面的收获和体会。借助网站、微信等媒介宣传"一学一做"学教育的内容、意义以及在集团开展"一学一做"的相关活动。推荐团员青年积极关注"共青团中央"等微信公众号，促进团员青年自学，将学习落到实处。推动各级团组织开展"青春献祖国"主题团日活动。为喜迎中共十九大胜利召开，共青团积极策划参与了渤海农业集团党委组织的"喜迎党的十九大·坚定不移跟党走"文艺活动，凝聚效果良好。

2018 年，团总支积极做好"智慧团建"系统组织树建立和"青年大学习"平台学习工作，动员组织广大团员青年参与学习 230 余人次，有效组织团员认真抓好学习，提升自身政治素质、理论修养，激发广大团员青年爱国热情、使命担当。围绕渤海农业集团中心工作，团总支积极组织各单位申报食品集团级 2017—2018 年度青年文明号创建集体，结合各产业实际，绿色世界公司、宝德公司和广源公司参与创建，其中绿色世界公司和宝德公司申报市级青年文明号创建集体。推进援派青年选派，落实中央东西部扶贫协作要求，

为"一带一路"倡议提供人才支撑,配合天津食品集团团委和公司党委,按照援派青年条件要求选派 1 名青年骨干到新疆和田和 2 名青年骨干到"16＋1"保加利亚农业合作示范区工作。组织开展"津和手拉手,书香飘校园"爱心捐书活动,共青团员带头捐赠书籍 610 余本。服务团员青年成才需求,推选优秀青年 24 名,团员青年突击队的队员在田间地头、生产一线、车间班组组织团员青年开展"大干 40 天,保供应、惠民生、创效益"青年突击队主题实践活动 4 次,参与人数 46 人次。组织"中国梦,劳动美"演讲比赛活动,激发广大团员青年干事创业、担当作为的热情,使他们在各自工作岗位上更加努力发挥先锋模范作用。

2019 年,团总支持续推进"学习总书记讲话,做合格共青团员"教育实践制度化常态化,组织开展团课 29 次,累计 240 余人次参加。向团员推送学习内容 12 次,充分利用"青年大学习"学习新阵地,有效组织 1900 余人次参加 25 期学习,完成阶段排名,形成比学赶超氛围。通过谈心谈话、座谈交流、调查问卷等形式,针对 70 余名青年共征集问题清单 17 条、需求清单 22 条,开展主题团日 6 次、专题团课 7 场。征集心得体会 30 余篇,访谈青年人数 40 余人次。组织各单位申报青年文明号创建工作,宝德公司品控部被评为市级青年文明号集体,绿色世界公司被评为食品集团级青年文明号集体。围绕习近平新时代中国特色社会主义思想、庆祝新中国成立 70 周年、中共十九届四中全会等内容组织开展了 2 次知识竞赛,97 人次参加。组织"最美身边,美在瞬间"主题摄影征集展示活动,宣传场区自然风光、爱岗敬业的职工精神风貌。充分调动全体团员青年工作的积极性和创造性,开拓创新、锐意进取。团结带领广大团员青年积极投身渤海农业集团建设,努力推动渤海农业集团高质量发展。

2020 年,团总支不断加强团组织工作规范化建设,以"三会一课""青年大学习"、主题团日为载体,通过组织开展理论学习、团支部书记述职评议、组织生活会、团员教育评议等工作,提升团务管理水平。严格履行团员组织关系转接和团员档案转接程序,由专人负责完成 33 名团员档案整理管理工作,确保"一人一档"。以"不忘初心,牢记使命,唯真求实,服务青年"主题大调研活动为契机,组织开展主题大调研活动,联系青年 59 人,面对面访谈百余次,征集梳理问题清单 10 条、需求清单 7 条。以庆祝"五四"活动为契机,经各党支部推荐,评选事迹突出、感染力强的年度"优秀青年"11 名。带领动员团员青年在推动疫情防控与经济发展双胜双赢上贡献青春力量。新冠疫情期间,鼓励带动青年人投身疫情防控第一线,积极宣传疫情防控、保障市场供应等知识,引导广大青年正确面对疫情,共克时艰。并在公司微信公众号发布先进典型事迹 10 篇,为公司打赢疫情防控工作积极发声,传播正能量。

第三节　妇女工作

农场发展过程中，为做好各类各级妇女工作，各个农场都成立了妇女组织。1971 年，大钟庄农场及各生产队成立妇女组织。次年，黄庄农场根据宝坻县"关于做好各级妇女工作的意见"通知，建立妇女工作委员会。随着农场的发展，妇女工作与计生工作逐步由各农场工会负责，其间，各农场举办过如育龄体检，庆"三八"妇女节联欢活动等为女性职工服务的活动。

成立渤海农业集团后，妇女工作由渤海农业集团工会承继，每年 3 月，公司工会组织"女职工维权行动月"活动，开展丰富多彩的庆"三八"文娱活动和维权知识竞赛、演讲、问卷答题等活动，女职工参与率 100％。2014—2020 年，女工委员会重点开展了以"协作拓展""互学互看"和"巾帼建功"为主要内容的巾帼建功立业活动，并每年为集团系统内婚姻、生育女职工进行补贴，标准 600 元/人。

渤海农业集团负责妇女工作的机构是工会下属的女工委员会。2014 年，公司工会第一届第一次会员代表大会选举产生了第一届女职工委员会，委员 3 名，分别是苏玉梅、马为红、宫凤贤，其中苏玉梅任女工委主任。2019 年，公司工会第二届第一次会员代表大会选举产生了第二届女职工委员会，委员 3 名，分别是苏玉梅、马为红、宫凤贤，其中苏玉梅任女工委主任。

第五编

文化

中国农垦农场志丛

第一章　科学技术

第一节　科学技术事业

一、概述

各农场从建场初期就重视科技工作。到 20 世纪 90 年代，每个农场都成立了由主要领导参与并直接领导的科学技术委员会。科学技术委员会除了主要领导外，还包括各行各业各部门科技人员。科技组织和科技人员认真研究解决生产实际、生产实践中遇到的技术难题，在攻克难关及开发新产品等方面发挥了重要作用，展示了科学技术作为第一生产力的成果。

1993 年，大钟庄农场根据农场经济体制改革的需要，将各基层单位的专业技术人员集中起来，成立了技术服务中心，集中为农业、畜牧业等单位及个体、承包户提供技术上的服务，并注重从宏观上研究和解决带普遍性的问题。在实践中推广和应用新的科研成果，把科研与服务相结合，及时把科研成果转化为生产力，把单纯的研究型机构变为研究服务型机构。

依靠科技进步、重视人才建设一直是农场经济发展的重要举措。农场在科技队伍建设方面，一是通过多种途径提高科技人员技术水平。如认真落实科技人员的继续教育，增加科技资金投入，制定激励政策，鼓励专业人员和职工学习技术和专业知识。着重奖励在技术创新方面有突出贡献的人员，通过健全岗位技术等级工资制度等办法，对全场职工和专业技术人员增加技术工资含量，调动他们学习技术、为生产经营服务的主动性和积极性。二是针对场内缺乏高端技术人员的问题，面向社会引进有真才实学的科技人员，并通过加强产、学、研相结合的科技力量，提高本场科技水平。三是造就尊重知识尊重人才的氛围。在发挥科技人员作用，促进科技兴场的同时，关心他们的生活，促进科技人员思想稳定，使他们为农场事业的发展发挥才干和智慧。

二、农业科学研究与试验发展

1991 年以来，各农场有许多科研项目在生产经营中发挥了重要作用：大钟庄农场研制了梨小食心虫发生规律曲线图，准确地预测了发生时间、确定了防治办法，还经实验推行了科学轮作方法；畜牧业进行良种繁育、科学饲养等技术的探索与实践；养鸡设备厂自制万能式横梁冲击式胎具；制线厂成功研制尼龙搭扣新品种蘑菇头搭扣和被胶搭扣等。这些都为农场劳动生产率和经济效益的提高发挥了重要作用。

1991 年，为了在炎热的夏季有效地改善鸡舍环境，提高鸡只产蛋率，降低死亡率，黄庄农场提出夏季鸡舍降温的试验报告，并得到上级批准，以此立为科研项目。经过 2 年的试验和比对，试验取得成功。基本原理是采取降温试验，鸡舍温度降低 2～3℃。结果是采取降温试验的鸡只相关指标与不采取降温试验的效果明显不同，相关指标见表 5-1。

表 5-1　7—8 月实验记录

日龄（天）	日期	鸡只存笼（只）	当月死鸡（只）	当月淘汰（只）	产蛋量（枚）	产蛋率	饲料消耗（公斤）	蛋料比	舍内温度（℃）	备注
260～299	7.31～8.31	14596	324	256	29787.2	61.8%	420	1：2.82	31～34	对比组
290～330	7.31～8.31	14169	305	122	31000.0	63.4%	418.5	1：2.70	29～32	实验组

夏季鸡舍降温装置由表冷段、离心风机和通风管道 3 部分组成，其原理就是深井水通过表冷段，将空气制冷，然后离心风机将冷空气抽送入通风管道，通风管道在鸡舍内呈双列纵向排列，每条管道上每隔 1 米就有 2 个漏气孔，使冷空气能均匀分布到鸡舍各处。鸡舍原有的 23 个排气扇保留 10 个作为回风管道（代替回风管道），通过这套装置的使用达到为鸡舍降温的目的，从而改善蛋鸡产蛋环境，提高生产能力。

1999 年，黄庄农场所属生物肥厂在市场上有机肥料增多的情况下，努力开发研制出酵素菌肥，并自己研制了全套设备，成功地研制出了新产品。

2000 年，黄庄农场所属宝德公司在生产普通塑料膜、卷材和复合袋的基础上，研究开发生产了亚光膜、珠光膜、铝箔、蒸煮袋、降解膜等新产品。

2001 年，黄庄农场所属宝德公司研制成功新一代可降解膜和蒸煮袋。

2001 年，黄庄农场所属奶牛场利用西门塔尔系肉牛品种的母牛做受体，从国外引进黑白花奶牛和娟姗牛胚胎进行移植，成活率 40% 左右，扩大了高品质娟姗牛群。在此基础上，农场加大科技投入，研究解决了奶牛繁殖障碍，缩短胎间距，提高了繁育速度，解决了优质奶牛来源渠道的问题。

2002 年，黄庄农场所属奶牛场在实践中多次反复探索实验饲料配方技术。采用高农饲料配方和正大集团不同蛋白水平的颗粒料，在制作青饲时采取科学贮藏法进行操作，保证了青饲的质量，使奶牛采食量增加，日单产奶量也随之增加。

2002 年，黄庄农场所属奶牛场通过采用添加酒糟和增加饲草配比度等措施，研究提高奶牛体质，使牛奶的蛋白质含量由原来的 2.85 增加到 3.10。奶牛日单产由最初的 9.1 公斤增加到 15.5 公斤，2002 年末增加到 17.2 公斤。

2002 年，黄庄农场所属宝德公司又成功研制了阴阳袋和纸塑复合包装，并使塑铝复合的技术进一步完善，丰富了产品在市场上的种类。

21 世纪初，农场各行业更加重视科技进步和科技引进、推广及应用，并与高校和科研院所联络，先后引进新品种，开展工业尼龙搭扣等新项目的攻关。在畜牧业引进优良畜禽良种，并请专家到农场讲授养鱼、养鸡及农业种植新技术，及时把科研成果转化为现实生产力。在农场各产业板块，坚持不懈地进行技术创新，促进了各个农场整体生产力水平和经济效益的进一步提高。

农场合并为渤海农业集团后，科技工作由企业运营部进行管理，在接续农场科技成果的同时，也按照现代企业制度的要求，对各个企业的科技研发投入，高新技术企业、雏鹰企业等企业资质认证提供专业技术支持和管理，支持企业进行各类各项认证，如 ISO9001 质量管理体系认证等。各个所属企业也在科技研发方面取得了不少成果，2011—2020 年，公司主持参与各类科研项目情况如下。

2010—2011 年，主持推动生态经济型灌木——树莓在天津地区引种试验与示范项目。主持参加人员：白冬梅、李悦生、刘树华、魏根超、云宝庆、袁爱民、赵斌、于光。

2012 年，主持推动观赏鱼规模化养殖关键技术研发与应用项目，获天津市科技进步三等奖，成果达到国际先进水平。主持参加人员：李景龙。

2012 年，主持推动血鹦鹉规模化繁育关键技术研究与应用项目，成果达到国际先进水平。主持参加人员：李景龙。

2012 年，主持推动庭院无土栽培设施推广项目。主持参加人员：苗卉。

2013 年，主持推动垃圾堆肥自主肥效强化技术在地毯草皮生产中的应用与示范项目。主持参加人员：多立安、赵树兰、王宝春、白冬梅、郭继霞、魏根超、刘信军。

2013 年，主持推动延长结缕草等暖季型草坪在北方地区绿期的技术研究项目。主持参加人员：袁爱民、白冬梅、于光、刘特、赵斌、魏根超、陈麟、李艳红。

2013 年，主持推动物理农业技术的应用与推广项目。主持参加人员：苗卉。

2014 年，主持推动深液流水培技术（DFT）在生产中的推广应用项目。主持参加人员：敬静。

2015 年，主持推动观赏鱼养殖关键技术集成应用项目。主持参加人员：李景龙。

2015 年，主持推动优质血鹦鹉繁养技术推广公共服务平台项目。主持参加人员：李景龙。

2015 年，主持推动废弃蔬菜生物转化及其产品在观赏鱼养殖业中应用技术示范推广项目，成果达到国内先进水平。主持参加人员：徐宝梁、张庆东、李景龙。

2015 年，主持推动草皮生产中几种废弃物补充物质材料的应用与示范项目。主持参加人员：白冬梅、多立安、赵树兰、刘特、于光、王学鹏、赵龙、韩旸、张美存。

2015 年，主持推动盐碱地草莓绿色无害化种植技术探究及应用项目。主持参加人员：肖丽娟。

2016 年，主持推动高蛋白昆虫高效养殖技术的集成示范与推广项目。主持参加人员：李景龙、尚东维。

2016 年，主持推动深液流水培技术（DFT）的立体化改良以及在生产中的推广应用项目。主持参加人员：苗卉。

2018 年，主持推动绿色生态种养技术集成示范与推广项目。主持参加人员：尚东维、李景龙、饶志仓。

2018 年，主持推动黑水虻及其副产品对鹦鹉鱼生长及健康状况的研究项目。主持参加人员：李景龙、尚东维。

2019 年，主持推动利用环境昆虫高效转化畜禽粪便技术的集成与示范。主持参加人员：尚东维、袁思堃。

2020 年，主持推动国际现代农业联合研究院蔬菜技术中心建设项目，建成实验室 1 座，可进行农残速测和土壤养分速测及病虫害分析，引进新品种 1 个，新建芽苗菜生产车间 1 座，规范常规蔬菜种植技术流程。

各所属企业获得职称、科技等成果如下。

天津黄庄洼米业有限公司，2015 年完成《粥米》企业标准的编制备案，备案号 Q/06A2324S—2015。

天津红港绿茵花草有限公司，2011—2020 年共计发表论文 34 篇，获发明专利 1 项。为满足公司园林绿化施工工程所需专业技术人才，公司积极为职工申报职称、各类证书等工作，现有职称人员 13 人，其中正高级工程师 1 人、副高级工程师 5 人、高级农艺师 1 人、工程师 4 人、助理会计师 1 人、高级经济师 1 人。具有二级建造师 8 人、一级建造师 2 人。具有电工 3 人、焊工 2 人、安管人员 9 人。

天津市广源畜禽养殖有限公司，2010 年被授予"天津市现代畜牧业示范园区"称号，其自有品牌"家爱格"鸡蛋 2013 年经中国绿色食品发展中心审核认定为绿色食品 A 级产品。2015 年被评为天津市农业产业化重点龙头企业。2017 年 8 月在第 18 届中国绿色食品博览会上荣获金奖，同年被天津市农村工作委员会评为第十三届运动会食材供应优秀基地和安全保障工作先进集体。2018年，顺利通过了质量管理体系 ISO9001 认证，安全管理体系 ISO 22000 和 HACCP 体系认证。2020年1月，"家爱格"品牌在2019年"品牌农业影响力年度盛典"活动中，被推选为"影响力产品品牌"，同年被广东省家禽产业技术体系认定为2020优质品牌蛋供应商。

天津绿色世界现代农业公司，有农艺师1名、助理农艺师1名、助理园艺师1名、社会招聘技术员2名，技术服务项目包括草莓、果树、蔬菜、水培蔬菜技术。公司技术员队伍一直致力于服务企业、服务农民。取得的技术成果包括盐碱地草莓优质高产种植技术、韭菜标准化种植技术。

嘉禾田源观赏鱼养殖公司，有高级职称的技术人员1人、中级职称1人、初级职称4人。先后与中国农业大学、中国农业科学院、天津农学院、天津市水产研究所合作，从事水产科学研究。是天津市观赏鱼工程中心合作单位，天津农学院实验实习基地，天津市水产研究所淡水科研基地，天津市水产技术推广站观赏鱼试验示范基地。

科技研发方面，2020年，渤海农业集团科技投入总额1277.88万元，科技投入率3.2%。1年来，申请专利20项（其中发明专利2项、实用新型专利18项），授权15项（其中发明专利1项、实用新型专利14项），现累计拥有专利26项（其中发明专利2项、实用新型专利24项）、软件著作权3项；承接市级科研项目1项、申报区级重大科技项目2项；按照天津食品集团建设国际现代农业联合研究院要求，承接蔬菜技术中心（绿色世界公司主导）、粪污处理循环利用技术中心（小站稻公司主导）建设工作，并于2020年年底完成建设立项。技术创新投入力度的不断加大，为公司农业产业科技创新能力的提升、农业科技交流合作的深入以及产业发展、技术示范推广提供了重要保障。

第二节　科技交流与推广服务

2013—2016年，红港公司合作承接天津农学院研发课题：垃圾堆肥自主肥效强化技术在地毯草皮生产中的应用与示范项目。项目负责人多立安，小组成员多立安、赵树兰、王宝春、白冬梅、郭继霞、魏根超、刘信军，项目来源天津市科技计划项目，专款拨付30万元，自筹资金70万元。项目主要研究在草皮的冬季生产、低温保存、垃圾堆肥基质草皮生产中的堆肥菌剂利用、纳米微肥开发及其在草皮抗旱、耐盐性能等方面上的应用示范，使城市生活垃圾资源化利用与草皮绿化有机结合，组建生活垃圾最大资源化、高效多途径利用体系，提升整个生产过程的投入产出比，降低成本。

2015—2016年，红港公司合作承接天津农学院研发课题：草皮生产中几种废弃物补充物质材料的应用与示范项目。项目负责人白冬梅，小组成员白冬梅、多立安、赵树兰、刘特、于光、王学鹏、赵龙、韩旸、张美存，专款拨付 10 万元，自筹资金 20 万元，项目主要研究将草皮生产过程中产生的几种废弃物乍为生产原料重新补充回生产过程中，提升草皮生产的原料利用率，减少物料投入和浪费，降低成本。

2018 年，天津黄庄洼米业有限公司参与天津市水稻现代农业产业技术体系项目（编号：ITTRRS2018033），项目期 3 年，公司采用间比法顺序排列进行试验，共使用 5 亩地，其中小区面积 0.5 亩。该试验对参试优质稻品种各性状进行记载，完成品种收获后 10 个品种的考种工作，新设计产品形象图标'津垦稻'1 个，更新产品包装 13 个，检测产品标签 13 个。项目实施期间，参加产品宣传展会 6 次，参加产品标签培训会 2 人次，参加交流研讨会 5 次，完成调研报告 3 份，报送简报 27 篇。

2020 年，天津市广源畜禽养殖有限公司成立家禽养殖技术中心，中心依托于中国农业大学、天津市畜牧兽医研究所、天津农学院等研究机构，与天津瑞普、正大集团等单位达成产学研合作，涉及动物营养、疾病防控、疫病检测、诊疗、饲养环境控制、排泄物无害化处理和资源化利用等方面合作。中心围绕都市型现代农业发展战略及畜产品安全供给的工程技术支撑需求，重点开展都市型畜牧业健康养殖模式研究与创新、畜禽健康养殖环境净化与调控、畜禽健康养殖低碳节能设施与装备和数字农业等方面的研究工作，持续推进抗生素减量增效，提高农产品质量，满足食品安全监管部门的要求。

第二章　教　　育

第一节　学前教育和初等教育

黄庄、里自沽、大钟庄农场均在 20 世纪 70—80 年代开办幼儿园，其校舍与小学共用，随着各农场基础设施建设的不断完善，幼儿园独立出来，在农场家属区及各农场场部设点，方便看护农场职工学龄前子女，后随着农场人员流动迁离，生源减少，逐步停办。

1994 年，各农场撤销场部幼儿园，里自沽农场在同年 8 月发文，决定撤办幼儿园，并对学龄前儿童作如下规定进行补贴：1 周半至 3 周以下每月每个孩子补贴 60 元，由父母所在单位各负担 50%；3 周岁以上至学龄前每月每个孩子补贴 30 元，由孩子父母所在单位各负担 50%；实行"两费自理"的职工不再发放此项补贴；非正式职工不享受此项补贴；场内有条件继续办托儿所的单位自行安排，不设托儿所的单位可参照本办法执行；违反计划生育的不在此列。

第二节　中等教育

渤海农业集团前身的 3 座农场中，里自沽农场职工人数最多，建立场办学校的时间也最早，1966 年 7 月就设立了场办学校。

1973 年 3 月，大钟庄农场设立场办学校，1975 年 6 月，大钟庄农场子弟学校开办初中班。

1977 年 11 月 9 日黄庄农场经宝坻县文教局批准设立职工子弟学校（包含小学和初中）。

1978 年 7 月里自沽农场职工子弟学校开设初中班，至此，农场教育系统覆盖了小、初中，学校经费由农场自筹，业务指导由宝坻区教育主管部门负责。其间各农场也不断地改善场办学校的基础设施建设，包括新建校舍，接通电话、水暖等，因场办小学师资力量雄厚，临近村镇生源也选择到场办学校就学，场办学校在满足农场职工子弟就学的同时也解决了附近村镇生源的就近入学问题。

20 世纪 90 年代是场办学校的入学高峰，场办学校中、小学生 500 余人，教师 46 人，每年毕业 100 余人。90 年代末,农场人员分流,黄庄子弟学校将中学及小学 6 年级转到糙甸中学,大钟庄子弟学校取消初中班。

2000 年前后,随着农场的发展,农场职工多在天津市区或宝坻区购房定居,农场居住职工越来越少,场办学校生源减少。

2009 年 5 月,经与宝坻区政府,教育主管部门协商,各农场将教师 26 人,学生 68 人一并移交地方管理。至此,农场场办学校的历史结束。黄庄农场职工子弟学校学生情况见表 5-2。

表 5-2　黄庄农场职工子弟学校 1991—2009 年历年情况汇总表

年月	教师人数	小高中一	小一中二	小二中三	学生人数	班级数
1991.9	21		2	4	248	10
1992.9	21		3	6	250	10
1993.9	21		3	6	236	10
1994.9	21	1	2	7	243	10
1995.9	21	1	2	7	235	10
1996.9	21	3	3	5	228	10
1997.9	9	2	2	3	140	6
1998.9	9	2	2	3	136	6
1999.9	9	3	3	2	128	6
2000.9	9	5	1	2	125	6
2001.9	9	5	1	2	120	6
2002.9	9	5	1	2	118	6
2003.9	9	5	1	2	106	6
2004.9	9	5	1	2	102	6
2005.9	9	5	3		98	6
2006.9	9	5	3		96	6
2007.9	9	5	3		92	6
2008.9	9	5	3		76	6
2009.9	9	5	3		68	6

第三节　职业培训与特殊教育

为加强对职工的教育,1991 年,黄庄、里自沽、大钟庄农场按照农工商总公司的文件精神,建立了教育委员会,该组织主要负责职工的业余教育和职工业务技术的培训工作。按照农工商总公司的统一安排,将原业余中学改为职工学校,发挥综合性、多功能性的办学作用,实行普教与职教统筹。全场职教由场教育委员会统一领导,由工会主抓,子弟学校紧密配合。

20世纪90年代，农场就注重职工文化素质的提高，并制定《关于加强劳动人事管理制度》。该制度中规定凡新就业人员，未达到初中毕业文化程度者，必须参加业余学习，进行文化补课，不学习者，一律不安排就业。同时还规定对现有学历人员，要加强学历教育，鼓励支持职工、干部脱产和在职人员参加业余学习，使其掌握更高层次的各种知识，为企业培养更多有知识的实用型人才。

1991—1995年，农场先后有84名干部职工参加业余学习和文化补课，包括畜牧兽医、财务会计等专业。所学人员在工作岗位上为企业发展发挥了重要作用，成为企业不可缺少的骨干力量。

从"十五"到"十一五"期间，农场一方面鼓励职工参加业余学历教育。另一方面，通过多种途径，创造条件搞好职工的业务技术的培训，新工人必须接受岗前教育与培训，这一时期农场各技术、各专业岗位职工全部参加了专业技能岗位培训，并取得了专业岗位资格证书。农场先后选送多名技术和专业骨干参加农业部、市财政局及其他部门联系的院校组织的继续教育培训。各种形式的职工教育和专业技术培训促进了职工文化和技术素质的提高，也促进了全员劳动生产率和经济效益的提高。

农场合并成立渤海农业集团后，各单位自主经营，职工岗前培训、安全培训、继续教育等情况均由各单位自理。各所属单位根据单位自身发展需求，制定人员培训和继续教育计划。

第三章 卫生防疫

第一节 卫生医疗概况

一、概况

各个农场从建场开始设置卫生所，作为保障职工健康的卫生服务机构，能做到一般病不出场。随着农场发展，医务人员业务水平和医疗设施配备水平不断得到提高。

1990 年之前，卫生所只设在场部。1992 年，大钟庄农场新家属区增设医务室，一般疾病可以直接到社区就诊，为职工提供方便。

20 世纪 90 年代中期，农场卫生所在农场改革大潮中，一段时间曾经承包租赁。到 90 年代后期，又恢复原有管理体制，场卫生所在为职工医疗服务的同时，也在卫生宣传和病症预防等方面都做了大量工作，为提高职工健康水平作出了较大贡献。

2005 年以后，随着各农场居住区人数的逐渐减少，医务人员在农场社区、家属区范围内流动服务。虽然居民人数少，但此项服务强化服务功能，并在疾病预防、保健方面开展宣传，提高了居民的健康保健意识。

2006—2008 年，各个农场开始每年为职工免费体检，沿袭至渤海农业集团合并后，职工体检和每年农业户口人员免费体检相结合，作为集团本部和所属单位的职工福利，延续至今。

二、职业病的防治

各农场合并为渤海农业集团后，由安保部负责职业病防治相关工作，各单位按照生产实际各自开展了职业病防治、职业病风险点建档建卡、职业病体检及防护宣传、劳动现场卫生监督监测等项工作。

在渤海农业集团的监督下，各单位坚持对劳动场所的监测、监督和控制职业危害，开展社会卫生管理工作以改善劳动条件，预防、控制和消灭职业病、职业性突发病，降低病伤缺勤率和突发率，保障劳动者身体健康。

2017—2020 年，组织所属企业每年开展 1 次职业危害因素现状检测和职业病体检，检查内容包括噪声、硫化氢、氨气、氮氧化物、二氧化硫、一氧化碳、甲苯二异氰酸酯、二甲基甲酰胺、苯乙烯、乙酸、染料粉尘等，并在车间涉及职业危害点位设立职业卫生告知牌，为职工购买劳动防护用品，每年开展 2 次职业卫生教育培训，按照国家规定按时申报职业卫生情况。共投入资金 11.21 万元，体检 439 人次，培训 523 人次。

第二节　妇幼保健

20 世纪 80 年代初，各农场建立了人口与计划生育工作管理机构。随着形势的发展，国家对计划生育工作越来越重视。在 90 年代初期，农场在设置计划生育工作部门基础上，又建立场主要领导负责的计划生育工作领导小组，场和基层单位形成管理网络，计划生育工作部门在社区通过一系列活动、方式和载体进行宣传，开展对相关人员的教育，并采取相关措施和服务。如对育龄人员进行生殖健康服务、体检和对孕妇进行孕检等，为计生工作指标的完成打下坚实基础，确保无超生和无计划外生育现象。

1994 年，为加强对流动人口计生工作管理，黄庄农场成立流动人口计生工作小组，并制定《流动人口计生管理办法》。

1997 年，农场结合本场情况，制定并实施《黄庄农场计划生育工作条例》和《晚婚、晚育的实施意见》。

2001 年以后，各个农场计生工作实行目标管理责任制，主要责任人实行上交抵押制度。由于对该项工作管理得到领导重视，而且部门认真负责，多年来一直达标，多次受到总公司和宝坻区计生部门表彰和奖励。

2007 年，天津农垦集团总公司（现天津食品集团）对系统内计划生育先进单位、集体、个人进行表彰。里自沽农场、大钟庄农场兴华制线厂、黄庄农场宝德公司，里自沽农场宏发副食百货超市获奖。

2009 年，各农场开展"幸福工程活动日"活动关爱母亲，育龄妇女卡片填写率 100%，已婚、育龄妇女生殖检查率 100%，进行避孕药具发放。随访率 100%，检查 80 人次。

2012 年，天津农垦集团总公司对系统内计划生育先进单位、集体、个人进行表彰。里自沽农场绿色世界观光园、黄庄农场宝德公司获奖。

农场合并为渤海农业集团后，将计划生育工作一并接续，由党办和工会统管，公司继续坚持计划生育工作目标责任制，宣传《计划生育法》《天津市计划生育条例》，做好对育龄妇女的调查，推动婚育新风进万家活动，继续推动生殖健康检查服务、"关爱女孩，救助贫困母亲"等活动。组织知识竞赛，选拔 8 个小组，最后对优胜者进行颁奖。

2015 年，开展"润心工程"帮扶活动，节日期间走访慰问帮扶户，对 2 户帮扶家庭进行助收助耕工作。

2018 年，及时更新已婚育龄妇女卡片，查体 95 人次，费用 14250 元。慰问困难独生子女户，在春节等传统节日，支付最少 1000 元慰问金，根据病情酌情调整增加 1000 至 4000 元额外慰问金并送发慰问品。建立职工讲堂、图书阅览室，藏书 1000 余册，继续开展"润心工程"工作，对 2 户帮扶家庭进行帮助。

渤海农业集团对计划生育实行目标管理，建立了党政领导、部门指导、各方配合、群众参与的工作机制，每年召开专门的计生工作会议，与相关部门和各基层单位签订责任状，将计生工作与经济工作、精神文明建设、政治文明建设同部署、同检查、同考核，落实"一票否决"制，考核结果与单位评先创优、党政领导政绩、经济效益相挂钩。为确保人口计生工作的顺利开展，2008 以来共投入经费 126494 元。后国家调整生育政策，计划生育工作重心逐步转移。

第三节　食品卫生

自农场合并为渤海农业集团后，按照上级要求逐步对食品卫生、食品安全工作进行细化，成立食品安全委员会，设立食品安全办公室，具体工作由企业运营部负责，主要针对公司所属涉粮、食品生产企业以及各企业食堂和用餐安全进行管理和监督检查。

2019 年，渤海农业集团响应天津市食品安全工作相关要求，建立食品安全责任管理长效机制，制定了《天津农垦渤海农业集团食品安全责任制管理规定》《天津农垦渤海农业集团食品安全突发事件应急预案》等 7 项制度，完善了公司现代食品安全管理体系，从责任制定、应急响应、安全质量管理、评价考核、安全生产、使用权出让、参股企业监督等各方面完善了食品卫生、食品安全制度管理体系。

2020 年，公司与班子成员、各部室负责人、各基层单位共签订责任书 29 份。所属各单位结合自身实际签订食品安全相关责任书共 116 份。公司食安办检查企业 24 次，发现问题 27 项，已全部整改完成。各企业开展内部自查 58 次，对发现的问题及时进行了整改，及时排除食品安全隐患。

组织所属单位推动天津食品集团农产品及食品质量安全监管平台和国家农产品质量安全追溯管理平台建设，各企业根据生产情况实时进行录入生产加工信息，形成追溯码，消费者利用商品外包的追溯码，可以直接查询产品及企业信息，提升产品质量和市场认可度。组织所属单位进行良好农业规范（GAP）贯标，对现有质量管理体系进行验标，提升企业品牌综合实力。

对所属企业职工食堂进行检查，累计查出不合格问题 18 项并完成整改，3 家未取得经营许可证食堂均已取证，全部职工食堂合规经营。结合各企业生产特点，组织内部培训 66 次，累计培训 245 课时，培训 545 人次，组织各企业报名参加天津食品集团食品安全系列培训，提升公司食品安全管理人才队伍业务素质。

第四章　文化艺术

第一节　文化事业

为丰富职工业余文化生活，场工会经常组织社区职工进行多种形式的文体活动。如每年逢重大节日组织各种文体活动比赛和联欢活动。

1999年，黄庄农场在社区成立以退休职工为主体的秧歌队，使健康向上的文娱活动充实职工业余生活。

2002年，黄庄农场在周边地区内率先为职工安装有线电视。

2003年，黄庄农场在社区筹建文体活动中心，购置各种体育器械、乐器，建立各种球类场地以及棋牌室等，极大地丰富了职工业余生活，促进了社区的稳定与和谐。

2004年，里自沽农场组织全场职工在津蓟高速里自沽农场段和温泉小区四周开展植树造林活动，植树11000余株。

2005年，里自沽温泉小区4栋职工住宅楼落成入住，小区绿化陆续完工。同时为退休职工建立活动室，购置了乒乓球桌、羽毛球等体育器材。建立了面积70平方米的图书阅览室，拥有科技类、文化类、生活类、政经类、少儿类、教育类图书3000余册，光盘200余张。同年2月中旬大钟庄农场购置音响设备及文化活动设施，筹办了"职工之家"文体活动中心。

2006年3月8日，大钟庄农场女职工（含退休女职工）在开发三场"职工之家"举行庆"三八"妇女节联欢活动。

2009年，里自沽农场承办北三场大型文艺演出，黄庄农场、大钟庄农场参加，共同庆祝建党88周年。同年5月，大钟庄农场在原子弟学校校址筹建职工文体活动中心。

各农场合并为渤海农业集团后，因去社会化职能，农场原居住区的社区性质娱乐文化活动不再承办，转为主办公司内部的职工娱乐和文化活动，此部分工作主要由工会负责，各部室如有上级单位的布置安排则按照活动规模、性质进行跨部门组织、合作。

2018年，举办渤海农业"中国梦·劳动美——学习贯彻习近平新时代中国特色社会主义思想和党的十九大精神"主题演讲比赛。15名职工参加了比赛，选拔4名优秀职工参加食品集团演讲比赛，张丽丽获得天津食品集团演讲比赛一等奖。

同年，开展了渤海农业读书节活动，组织读书分享会14场，覆盖职工758人，选拔8个优秀作品参加了天津食品集团第二届读书节活动，田媛的文学作品《书香传家，幸福绵长》获得征文比赛二等奖，王磊、杨庆刚的书画作品《祝福祖国》《拼搏》分获书画比赛二、三等奖。

同年，开展了渤海农业集团"安康杯""安全在我心中"演讲比赛。

2019年，开展"建功新时代，幸福在渤海"女职工系列文娱活动。

2020年，开展"时代新人说——决胜小康、奋斗有我，渤海农业职工在行动"演讲比赛。选拔3名优秀职工参加集团"中国梦，劳动美"演讲比赛，吴蕊获得天津食品集团演讲比赛一等奖。

第二节 档案与地方史志

一、档案事业管理

各农场在建场时就重视档案工作，当时的档案仅为文书、文件流转档案。后随着农场发展壮大，各项事业发展，各农场将档案工作作为一项重要工作来抓。

1974年7月3日，黄庄农场开始建立资料档案，对建场以来的资料进行了整理。

1984年1月4日，农场制定了公文处理暂行规定，由场政治办公室管理。

1984年8月15日，黄庄农场根据天津农垦集团总公司计字〔86〕53号文《关于经理企业会计档案中的几个问题的通知》，建立会计档案，并制定了管理办法。

而后，随着农场档案事业的发展，逐步将人事档案、文书档案、财务档案、实物档案等进行分类归档，档案事业一直由各农场负责政工的部室沿袭收取，归档整理。

各农场合并为渤海农业集团后，公司按规范要求单独设档案室，面积40.96平方米，配备了办公桌椅、电脑、扫描仪等办公设施，添置铁橱、防盗门窗、窗帘、温湿度计、灭火器等设施，基本上满足了档案室防火、防盗、防虫、防鼠、防光、防潮、防湿、防磁等要求，符合国家档案局制定的政策文件和行业标准要求，保证了档案的安全存放。

公司始终按照《天津食品集团有限公司纸质归档文件整理规则》和《天津食品集团文件归档基本范围及保管期限表》要求，制定了档案室布局图、归档范围及保管期限表，规范了文书、科技、专门、实物档案的收集、整理、保管、利用等工作。现有档案无霉变、褪色、尘污、破损、虫蛀、鼠咬等现象，保密工作良好，无丢失、扩散档案内容现象。移交和接收档案时交接登记明晰，交接流转过程中无丢失、损毁情况。

公司加强纸质档案管理的同时，已将信息化建设工作纳入重要日程。截至2020年，2015年3场合并以来上级文件及公司印发文件材料已完成电子公文归档工作，初步建立了档案数据库。

截至2020年，档案室藏：各类档案以卷为单位311卷，其中永久311卷；以件为单位5846件，其中永久5846件；数码照片121.5GB，电子档案11825.21GB；排架总长度16.6延长米。2020年接收各类档案2324件，数码照片25.6GB，电子档案2702.5GB。接待各界查阅者31人次，提供利用各类档案71卷（件）次。

二、参与《天津通志农业志》编纂工作

《天津通志农业志》是由天津市编修委员会办公室负责编纂的天津通志系列志书之一，志书主要记述了天津市农业产业的历史和发展进程。其中"第三卷　国营农场"编纂需要向各个国营农场征集史料，天津农垦集团总公司（现天津食品集团）响应编修委员会号召，向所属各个国营农场征集史料并安排各农场场志编纂工作。

2011年9月，各农场发文，开始进行修志工作。

在此期间：黄庄农场编修场志并大事记7章34455字；里自沽农场编修场志并大事记45254字；大钟庄农场完成场志并大事记7章28969字。上报天津农垦集团总公司后汇总至编修委员会。在《天津通志农业志》大事记中多次提及，在"第三卷　国营农场　第二章　农场"中，单独列节说明，分别是"第十二节　潘庄农场""第十三节　里自沽农场""第十四节　大钟庄农场""第十五节　黄庄农场"。

第五章 体 育

20 世纪 90 年代后，农场的上级管理机构逐步开始注重职工文体娱乐方面的建设，每年举办职工运动会、趣味运动活动、技能劳动比赛等项目，黄庄、里自沽、大钟庄农场积极组织农场职工参加。

1991 年 10 月，黄庄农场、大钟庄农场组织农场职工参加天津农垦集团总公司首届职工运动会，黄庄农场代表队在田径比赛中获得团体第四名。

2004 年 5 月中旬，大钟庄农场所属兴华制线厂组织建厂 20 周年厂庆活动。主要活动有职工技术技能比赛以及职工运动会。通过厂庆活动，增强了职工凝聚力。

至渤海农业集团时期，公司组建了篮球队、足球队，每年都举办乒乓球、羽毛球、篮球选拔赛，选拔优秀职工选手参加上级工会举办的体育比赛。

2019 年，组织 72 名职工参加了天津食品集团首届职工运动会，取得了 5 金、2 银、2 铜，奖牌总数第二的优异成绩，被集团授予"优秀组织奖"。

2020 年，组织 10 名职工参加了天津食品集团乒乓球、羽毛球体育比赛，贾继阳取得乒乓球男单冠军，贾继阳、田洋取得乒乓球男双亚军，岳丽颖取得乒乓球女单季军，吴涛、康玲惠取得羽毛球混双季军。

中国农垦农场志丛

第六编

社　会

中国农垦农场志丛

第一章　人　口

第一节　人口总量概况

一、黄庄农场

2000年常住人口总数为383人，常住人口中男性有200人，女性有183人，家庭总户数为148户，家庭户总人口数为380人，家庭户男性总数为199人，家庭户女性总数为181人。年龄结构中，0～14岁总人数有63人，0～14岁男性总数有34人，0～14岁女性总数有29人；15～64岁总人数有312人，15～64岁男性总数有159人，15～64岁女性总数有153人；65岁以上总人数有8人，65岁以上男性总数有7人，65岁以上女性总数有1人。居住在本地、户籍在本地的人口有312人。

2010年常住人口有104人，常住人口中男性有48人，女性有56人，家庭户有45户，家庭户人口男性总数45人，家庭户人口女性总数55人。年龄结构中，0～14岁人口7人，15～64岁人口81人，65岁以上人口16人。本地户籍人口84人。

2018年，常住人口64人，本地户籍人口177人（含少数民族42人），离开户口登记地半年以上外来人口1人，外出半年以上人口113人，家庭户人口64人，死亡人口1人。

2019年，常住人口50人，本地户籍人口175人（含少数民族42人），离开户口登记地半年以上外来人口1人，外出半年以上人口125人，家庭户人口50人，死亡人口2人。

二、里自沽农场

2000年，常住人口总数为582人，常住人口中男性有287人，女性有295人，家庭总户数为214户，家庭户总人口数为512人，家庭户男性总数为246人，家庭户女性总数为266人。年龄结构中，0～14岁总人数有77人，0～14岁男性总数有32人，0～14岁女性总数有45人；15～64岁总人数有484人，15～64岁男性总数有243人，15～64岁女性总数有241人；65岁以上总人数有21人，65岁以上男性总数有12人，65岁以上女性总数有9人。居住在本地、户籍在本地的人口有378人。

2010年常住人口有505人，常住人口中男性有252人，女性有253人，家庭户有182

户，家庭户人口男性总数 207 人，家庭户人口女性总数 223 人。年龄结构中，0～14 岁人口 44 人，15～64 岁人口 397 人，65 岁以上人口 67 人。本地户籍人口 368 人。

2018 年，常住人口 280 人，本地户籍人口 375 人（含少数民族 2 人），离开户口登记地半年以上外来人口 79 人，外出半年以上人口 95 人，家庭户人口 280 人，出生人口 2 人，死亡人口 7 人。

2019 年，常住人口 270 人，本地户籍人口 354 人（含少数民族 2 人），离开户口登记地半年以上外来人口 89 人，外出半年以上人口 84 人，家庭户人口 270 人，出生人口 1 人，死亡人口 2 人。

三、大钟庄农场

2000 年，常住人口总数为 678 人，常住人口中男性有 344 人，女性有 334 人，家庭总户数为 257 户，家庭户总人口数为 674 人，家庭户男性总数为 340 人，家庭户女性总数为 334 人。年龄结构中，0～14 岁总人数有 116 人，0～14 岁男性总数有 69 人，0～14 岁女性总数有 47 人；15～64 岁总人数有 531 人，15～64 岁男性总数有 258 人，15～64 岁女性总数有 273 人；65 岁以上总人数有 31 人，65 岁以上男性总数有 17 人，65 岁以上女性总数有 14 人。居住在本地、户籍在本地的人口有 546 人。

2010 年常住人口有 660 人，常住人口中男性有 369 人，女性有 291 人，家庭户有 295 户，家庭户人口男性总数 369 人，家庭户人口女性总数 291 人。年龄结构中，0～14 岁人口 62 人，15～64 岁人口 508 人，65 岁以上人口 90 人。本地户籍人口 659 人。

2018 年，常住人口 180 人，本地户籍人口 595 人（含少数民族 14 人），外出半年以上人口 415 人，家庭户人口 180 人，死亡人口 6 人。

2019 年，常住人口 110 人，本地户籍人口 590 人（含少数民族 14 人），外出半年以上人口 480 人，家庭户人口 110 人，死亡人口 5 人。

四、潘庄农场

2000 年，常住人口总数为 864 人，常住人口中男性有 436 人，女性有 428 人，家庭总户数为 305 户，家庭户总人口数为 813 人，家庭户男性总数为 395 人，家庭户女性总数为 418 人。年龄结构中，0～14 岁总人数有 123 人，0～14 岁男性总数有 59 人，0～14 岁女性总数有 64 人；15～64 岁总人数有 692 人，15～64 岁男性总数有 350 人，15～64 岁女性总数有 342 人；65 岁以上总人数有 49 人，65 岁以上男性总数有 27 人，65 岁以上女性总数有 22 人。居住在本地、户籍在本地的人口有 697 人。

2010 年常住人口有 700 人，常住人口中男性有 338 人，女性有 362 人，家庭户有 283 户，家庭户人口男性总数 333 人，家庭户人口女性总数 356 人。年龄结构中，0～14 岁人口 72 人，15～64 岁人口 535 人，65 岁以上人口 93 人。本地户籍人口 573 人。

第二节　人口结构概况

3 家农场合并改制为渤海农业集团后，农场职工均转为企业职工。2020 年末（合并潘庄农场后），职工总人数 707 人：男性职工 464 人，占总人数的 65.6%，女性职工 243 人，占总人数的 34.4%；职工已婚 622 人，占总人数的 87.98%，未婚 85 人，占总人数的 12.02%；职工人口绝大多数由汉族、满族、蒙古族等民族组成，汉族 697 人，占总人数的 98.59%，满族 8 人，占总人数的 1.13%，蒙古族 2 人，占总人数的 0.28%。此部分职工人数按企业在岗职工统计，其余下岗职工、劳务派遣、临时工与其他类型职工不统计。

第三节　劳动人口构成及发展

农场初建时期，农场职工主要是知青，自建场以来，各个农场先后有 3 次大规模知青进场。前两批在 20 世纪 60 年代，最后一批在 1977—1978 年。农场职工的主要成分也随着企业规模和产业结构的调整以及体制改革发生变化。

1979 年，改革开放之初，随着各项政策开始落实，按天津市政府政策符合相关条件的知青，可顶替退职退休的父母在市里招工。至此，1977 年进场的插场学生全部调回市里。其间，由于其他相关政策的落实，1963 年进场知青也有一部分调回市里或近郊。这一时期集中返城知青占进城知青总数的一半左右。同时，由于农场增加了工业企业，根据企业需要，黄庄农场所属织布厂 1979 年从宝坻县招收合同工和转退复员军人 85 人，还有一部分老职工子女和知青家属配偶（当地户口）也就地招工，极大地改变了原职工队伍以知青为主体的成分，使职工构成发生较大变化，各农场原有知青人数只占职工总人数的 50%，其他各种成分人员（如干部、老工人、合同工、老职工子女、知青家属等）占 50%。

从 20 世纪 80 年代后期开始，农场经济发展规模显著扩大，在不断调入和招收新职工的同时，辅以招收合同工、临时工。虽然老职工人数和知青人数同建场时比较有所减少（调回近郊和市区一部分），但各个农场均达到了建场以来的职工人数高峰。1990 年，黄庄农场职工 405 人，里自沽农场职工 782 人，大钟庄农场职工 1007 人。

1991 年以后，各农场建场初期的老工人逐步退休，20 世纪 90 年代中期农场建场时期老工人全部退休。1963 年和 1964 年知青子女开始就地招工，同时每年都有一部分大中专院校学生进场，女知青从 1996 年、男知青从 2006 年进入退休高峰时期，这之前，已有一部分知青提前办理病退，还有各农场因"减人增效"时期提前内部退休的。2010 年，各农场知青职工全部退休。此时农场劳动人口的构成主要有以下几类：①老职工子女及其子女家属；②知青子女及其在场招工家属；③留场的部分原宝坻县合同工；④大中专院校毕业生；⑤工业企业新招收工人。

自 3 家农场合并为渤海农业集团后，农场职工按照新的管理方式和岗位进行分流安置。各所属企业按照需求开始逐步进行自主社会化招聘。

2020 年，渤海农业集团职工人数 993 人：种植业职工 90 人，占职工总数的 9.06％；农业加工业职工 145 人，占职工总数的 14.60％；养殖业职工 129 人，占职工总数的 12.99％；工业职工 456 人，占职工总数的 45.93％；工程、服务类职工 42 人，占职工总数的 4.23％；机关人员 131 人，占职工总数的 13.19％。另有退休人员 1168 人。

第四节　人口文化素质

渤海农业集团在岗职工中，初中及以下学历（含中专）392 人，占职工总人数的 60.00％；高中（含高职）139 人，占总人数的 21.33％；大学本科 111 人，占总人数的 16.99％；研究生及以上 11 人，占总人数的 1.68％。

从年龄层面来看：青年（30 岁以下不含 30 岁）学历构成情况为初中及以下学历（含中专）1 人，高中（含高职）17 人，大学本科 26 人，研究生及以上 7 人；青壮年（30—50 岁含 30 岁不含 50 岁）为初中及以下（含中专）291 人，高中（含高职）108 人，大学本科 75 人，研究生及以上 4 人；壮年（50 岁及以上）为初中及以下（含中专）100 人，高中（含高职）14 人，大学本科 10 人。此部分职工人数按企业在岗职工统计，其余下岗职工、劳务派遣、临时工与其他类型职工不统计。

第二章 社会保障

第一节 基本保险

各农场在农场建制时，通过设立劳资科管理农场职工工资的计算与发放，社会保险工作无论从收缴、发放、社会保险覆盖面等方面都有了长足的发展。对企业的发展稳定，对老百姓的安居乐业都起到了举足轻重的作用。尤其是随着国家建立起独立于事业、企业之外的社会保障系统的指导思想体系和组织体系，农场的社会保险工作也日臻完善，并形成了系统。

1992年2月，根据国家关于医疗制度改革中职工个人担负一部分医药费的文件精神，黄庄农场进行医疗制度改革。制定《黄庄农场医疗制度改革方案》，其主要内容有以下方面。一是实行门诊收费制度。二是医药费按照不同类别的人员，规定不同的报销比例，其中离休干部100％，退休干部和退休工人95％，在职职工根据参加工作工龄按80％～95％比例报销。

1993年2月，黄庄农场调整医疗费报销比例。其中离休干部调整为95％，退休干部和退休工人调整为90％，在职职工根据工龄长短报销比例调整为75％～90％。

1997年5月，黄庄农场将个人担负一部分医药费的相关规定改为按工龄发放基本医疗费。每1年工龄按每月发放0.8元。并规定医药费1年累计1000元以上按不同比例报销。1000元以下不报销。属于工伤和落实政策疾病药费按100％报销。离休干部每月发放100元药费，平时不再报销，如果住院按100％比例报销。

2000年下半年，天津市城镇企业实行养老保险金全额征缴，企业离退休人员养老金全部由社会保险基金通过银行发放，各个农场所有离退休人员养老金由天津市宝坻区社会保险基金管理中心委托发放，实行养老保险金的社会化发放。11月全市实行社会医疗保险缴交。

2004年，天津市开始要求缴交城镇企业职工社会工伤保险，各农场职工按缴费基数0.5％缴纳工伤保险金。

2005年10月，天津市城镇企业职工失业保险由社会保险基金管理机构统一征缴，至此全市社会保险（养老、医疗、失业、生育、工伤）五险合一，统一征缴基数，统一征缴时间，五大社会保险统一征缴后，社保基金的申报、征集缴纳制度全面趋于完善，各个农场的社会保险管理工作进一步细化和规范。

随着农场的发展与合并，成立渤海农业集团后，由人力资源部负责社会基本保险相关工作，各所属单位财务独立核算，社会保险缴交均由其自行承担办理。2020年渤海农业集团工资总额5760.64万元，职工人数707人。基本养老保险缴交比例24%，总缴交额1382.50万元；基本医疗保险缴交比例11%，总缴交额633.70万元；失业保险缴交比例1%，总缴交额57.60万元；工伤保险缴交比例0.072%，总缴交额4.15万元；生育保险缴交比例0.5%，总缴交额28.80万元。

第二节　职工住房

一、农场时期房改工作概况

各农场在合并为渤海农业集团前，职工住房均为农场安置职工时自建房屋，建筑时间一般集中在农场初成立时期（20世纪60年代），唐山大地震震后重建（20世纪70年代末至80年代初）以及随农场职工和居民人数增多逐年自行增建的住房，规划位置均处于农场范围内，位于宝坻黄庄乡、里自沽、大钟庄真、潘庄乡，按照生产队位置各自成片。房屋主要建筑形式为砖混联排平房，按照职工人数、家庭成员情况酌情分配。

1997年，因政策调整，各农场推动农垦改革工作，进行"两费自理"制度改革，分流职工，黄庄农场将鸡舍、房屋、农机具作价，作为对职工当时至法定退休年龄期间"两费自理"费用的补偿，共涉及鸡舍、房屋面积13435.05平方米，涉及职工53人，农场不再对这些职工进行安置，鸡舍、房屋产权归职工个人所有。

同年，潘庄农场分流职工，同意其在农场土地上自建养殖用房，自主经营，农场不再负责安置工作，自建养殖用房人员40人，建筑面积3079.57平方米。大钟庄农场对外出租鱼池，由承租户自建看护房42座共924平方米、机井42眼。

2003年，里自沽农场实行货币分房政策，当时规定从职工应享受住房标准面积中扣除其平房面积，平房仍属于职工个人所有。经统计里自沽农场现有平房169户，面积12784.12平方米，其中正房7783.62平方米，倒房5000.5平方米，围墙1268米，自建附房1173平方米。同时农场对外出租的鱼池，场地上的变压器、低压线路、看护用房均为承租人自建。

2008年，潘庄农场为改善职工及家属危陋平房条件，准备在农场所属土地范围内兴建经济适用房小区，与天津东海苑投资置业有限公司签署潘庄农场和惠小区住宅建设协议书，项目地处宁河区西部，占地面积 383 亩，其中 130 亩用于职工住宅建设，253 亩用于商品房开发。2009 年 7 月 23 日，项目自天津市国土资源和房屋管理局取得函复，允许潘庄农场利用自有建设用地建设经济适用房。2010 年 6 月，宁河县国土资源局批准潘庄农场七里香格经济适用房建设用地，划拨 80792.2 平方米，用于东海苑公司建设经济适用房小区。

2011—2013 年，项目逐步取得建设工程规划许可证、建筑工程施工许可证、国有土地使用权收购合同、环境影响报告批复等，2011 年七里香格项目破土动工，分 3 期逐步开始建设。

2016 年，因东海苑公司商品房建设手续不齐全且商品房销售市场火热，在相关手续未完善办理的情况下，开发商在未办理预售许可证的情况下开始违规售房。

2017 年 4 月 12 日，因项目手续延误和开发商在销售过程中的违规操作，致使购房人长时间不能办理网签和贷款等手续，导致约 70 名业主到天津市政府群访。接到市信访办电话后，天津食品集团副总经理董景瑞带领信访部李伟民、土地房管部袁庆、渤海农业集团董事长徐宝梁、总经理李景龙、副总经理李宗军迅速到市信访办接访，并向市信访办汇报情况，市信访办了解情况后即刻联系宁河区政府接访。上访者全部为购买商品房的业主。业主群体主要诉求：要求执行购房老政策，不受 4 月 1 日天津限购政策影响，并于 7 月份前进行网签。市信访办、宁河区信访部门、天津食品集团信访部门、渤海农业集团和潘庄农场有关领导做了大量工作后，由渤海农业集团租车把上访者带到宁河区潘庄镇政府，宁河区信访办主要领导与上访业主进行面对面沟通，当场承诺：尽快帮助开发商完善各项审批手续，并按老政策在 7 月底前进行网签。此次上访事件得以平息。

2017 年 5 月 4 日，天宁公司与东海苑公司签订《潘庄农场职工安置用房钥匙交接七里香格》，约定东海苑公司将 620 套经济适用房（约 4.96 万平方米）钥匙交付天宁公司，但因项目所在地涉及七里海环境保护等问题，经济适用房项目一直未能验收，导致无法办理产权登记手续。

二、集团化后的房改工作

渤海农业集团成立后，为整合国有资产，理顺农场历史遗留问题，进一步推动农垦改革成果落实落地，针对原 4 个农场的复杂现状，渤海农业集团自成立就开始梳理农场涉及的房屋产权情况，经摸底，黄庄、大钟庄农场住宅区职二住房平均房龄近 35 年，全部为平房。摸底时宅区地势低洼、房屋陈旧简陋、室内潮湿、夏季闷热、冬不保暖，且有多数房屋经鉴定已成危房。

其中，黄庄农场住户 210 户，339 人。有一间半主房 91 户，户均 23.07 平方米；两间主房 106 户，户均 34 平方米；三间主房 13 户，户均 44.2 平方米。建筑面积 6277.97 平方米，占地 395.95 亩。坐落于黄庄农场 3 个片区。

大钟庄农场住户 344 户，555 人。一间半主房 158 户，户均 26.4 平方米；两间主房 100 户，户均 32.54 平方米；三间主房 86 户，户均 45.9 平方米。建筑面积 11372.6 平方米，占地 319 亩。坐落于大钟庄农场 7 个片区。

里自沽农场住户 360 户，397 人。楼房 200 户（无产权证），建筑面积 16800 平方米。平房 160 户：一间主房 1 户，户均 22 平方米；两间主房 142 户，户均 37.1 平方米；三间主房 17 户，户均 66 平方米。建筑面积 6412.2 平方米，占地 44.03 亩。坐落于里自沽农场 3 个片区。

渤海农业集团 3 个农场（里自沽农场、大钟庄农场、黄庄农场）职工住房改造，涉及住户 914 户、1291 人。一间主房 1 户，户均 22 平方米；一间半主房 249 户，户均 25.18 平方米；两间主房 348 户，户均 35.23 平方米；三间主房 116 户，户均 66 平方米。里自沽农场楼房 200 户，建筑面积 16800 平方米。现状房屋总建筑面积 40862.77 平方米，占地 758.98 亩。坐落于 3 个农场 13 个片区。后经测量统计落实，除去不在分房范围内的职工，渤海农业集团北三场需改造房屋共计：平房 622 套（含 9 户 2 套住宅，其中大钟庄 7 户，黄庄 2 户），需楼房安置 613 套，613 户业主。

经过反复细致彻底的摸排，渤海农业集团向天津食品集团报告了职工危房情况和改造安置计划，反馈后，天津食品集团领导高度重视，张庆东、董景瑞等领导多次实地调研考察各农场职工住房状况，了解农场老职工居住条件和生活环境。渤海农业集团于 2014 年成立职工危房改造小组，房改小组成员多次到各家深入调查摸底，倾听各户对还迁改造项目的想法和诉求，并多次组织职工代表大会商讨还迁方案，在广泛听取合理化意见的基础上，方案经过 5 次调整，最终通过渤海党委和职代会最终的决议确定的方案，得到了 90％拥有住房职工的满意和认可。

职工危房改造小组多次与宝坻相关部门和各农场职工代表沟通对接听取意见，根据实地考察情况提出多种方案，推动选址改造工作。经与天津市、宝坻区政府、天津食品集团等多方沟通协商，最终确定将农垦房地产长远嘉和公司开发建设的金水湾花园作为农场危房改造工作迁建落户小区。

金水湾花园小区坐落于天津市宝坻区东北部，位于鲍丘河与津围公路交口北侧，属于宝坻区海滨街道管辖，小区建成楼房 6 栋 607 套，容积率为 2.31，绿地率 40.01％，建筑面积共 54825.58 万平方米。

2018 年 12 月 28 日，渤海农业集团职工危房改造小组组织金水湾还迁业主在公证人员的监督下抓阄选房。

2019 年 1 月，渤海农业集团开始收取还迁职工个人担负部分房款。

2019 年 6 月，渤海农业集团职工危房改造小组整理业主档案 613 户（其中包括放弃楼房安置的业主），发现问题及时通知业主补办，确保档案的完整性，并查出 3 户业主置换面积有误，第一时间告知，对不理解的业主耐心解释，最终完成补交房款。

2019 年 8 月 8 日，渤海农业集团审计部对每户档案进行再检查，查出 2 户在计算面积和优惠面积补贴有误，及时通知并解释，通知业主交契税和维修基金时及时补缴，并解决部分业主登记信息与办理手续不一致问题。在缴交契税和维修基金前，房改小组多次与开发商沟通，为其提供每位业主计税基数及交款数额，并电话询问每位业主所拥有的楼房套数，确保每户在天津限购政策下，能够顺利领取钥匙。

2019 年 9 月 9 日，渤海农业集团职工危房改造小组开始收取楼房契税和维修基金，核实每位业主交款信息，确保无误，与此同时，发现业主不符合天津限购政策，及时与其解释并做好家庭的变更手续，其间有 486 户业主完成交款手续。

2019 年 9 月 21 日，房改小组组织开发商长远嘉和公司、物业公司就交房问题进行洽谈，确定交房当日的具体流程和应急问题处理方案。

2019 年 9 月 21—26 日，逐一告知业主交房所需手续。

2019 年 9 月 28 日，渤海农业集团组织金水湾小区交房工作，此次职工住房改造共涉及北三场职工家庭 613 户，其中大钟庄、黄庄农场 480 户（平房 488 套），里自沽农场 133 户（2003 年里自沽农场房改时遗留户）。用款 30216.7429 万元，借天津食品集团 26000 万元，归还集团 26000 万元，收职工差额部分付给长远嘉和公司 4216.7429 万元。经过职工合并购买，最终渤海农业集团安置房屋 499 套（有 2 套因家庭原因未办理手续），总面积 44650.59 平方米。农场职工逐步迁入小区，圆满解决了农场集团化后的职工住房问题。

在渤海农业集团吸收潘庄农场后，七里香格经适房小区问题承继管理，渤海农业集团接手潘庄危房还迁项目，得到领导班子高度重视，并牵头参与了职工住房还迁专项工作会，认真听取职工代表的意见，并针对潘庄的现状，深入研究，多次召开职工代表大会，听取合理化建议。

2017 年 10 月 30 日，东海苑公司拖欠工程款被建筑公司起诉，天津市二中院查封了七里香格 248 套楼房（其中包括 95 套定向安置房），这导致了 2017 年 11 月 13 日的群访事件，因为政府主管部门未能在承诺期限前解决网签问题，且法院查封导致业主心理恐慌，本次群访主要诉求：确定网签时间，如不能确定网签时间，部分业主要求退房。在市信访办的支持帮助下，天津食品集团信访办、渤海农业集团信访办、潘庄农场有关领导配合宁河区有关部门，由渤海农业集团租车，把上访业主送到七里香格售楼处，与开发商研究解决办法。开发商承诺：很快就能办理手续了，如坚持退房的，可以进行登记，待筹措好资金做出退房计划后，给予退房。此次上访事件又一次得以平息。

2018年1月10日，潘庄农场领导陪同食品集团副总经理张庆东到宁河区就维稳工作对接，参加宁河区委书记主持的七里香格上访问题专题会。区委王书记明确提出：①七里香格小区手续不齐，造成业主不断上访，宁河区负有不可推卸的责任，各部门要高度重视，定在一个月内完成各种手续报批，不得拖延；②七里香格是原农垦集团为改善潘庄农场职工居住条件申请立项的，但后期管理没跟上，引进了不良开发商，所以天津食品集团要负责宁河区办理完各项手续后，再出现上访就是天津食品集团责任，天津食品集团要对上访负责。张庆东和潘庄农场领导发言表示：天津食品集团与开发商东海苑公司只是合作开发经济适用房，农场用土地换房，没有关联利益关系，天津食品集团没有审批、监管权，对开发商所开发商品房的违规行为负不了责任；天津食品集团是国企，想要从资金上支持私企也是违规的，但为了地方稳定，天津食品集团不会袖手旁观，一定会协助区里工作，区里提出的要求一定会上报集团党委进行研究。

2018年1月11日，天津食品集团召开会议，听取副总张庆东和渤海农业集团关于七里香格小区项目的汇报。张勇书记要求，要提高政治站位，转变观念，不要认为上访和天津食品集团没有关系。集团要成立专项小组，摸清项目情况，对市、区两级政府负责，认真处理好维稳大事。当天下午，渤海农业集团党委书记董事长徐宝梁到七里香格进行调研，并与东海苑公司负责人田秀海沟通对接。

2018年1月13—14日，渤海农业集团、农垦房地产公司、天津食品集团土地房管部与宁河区政府对接，探讨协助宁河区解决业主退房的具体途径。天津食品集团也多次召开会议，最终决定在不违反规定的前提下暂借资金给宁河区，由宁河区监管东海苑公司为业主退房和支付农民工工资，解春节前上访的燃眉之急。

2018年1月17日，七里香格小区业主退房工作正式启动，至当月29日，食品集团借出资金7000万元，退房226户，支付退房款5950.66万元，商品房退房工作逐步结束。

2018年4月潘庄工作部房改小组成员对潘庄农场符合改造要求的住户全部登记造册，加班加点赶工作进度，确保每家每户的楼房置换面积准确无误。

2018年6月，历经2个月的时间完成房屋初步测量工作，多数拥有住房的业主已经完成确认面积阶段，推进房改工作有序进行。潘庄工作部房改小组成员多次入户与职工及职工代表交流，听取心声，了解家庭实际情况。在此期间，职工代表及时将潘庄工作部的最新政策及工作流程与群众交流沟通，做到了公开、透明。制定方案、实地测量面积及面积确认，都得到了群众及职工代表的大力支持，为潘庄工作部做好群众的思想工作提供了帮助。

2018年7月27日，渤海农业集团潘庄工作部专门召开座谈会，为抓阄当天做好充足准备，会上商讨并通过抓阄选房方案，并安排人员具体分工和抓阄预演。次日，在公证人员的监督下正式开始首次抓阄选房。首次抓阄结束后，给予业主2个月时间完成场内流转，并在房改小组登记备案。

2018年9月30日，天津农垦渤海农业集团有限公司潘庄农场危房改造领导小组与潘庄农场职工代表就安置事项经过多次会议修改、协商，最终制定《潘庄农场住宅区异地安置方案》，方案本着以房换房，房户结合，既保证大多数住户搬得起，又不突破现有房源总额的基本原则，初步制定潘庄农场危陋平房置换搬迁方案，约定了享受置换搬迁方案的人员范围，确定了置换基本原则和置换具体办法，继续推动潘庄农场房改工作。

为确保每户面积的准确性，潘庄农场危房改造领导小组安排2个专人小组对各户面积逐一测算检查，确保数据无误，于2018年12月，开始与业主确定面积的工作。

东海苑公司虽向渤海农业交付了620套房产钥匙，但由于房产一直不能办理产权登记手续且东海苑公司存在债务，房产存在被东海苑公司相关债权人要求查封的法律风险。为了规避该法律风险，从维护渤海农业集团合法权益的角度出发，渤海农业集团于2020年6月12日向天津市第三中级人民法院（以下简称三中院）提起诉讼，请求依法确认"潘庄农场七里香格经济适用房项目"中7.6万平方米房屋归渤海农业集团所有，并请求判令东海苑公司立即向渤海农业集团交付7.6万平方米房屋。案件号为（2020）津03民初735号，案由为合资、合作开放房地产合同纠纷案件。

在启动案件的同时，为了避免东海苑公司交钥匙的620套房产被其他法院查封，渤海农业集团同时申请了财产保全。2020年6月15日，渤海农业集团申请对东海苑公司名下7.6万平方米的房屋进行财产诉讼保全，渤海农业集团提供的财产线索即为620套房产清单，由于620套房产涉及19号楼54套房屋无预售许可证，无法查封，三中院裁定查封的房产为566套。其中506套经济适用房渤海农业集团为首封，60套经济适用房为轮候查封（对该60套经济适用房，渤海农业集团另行提起执行异议之诉，但经过一审、二审，法院均认为渤海农业集团与东海苑公司的相关合同不属于买卖合同纠纷，不适用最高人民法院关于执行异议的相关司法解释，而驳回了渤海农业集团的诉讼请求）。

该案件发生后，渤海农业集团一直与宁河区委政法委、宁河区建委、东海苑公司及相关部门进行沟通协调，最终渤海农业集团与东海苑公司达成一致意见，东海苑公司配合渤海农业集团进行经济适用房网签等事项。

2020年7月，潘庄农场危房改造领导小组对业主确定的最终面积予以公示，以保证工作开展的公正性、透明化。当月20日，根据潘庄工作部接待群众的来访统计，潘庄拥有住房的群众有70%～80%在70岁左右，但由于潘庄还迁项目已启动10年，当初并未考虑其他原因，统一是80平方米的6层住房，目前面临的困难是一些腿脚不方便的群众难以上下楼，潘庄工作部的领导针对此问题召开专项会议，就讨论照顾行动不便的群众给予低楼层安置问题，经过几次的会议讨论，并未通过，但为此，潘庄工作部领导额外添加了楼层优惠补偿政策。

潘庄农场职工还迁房共620套，面积约49987平方米。按照《潘庄农场危房置换安置方案》，农场职工平房应置换楼房面积44539.73平方米。2020年7月28日潘庄农场职工还迁房首次抓阄选房，共选定楼房501套，面积40080平方米，较应置换面积44539.73平方米剩余4600平方米。计划待还迁户间把剩余的楼房面积调剂流转后进行第二次抓阄选房。

2020年8月24日，潘庄农场危陋平房项目置换面积流转情况汇总：参与流转面积的住户总计340户，现已完成320户（其中包含46户不足整套楼房，不涉及流转面积情况），涉及流转置换面积约6800平方米，有20户未办理置换面积流转。首次抓出501套楼房，涉及楼层补贴1594平方米。需购买优惠面积的共101户，约1045平方米。现已选定参与2次抓阄的楼房84户，剩余20户（其中有3户场外人员对潘庄危陋平房改造方案不满）未办理面积流转的住户，预估需86套楼房安置，2次抓阄选房后安置楼房共计约594套，剩余26套。

2020年9月18日，潘庄农场危陋平房改造抓阄选房工作在夏宫酒业院内进行。

2020年9月22日，开始收房款，签署置换协议。

2020年11月26日，基本完成大部分住户分房还迁工作。

2021年9—12月，进行房屋网签前期准备工作，收取业主有效证件的扫描件及与业主签订房屋补偿协议（上报宁河区住建委内网）。

2021年12月—2022年3月，开始协助天津东海苑置业投资有限公司进行网签初审工作。

截至2022年7月，潘庄农场危楼平房改造项目，已完成445户业主资格审查工作，现正进行房屋买卖合同网签工作，于6月底已完成打印房屋买卖合同工作。其余工作逐步推动，渤海农业集团房改工作基本完成。

第三节 社会救助

　　自各个农场设立工会开始，每年都会对系统内认定困难职工进行慰问，农场合并为渤海农业集团之后，工会也一并将农场时期的困难职工慰问工作接续下来。公司工会一般是按照上级工会指示要求，进行如"关心困难群体，确保不让一家一户生活过不去"等工作，发挥基层工会作用，广泛开展排忧解难送温暖献爱心活动。慰问活动的时间窗口集中在国庆、中秋、春节等传统或法定节日，让系统内困难职工感受到温暖。2015年起渤海农业集团工会建立健全困难职工帮扶长效机制，常年对罹患癌症、重病、大病的退休职工进行关怀慰问，建立管理台账，确保能够在规定的时间窗口内及时慰问到位。截至2018年慰问退休困难职工97人次，资金总额6.79万元。

　　2018年，为进一步贯彻落实习近平新时代中国特色社会主义思想和中共十九大、中共十七大会议精神，做好工会困难职工精准帮扶和分级建档管理工作，上级工会开始对困难职工进行精准分类统计。渤海农业集团工会通过对在册困难职工现状调查，更新职工档案，当年完成2名全国级困难职工的解困脱困工作，帮助困难职工提高了生活水平。

　　2019年，渤海农业集团出台了《天津农垦渤海农业集团有限公司走访慰问大病、去世退休职工制度》，在传统节日期间对因患大病造成生活困难的退休职工进行走访慰问。最后每年各单位工会按期上报大病困难申请并提供有效佐证材料，工会核实后统一对申请人员进行慰问。同年，渤海农业集团工会对新建档的困难职工8人发放慰问品。发放大病慰问金12人次，共24000元。

　　2020年，春节发放慰问金15人次，2.35万元，大病慰问金7人次，1.2万元。工会继续推动困难职工解困脱困工作，通过申请社会低保、安排再就业、办理内退等方式帮助困难职工脱困，同年8月完成5名全国级困难职工的解困脱困工作，将1名全国级困难职工降为天津市级困难职工，对其余4位暂时不能实现解困脱困的职工安排了一对一帮扶工会干部，并制定了解困计划。

第三章　社会精神文明建设

第一节　精神文明创建活动

一、概述

20 世纪 90 年代初，黄庄农场成立新风理事会，促进社区社会主义精神文明建设和新风尚形成。2003 年、2004 年先后被评为天津农垦系统精神文明先进单位、天津市文明单位。黄庄农场所属天津市宝德包装有限公司 2005 年被评为天津市文明单位。农场合并成立渤海农业集团后，精神文明建设工作由党办负责，各单位自行申报，按照申报情况上报党办备案。

二、创建文明单位

2015 年，渤海农业集团所属天津绿色世界现代农业有限公司申请天津市文明单位与全国文明单位，申请期间，绿色世界公司组织进行了如社会主义核心价值观主题教育，道德模范评选，诚信服务、礼貌待人，建设美丽园区，开展扶贫帮困等社会公益活动。自 2015 年起多次组织党员干部群众学习习近平总书记重要讲话精神。结合重大、传统节日开展形式多样的纪念活动；在道德讲堂以及园区内部悬挂"讲文明，树新风"等公益宣传牌，利用园区多媒体设备播放公益广告，加大精神文明宣传力度与范围；组织公司各部门召开诚信学习专题会议，开展"诚信服务、礼貌待人"活动；结合网络答题活动与微信公众号媒体等形式宣传工作成果；把创建美丽园区与精神文明建设相结合，落实环保措施，培育倡导"绿色世界"理念；定期对留守儿童、空巢老人、残疾人等弱势群体进行慰问；开展"技术帮扶、共建家园"活动，深入集团公司对口帮扶村，针对困难村民需求，制定帮扶方案并推动实施。

2017 年 9 月，天津市精神文明建设委员会向绿色世界公司颁发天津市文明单位表彰证书并发放铭牌。同年 11 月，中央精神文明建设指导委员会向绿色世界公司颁发全国文明单位表彰证书并发放铭牌。

2017 年，渤海农业集团所属天津市宝德包装有限公司申请天津市文明单位，其间宝德公司组织进行了理想信念教育、社会主义核心价值观宣教、全域文明城市创建活动、精神文明教育活动等精神文明创建活动。自 2017 年起，结合传统节日组织开展爱国主义教育活动。清明时在宝坻烈士陵园缅怀先烈，组织党员重温入党誓词，组织党员群众广泛参与主题党日，红色观影活动等；宝德公司通过微信公众号、电子屏、宣传栏及时更新习近平总书记重要讲话、重要指示批示精神，传播重要新闻信息；在场区树立"讲文明树新风""遵德守礼""文明礼貌"广告牌，加强宣传效果；宝德公司结合宝坻区全域文明城市创建工作，认真贯彻落实《天津市全域创建文明城市三年行动计划（2021—2023 年）》方案，采取党员进社区、主题党日社区活动、社区帮扶、敬老院慰问等形式展示文明行为，党员进社区互动，积极服务新时代文明实践中心建设，广泛组织参与文明实践活动；公司开展志愿服务，在天津志愿者服务网注册新时代文明实践志愿服务队，开展支援生产打包挑袋、疫苗接种、核酸筛查、研学教育、社区文明创建等志愿服务活动。

2018 年 12 月，中共天津市人民政府国有资产监督管理委员会向宝德公司颁发国资系统 2018 年度文明单位表彰证书并发放铭牌。

2020 年 12 月，天津市精神文明建设委员会向宝德公司颁发天津市文明单位表彰证书并发放铭牌。同期，宝坻区精神文明建设委员会向宝德公司颁发宝坻区文明单位表彰证书并发放铭牌。

第二节　法制教育

2017 年，渤海农业集团开展以《合同法》《劳动法》及集团公司法律工作各项规章制度为核心的法制工作宣传教育，不断提高法务工作人员及广大职工的法律意识，并结合实际工作，通过会议、座谈、培训等形式，提高广大职工的法律意识。通过以案说法、以案说纪的方式，开展法制教育工作，有针对性地开展防范法律风险教育。公司还有计划地选派法务工作骨干参加集团公司举办的法律知识培训，提高法务工作人员的工作能力。

2018—2019 年，渤海农业集团以普法宣传为契机，加强渤海农业集团领导干部和职工的法律教育，增强职工法律意识。2019 年渤海农业集团按照天津市领导干部学法用法规定，组织领导干部学法用法学习 12 人次，进一步增强了领导干部的法律素质，提高了领导干部依法决策、依法行政、依法管理企业事务的能力和水平。渤海农业集团还通过组织培训本部及所属单位法务工作人员，推动渤海农业集团及所属单位法务工作规范化管理。

2020 年，为贯彻落实"七五"普法规划，促进渤海农业集团干部职工提高依法治理、依法经营、依法管理的意识、能力和水平。组织干部职工学习《宪法》《民法典》及国家安全等法律制度文件。组织渤海农业集团领导班子成员参加全市领导干部学法用法考试，参与率100％，合格率100％。组织干部职工参加《民法典》现场专题讲座和天食法治讲堂培训活动。组织开展《民法典》学习答题活动1次，并通过党支部大会学习、理论学习中心组学习等方式加强党员干部《民法典》学习宣传。

第四章 社会生态文明建设

第一节 田园综合体建设

按照天津食品集团"十三五"规划及天津食品集团对渤海农业集团的战略定位，渤海农业集团作为天津食品集团农业板块支柱企业，承担着发展现代农业的责任。按照国家农业政策以及天津市委、天津市政府相关政策，渤海农业集团按要求推动地区特色田园综合体建设工作。

2019年4月12日，渤海农业集团与天津市农垦房地产开发建设有限公司计划合资成立田园综合体项目公司，负责渤海农业集团田园综合体项目推动建设，项目公司于2019年8月20日正式挂牌成立，全称为天津天食田园综合体开发有限公司，注册资本2亿元人民币，法人为尚东维。田园综合体项目由天津市农垦房地产开发建设有限公司主导，由项目公司具体实施。

截至2020年，田园综合体建设完成一期奠基工程，包括苗木花草种植、景观湖改造、园林雕塑、草皮绿化、儿童乐园基础土方、主路面敷设、景观区土方回填及景观植物移栽。原渤海农业集团水王府饭店已经完成装修提升改造，增设监控系统、公共广播系统、智能道闸识别系统等现代化设施，并对后厨设备进行更换调试。

第二节 美丽乡村建设

为认真落实中共天津市委十届三次全会精神，按照"五位一体"的要求，加快美丽天津建设，实现道路硬化、街道亮化、垃圾处理无害化、能源清洁化、村庄绿化美化、生活健康化。渤海农业集团所属绿色世界公司现代农业观光园以现代农业、休闲观光为主业，与美丽乡村发展要求不谋而合。渤海农业集团以绿色世界公司为主，带动3个农场原居住地区，推动美丽村庄建设项目。

一、里自沽农场部分

2014 年 6 月 20 日，里自沽农场 1 期项目开始，总投资 335.98 万元，内容主要包括：里自沽主干道路硬化 6100 平方米、里巷街道硬化 5000 平方米、修建地下排水管道（雨水）1240 米、安装太阳能路灯 40 盏、建设垃圾池 4 个、购置垃圾箱 30 个、购置保洁三轮车 2 辆、修建地下排水管道（污水）600 米、村庄"四旁"绿化 3500 株、建设公共厕所 1 个、治理坑塘 20 个、建设宣传栏等 5 平方米。工程于 2016 年完成建设，受益户数 450 户。

2016 年 11 月 2 日，里自沽农场 2 期项目开始，项目总投资 299.7 万元，内容主要包括：里自沽里巷街道硬化 8310 平方米、修建地下排水管道（雨水）800 米、安装铁杆路灯 12 盏、建设垃圾池 18 个、购置垃圾箱 30 个、购置保洁三轮车 1 辆、修建地下排水管道（污水）100 米、村庄"四旁"绿化 3 项、修建公共厕所 2 个、安装宣传栏等 5 平方米。除主干道工程之外的其余部分于 2017 年 1 月完工，主干道工程于 2019 年 1 月调整项目建设内容，因里自沽农场原属牛家牌镇政府无法提供道路硬化工程发票，此部分款项补助迟迟无法到账，经商议后，将项目中原路面硬化拓宽工程交由牛家牌镇政府独自承担。工程于 2021 年完成建设，受益户数 490 户。

2016 年 11 月 8 日，里自沽农场 3 期项目开始，总投资 281.76 万元，内容主要包括：在里自沽农场进行主干街道硬化 4890 平方米、里巷街道硬化 6600 平方米、修建地下排水管道（污水、雨水）120 米、安装太阳能路灯 30 盏、购置垃圾箱 20 个、购置保洁人力三轮车 1 个、村庄"四旁"绿化 4000 株、修建公共厕所 1 个、修建健身广场 1000 平方米、更换彩钢房顶 3700 平方米。工程于 2018 年 7 月完成建设，受益户数 480 户。

二、黄庄农场部分

2015 年 8 月 17 日，黄庄农场 1 期项目开始，项目总投资 262 万元，内容主要包括：在黄庄农场进行主干道硬化 7800 平方米、里巷街道硬化 3200 平方米、修建桥梁 1 座、修建地下排水管道（雨水）1200 米、安装太阳能路灯 30 盏、修建公共厕所 1 个。工程于 2016 年完成建设，受益户数 248 户。

2015 年 11 月 16 日，黄庄农场 2 期项目开始，项目总投资 469.08 万元，内容主要包括：在黄庄农场进行主干街道硬化 8500 平方米、里巷街道硬化 6248 平方米、修建地下排水管道（污水、雨水）1600 米、安装太阳能路灯 63 盏、修建垃圾池 10 个、购置垃圾箱 30 个、购置垃圾运输车 2 辆、村庄"四旁"绿化 3000 株、修建公共厕所 2 个、治理坑塘

80 亩、修建健身广场 1500 平方米、安装宣传栏（橱窗）8 平方米、购置外墙保温及涂料 13000 平方米。工程于 2018 年完成建设，受益户数 248 户。

三、大钟庄农场部分

2018 年，大钟庄农场项目开始，项目总投资 214.22 万元，内容主要包括：在大钟庄农场进行绿化回填土方 28440 立方米，平整土地 4345 平方米，移栽各类景观乔、灌木 1393 株，敷设各类绿化植物 980 平方米。工程于 2019 年完工，受益户数 315 户。

中国农垦农场志

附　　录

中国农垦农场志

个人荣誉

国家级荣誉

张烜明　全国农业先进个人　2016 年

张烜明　全国农业劳动模范　2017 年

天津市级荣誉

李玉松　劳动模范　1982 年

李丽英　劳动模范　1998 年

魏中华　劳动模范　1998 年

汪东武　优秀纪检监察干部　2000 年

汪东武　优秀纪检监察干部　2001 年

汪东武　农口优秀思想政治工作者　2003 年

汪东武　优秀纪检监察干部　2004 年

汪东武　优秀纪检监察干部　2005 年

李修同　五一劳动奖章　2015 年

徐宝梁　五一劳动奖章　2015 年

张鹏飞　五一劳动奖章　2015 年

刘士为　五一劳动奖章　2015 年

张爱民　三八红旗手　2015 年

徐宝梁　五一劳动奖章　2016 年

尚东维　五一劳动奖章　2017 年

马　煜　天津青年"创新创业创优"先进个人　2017 年

宋月生　2014—2016 年度绿化工作先进个人　2017 年

肖丽娟　劳动模范　2020 年

司局级荣誉（天津食品集团级）

杨庆刚、李捷　优秀党务工作者　2016 年

宫凤贤、卜庆海、刘玉萍、刘晓风、马煜　优秀共产党员　2016 年

张烜明　"天食创新奖"创新个人　2017 年

齐姣阳、孙正平　优秀共青团员　2017 年

马　煜　优秀共青团干部　2017 年

王根生、吴凤明、石彦虎　优秀共产党员　2018 年

韩克民　优秀党务工作者　2018 年

赵紫君　"市场开拓"营销攻坚先进个人　2018 年

苗　卉　青年五四奖章　2018 年

赵紫君　五一劳动奖章　2018 年

王　桐、熊　猛　优秀共青团员　2018 年

肖丽娟　优秀共青团干部　2018 年

肖丽娟、张学峰　优秀共产党员　2019 年

马　煜　优秀党务工作者　2019 年

赵紫君　"新时代新担当新作为"先进个人　2019 年

张　蓓　三八红旗手　2019 年

徐宝梁、肖丽娟　五一劳动奖章　2019 年

马为红　2017—2019 年度优秀工会工作者

韩克民　2017—2019 年度优秀工会之友

张翊川、唐云闯　优秀共青团员　2019 年

吕　欢　优秀共青团干部　2019 年

张俊峰、吴凤明　优秀共产党员　2019 年

张俊峰、吴凤明　优秀共产党员　2019 年

李永杰　青年五四奖章　2020 年

领导名录

附表 1　各农场建场初期领导名录

姓名	时间	职务	所属单位
张怀玉	1961.7—1962.11	党委书记、场长	肖刘杜农场
刘　英	1962.3—1964.11	党总支书记、副场长	里自沽农场
王万锁	1962.11—1965.4	场长	尔王庄农场
王振德	1962.11—1965.5	代理党支部书记	尔王庄农场
祝　华	1964.4—1966.2	党委书记、场长	大钟庄农场
邹　祥	1964.4—？	党委副书记、副场长	大钟庄农场
何春泽	1965.4—1965.9	场长	尔王庄农场
何春泽	1965.5—1965.9	党支部书记	尔王庄农场
岳长立	1965.9—？	代理党支部书记、场长	尔王庄农场
李伯辉	1966.2—？	代理党委书记	大钟庄农场

附表 2　黄庄农场领导名录

姓名	时间	职务	所属单位
骆树先	1981.1—1982.7	党委书记、场长	黄庄农场
邢树立	1981.1—1982.7	党委副书记	黄庄农场
苏文贺	1981.1—1983.11	副场长	黄庄农场
卢岩彪	1981.1—1983.11	副场长	黄庄农场
王德林	1981.1—1983.11	副场长	黄庄农场
邢树立	1982.7—1983.11	代党委书记	黄庄农场
董延宝	1982.7—1983.11	党委副书记、代场长	黄庄农场
张义先	1983.11—1984.10	党委书记	黄庄农场
邢树立	1983.11—1984.10	党委委员、场长	黄庄农场
董延宝	1983.11—1984.10	党委副书记	黄庄农场

（续）

姓名	时间	职务	所属单位
李云森	1983.11—1984.10	副场长	黄庄农场
乔 松	1983.11—1984.10	副场长	黄庄农场
李庆泰	1983.11—?	党委委员	黄庄农场
张永和	1984.10—1989.4	党委书记、场长	黄庄农场
陶崇理	1984.10—1986.6	党委副书记	黄庄农场
杜永昌	1984.10—?	党委委员、副场长	黄庄农场
韩长顺	1984.10—?	副场长	黄庄农场
张凤柱	1984.10—?	副场长	黄庄农场
胡洪亮	1986.6—1987.7	党委副书记、场长	黄庄农场
郝老伦	1987.7—1995.10	党委委员、场长	黄庄农场
张绍庚	1989.4—1989.12	代党委书记、纪委书记、副场长	黄庄农场
杨昆山	1989.6—?	纪委副书记	黄庄农场
张绍庚	1989.12—1996.4	党委书记	黄庄农场
王福禄	1990.7—1998.3	工会主席	黄庄农场
刘希臣	1991.2—?	副场长	黄庄农场
张凤力	1993.6—?	副场长	黄庄农场
王子超	1994.8—?	副场长	黄庄农场
张庆春	1995.10—1996.4	场长	黄庄农场
张庆春	1996.4—1998.3	党委书记、场长	黄庄农场
吴振义	1996.4—1998.3	副场长	黄庄农场
李庆泰	1997.6—1998.3	纪委书记	黄庄农场
张庆东	1998.3—2003.7	场长	黄庄农场
刘新民	1998.3—2003.7	党委书记	黄庄农场
李庆泰	1998.3—2003.7	工会主席	黄庄农场
张凤力	2002.5—2003.7	纪委书记、工会主席	黄庄农场
邹 江	2002.5—2003.7	副场长	黄庄农场
戴士友	2002.5—2003.7	副场长	黄庄农场
刘新民	2003.7—2006.4	党委书记、副场长	黄庄农场

（续）

姓名	时间	职务	所属单位
张庆东	2003.7—2006.4	党委副书记、副场长	黄庄农场
张风力	2003.7—？	纪委书记	黄庄农场
徐宝梁	2006.11—2007.6	副场长	黄庄农场

附表3 里自沽农场领导名录

姓名	时间	职务	所属单位
王 珍	1974.8—1986.9	党委弓记	里自沽农场
张乃良	1983.11—1993.9	党委副书记、场长	里自沽农场
邢树立	1987.7—1994.6	党委书记、副场长	里自沽农场
张乃良	1987.7—1993.9	聘任厂长	里自沽农场
张 勤	1991.7—1993.9	工会主席	里自沽农场
李润良	1993.9—1995.7	党委副书记、纪委书记	里自沽农场
董 浩	1993.9—1994.6	副场长	里自沽农场
韩长顺	1993.9—1994.6	场长	里自沽农场
李 宽	1994.6—1995.7	场长	里自沽农场
杜永昌	1994.6—1995.7	党委书记	里自沽农场
韦恩学	1994.6—1995.7	副场长	里自沽农场
王玉发	1994.6—1995.7	副场长	里自沽农场
韦恩学	1995.7—2001.9	场长	里自沽农场
汪东武	1995.7—2001.9	党委副书记、纪委书记、工会主席	里自沽农场
王凤舞	1995.7—2001.9	副场长	里自沽农场
林印合	1995.7—2010.12	副场长	里自沽农场
张学利	1995.7—2010.12	副场长	里自沽农场
李景龙	1995.7—2010.12	副场长	里自沽农场
王凤舞	2001.9—2003.3	场长	里自沽农场
王凤舞	2003.3—2007.7	党委书记、场长	里自沽农场
汪东武	2007.7—2010.12	党委书记、纪委书记	里自沽农场
张学利	2007.7—2010.12	副场长、工会主席	里自沽农场

附表4 大钟庄农场领导名录

姓名	时间	职务	所属单位
闫立荣	1976.7—1976.12	党总支副书记	大钟庄农场
邢桂友	1976.12—1979.11	党总支副书记	大钟庄农场

（续）

姓名	时间	职务	所属单位
刘振坤	1978.3—1979.11	党总支书记	大钟庄农场
孔繁山	1978.4—1979.11	党总支委员、副场长	大钟庄农场
刘振坤	1978.7—1980.1	党总支书记、场长	大钟庄农场
邳玉宝	1978.12—1979.11	副场长	大钟庄农场
田树景	1979.11—1983.11	党总支书记	大钟庄农场
董延宝	1979.11—1982.7	党总支副书记	大钟庄农场
齐永华	1979.11—1980.11	副场长	大钟庄农场
田树景	1980.1—1982.7	党委书记	大钟庄农场
董延宝	1980.1—1982.7	场长	大钟庄农场
张文熙	1980.11—1981.10	副场长	大钟庄农场
于宗久	1981.5—1983.11	副场长	大钟庄农场
苏文贺	1981.5—1983.11	副场长	大钟庄农场
张永和	1981.10—1983.11	副场长	大钟庄农场
田树景	1983.11—1984.10	党委书记	大钟庄农场
于宗久	1983.11—1987.2	党委副书记、场长	大钟庄农场
胡洪亮	1983.11—1986.6	副场长	大钟庄农场
张绍增	1983.11—？	副场长	大钟庄农场
叶崇熙	1983.11—？	副场长	大钟庄农场
张永合	1983.11—？	工会主席	大钟庄农场
杨殿明	1985.10—1990.9	副场长	大钟庄农场
叶崇熙	1987.2—1987.7	党委副书记、场长	大钟庄农场
刘新民	1988.1—1993.6	副场长	大钟庄农场
沃根富	1989.6—1992.8	纪委书记	大钟庄农场
张庆春	1989.8—1992.3	副场长	大钟庄农场
汤冠军	1989.8—1993.6	副场长	大钟庄农场
杨殿明	1990.9—1998.3	党委书记	大钟庄农场
张国臣	1991.12—1992.8	党委委员、副场长	大钟庄农场
张庆春	1992.3—1995.5	党委副书记、场长	大钟庄农场
张国臣	1992.8—1996.3	党委副书记、纪委书记	大钟庄农场
张国臣	1992.11—1996.3	党委副书记、纪委书记、工会主席	大钟庄农场
张宝生	1992.12—1998.3	党委委员、副场长	大钟庄农场
刘振启	1993.6—1995.5	副场长	大钟庄农场
刘庆丰	1993.6—1999.8	副场长	大钟庄农场
刘振启	1994.6—1999.8	党委委员、副场长	大钟庄农场
孙介仁	1995.8—1999.8	副场长	大钟庄农场
刘新民	1996.3—1998.3	党委副书记、场长	大钟庄农场
张宝生	1998.3—2003.7	党委书记	大钟庄农场

（续）

姓名	时间	职务	所属单位
吴振义	1998.3—2003.7	党委副书记、场长	大钟庄农场
云宝富	1999.8—2003.7	党委委员、纪委书记	大钟庄农场
唐　云	1999.8—2003.7	副场长	大钟庄农场
王子超	1999.8—2003.7	副场长	大钟庄农场
李艳清	2002.12—2003.7	党委委员	大钟庄农场
张宝生	2003.7—	党委书记	大钟庄农场
吴振义	2003.7—	党委副书记	大钟庄农场
云宝富	2003.7—	党委委员、纪委书记	大钟庄农场
唐云	2003.7—	党委委员	大钟庄农场
李艳清	2003.7—	党委委员、纪委副书记	大钟庄农场
陈涛	2003.7—	纪委委员	大钟庄农场
韩克民	2003.7—	纪委委员	大钟庄农场
王景元	2003.7—	纪委委员	大钟庄农场

附表 5　渤海农业集团领导名录

渤海农业集团领导班子		
党　委	2013.5—2014.4	书记张庆东；副书记王凤舞、邹江（纪委书记）；委员李景龙、张爱民（工会主席）、刘继忠、娄紫东
董事会	2013.5—2014.4	董事长张庆东；董事王凤舞、张爱民、李修同（总会计师）、杨庆刚；监事会主席邹江
经理层	2013.5—2014.4	总经理王凤舞；副总经理李景龙、饶志仓、林耀民
党　委	2014.4—2014.9	书记张庆东；副书记徐宝梁、邹江（纪委书记）；委员李景龙、张爱民（工会主席）、娄紫东
董事会	2014.4—2014.9	董事长张庆东；董事徐宝梁、张爱民、李修同（总会计师）、杨庆刚；监事会主席邹江
经理层	2014.4—2014.9	总经理徐宝梁；副总经理李景龙、饶志仓、林耀民
党　委	2014.9—2014.11	书记徐宝梁；副书记李景龙、邹江（纪委书记）；委员张爱民（工会主席）、娄紫东
董事会	2014.9—2015.12	董事长徐宝梁；董事李景龙、张爱民、李修同（总会计师）；监事会主席邹江
经理层	2014.9—2014.12	总经理李景龙；副总经理饶志仓、林耀民
经理层	2014.12—2015.12	总经理李景龙；副总经理饶志仓、林耀民、张烜明
党　委	2014.11—2015.12	书记徐宝梁；副书记李景龙、邹江（纪委书记）；委员张爱民（工会主席）、娄紫东
党　委	2015.12—2016.8	书记徐宝梁；副书记李景龙、张玉海（纪委书记）；委员张爱民（工会主席）、娄紫东、张玉海
董事会	2015.12—2016.8	董事长徐宝梁；董事李景龙、张爱民、李修同（总会计师）；监事会主席张玉海
经理层	2015.12—2016.8	总经理李景龙；副总经理饶志仓、林耀民、李宗军、张烜明
党　委	2016.8—2016.11	书记徐宝梁；副书记李景龙、娄紫东（纪委书记）；委员张爱民（工会主席）、张玉海
董事会	2016.8—2018.8	董事长徐宝梁；董事李景龙、张爱民、李修同；监事会主席张玉海（2017.2退休）
党　委	2016.11—2018.8	书记徐宝梁；副书记李景龙、张爱民（工会主席）、娄紫东（纪委书记）；委员李宗军
经理层	2016.8—2017.8	总经理李景龙；副总经理饶志仓、林耀民、李宗军、张烜明、李修同
经理层	2017.8—2018.8	总经理李景龙；副总经理饶志仓、林耀民、李宗军、张烜明、李修同、王建国
党　委	2018.8—2018.12	书记徐宝梁；副书记袁思塈、张爱民（工会主席）、娄紫东（纪委书记）；委员李宗军、仵赟、郭剑新
董事会	2018.8—2018.12	董事长徐宝梁；董事袁思塈、张爱民、李修同；监事会主席郭剑新
经理层	2018.8—2018.10	总经理袁思塈；副总经理饶志仓、仵赟、李宗军、张烜明、李修同、王建国
经理层	2018.10—2018.12	总经理袁思塈；副总经理饶志仓、仵赟、李宗军、张烜明、李修同
党　委	2018.12—2020.1	书记徐宝梁；副书记袁思塈、张爱民（工会主席）、吕世民（纪委书记）；委员郭剑新、仵赟
董事会	2018.12—2020.1	董事长徐宝梁；董事袁思塈、张爱民；监事会主席郭剑新
经理层	2018.12—2020.1	总经理袁思塈；副总经理饶志仓、仵赟、张烜明、李修同、王建国、尚东维（试用）
经理层	2020.1—2020.3	总经理袁思塈；副总经理饶志仓、仵赟、张烜明、李修同、尚东维、侯生博、赵紫君（试用）
党　委	2020.1—2020.8	书记徐宝梁；副书记袁思塈、张爱民（纪委书记）、张国生（工会主席）；委员仵赟
董事会	2020.1—2020.4	董事长徐宝梁；董事袁思塈；监事会主席张爱民
董事会	2020.4—2020.12	董事长徐宝梁；董事袁思塈；职工董事张国生；监事会主席张爱民

（续）

渤海农业集团领导班子		
经理层	2020.3—2020.12	总经理袁思堃；副总经理饶志仓、仵赟、张烜明、李修同、尚东维、侯生博、赵紫君、张文
党　委	2020.8—2020.12	书记袁思堃；副书记李修同、张国生（工会主席）；委员张烜明、仵赟、杨庆刚
党　委	2020.12—	书记袁思堃；副书记李修同、副书记张国生（工会主席）；委员张烜明、仵赟
董事会	2020.12—	董事长袁思堃；董事李修同；职工董事张国生；监事会主席张爱民
经理层	2020.12—	总经理李修同；副总经理饶志仓、仵赟、张烜明、尚东维、侯生博、赵紫君、张文

天津渤海农业农场志
TIANJIN BOHAI NONGYE NONGCHANG ZHI

编纂始末

　　《天津渤海农业农场志》是根据农业农村部农垦局下发的《关于公布第一批中国农垦农场志编纂农场名单的通知》（农垦综〔2020〕1号）文件中要求，为进一步贯彻落实中央农垦改革发展文件精神，大力弘扬农垦文化，记录农场改革发展历程，保存农垦系统重要历史资料，经农场申请、省级农垦管理部门择优推荐、中国农垦农场志编纂委员会办公室审核并报部领导审定，确定北京市西郊农场有限公司等51个农场为第一批中国农垦农场志编集农场。天津农垦渤海农业集团有限公司因其前身为天津国营黄庄农场、里自沽农场、大钟庄农场，集团化后又吸收了潘庄农场，历史悠久，所以被选为第一批农场志编集农场，2020年7月底，渤海农业集团正式开始农场志编纂工作。

　　2020年8月5日，渤海农业集团成立农场志编纂工作领导小组（津渤农党发〔2020〕72号文）：组长为党委书记、董事长徐宝梁；副组长为党委副书记、总经理袁思堃，党委副书记、纪委书记、监事会主席张爱民；成员为渤海农业集团领导班子成员。领导小组办公室设在党委办公室，承担农场志编纂领导小组的日常工作，农场志资料的收集、挖掘和整理，以及志书编纂年度进展情况总结等事宜。办公室主任由张爱民担任。成员由渤海农业集团各部室负责人、各所属单位主要负责人组成。

因集团领导班子人事变动，农场志编纂工作领导小组组长变更为袁思垫，副组长变更为李修同、张国生，办公室主任变更为张国生，随后副组长变更为韩义。

2020 年 9 月，党委办公室派专人参加中国农垦经济研究会举办的中国农垦农场志编纂培训班，培训后公司编纂工作领导小组参照编纂农场志的原则、规范和要求，结合实际进一步完善细化农场志编纂工作方案。同时，深入研究、整理、挖掘公司现有农场志史料及文字性记载，整体把握发展进程，梳理发展脉络，形成志书框架及志书篇目。

至 2020 年底，公司编纂工作领导小组对目前保存的农场志参考材料进行整理，包括大钟庄、黄庄、里自沽 3 个农场 2 轮修志工作（分别为建场至 1990 年，1991—2010 年）留存的部分手写及电子版大事记和农场志初稿。整理档案卷宗 3 卷，收集资料图片 50 余张。编纂期间，发现各农场因建厂时间久远，各自的档案保存情况有好有坏，部分时间段的档案散失、缺损或为孤证，不能用作农场志材料，加之另有其他工作，场志编纂工作逐步暂停。此时，渤海农业集团农场志按照《中国农垦农场志编纂技术手册》中要求，明确了新志书的篇目，并将原农场志书手写材料转录为电子版。

2022 年 6 月，党委办公室继续开始推动场志编纂工作，通过交流学习方式抽调专人对农场志进行梳理。其间，购入《宝坻县志（1995 年 5 月第一版）》《宝坻县志（2011 年第二版）》《天津通志农业志（2008 年第一版）》《天津通志农业志（2020 年）第二版》等志书参考引用，查询翻阅各农场留存的档案材料。至 2022 年底，完成大事记（1960—2010 年）、地理、管理体制、社会编初稿，2023 年 1—4 月完成经济、政治、文化编初稿，5 月完成 6 个编目的第一次校订勘误、补齐大事记 2011—2020 年内容。

至 2023 年 6 月，历时 3 年，完成场志编纂工作。全书约 50 万字，筛选各类影像 100 张，包含农场各个历史时期、各类产业各种风貌的记录，并将初稿报送中国农业出版社编辑部，至此新农场志编纂初步完成。编者在此再次向提供材料和帮助的领导、同事、系统内离退休老同志表示诚挚和衷心的感谢。因时间跨度长，其间农场建制、工作人员几经变换，场志编纂工作量大，材料浩繁，加之水平有限，难免有遗漏、错误之处，希望广大职工和读者，尤其是专业场志编修人员批评指正。

天津农垦渤海农业集团有限公司

农场志编纂工作领导小组办公室

2023 年 6 月

鸣 谢 名 单

《天津渤海农业农场志》编纂期间，经过多立原农垦系统、现天津食品集团系统领导和职工支持，现将名单列后（排名不分先后），特此鸣谢。

张庆东、徐宝梁、戴士友、汪东武、王凤舞、张学利、李景龙、云宝富、唐云、张爱民、娄紫东、李修同、林耀民、张烜明、杨庆刚、韩克民、宋月生、陈建林、陈涛、陈书胜、王会明。